鬼谷子

宋长河　主编

汕頭大學出版社

图书在版编目(CIP)数据

鬼谷子 / 宋长河主编 . —汕头:汕头大学出版社,
2018.1(2022.8 重印)
ISBN 978－7－5658－3294－9

Ⅰ. ①鬼… Ⅱ. ①宋… Ⅲ. ①纵横家②《鬼谷子》-
注释③《鬼谷子》-译文 Ⅳ. ①B228

中国版本图书馆 CIP 数据核字(2018)第 000860 号

鬼谷子 GUIGUZI

主　　编: 宋长河
责任编辑: 邹　峰
责任技编: 黄东生
封面设计: 门乃婷
出版发行: 汕头大学出版社
广东省汕头市大学路 243 号汕头大学校园内　邮政编码:515063
电　　话: 0754 -82904613
印　　刷: 三河市兴达印务有限公司
开　　本: 880mm×1230mm　1/32
印　　张: 14
字　　数: 320 千字
版　　次: 2018 年 1 月第 1 版
印　　次: 2022 年 8 月第 4 次印刷
定　　价: 38.00 元
ISBN 978－7－5658－3294－9

前言

在风起云涌、征战不休的春秋战国时期，诸子百家众说纷纭，士人谋臣各为其主，纷纷寻求机会登上政治舞台。他们积极推销自己的主张、策略，将中国古代的政治、军事、外交、经济智慧发挥到了极致。也正是在这样一个时代背景下，诞生了被称为“纵横家的鼻祖”的鬼谷子以及他享有“旷世奇书”之称的《鬼谷子》。

《鬼谷子》是一部由鬼谷子讲授，经后人补充、修改而成的集纵横家、兵家、道家、阴阳家等思想于一体的政治、军事、外交理论著作。从其主要内容来看，是针对谈判游说活动而言的，但由于其中涉及大量谋略问题，与军事问题触类旁通，也被称为兵书。

《鬼谷子》共有十四篇，其中《转丸》《却乱》两篇现已失传，存世的仅有十二篇。书中以《捭阖》开篇，以纵横捭阖之术为总起；接着通过《反应》《内揵》《抵巇》《飞钳》《忤合》五篇，多角度、多层次地阐明了纵横家的政治态度和辩证法思想，并且详尽阐述了游说人主所必备的言谈技巧；再用《揣》《摩》《权》《谋》四篇，从思维方式到行为手段，引导人们依据彼时彼地的具体条件设法靠拢和接近目的；最后用《决篇》讲决断，用《符言》篇丰富和深化上述内容。

本书再现了《鬼谷子》中的经典原文，对其中深奥艰涩的文字进行了注释和通俗翻译，让大家能够领略一代谋略大师的高深智慧。与此同时，本书还从现实出发，对《鬼谷子》进行了深入浅出的智慧评析，并佐之以古代的谋略典故，帮助大家活学活用《鬼谷子》的智慧精华和谋略精髓。

当今世界，充满了激烈、复杂的竞争。一条妙计，可以赢得一场战争；一个点子，可以振兴一家企业；一计良策，可以成就一番事业；一番心机，可以化险为夷、反败为胜。由此来看，倚重智谋，用心、斗智、出奇、弄巧是现代竞争不得不用的手段，这样才能在现实生活中纵横捭阖，游刃有余。

德国史学家、社会政治学家施宾格勒曾高度评价鬼谷子的智谋，并强调它在当今社会中的借鉴意义，并且他的观点受到了基辛格这位被称为当代纵横家的美国前国务卿的高度称赞；日本学者大桥武夫运用《鬼谷子》的谋略思想，结合个人工作经验，阐述了鬼谷子智谋在现代竞争中的应用价值。今天，《鬼谷子》越来越受到人们的重视，它正在被广泛应用于商业竞争、企业管理、产品推销、广告宣传、招揽人才、言谈辩论等方方面面的各种活动。

2018 年 1 月

目录

捭阖篇

捭阖篇

“捭阖”是《鬼谷子》的开篇。在本篇中，鬼谷子洋洋洒洒，反复铺陈。证明“捭阖之术”是世间万物的根本道理，也是解决一切矛盾的钥匙。“捭”意为开启，“阖”意为闭藏。在鬼谷子的思想体系中，“捭阖”是一对极为重要的哲学概念，既是万事万物发展变化的规律，也是纵横家游说活动的根本方法。通过游说中的应对、较量最后达到“乃可以纵，乃可以横”，而无敌于天下。这些靠游说、靠言辞平天下的人被称为“纵横家”。鬼谷子先生主张谋之于阴，成之于阳，也就是说在暗中、在不知不觉中已经以实力战胜了对手。

【经典原文】

粤若稽古[①]，圣人之在天地间也，为众生之先。观阴阳之开阖以命物[②]，知存亡之门户，筹策万类之终始，达人心之理，见变化之朕[③]焉，而守司其门户。故圣人之在天下也，自古之今，其道一也。变化无穷，各有所归。或阴或阳，或柔或刚，或开或闭，或弛或张。是故圣人一守司其门户，审察其所先后，度权量能，校其伎巧短长。

夫贤、不肖、智、愚、勇、怯，有差，乃可捭，乃可阖；乃可进，乃可退；乃可贱，乃可贵：无为以牧之。审定有无，与其实虚，随其嗜欲以见其志意。微排其所言，而捭反之，以求其实，贵得其指，阖而捭之[④]，以求其利。或开而示之，或阖而闭之。开而示之者，同其情也；阖而闭之者，异其诚也。可与不可，审明其计谋，以原其同异。离合有守，先从其志。

即欲捭之，贵周[⑤]，即欲阖之，贵密。周密之贵微，而与道相追[⑥]。捭之者，料其情也；阖之者，结其诚也。皆见其权衡轻重，乃为之度数，圣人因而为之虑。其不中权衡度数，圣人因而自为之虑[⑦]。故捭者，或捭而出之，或捭而纳之；阖者，或阖而取之，或捭而去之。捭阖者，天地之道。捭阖者，以变动阴阳，四时开闭，以化万物。纵横、反出、反覆、反忤必由此矣。

捭阖者，道之大化，说之变也[⑧]；必豫审其变化，吉凶大命系焉。口者，心之门户也；心者，神之主也。志意、喜欲、思虑、智谋，此皆由门户出入，故关之以捭阖，制之以出入。捭之者，开也、言也、阳也；阖之者，闭也，谋也、阴也。阴阳其和，终始其义。故言长生、安乐、富贵、尊荣、显名、爱好、财利、得意、喜欲为阳，曰“始”。故言死亡，忧患、贫贱、苦辱、弃损、亡利、失意、有害、刑戮、诛罚为阴，曰“终”。诸言法阳之类者，皆曰“始”，言善以始其事；诸言法阴之类者，皆日“终”，言恶以终其谋。

捭阖之道，以阴阳试之，故与阳言者，依崇高，与阴言者，依卑小。以下求小，以高求大。由此言之，无所不出，无所不入，无所不可。可以说人，可以说家，可以说国，可以说天下。为小无内，为大无外。益损、去就、倍反，皆以阴阳御其事。阳动而行，阴止而藏；阳动而出，阴随而入。

阳还终始，阴极反阳。以阳动者，德相生也；以阴静者、形相成也。以阳求阴，苞以德也；以阴结阳，施以力也；阴阳相求，由捭阖也。此天地阴阳之道，而说人之法也，为万事之先，是谓“圆方⑨之门户”。

【难点注释】

①粤若稽古：粤，语助词。若，顺；稽，考察。粤若稽古，意为按照一定的规律考察历史。

②命物：辨别事物。

③朕：征兆，迹象。

④阖而捭之：假如明白实情，就应自行闭藏或开启。

⑤欲捭之贵周：周，不遗漏。要行动时，必须做周密的考虑。

⑥与道相追：合乎道之理，与道相贴近。

⑦不中权衡度数，圣人因而自为之虑：如果不合一般事物规律，圣人就继续引导。

⑧道之大化，说之变也：大化，变化。“说之变”，游说原则和主张灵活运用。

⑨圆方：圆指灵活性，方指原则性。圆方指不同的表现或

手段。

【通俗译文】

纵观从古至今的历史，可以知道，圣人生活在世界上，就是要成为众人的先导。通过观察阴阳的开合变化来对事物做出判断，并进一步了解事物生存和死亡的途径，计算和预测事物的发展过程，通晓人们思想变化的规律，揭示事物变化的征兆，从而把握事物发展变化的关键所在。所以，圣人在世界上始终是奉守大自然阴阳之道的变化规律，并以此驾驭万物的。然而事物是变化无穷的，各有不同的归宿。有的阴，有的阳；有的柔，有的刚；有的开放，有的闭合；有的松弛，有的紧张。因此，圣人专一地掌握住关键，周密地考察事物的先后顺序，衡量人们的权谋和才能的优劣，比较技艺的短长。

贤能和不贤，聪明和愚蠢，勇敢和怯弱，慈爱与坚持原则，是有差别的，应该区别对待。有的要放手使用，有的要拒绝不用；有的提拔，有的斥退；有的可以轻贱，有的可以推崇。要顺应自然之道对待他们。如果要重用某人时，便要周详地判断他有没有才能，为人是真诚还是虚假，根据他的嗜好来发现他的志向、思想。再试探性地驳斥他的言论，反复阐明自己的见解，从而探寻对方的真实情况，注重于了解他的志向主张。如果对方闭口不说，要想办法使他开口，以了解他追求什么利益。然后，或者开口向对方展示自己的想法，或者表示沉默，以进一步试探对方。向对方展示自己的想法，用赞同的办法使双方思想相合；向对方表示沉默，用反对的办法来试探对方的诚意。对方赞同或者不赞同，一定要审察清楚他的计谋，考察双方意见同异的根源。意见背离或者相合，有一个根本点要守住，即首先抓住对方的思想。

如果想开启发动，以周详为贵，不可草率；如果想闭合不动，以隐秘为贵，不可泄漏。周详和隐秘的可贵，在于它的微妙，并与自然之道相合。开启发动，是为了探测对方的虚实真假；闭合不动，是为了争取对方的真诚合作。首先全部了解他对事物重要与否的判断，再确定处理标准，并对他的意见进行思考谋划。如果对方的意见不符合要求，就要针对情况自己另行考虑。所以说，通过开启发动之后，对适合的计谋要付诸实施，对不适合的计谋要收藏不用；通过闭合观察之后，了解到对方有诚意便争取他，了解到对方无诚意便离开他。总之，开启和闭合是与自然之道相符合的办法。天地通过开启和闭合，使阴阳二气发生变化，使四季交替运行，万物孕育生长。游说中的纵横变化，对道理的反复阐述，都必定通过开启与闭合的途径。

开启与闭合，是自然之道的最重要的变化，也是游说之辞的主要变化。一定要预先周详地研究开合变化的方法。口是心的门户，心是精神的主宰。人们的志向、欲望、思想、智谋等，都通过口这座门户说出来。所以，要用开启和闭合的变化来控制思想的表达。所谓“捭”，便是开启，便是说话，便是阳；所谓“阖”，便是闭合，便是沉默，便是阴。说话要阴阳协调，始终适宜。讲长生、安乐、富贵、尊荣、扬名、宠爱、财利、得意，这便是“阳”，这便叫“始”；讲死亡、忧患、贫贱、困苦、受辱、抛弃、失利、失意、有害、受刑、被罚，这便是“阴”，这便叫“终”。各种言论属于阳一类的，都叫做始，它从正面宣传利益好处，从而使事情有一个好的开端；各种言论属于阴一类的，都叫做终，它从反面宣传危害坏处，从而结束不适当的谋略。

开启和闭合的方法，要从阴阳两个方面试探。跟性情阳刚、积极进取的人说话，内容要高远积极；跟性情阴柔、消极退守的人说话，内容要微小切近。用低下的言论来适应志向微小的人，用高昂的言论来适应志向远大的人。根据这个办法游说，没有什么地方不能出入，没有什么对象不能说服。可以游说普通人，可以游说大夫，可以游说诸侯各国，可以游说天下。从小的方面入手，可以是小得不能再小；从大的方面着眼，可以是大得不能再大。增加或减少，离开或接近，背离或返回，都用阴阳开合之道来控制。阳活动前进，阴静止隐藏；阳活动外出，阴隐藏入内。阳反复运动，转化为阴；阴发展到极点，转化为阳。凭阳气活动的人，要用道德相互促进感化：凭阴气静止的人，要用可见的行动相互帮助成功。从阳的方面去追求阴，要用德行去包容对方；从阴的方面去接近阳，要尽力气去办事。阴阳相互追求，相互结合，必须通过开启与闭合的途径。这便是天地间的阴阳之道，也是游说别人的方法。它是办好万事的先决条件，也是方正、圆融等各种手段变化的途径。

【本篇要义】

“捭阖”即开合。在思维上，捭是分析，阖是综合；在人事上，捭是分化，阖是拉拢；在处事上，捭是放开，阖是收缩；在言谈中，捭是言，阖是默。所以，捭阖即辩证施说，进退取舍，纵横自如。这是鬼谷子游说理论的基本思想。这是方法，也是原则。在说服过程中，顺、逆、亲、疏、攻、守、破、立，千姿百态，千变万化，要因人因事因时，施以奇正、阴阳、刚柔、弛张、言默、动静、终始等不同方法，进行分解组合，分化拉拢，达到说服目的。

捭阖是春秋战国时期纵横家进行游说时的主要指导思想。

战国时代，七雄纷争，诸侯各国为了扩大自己的生存空间展开形形色色的军事、外交活动，这也为谋士推销自己政治思想与策略提供了最佳的市场。到了战国后期，纵横家代表人物苏秦的“合纵”与张仪的“连横”成为影响最大的两种策略，直接决定了当时的政治版图，而捭阖正是他们采用的最为重要的谋略之一。本章作为《鬼谷子》一书的第一篇，足见其重要性。

谋士们奔走于各国，对国君进行游说，其目的是如何才能让自己的主张得到君王的认可，因此对于君王或者国之将相的认识就成为一个重要的问题。在本篇中鬼谷子用“捭阖”表达了自己对人本性的看法。他认为人是可以划分成不同类别、不同层次的，每个人的个性、才能千差万别，国君也不例外。“夫贤、不肖、智、愚、勇、怯，有差，乃可捭，乃可阖；乃可进，乃可退；乃可贱，乃可贵：无为以牧之。”对人的管理也应该因人而异、因人施管。对贤者、智者、勇者、仁义者可以采用“捭、进、贵”的管理方法，也即奖赏、鼓励、提拔等手段；对不肖者、愚者、怯者则采用“阖、退、贱”的管理方法，也即惩罚、辞退、降级等手段，这对于现代管理也有很大启示。

建立在这样一个对人性认识的基础之上，鬼谷子又把“捭阖”作为指导方针的主要原则运用到了游说之中。“故与阳言者，依崇高，与阴言者，依卑小”。对那些正处于“阳气”（追求或正处于长生、安乐、富贵、尊荣、显名、爱好、财利、得意、喜欲）的人要用正激励，即用崇高的言语来说服他，而对那些处于“阴气”（死亡、忧患、贫贱、苦辱、弃损、亡利、失意、有害、刑戮、诛罚）的人则可以用负激励，即用卑小的言语来说服。用低下来要求卑小的人，用高尚来要求崇高的人。然后便可以根据对象不同，当说则说，当停则停，这样做的话就没有什么人不能够说服，谋士才能达到“可以说人，可以说家，可以说国，可以说天下”的最高境界。

在鬼谷子看来，“捭阖”是世间事物发展的普遍规律，“捭”与“阖”、“阴”与“阳”之间相互转化，也就成为游说需要遵守的法则之一。“阴阳相求，由捭阖也。此天地阴阳之道，而说人之法也，为万事之先，是谓圆方之门户。”鬼谷子认为只有处理好“开启”与“闭藏”的关系，才能够说服别人。

捭阖术具体包括以下几个方面：

（1）刚柔。在游说活动中，急为刚，缓为柔；逆为刚，顺为柔。刚，逼其收敛；柔，诱其软化。刚，义正词严，词锋灼灼，有震慑力；柔，情切切，意绵绵，细语沉吟，有浸润力。鬼谷子主张以柔克刚。

（2）圆方。即游说活动中的灵活性和原则性。智圆行方，语圆事方，外圆内方。圆为变例，方为成例。圆是思维成熟，语言圆润，善于变通，目的是为了更好地达到说服目的。鬼谷子主张转圆求方。

（3）言默。即游说中的语言因素和非语言因素。有意沉默少语，是传递思想信息的有效方式，说服人的辅助手段，征服人心的有力武器。鬼谷子主张言默合宜。默，就是让人多说，自己少说。

（4）开闭。即游说活动中心理上的开放与闭锁。打开心扉，说话直率，是开；紧闭心扉，话有保留，有心机，是闭。接受对方观点为开，拒受对方看法为闭。使对方亮开思想为开，抑止对方相反观点为闭。鬼谷子主张开闭有节。

（5）弛张。即游说活动中的急与缓。有时宜激烈交锋，有时宜从容不迫；有时宜攻势凌厉，有时宜步步试探。鬼谷子主张张弛适度，在说服受阻时，可以退求进，以缓应急。

【智慧评析】

观阴阳之开阖，知存亡之门户

在鬼谷子看来，圣人之所以为圣人，最根本的就是要“守司其门户”。用现代话来说，就是顺应时代发展的潮流，遵循天下兴亡之道。

按照中国人的传统思维，一说起“兴亡之道”，往往要从夏、商、周这“老三代”中去寻找。这是什么缘故呢？一个合理的解释是，在商代夏、周代商的过程中，后世所倚重的谋略尚未取得足以决定胜负的地位。不仅如此，儒、道、法、阴阳等诸子百家的思想也通通不存在，人们的社会政治思想还是混沌一片。在这样一个时代里，“兴亡之道”就显得很纯粹，纯粹到可用简单的“天命”来概括。无论是君还是民，都十分相信“天命”的说法，认为它决定着天下兴亡。即便是夏桀和商纣这样的暴君，也都自诩天命所归。

商汤征伐夏桀之前，曾做了一篇“汤誓”，以鼓舞军队的士气。这篇短文后来收录在《尚书》一书中。在文中，商汤说：“来吧，你们各位！都来听我说。不是我敢于贸然进攻夏朝！实在是因为夏王犯下大罪，上天命令我去讨伐他。现在你们大家会说：‘我们的国君不体贴我们，不让我们种庄稼，却去攻打夏王？’这样的话我早就听过，实在是因为夏王犯下大罪，上天命令我去讨伐他。夏王剥削他的人民，大家都说：‘这个太阳什么时候才能落下？我们宁可和你一起灭亡。’夏桀的德行败坏到这种程度，现在我一定要去讨伐他。”

果然，商汤打败了人民恨不得与其同归于尽的夏桀，建立了商朝。商朝末年，王位落到了纣王的手中，政治黑暗，民不聊生，而西边的周族逐渐兴起，在周文王的领导下，实力已足以与商相抗衡。然而，深通易理的文王没有贸然兴兵东进，而是对内施以仁政，对外剪除商纣的帮凶，同时扩大自己的势力范围。武王即位后，认为伐商的准备工作尚未完成，仍然韬光养晦，耐心地等待时机。据司马迁在《史记·周本纪》中所说，武王曾率兵东进至孟津，天下诸侯纷纷响应，但武王认为商朝气数未尽，于是果断退兵。在吕尚等一班贤臣良将的辅佐之下，周族的实力得以迅速增长。与此同时，商朝统治集团内部的矛盾却呈现白热化，商纣王饰过拒谏，肆意胡为，残杀王族重臣比干，囚禁箕子，逼走微子。武王、吕尚等人遂把握这一有利战机，决定大举伐纣，经过牧野之战，一役而胜，结束了商朝的统治。

商汤伐桀开武力改朝换代之先河，武王伐纣则充分展现了韬光养晦的制敌之道，在中国古代政治、军事史上，两者都具有开创性的意义。当后世的英雄豪杰或野心家们企图推翻一个政权的时候，也都标榜自己是在行“汤武之事”。然而由于不同的动机和方式，往往产生不同的结果。

在四分五裂的五代末期，宋太祖赵匡胤稳定内部之后，立即出兵统一全国。打到最后，只剩下南唐和吴越两个国家。南唐后主李煜平时纵情诗酒，沉溺声色，疏于政务，对战争及国家大事一窍不通，轻易中了赵匡胤的反间计，杀害了自己能征善战的大将林仁肇和忠臣潘佑，以致在宋军压境之时，束手无策，最后只好光着身子自缚请降。

李煜是一位精于诗词、音乐和书画的聪明皇帝，但由于不懂得“兴亡之道”，酿成了国破家亡的惨剧。纵观整个中国历史，凡不懂得“兴亡之道”，做出违背历史潮流之事的人，不管他们有多大的权势和地位，最终都不会有好下场。

近代，孙中山先生领导辛亥革命，推翻了在中国延续两千多年的封建帝制，但胜利的果实最终被袁世凯篡夺。袁世凯表面上支持革命，其实是别有用心。等他一朝大权在握，就不顾革命派的一致反对，大搞复辟帝制的活动，结果仅仅当了83天的皇帝，就在举国上下的唾骂声中被迫下台，最后抑郁而死。

从上述例子可以看出，所谓的“兴亡之道”，一是历史的大势，二是领袖的贤愚，三是民心的向背，这三点直接决定着战争以及一切事业的成败。

在现代商业领域，同样也要遵循兴亡之道。一个企业，如果能顺应时代发展的需要，立足于服务社会，坚持自己的品牌战略，并由一个卓越的领袖带领，就大有可能迈向辉煌。以电脑软件业巨头微软公司为例，该公司引领全球信息化的浪潮，倾力发展小型家用电脑，给人们的生产和生活带来了巨大便利。至于这艘商业巨轮的舵手比尔·盖茨，即便除去“世界首富”的炫目光环，我们依然能感受到他那份难得的执著与睿智。在一次接受《金融时报》采访时，比尔·盖茨诚恳地说：“我有过颓废和虚怯。微软公司在起飞过程中遇到的困难和阻力一次比一次大，从技术难关、竞争对手的围攻到政府的指控，如果我不是最终以勇气和毅力战胜颓废和虚怯，把难关变成发展的机会，恐怕早就被市场竞争的浪潮淹没了。”

纵观古今，可知圣人通过观察阴阳两类现象的变化来对事物做出判断，并进一步了解事物生存和灭亡的途径。计算和预测事物的发展过程，通晓人们思想变化的规律，揭示事物变化的征兆，从而把握事物发展变化的关键，顺势而为，就能克敌制胜。今天的我们，若能学习古时圣人之法，并将其正确地运用于各类所做之事中，定能使自己不断走向成功。

谋略典故：齐国擒贼先擒王

春秋前期，齐国出了位大政治家管仲，他辅佐齐桓公，联合诸侯，使齐国成为五霸之首，鲁国也得听令于齐国。可是，自管仲死后，齐国却一蹶不振。直到春秋后期齐景公时，齐国又出了一位贤相晏婴，国势上升，才又呈现出压倒鲁国之势。

但在这时，鲁国却也出现了一位思想家孔丘，并逐渐得到鲁定公的任用。在齐鲁夹谷之会上，鲁国因有孔丘辅佐，齐国就没讨到便宜。为此，齐景公很是忧愁，便对大夫黎弥说："鲁国日见强盛，有压倒我国之势，如何是好？"黎弥说："这个容易。擒贼擒王，把关键人物制住，就不怕鲁国压倒我国了。只要把孔丘挤走，鲁国就强盛不起来。"齐景公说："这道理我也知道。可孔丘如今正得宠，怎能把他挤走呢？"黎弥说："这好办。俗话说：饱暖思淫欲，贫穷起盗心。鲁君本是好色之徒，其手下臣僚中亦不乏好色之辈。孔丘讲'政者正也'，强调国君要做表率的。我们送一队女乐给鲁君，让他沉迷其间。孔丘见国君如此，必定生气，觉得前途黯淡，就会自动离开。"景公说："好！"便依计而行。令黎弥去挑选了八十名美女，教以歌舞，授以媚术。训练成熟之后，又选出 120 匹好马，特别修饰，配以雕鞍，连同美女，一起送到鲁国，暂时被安排到鲁都城南门外驿馆中。

鲁国重臣季斯本是好色之辈，抢先得到这一消息，心中乐不可支，便乘车去门外偷看，一探虚实。只见齐国美女正在轻歌曼舞，舞态弄风，直把季斯看得目瞪口呆，意乱神迷。自此之后，他天天微服去南门外欣赏，连朝见君主的事也忘了。直到定公三番五次宣召，才把他召进殿里。定公把齐国赠送美女、名马的信交与他看，商量定夺之策。他一口答应，并添油加醋地讲述起齐女之美态，直把定公说得按捺不住，立刻换上便服，与季斯前去偷看。其实，齐使是认识这位定公的，见他偷偷来看，便知事情成了一半，于是暗中传令，让舞女使足媚劲，加力表演。舞女得令，摆臂摇胸，扬手亮腿，巧笑媚视，手引眼勾，直把定公看得神荡魂飘，齿酸涎流，立即回宫，传见齐使，接受美女和名马。自此，“春宵苦短日高起，从此君王不早朝”。鲁定公一心只在美女身上，早把国家大事抛在九霄云外。

孔丘闻说，连连叹气，子路便劝他离鲁周游，以求明君。孔丘并不甘心，说：“不几天便是郊祭大典了，看国君的表现再说吧！”哪知郊祭那天，定公心不在焉，草草祭完，连祭肉都没顾上分割发送，便急急忙忙回宫享乐去了。孔丘长叹一声，终于下定了决心，离开鲁国，开始了他长达 14 年的周游。自此之后，鲁国一蹶不振，成了齐国的附属国。

“观阴阳之开阖以命物，知存亡之门户”，就是通过观察阴阳、分合等自然现象的变化，对世间万事万物的变化进行辨别，并进一步了解和掌握事物的本质属性，从而找到解决问题的关键所在。而在处理事件中最关键者莫过于去掉对方的关键人物，这就是“擒贼先擒王”的道理。齐国设美人计麻痹鲁国君臣，气走可使鲁国走向强盛的关键人物孔丘，鲁国从此一蹶不振，并沦为齐国的附属国，从而达到了制服鲁国的目的。

或阴或阳，或柔或刚

“或阴或阳，或柔或刚，或开或闭，或弛或张”是说世间万事万物，都有阴阳、柔刚、开闭、张弛之道，如果能够灵活掌握、运用自如，自可以在人生的各个领域轻松自如、有所成就。

阴阳之理、刚柔之术、张弛之道对我们的现实人生颇具指导意义。

阴阳协调、风雨调顺、万物各得其所、万事各得其宜是一种顺其自然、合乎自然规律的理想状态。阴阳互补、协调运行，人才能健康，社会才能稳定，大自然才能和谐，做事才能顺利，做人才能安乐。

天人和谐是一种理想的状态。人生活在天地之间，如何才能体现出人在天地间的固有价值呢？如何才能求得人与天地万物的和谐相处与和谐发展呢？这是每一个人都必须思考的人生问题。阴阳之道提倡人与自然的和谐关系，人不但要利用、改造自然，更重要的是适应、协调自然，从而达到与自然环境和谐相处的目的。这是阴阳之道在人与自然关系上的意义所在。

阴阳作为权术，在敌我对垒和斗争中则是克敌制胜的智慧和法宝，但它绝不是“放诸四海而皆准”的真理，所谓“上山不怕伤人虎，只怕人情两面刀”，在生活中不管是交朋友、谈感情还是谈生意、求合作，都应该以真诚为基本前提，而不能做“阴阳双面人”甚至阳奉阴违，否则，就可能失去朋友、真情、信誉、合作和发展的机会。总之，善于玩弄阴阳之术只是一种应对敌人的策略和手段，用之不当，则会适得其反。

刚柔之术是一个人生存和发展的必备武器。刚，是一个人刚直不阿、坚守自我立场、把持自我原则，即为“方”，但一味的刚，则难免变成脆，脆，则易断，所以不足取；柔，就是要在不失大原则的前提下，在细枝末节和一些技巧上适时、适度地让步、弯曲，以达到双方满意、不失和气的双赢状态，即为“圆”，但一味的柔，则难免变成软，软则弱，易受人欺，所以亦不足取。在人生道路上，只有刚柔并济、外圆内方，才能顺利而快捷地达到目标，走向成功。

所谓“文武之道，一张一弛”，无论做任何事，都要张弛有度。一个懂生活、会生活的人，能够兼顾严肃和活泼，该工作的时候工作，该休息的时候休息，潇洒自如。一味的张，就会让自己绷得过紧，往往会导致自己失去弹性和张力；一味的弛，往往会让自己变得松垮、懒散，失去进取心和斗志，进而停步不前。所以，凡事有度、过犹不及。成功的时候不要得意忘形，以免乐极生悲；失败的时候不要灰心绝望、萎靡不振，只要坚持就能峰回路转、柳暗花明。人生之中，任何事情都要保持一个平衡，包括张弛有度的工作和生活。

谋略典故：深谙阴阳之道的李渊

隋朝末年，隋炀帝杨广荒淫无道，致使众叛亲离、国运岌岌可危。蓄谋已久的太原留守李渊趁机起兵。可是当时群雄割据，各路兵马纷纷抢夺天下，李渊并不具备一统天下的实力。其中，瓦岗军是隋末最为强大的一支农民起义军。李密在杀死翟让以后，建立了自己在瓦岗军中的领袖地位，此时的李密得意忘形，大言不惭说自己已被各路英雄推为盟主，自然也包括李渊。李密写信给李渊，希望和李渊戮力同心，共同取得天下。读完李密的密信，李渊给李密复了一封措辞极为谦逊的回信。对讨伐、诛杀昏君、取而代之之言，表示不敢从命。而且申明自己“志在尊隋”，这番虚伪之言掩饰了李渊夺取天下的野心。李渊还极力推崇李密，说“天生万民，必有其主。当今能为民之主者，非君莫属”，并且说自己已年过五旬，别无奢望，自己非常乐意拥戴李密，希望李密早登大宝，以安天下。只要李密能让自己复封于唐，就心满意足了。

李密接到李渊的回信，果然大喜过望。但是实际上，李渊如此做法是想利用瓦岗军的强大力量牵制住东都洛阳的隋军，以便让自己可以顺利进军长安。

武德元年(618 年)9 月，瓦岗军与盘踞洛阳的王世充作战失利，只好到河阳(今河南孟县)去找瓦岗军将领王伯当。李密企图南阻河，北守太行，东连黎阳，卷土重来。但这种企图东山再起的主张，遭到部下诸将的反对。诸人劝李密道：“今兵新失利，众心危惧，若更停留，恐叛亡不日而尽。又人情不愿，难以成功。”李密在无可奈何之下，不得不前往长安，投靠李渊。

李密带领两万人入关的时候，李渊派人迎接，冠盖相望，异常隆重。李密非常高兴，洋洋得意地进了长安城。李渊对李密非常尊重，并将其表妹嫁与李密。但其他人就没有这份待遇了，李密一到长阳，“有司供待稍薄，所部兵累日不得食，众心颇怨”。而且，“朝廷又多轻之，执政良贿”。李渊这样做无疑是个阴谋，目的无非是蓄意制造事端，让李密众叛亲离。

这时，李密已经自投罗网，当然只能任李渊摆布了。

正是因为李渊善用阴阳之术，才取得了一石二鸟的成就：既利用瓦岗军牵制了隋军，让自己的军队顺利进军长安，又控制和瓦解了瓦岗军。

乃可捭，乃可阖

“夫贤、不肖，智、愚、勇、怯，有差，乃可捭，乃可阖；乃可进，乃可退；乃可贱，乃可贵：无为以牧之。审定有无，与其实虚，随其嗜欲以见其志意。微排其所言，而捭反之，以求其实，贵得其指”。从这段话中可以看出，鬼谷子认为，世间之人，有贤良与不肖，有聪明与愚蠢，有勇敢者与怯懦者，有仁人君子，也有苟且小人，总之是有差别的，因而针对不同的人品的态度和方法也就彼此不同。对于贤德之人可以迎为上宾，对于不肖之人可以拒之门外；对于聪明之人可以引进重用，对于愚蠢之人可以废黜斥退；对于怯懦之人可以使其卑贱，对于勇敢之人可以使其尊贵。总之一句话，要顺应人的自然本性，遵循无为而治的原则加以控驭和掌握，可使人尽其才。鬼谷子还告诉我们：用人之道，贵在识人，利用捭阖之术让对方开启，使对方无所顾忌、侃侃而谈，使我们能够更多地掌握对方的情况，并以此来决定取舍。

鬼谷子与历代圣贤一样，都认为用人应该任人唯贤，《尚书》有云：“任官惟贤才。”孔子在回答仲弓问政时也说“举贤才”。

《吕氏春秋》和《左传》中都记载有这样一个故事：

春秋时期晋国大夫祁奚请求退职，晋悼公要他推荐一个有才能的人继任，他推荐了与他有私仇的解狐。解狐上任不久便死去，悼公又要他推荐，他又推荐了自己的儿子祁午。

孔子、韩非子等先贤以及后人都称赞祁奚是个“外举不避仇，内举不避亲”的唯才是举者。这种外不避仇、内不避亲正是任人唯贤的要求和体现。

《大学衍义补辑要》中说：“欲得良将而用之，必不以远而遗，不以贱而弃，不以仇而疏，不以罪而废。”意思是说，要想得到良将而任用他，就必须做到不因为关系不密切而遗忘他，不因为出身低贱而抛弃他，不因为有私人怨恨而疏远他，不因为其曾犯过错误而废弃他。春秋时期齐桓公任用管仲就是一个最好的例证。

春秋时期齐国国君齐襄公被杀。襄公有两个弟弟，一个叫公子纠，当时在鲁国(都城在今山东曲阜)；一个叫公子小白，当时在莒国(都城在今山东莒县)。两个人身边都有个师傅，公子纠的师傅叫管仲，公子小白的师傅叫鲍叔牙。两个公子听到齐襄公被杀的消息，都急着要回齐国争夺君位。

在公子小白回齐国的路上，管仲早就派好人马拦截他。管仲拈弓搭箭，对准公子小白射去。只见公子小白大叫一声，倒在车里。

管仲以为公子小白已经死了，就不慌不忙护送公子纠回到齐国去。怎知公子小白是诈死，等到公子纠和管仲进入齐国国境，公子小白和鲍叔牙早已抄小道抢先回到了国都临淄，公子小白当上了齐国国君，即齐桓公。

齐桓公即位以后，立即要求鲁国杀公子纠，并把管仲送回齐国治罪。管仲被关在囚车里送到齐国。鲍叔牙立即向齐桓公推荐管仲。齐桓公气愤地说：“管仲拿箭射我，要我的命，我还能用他吗?”鲍叔牙说：“那时他是公子纠的师傅，他用箭射您，正是他对公子纠的忠心。论本领，他比我强得多。主公如果要干一番大事业，管仲可是个用得着的人。”齐桓公也是个豁达、大度之人，听了鲍叔牙的话，不但没治管仲的罪，还立刻任命他为相，让他管理国政。

管仲帮着齐桓公整顿内政，开发富源，大开铁矿，多制农具，齐国变得越来越富强。 后来，齐桓公终于成了春秋时期的霸主。

可以说没有管仲全面和淋漓尽致地发挥其才能，也就不会有齐国的繁荣和齐桓公的霸业。 齐桓公大胆起用管仲这个“大仇人”，结果“仇人”帮他缔造了盛世江山。 类似的事例历史上有很多，例如：唐太宗李世民不计前嫌任用魏征。 唐太宗说：“用人跟用器物一样，每一种东西都要选用它的长处。”唐太宗是中国古代历史上最为贤明的皇帝之一，他的很多治国之道都为后世所推崇，而在他所有治国方略当中，用人之道是最为后世所推崇和称道的。 在唐太宗理政的 23 年时间里，所用的文臣武将不胜枚举：除了魏征，还有尉迟敬德、房玄龄、杜如晦，等等，无不是有才之士。

由此可见，对人进行透彻的了解之后，任人唯贤、唯才是举才是真正的用人之道。 在竞争激烈的今天，这条法则更是企业用人的王道，是企业用人的精髓所在。 今天的竞争，归根结底是组织实力与个人能力的竞争，很多企业在用人上已经摒弃了“学历至上”的陈腐理念，而是以能力作为用人的首要标尺。

索尼(中国)有限公司是一家在国际化管理理念下成长起来的外企，既有日本文化体系中的细致、严谨，又有深受欧美文化影响的“自由豁达”，同时，也有中国传统理念当中的灵活与执著。 那么，索尼的用人策略是什么呢?

和许多国际知名的成功企业一样，索尼公司选用人才的标准即是出众的聪明才智、良好的专业知识和业务背景以及认真负责、创新务实的工作态度。 在招聘的环节中，索尼创始人之一的盛田昭夫先生最先提出了“学历无用论”的口号，这样的魄力在今天看来依然令人敬佩。而在企业激励机制中，打破陈规、鼓励创新、充分发挥个性与创意的企业文化使索尼几乎成了研发高手、营销精英们得以发挥无限创造力的天堂，更使很多人以“自我实现”为目标，全身心地投入到工作之中。

索尼公司的做法都是基于一个简单而朴素的道理，这就是以每一位员工的能力作为企业发展的基点。能力创造业绩，能力创造效率，能力创造价值，能力创造辉煌。

谋略典故：扬长避短，因才施用

春秋时期，子产担任郑国的宰相。他不仅精通军政大事和治国之道，且能够根据每个人个性特征以及天资才干的差异，扬其长，避其短，因材施用，从而挖掘出每个被用之人的最大潜能。

子产手下的伯石是个很有才华的人，但也是缺点突出的人，那就是重利益和爱面子，可子产仍然重用他。

一次，子产派遣伯石独自外出到别的国家办事。临行前，子产还没有明确交代任务，就事先询问道：“你这次出行任重而道远，如若事情办得出色圆满，我会重重地赏赐你的。你想要什么赏赐呢?”

伯石毕恭毕敬地回答：“为国效力我心甘情愿，哪里还谈什么赏赐呢?”

子产和蔼地笑着说：“有功即可受禄，这样吧，你回去之后，就打点一下然后搬到西城街上的那幢华堂里去住吧!”

伯石闻听此言，心中大动，但表面上仍然露出一丝难色，恭谨地回答道：“这样似乎不太好吧，一来我还不知道到底能不能完成任务，现在就领赏，别人难免会在背后非议；二来我现在的住所离那里相隔甚远，马上就要出发，一时也不能搬过去……”

子产打断他的话说：“这些都是无关紧要的小问题，你尽管放心去办你的事，其余的事情我会安排妥当的。”

伯石领了任务就高高兴兴地辞行了。但子产身边的门生却很不理解他为什么要这样做，于是就问子产：“他身为大臣，食君之禄，分君之忧，为国家办事效劳那是应该的，而且本身俸禄也不少，您为何还要另外给他赏赐呢？更何况其他的大臣从来没有这样的待遇，难道他有什么值得特别嘉奖之处吗？”

子产意味深长地回答说：“每个人的性格都是不一样的，我非常了解伯石这个人，他很看重钱财利益，虽然表面上说得冠冕堂皇，其实那都是伪饰之辞。每个人都有私欲，更何况贪财如命的他？如果我许给他一点利益，他就必定会尽心尽力地办事，而且我也相信他有这个能力！”

“但是假使您不这样满足他的私欲，也不会有什么坏结果吧，毕竟那是他分内的事，他敢不听命行事？”门生还是不解。

“你这样想就错了！”子产微笑着回答，“那样他只是因为畏惧大王的威严才不得不去办事，就算完成了，他也会心怀嫉恨的。时间久了，说不定会干出什么坏事来。所以，对于这种人就是要不拘一格、利而诱之，才能充分发掘出他的才能，收为己用！”

伯石完成任务回来后，就直接住进了那座华堂里。子产又和郑王商量赐给他一座城邑，伯石更加乐不可支，但还是作势交回了封地，子产于是也就顺水推舟故意收了回来。过了几天，又重新发布命令赏赐给他。如此这般来回了三次，伯石才顺理成章、心安理得、志得意满地接受。

见此情景，门生又好奇地问了：“第一次不要就算了，要么就一次赏给他，为何这样三番五次地推来让去的?”

子产捋须而笑答道：“我是故意这样做的。他这个人贪利而又好面子，这样一来既显得他谦虚礼让，又满足了他的私欲，岂不是一举两得?”

子产就是这样的知人善任，非但没有因为别人的贪利和虚伪弃而不用，还巧妙利用其缺点，做到了人尽其用。也正由于他对伯石的优点和缺点了如指掌，知人善用，在他掌权期间，伯石的地位始终没能超越他。

或开而示之，或阖而闭之

“或开而示之，或阖而闭之”是指或敞开心扉直言，或关闭心扉沉默。现实生活中，既有口若悬河的人，也有沉默寡言的人。在一般人的观念里，喜欢说话总比不喜欢说话要好，至少情商显得要高一些，在社会上更吃得开一些，这种说法多少有点道理。但是，喜欢说话并不等于会说话。在鬼谷子看来，真正会说话的人，都是需要说的时候才说，而且一说就能说到点子上，能发挥大的效用。而到了该沉默的时候，他们一定会沉默。

《墨子》里有这样一则故事。子禽问道：“多说话有好处吗?”墨子说：“蛤蟆、青蛙、苍蝇一天叫到晚，口干舌累，但是没有人去注意它们。现在我们再来看公鸡，它每到黎明时就打鸣，天下人都被它惊动了。所以说，多说话有什么用呢?只有在正合时机的时候说话才有用。”话不在多，切中要害才是关键。在适当的时机、适当的地点说出一番适当的话，小则可以改变个人的命运，大则可以改变历史的进程。在历史上，这样的例子是很多的。

汉朝初建的时候，战火方息，民生凋敝。丞相萧何向高祖建议，将上林苑中的大片空地让给老百姓耕种。高祖一听萧何居然盯上了自己的园林，不禁勃然大怒，认为萧何肯定接受了老百姓的贿赂，才公然替他们说话，于是下令将萧何逮捕下狱，由廷尉审查治罪。这时，旁边一位侍卫官上前劝告高祖说：“陛下是否记得楚汉相争及亲征陈豨、黥布的时候？那几年，丞相一人驻守关中，受到关中百姓的拥戴。若丞相真有利己之心，那关中之地恐怕非陛下所有。昔日丞相不为自己谋大利，今天又怎么会去贪占百姓的一点小利呢？”这简简单单的一席话，令高祖幡然醒悟，不由心生愧疚，立即下令赦免了萧何。

我们知道，汉朝廷尉惯用大刑，一旦萧何真落到廷尉手里，弄不好会屈打成招。在关系萧何命运的紧急关口，多亏那位侍卫官仗义执言，一语中的，打动了高祖之心，方才消除了萧何的牢狱之灾。凭着一副古道热肠，该直言时直言，这是侠士所为。但是，直言也应斟酌语句，说出话来掷地有声，方能达到助人解厄的目的。若直言变成了激愤之言，则可能言而无功，甚至殃及自身。

与直言相比，沉默似乎简单多了，但其实也是不容易做到的。俗语说：“病从口入，祸从口出。”在日常生活中，因为说话不当产生矛盾的事，可能我们每个人都亲身经历过。古往今来，许多人都把“沉默是金”作为自己立身行事的一条原则。唐朝诗人刘禹锡的《口兵诫》说：“我诫于口，惟心之门。毋为我兵，当为我藩。以慎为键，以忍为阍。可以多食，毋以多言。”可见人们对言多语失是何等的慎诫。时至今日，我们虽然不再崇尚“沉默是金”的信条，但在某些场合，还是少说话为宜。

有一则寓言，说一只乌龟厌倦了自己的家，想到外面看世界。她把自己的打算讲给两只野鸭听，后者表示可以帮它实现愿望。为了空运乌龟，野鸭们在乌龟的嘴里横放了一根木棍，尔后吩咐她道："咬紧啊，万万不能松口！"说罢，两只鸭子各架起棍子的一头，腾空而起，把乌龟送上了天。乌龟架在野鸭之间遨游，经过的地方，人们抬头观看，都十分惊奇。"真是神了！"大家喊道，"快看呀！乌龟皇后飞天了！"听了人们的赞叹，"乌龟皇后"忘乎所以，她准备开口说点什么，嘴刚一松开棍子，就从空中一个倒栽葱，摔死在那些观景的人群脚边。

不谨慎的多嘴饶舌，愚蠢的虚荣心，都是成功的共同敌人。在该沉默的时候，一定要沉默，否则谁也难保不会像那只有梦想的"乌龟皇后"一样，从事业的顶峰直摔下来。

谋略典故：说与不说都要慎重

历史上，面对高高在上的君主，很多名臣都曾面临说与不说的抉择。尤其在涉及道义问题的时候，这种抉择将变得非常艰难。一言不慎、杀身成仁者，哪个朝代都有。尽管赢得青史美名，但毕竟是悲剧一场。"伴君如伴虎"一句，道尽了臣子们的这种尴尬与无奈。在说与不说的问题上，确实集中反映一个人的智慧与谋略。

汉高祖刘邦生前为了防止将来吕后专权误国，曾与吕后和大臣们杀白马盟誓，非刘氏子弟不得封王。高祖死后，吕后果然独擅大权。她想立吕姓子弟为王，就问王陵是否可以，王陵直言不讳地说："当年高祖盟誓，非刘姓不得为王，因此万万不可。"吕后大怒，就转而问陈平，陈平却说："如今是太后执掌朝政，凡事可以自主。"吕后于是贬谪王陵，封了很多吕氏家族的子弟为王。事后，王陵责备陈平："当年高祖盟誓的时候，你也在盟誓者之列，如今为何违背誓言？你是要靠谄媚而谋高位吗?"陈平笑着说："不是这样，当庭触犯太后之威，我不如你，可将来辅汉安刘，你就不如我了。"果然，吕后死后，诸吕妄图作乱，正是陈平、周勃等人挺身而出，剪除诸吕，拥立汉文帝即位，才保全了刘家天下。

在面对吕后不怀好意的咨询时，陈平与王陵的态度迥乎不同。王陵仗义执言，傲骨铮铮，虽让吕后无话可说，但也使自己遭到贬谪的命运，无法继续控制事态的发展。陈平则以妥协的方式，保全了自己的实力，并且为将来剪除诸吕积极运筹，最终实现了辅汉安刘的诺言。两相比较，王陵之略方，陈平之略圆。从道义的角度来说，王陵更令人尊敬；而从谋略的角度来说，陈平的做法更可取一些。

在敌我双方的局势尚未完全明朗，或者说敌方的力量远大于自己的时候，采取附和或者沉默的方式来应对，同时积极谋划以图大事，这才符合鬼谷子捭阖之道的精神。

周密之贵微，而与道相追

"即欲捭之贵周，即欲阖之贵密。周密之贵微，而与道相追"。鬼谷子这里主要讲实行捭阖之术，必须周详而隐秘，无论做任何事，事先都要有一个周详而严密的规划。下过象棋的人都知道，赢家没有一个是走一步算一步的，所有的赢家都能算计到后面将要走的几步。因此，凡事有周详而严密的计划，做起来才能得心应手、游刃有余，成功的几率才会更大。

俗话说："凡事预则立，不预则废。"周密的计划是做事成功的基础。一个团队也好，一个自然人也好，做事都要有计划，越是重要的事计划越应周密。做什么、不做什么，先做什么、后做什么，粗做什么、细做什么，资源如何配置等都要依据实际情况计划周详。没有周密的、切实可行的计划，要很好地完成一件事几乎是不可能的。

在细节为首、效率当先的今天，周密的计划显得尤为重要。时间管理专家说，你用于计划的时间越长，你完成计划目标所需要的时间就越短。这两个时间存在着极大的相关性和互补性，就看你怎么做，你是愿意多花一些时间在计划细节上下工夫，还是愿意多花一些时间去调整因为盲目而导致的错误呢？

在人的一生中，每个人都必须做好自己的人生规划，必须具备睿智的眼光和超凡的远见，安排好生活中的每一件事。要全面系统地分析实现既定目标的有利条件和不利因素，或者说，存在哪些方面的机会与威胁。然后，依据上面的分析，确定实现既定目标的具体方案。只有进行周密的计划，才能对那些随时会出现的未知数和变数有所准备，才能在碰到各种各样的突发问题时临危不乱、处变不惊；只有进行周密的计划，才能很明确自己这一步该做什么，下一步该做什么，应该怎样去做。

细节是和计划密不可分的一个最重要因素。细节始于计划，计划同时也是一种细节，是很重要的细节。在你制订计划时，应对所要进行的事情的每一个环节做出深入细致的规划，保证每个环节都有一个目标，都有法可依、有章可循，每一个流程、每一个动作都要进行量化，都要从细节去分析。计划做得越周密，细节做得越到位，做起事情来就越得心应手，越容易取得成功。由此可见，细节不仅是一种态度，更是一种能力，细节表现修养，细节体现艺术，细节隐藏机会，细节凝结效率，细节创造效益。

所以，无论做什么事情，都要心中有数。 制订一个详细、周密的计划是非常重要的，它可以帮你从容地应对和解答事情的未知数，帮你把事情的细节不断量化。 今天，我们应该大力倡导“别忙着干活，先坐下来想一想吧”！

谋略典故：隐藏野心，周密部署

隋王朝统一中国后不久，杨广就开始了他的夺嫡计划，向他的同胞哥哥皇太子杨勇伸出了毒手。

杨勇是个豪爽的花花公子，爱好广泛又不注意小节，更缺乏防人之心和政治谋略。 其母独孤皇后最讨厌男人讨小老婆，杨勇偏偏有很多小老婆；隋文帝杨坚最讨厌花天酒地，杨勇偏偏喜欢音乐歌舞，饮宴达旦。 在封建社会的上层，这些本是再正常不过的事，何况杨勇还是皇太子的身份。 可这些小的细节却足以让杨广作为“反面教材”加以利用、大做文章了。 比如：杨广在其父皇母后面前故作清贫和高尚，他只带妻子萧妃一人在身边，仅此一点就足以使其父皇母后高兴和欣慰。 杨坚夫妇二人有一次到杨广家，发现婢女都又老又丑，乐器上布满灰尘，甚至连弦都没有，不由大喜。 此外，他们每次派人到儿子们那里，皇太子杨勇只把他们当仆人看待，而杨广却不然，他和妻子一定是双双站到门口亲自迎接，致送厚礼，于是杨坚和独孤皇后耳边听到的全是赞扬杨广的声音。 杨广出任江都府时，每次入朝辞行都痛哭流涕，依依不舍。 父母见儿子如此孝心，也流下老泪，不忍他远离膝下。

杨广知识水平很高，有很好的文学修养和城府，对任何人都很诚恳，谦虚有礼，尤其曲意交结政府重要官员，包括杨坚最信任的宰相(尚书左仆射)杨素。 在杨广身上所展示出来的，基本是一个千载难逢的标准领袖形象，具有肝胆相照、义薄云天的英雄胸怀和救国救民、普济苍生的圣贤抱负，节俭、朴实、谦恭，虚怀若谷兼好学不倦，礼贤下士加不爱声色犬马，集众多美德于一身。

一切布置成熟后，公元600年，杨坚将“谋反”的罪过扣到皇太子杨勇的头上，下令把杨勇贬为平民，囚禁深宫，改立杨广为皇太子。 杨广夺嫡成功。 在这段谋划夺嫡的漫长岁月中，杨广一直坚守“情操”，恪守“美德”，而且做得天衣无缝，说明他具有过人的谋略才智和超人的忍耐力。 十几年的“事实”，相信没有人会怀疑他“美德”的真实性和可靠性，更不会怀疑他对父皇的忠诚。

公元602年，独孤皇后逝世。 又过了两年，悲剧又降临到杨坚头上。 公元604年夏，杨坚前往仁寿宫避暑，避暑期间杨坚患病，杨广入宫侍奉。 看到老皇上日渐病重，他内心的兴奋使他再也无法继续控制自己，他对父亲最宠爱的宣华夫人陈氏垂涎已久。 一天，趁着陈夫人方便的时候，杨广上前一把抱住求欢。陈夫人挣扎逃掉，杨坚见她神色仓皇，便探问究竟，陈夫人垂泪道：“太子无礼。”杨坚大怒曰：“独孤误我!”急命两名亲信官员去长安召唤囚禁中的杨勇。 杨广得到消息，急急通知杨素，杨素立即把两名亲信官员逮捕，勒兵戒严，包围仁寿宫，断绝内外交通。 杨广指使部属张衡，闯进杨坚寝宫，把杨坚拖起来，猛击其胸部，杨坚口吐鲜血，哀号之声传遍后宫。 可怜一代开国皇帝，竟被自己的亲生儿子、亲自改立的皇太子残忍夺命，令人不寒而栗。

杨广弑父后立即派人驰赴长安，把他已经被罢黜的哥哥杨勇杀掉。就这样杨广用了十几年的伪装，终于实现了夺嫡的成功。

杨广争夺太子的斗争是一场阴谋活动，他首先隐藏自己的不良野心，把自己伪装成正人君子，过着俭朴的生活，处处揣摸父母的心思，投其所好，讨他们欢心，而实则暗中等待时机，篡夺皇位。杨广的“谋略”能够最终得以成功的关键就是“细节”，引用现代管理学中常用的一句，就是“细节决定成败”。

口者，心之门户也

一位学者曾经说过：“说话是最容易的事，也是最难的事。”会说话，可以帮助你掌握通达的做人智慧。说话没分寸，没艺术，即使是赞扬的话，别人也充耳不闻。说话有分寸，留余地，即使批评的话，别人也乐于接受。

在生活中，总有人掌握不好说话的分寸，不该说的话说个没完，该说的话反倒惜语如金。鬼谷子认为“口者，心之门户也”，嘴巴是一个人宣泄情感的门户，要注意开合，把有益的话、动听的话说出来，把有害的话、得罪人的话藏在肚子里。

成功人士之所以会成功，就是因为他们说话时把握好了分寸，就是因为他们能够把话说得恰到好处。比如说，建国初期，敬爱的周总理，多次在国际上的外交场合，树立了中国人的光辉形象。尤其是在印尼的万隆会议上，以他那高雅潇洒的气质、和蔼可亲的魅力、不卑不亢的风度、语言分寸的掌握、击中“要害”的技巧，粉碎了帝国主义对新中国的污蔑，广交了国际朋友，增进了友谊，赢得了世人的赞誉，建立了新中国的外交格局。

20 世纪 80 年代邓小平在收回香港、行使国家主权的问题上与英国当时的首相号称“铁娘子”的撒切尔夫人的谈判，表现出伟人的风度和柔中有刚的讲话艺术，真正让国人自豪，让世人敬佩，在中国外交史上留下了光辉一页。

那么，如何把话说得恰到好处呢？

（1）要对话，不要独白

对话是交际的基础，有对话才有交流，有交流才能产生情感。其实一次成功的交谈，也应像一场接力赛，每个人都是集体接力的一员，既要接好棒，也要交好棒。棒在自己手上时，要尽心尽力跑好；棒在他人手上时，不妨为之加油、为之喝彩。如果把交谈变成一个人的独白，尽管你讲得眉飞色舞，口干舌燥，也没有人为你鼓掌喝彩。所以能说善侃者切忌把自己扮演成“一言堂主”的角色。

（2）要宽容，不要排斥

交谈中，由于各人的阅历不同，对事物的认识也不尽一致，因而观点的分歧、碰撞、交锋不可避免，这本是很正常的现象。如果一听到对方提出不同的意见，就急迫地插话或打断他人的话，欲把自己的观点强加于人，这样必然给人留下狭隘偏激的印象。明智的做法应该是大度宽容，不要盲目排斥，人家的观点与你不一致，你可以说服或被说服，可以妥协，也可以求同存异。智者千虑，必有一失；愚者千虑，必有一得。集思广益，取长补短，才能使我们既长智慧，又得人心。

（3）要赞赏，不要炫耀

在交谈过程中，每个人都有表现的欲望，同时也有被发现、被承认、被赞赏的内在心理需求。如果只热衷于表现自己，而轻视他人的表现，对自己的一切津津乐道，而对他人的一切不屑一顾，就势必给人造成自吹自擂、自我陶醉的不良印象。

（4）要适度，不要过火

几对青年夫妇同桌吃饭，说到“妻管严”的话题，小何对小刘的妻子说：“听说你老公是典型的‘妻管严’，你可不能把自己的幸福建立在你老公的痛苦之上。”小刘接过话头，一本正经地说：“在现代社会，怕老婆是一种美德，我自愿把自己的痛苦垫在我老婆的幸福之下。”一番话逗得大家哄堂大笑，妻子也对小刘报以幸福满足的笑容。

如果要想说话不失“分寸”，除了提高自己的文化素养和思想修养之外，当然还必须注意以下几点。

一是说话时要认清自己的身份。无论在什么样的场合说话，每个人都会有自己特定的身份。这种身份，也就是自己当时的“角色地位”。比如，在自己家庭里，对子女来说你是父亲或母亲，对父母来说你又成了儿子或女儿。如用对小孩子说话的语气对老人或长辈说话就不合适了，这是不礼貌的，是有失“分寸”的。

二是说话要尽量的客观。这里说的客观，就是要尊重客观事实。事实是如何就如何，应该实事求是地反映客观实际。有些人喜欢主观臆测，信口开河，这样往往会把事情办糟。当然，客观地反映事实，也应视场合、对象，注意一些表达方式。

三是说话要有善意。所谓的善意，指与人为善。说话的目的，就是要让对方了解自己的思想与感情。俗话说：“好话一句三冬暖，恶语伤人六月寒。”在人际交往中，如果把握好这个“分寸”的话，那么你也就掌握了礼貌说话的真谛。

谋略典故：口出狂言，下场凄惨

三国时候，祢衡很有文才，在社会上也很有名气。但是，他恃才傲物，除了自己，任何人都不放在眼里，容不得别人，别人自然也容不得他。所以，他“以狂杀身”，最终被杀。

祢衡所处的时代，各类人才是很多的，但他目中无人，经常说除了孔融和杨修，“余子碌碌，莫足数也”。即使是对孔融和杨修，他也并不是很尊重他们，常常称他们为“大儿孔文举，小儿杨德祖”。

当时曹操和袁绍这两大势力相互博弈，曹操与袁绍开战之前，想要争取镇守荆州的刘表作为自己的后援，因素知刘表好结纳名流，便决定选一名较有名气的高士前往游说。由于曹操对此事十分重视，所以选何人前往，曾向多人征询意见。起初，有人荐举了既有身份又有名望的孔融，而孔融却又转而推荐了好友祢衡。然而，由于种种原因，曹操并不十分情愿召纳祢衡，因此曹操使人召来祢衡后，并未起身让座。祢衡遂仰面感叹：“天地虽阔，何无一人也！”曹操说：“我手下有数十人，皆当世英雄，怎么就没有一个人！”

祢衡说：“请讲。”

曹操说：“荀彧、荀攸、郭嘉、程昱机深智远，就是汉高祖时候的萧何、陈平也比不了；张辽、许褚、李典、乐进勇猛无敌，就是古代猛将岑彭、马武也赶不上；还有从事吕虔、满宠，先锋于禁、徐晃，又有夏侯淳这样的奇才，曹子孝这样的人间福将，怎么说没人？”

祢衡笑着说：“您错了！这些人我都认识，荀彧可以让他去吊丧问疾，荀攸可以让他去看守坟墓，程昱可以让他去关门闭户，郭嘉可以让他读词念赋，张辽可以让他击鼓鸣金，许褚可以让他牧羊放马，乐进可以让他朗读抄书，李典可以让他传送书信，吕虔可以让他磨刀铸剑，满宠可以让他喝酒吃糟，于禁可以让他背土垒墙，徐晃可以让他屠猪杀狗，夏侯淳称为‘完体将军’，曹子孝叫做‘要钱太守’。其余的都是衣架、饭囊、酒桶、肉袋罢了！”

曹操很生气，说：“你有什么能耐？竟敢口出狂言？”

祢衡说：“天文地理，无所不通；三教九流，无所不晓。上可以让皇帝成为尧、舜，下可以跟孔子、颜回媲美。我怎能与凡夫俗子相提并论！”

这时，张辽在旁边，拔出剑要杀祢衡，曹操阻止了张辽，悄声对他说：“这人名气很大，远近闻名。要是杀了他，天下人必定说我容不得人。他自以为了不起，所以我要他任鼓吏，以便侮辱他。”

第二天中午，曹操在丞相府大厅上邀请了很多客人赴宴，命令祢衡击鼓助兴。

祢衡精于音乐，打了一通“渔阳三挝”，音节响亮，格调深沉，发出金石般的声音，座上的客人都被激动得情绪热烈，流下泪来。曹操的侍从们突然挑剔地叫道：“打鼓的为什么不换衣服？”原来，当时的礼节规定打鼓的人必须换上新衣，以示对于宾客的尊敬。谁知祢衡非但不认错，还当众脱下身上的破旧衣服，赤裸裸地站在那里，客人们惊得一齐掩起面孔。祢衡又慢慢地脱下裤子，一直不动声色。曹操看见这个情景，呵斥起来：“在朝廷的厅堂上，为什么这样不懂礼仪？”

祢衡严峻地回答说：“目中没有君主，才是不懂礼仪。我不过是暴露一下父母给我的身体，以显示我的清白罢了！”

曹操抓着祢衡的话，逼问说：“你说你清白，那么谁又是污浊的？”

祢衡直指曹操说："你不识人才，是眼浊；不读诗书，是口浊；不听忠言，是耳浊；不通晓古今的知识，是头脑浊；不能容纳诸侯，是胸襟浊；经常打着篡夺皇位的念头，是心地浊。我是社会上知名的人，你强迫我打鼓，这不过如同当年奸臣阳虎轻视孔子、小人藏仓毁谤孟子一样。你要想成就称王称霸的事，这样侮辱人行吗?"

祢衡这样犀利地当面抨击曹操，使大家都非常吃惊。当时孔融也在座，生怕曹操一气之下会杀害祢衡，便巧妙地为祢衡开脱说："大臣像服劳役的囚徒一样，他的话不足以让英明的王公计较。"曹操听出孔融在帮祢衡讲话，而他也不想在这宾客满座的场合承担残害人才的恶名。

如果他就此将祢衡杀掉，举国尽知曹操不容人，反而成全了祢衡倨傲直言的美誉。于是，他便宽容委以使命，仍叫祢衡出使荆州，说："如果能说得刘表归顺，就封你个公卿之位。"其实曹操明知刘表昏弱无能，祢衡更不会把他看在眼里。他此去，成则有益于己，败则自取其咎。果然，祢衡到荆州后，对刘表也倨傲不恭，语多讥讽。刘表手下人也愤愤然要杀掉他，但刘表也不愿蒙杀人的恶名，于是又转手把祢衡推到江夏太守黄祖那里去了。祢衡禀性难改，到了江夏仍是轻慢黄祖。黄祖乃一介武夫，又性情暴躁，根本没那么多疑虑，盛怒之际，挥剑杀了祢衡。

阴阳其和，终始其义

"阴阳其和，始终其义"就是说阴阳二气必须中和、协调，那么开放和封闭才会节制有度，阴阳才能各得其宜。鬼谷子认为，开放与节制才能善始善终，何时开放何时节制，需要考查万物。用之于谈判，就是要把握"进攻和退却"的时机，及时进退。要根据谈判形势的细微变化，灵活地运用积极进取和消极防御这两种基本策略。

谈判的过程实质上就是利益的博弈，就是原则性和灵活性的平衡，就是双方寻求妥协的过程。谈判要取得成功、达成协议，取决于双方的诚意，各自都要有必要的让步和妥协。当然，这种让步和妥协不是对等的。过早提出让步和妥协，会给对方认为是软弱可欺，导致对方漫天要价，不利于谈判的成功。让步要根据双方的情况和谈判形势灵活决定。有时候需要一步到位，有时候需要分段让步。

总之，采取的方式要使对方感到你的妥协是通情达理的，对谈判是诚心诚意的。不能让对方感到突然或不合逻辑。同时，要有一定的忍耐力，要学会巧妙地坚持和等待。要让对方知道自己做出让步是不容易的，而且在做出让步的同时，也需要对方付出相应的代价或者做出相应的让步，以获得自己认为有价值的东西，这样的谈判才是成功的。

所以，在谈判中，只有“舍”才能有“得”，先“舍”才能够得到更多。在谈判中，必要的一个条件是首先付出，然后才能够得到更多需要的东西，而且付出的一定是我方所认为不太重要而谈判对手认为是非常需要的，这就是谈判中的一个“舍”和一个“得”，不“舍”就不能“得”，谈判是一个交换的过程，而舍得也是谈判的一个必要条件，谈判时要懂得怎么“舍”，然后才能够“得”。

为了做到这一点，可以在准备谈判的时候列出目标的优先顺序，分清哪些是可以让步的，哪些是不能让步的，必须明确，同时要简要、清楚地用一句话来描述。因为谈判是一个混乱的过程，如果写得很长、很多就需要花很多的时间去理解，比较麻烦，也容易出错，在不应该让步的地方，做了相应的让步，而该让的地方却没让步，使谈判陷入僵局。

明确什么是自己想要的、需要的之后，接下来要明确谈判对手想要和需要的内容。例如，如果给街上的乞丐一张演出芭蕾舞的门票，他是不会要的。他最需要解决的是什么？温饱问题。芭蕾舞对他来说，肯定是不需要的东西，他需要一碗粥、一床棉被，这是他最需要的，当解决温饱之后，他才可能考虑其他的需要。

所以，在确定谈判目标的时候，一定要分清自己想要的和需要的内容，把它罗列出来。谈判中有很多常见的问题都会出现，包括价格、数量、质量、交货期、付款、折扣、培训、售后服务等。在谈判前，先列出自己谈判的目标，一、二、三、四按优先级分出来，再列一个竞争对手的目标，考虑对方可能关心的内容，把它也一一地列出来。

对于不同的客户、不同的谈判对手，所列出的目标是有差别的，设定目标时，作为卖方，可能最关注的首先是价格、时间，然后是能够卖多少东西，卖何种质量、档次的产品给客户。客户买东西时，最关注的不一定是价格，也可能是售后服务、产品质量。

但不管怎么样，谈判对手所列出的目标和自己所列出的目标一定是有差距的。这就需要通过双方的交流和谈判，使各自的目标趋于一致。作为卖方，希望买方能够按照自己的目标来做，买方肯定也希望卖方按照他的要求来做，怎样才能达成共识呢？这需要双方沟通和交流，在沟通和交流时坚持原则性和一定的灵活性相结合，不能让的坚决不能让，要坚守住自己的底线，能够让步的不妨妥协，这样才能保证谈判的成功。

谋略典故：开合有度，连横成功

公元前314年，齐宣王和楚怀王结成了联盟，声势很大。秦惠文王原计划打算去攻打齐国，但由于齐、楚联盟而无法得逞。苏秦死后，“合纵”的局势并未完全改观，要想实行张仪的“连横”策略，非把齐、楚联盟拆开不可。于是，秦相张仪来到了楚国。张仪聪明过人，更兼巧舌如簧。他先找到楚王最宠信的大臣靳尚，又是送礼又是许愿，极尽拉拢之能事，然后去见楚怀王，表示秦王愿同楚王交好。

楚王直言不讳地说：“秦王一向霸道，总是向别人索取土地，不给就打，怎么交好?”

张仪说：“现在天下就剩下七个国家，其中又数齐、秦、楚最为强大。如果秦、齐联盟，齐国就比楚国强大；如果秦、楚联盟，楚国就比齐国强大，这就看您怎样选择了。现在秦王愿同楚国交好，还愿把商于一带的600里土地送给楚国。你何乐而不为呢?”

楚王是个目光短浅而又刚愎自用的人，一听说能得到商于之地600里，就很高兴地说：“如果能得到秦国的信任，削弱齐国的势力，更能得到600里的土地，我当然愿同齐国绝交。”

大臣们见风使舵，都纷纷拜贺，唯有客卿陈轸反对说：“齐、楚联盟，才使得秦国不敢攻打齐国或是楚国。秦国愿送600里土地给楚国，目的就是要拆散齐、楚之间的联盟。如果楚国同齐国断交了，而张仪又背信弃义，不肯交出土地，那该怎么办?到那时，如果齐国和秦国再联合起来攻打楚国，楚国岂不是要灭亡了吗?大王不如先向秦国接受商于之地，再去同齐国绝交，这样才能万无一失。”

三闾大夫屈原则当庭斥责张仪是个反复无常的小人，劝楚王万不可信张仪的谎言。只有靳尚已被张仪收买，主张接受张仪的意见。

楚怀王不辨忠奸，被眼前的蝇头小利所蒙蔽，听信了张仪和靳尚的话，一边派人去同齐国绝交，一边派逢侯丑与张仪去秦国接收土地。

张仪工于心计，一路上同逢侯丑聊得火热，使他坚信不疑。等到了咸阳城外，张仪略使小计，装作喝醉了酒，从车上掉下来摔坏了腿，让手下赶紧将其抬到城里去。从此一连三月，逢侯丑怎样求见也见不到张仪。逢侯丑无计可施，只得写信给秦王。

秦王答复说丞相应允的事他一定照办，但他不知楚国是否同齐国完全绝交，所以不能兑现张仪许下的诺言。

逢侯丑把这些情况写信如实地报告给楚王。昏庸的楚王信以为真，居然派人去齐国大骂齐王。齐王十分恼怒，同秦王约定一起攻打楚国。

逢侯丑一直苦苦地守候在张仪上朝的必经之路上。一天，逢侯丑终于见到了张仪，张仪反而问道：“你为什么还在这里，难道还没有得到那块土地吗?”

逢侯丑说：“秦王说要等您病好了才能交割土地，现在请您和我一起见秦王，具体办理割地事宜。”

张仪这时才露出出尔反尔的真面目，他摆出一副若无其事的样子，吃惊地说：“为什么要见秦王？我要把我自己的6里土地交给楚国，不必告诉秦王。”逢侯丑此时才恍然大悟，责问张仪为什么表里不一。

张仪坚决地说："秦国的土地都是靠将士的鲜血一寸寸地争夺过来的，岂可轻易送人，别说600里，就是10里也不行。我没有说过要把秦国的商于之地600里割让给楚国。"

逢侯丑一无所获地狼狈回国，把经过跟楚王一说，楚王恼羞成怒，立刻派屈匄为大将，逢侯丑为副将，率10万大军征讨秦国，发誓拿到张仪要食肉寝皮，以解心头之恨。

秦国听说楚国来犯，派魏章为大将进行抵抗。秦军本来军容整齐，军纪严明，战斗力强，又加上齐国派兵策应，轻而易举地打败了楚国。楚军伤亡惨重。连大将屈匄、副将逢侯丑都阵亡了，10万人马只剩下3万人逃回楚国。韩、魏等国一见楚国失败，也趁机侵掠楚国的土地。

楚王走投无路，只好让屈原去齐国赔罪，让陈轸去秦国求和，并万般无奈地献上两座城池，这件事情算告一段落。后来，楚怀王不顾群臣劝谏，逞匹夫之勇，一心想杀张仪。居然派人到秦国提出以黔中的土地来换张仪。秦国那些与张仪不和的人就鼓动秦王答应，认为以一个人换大片土地是占了绝大的便宜。秦王尚在犹豫不决，倒是张仪主动要求去楚国。张仪一到楚国就被扣押下来，楚怀王准备选个日子杀掉他祭祀祖宗。谁知张仪果然有通天之能，他竟然买通狱卒，与靳尚取得了联系，并千方百计拉拢楚怀王的宠后郑袖，一起去迷惑怀王，劝他释放张仪。

怀王心无主见，居然答应了他们的请求，释放了张仪。就这样，张仪平安地回到了秦国。后来，秦国在张仪的策划下再次攻楚，并最终灭了楚国。

张仪的成功之处在于：他不失时机地采取捭阖之术来游说各方：先是以600里土地使楚怀王与齐国绝交，接着拖延时间，直到齐、楚两国断交后才露出本来面目。这两步可以说都是采取了守势，即“阖”术，见机行事。最后，当时机成熟时，就主动出击，采取“捭”术，灭掉了楚国。

捭阖之道，以阴阳试之

在这里，鬼谷子提出了“捭阖之道，以阴阳试之，与阳言者依崇高，与阴言者依卑小”的论点。他把人笼统地分为两类，一类是“阳言者”，即积极进取者；一类是“阴言者”，即消极保守者。根据不同人的不同志向来进行游说，才可能达到“由此言之，无所不出，无所不入，无所不可。可以说人，可以说家，可以说国，可以说天下”的境界。我们在与人共事或交谈之前，不妨也先给对方归一下类，然后决定用什么样的言行来对待他。

美国耶鲁大学的威廉·费尔浦斯教授，是个有名的散文家。他在散文《人类的天性》中写道：

在我8岁的时候，有一次到莉比姑妈家度周末。傍晚时分，有个中年人慕名来访，但姑妈好像对他很冷淡。他跟姑妈寒暄过一阵之后，便把注意力转向了我。那时，我正在玩模型船，而且玩得很专注。他看出我对船只很感兴趣，便滔滔不绝讲了许多有关船只的事，而且讲得十分生动有趣。等他离开之后，我仍意犹未尽，一直向姑妈提起他。姑妈告诉我，他是一位律师，根本不可能对船只感兴趣。“但是，他为什么一直跟我谈船只的事呢?”我问道。

“因为他是个有风度的绅士。他看你对船只感兴趣，为了让你高兴并赢取你的好感，他当然要这么说了。”

为人处世，要想拥有和谐的人际关系，使别人对你推心置腹，你就要充分了解别人，尤其要了解对方的爱好与兴趣。否则，你就难免遭遇曲高和寡的悲凉，或对牛弹琴的尴尬。“与阳言者依崇高，与阴言者依卑小”，这实在是亘古不变的交际法则。

谋略典故：对不同的人采用不同的游说方式

春秋战国时期，齐、鲁乃是邻国，两国关系时好时坏，齐简公在位时，陈恒擅权，为欲报鲁国曾经联合吴国伐齐之仇，发兵进攻鲁国，屯兵于汶水之上，誓欲灭鲁方还。

此时，孔子正在鲁国，删述诗书，惊闻齐国大军压境，父母之邦，不可不救，遂问群弟子，谁能出使于齐，以退敌军？子张、子石都愿前往，孔子不许。子贡离席请示，他是否可以去，孔子乃欣然允诺，子贡立即束装就道，直奔汶上齐军大营，求见陈恒。

陈恒知道子贡乃是孔门高弟，此番前来，必然是做说客，为鲁国解围，遂故意摆出一副倨傲的神态，接见子贡；而子贡却丝毫不在意，坦然而入，寒暄就座。

陈恒想一语道破子贡的来意，遂问道：“先生此来，是为鲁国做说客吧？”

子贡的答话，却大大出乎陈恒的意料之外，他说：“赐（子贡名）此来，是为齐而非为鲁，鲁乃难伐之国，相国何为伐之？”

“鲁国有何难伐？”陈恒不解地反问。

“其城薄以卑，其池狭以浅，其君弱，大臣无能，士不习战，所以难伐。”子贡似乎故意在颠倒说词，令人费解。在陈恒尚未发问之前他继续说：“为相国计，不如伐吴，吴城高而池广，兵甲精利，又有良将为守，攻之甚易。”陈恒一听，勃然大怒说：“先生所言难易，颠倒不清，令人不解。”

子贡早有成竹在胸，并不以陈恒的发怒为忤，反而和颜悦色地悄声说：“请屏退左右，当为相国解说明白。”

陈恒弄不懂子贡葫芦里卖的什么药，只好挥手令左右人等退下，听子贡解释。

子贡见陈恒已入其彀中，遂从容不迫地说：“有句话说‘忧在外者攻其弱，忧在内者攻其强。’赐窃窥相国在贵国目前所处情势，似非能与诸大臣和睦共事，今破弱鲁以成诸大臣之功，而与相国无干，反使诸大臣之势日盛，相国之势日弱；若移师伐吴，诸大臣之势将外困于强敌，而相国则可专制齐国，岂非善策?”

子贡的这一番话，直逼陈恒内藏的野心深处，使他不得不顿然换上一脸笑容，进一步求教：“先生所言，洞彻恒之肺腑，然而大兵已在汶上，若移而向吴，人将疑我，奈何?”

子贡欣然说：“只需按兵不动，待我南见吴王，使其救鲁伐齐，如此而与吴军交战，就不愁没有正当理由了。”

陈恒一听大喜，遂命大将军国书说：“据悉吴将伐我齐国，我军暂驻汶上，不可轻动，随时打探吴军动静，须先破吴兵，然后伐鲁。”

大将军国书信以为真，乃按兵不动，陈恒遂转回齐国去了。

子贡则星夜南下，到了吴国，见到吴王夫差说：“以前吴、鲁连兵伐齐，齐人怀恨入骨；如今齐兵已在汶上，将伐鲁国，其次必将及吴；大王何不伐齐以救鲁？击败万乘之齐，而收千乘之鲁，威加强晋，吴国霸业不就成功了吗?”子贡的话，也一语击中了吴王图霸的心愿。

“前者齐国表示世世将服侍吴国，寡人才班师回国；如今齐国朝聘不至，寡人正欲兴师前往问罪；但据报越王勾践勤政习武，有伐吴之心，寡人欲先伐越国，然后北上攻齐未晚。”吴王夫差说。

子贡听了急忙说：“不可，不可！越弱而齐强，伐越之利小，而纵齐之患大，如畏弱越而避强齐，非勇也；逐小利而忘大患，非智也！智勇俱失，何以争霸？大王如仍然对越国放心不下，臣请为大王东见越王，使其亲率兵马，从大王麾下出征何如？”

吴王夫差听完子贡的话，大喜过望说：“果真能如此，乃孤之愿也。”

子贡于是又马不停蹄，兼程赶往越国。

越王勾践听说子贡来了，亲至三十里外郊迎，待以上宾之礼，非常谦恭地向子贡鞠躬请教：“敝邑僻处东海，何烦高贤远辱？”

“特来吊君！”子贡又突发惊人之语。

卧薪尝胆的勾践，自非简单人物，他对子贡的话，虽感惊诧，暗忖其中必有玄机，遂再拜叩首说：“孤闻‘祸与福为邻’，先生下吊，孤之福矣，请闻其说。”

“臣曾见吴王，说以救鲁而伐齐，吴王疑越有攻吴之心，其意欲先诛伐于越，如无报人之志，而使人疑之，拙也；有报人之志，而使人知之，危也！”子贡说。

勾践一听，不禁悚然一惊，乃长跪不起说：“先生何以救我？”

子贡乃诚恳地分析其当前情势说：“吴王骄而好佞，宰嚭专而善谗，君以重器悦其心，以卑辞尽其礼，亲率一军，从其伐齐，彼战而不胜，吴国从此弱矣；若战而胜，必侈然有霸诸侯之心，将以兵临强晋，如此，则其国内空虚，而越则有机可乘矣。”

勾践此时如醍醐灌顶，顿然彻悟，又再拜说：“先生此来，实出天赐，如起死人而肉白骨，孤敢不奉教!”乃赠子贡黄金百镒，宝剑一口，良马两匹。

子贡坚持不受，还见吴王说：“越王感大王生全之德，闻大王有疑，意甚悚惧，不日即将派专使前来谢罪。”

吴王遂留子贡暂住，第五天，越国果然派大夫文种为专使，带了一批名贵兵器为礼，谒见吴王说：“东海贱臣勾践，蒙大王不杀之恩，得奉宗祀，虽肝脑涂地，未能为报，今闻大王兴大义之师，诛强救弱，勾践请问师期，将精选境内士卒三千，以从驰驱，勾践愿披坚执锐，亲冒矢石，死无所惧。”

夫差听到这一番话，心里舒贴极了，乃召问子贡：“勾践果然是信义之人，愿率兵马三千，从我伐齐，先生以为可否?”

“不可，用人之众，又役其君，是嫌太过；不如许其师而辞其君。”子贡说。

吴王乃欣然从之。

子贡遂辞吴，北往晋国，劝晋侯说：“臣闻‘无远虑者，必有近忧’，今吴将与齐战，必与晋争霸，君宜秣马厉兵以待。”晋侯甚为感激，待子贡返回鲁国，齐兵已被吴军所败，挽救了鲁国灭亡的命运。

子贡充分利用齐、吴、越、晋四国的矛盾，抓住主要人物的不同心理，区别对待，巧妙周旋，使鲁国从危难中解脱出来，显示了高超的游说技巧。

阳动而行，阴止而藏

鬼谷子的捭阖之术，在战略上表现为在认清形势的前提下，决策者能够根据不同的形势采取不同的策略。当形势有利于自己的时候，应该采取“捭”的战略，开启自己，积极主动进攻，以便获得更大的胜利；当形势不利于自己的时候，则应该采取“阖”的战略，闭藏自己，积蓄力量，等待时机。但鬼谷子认为“阖”并不是说消极地等待时机自己到来，而是应该主动去创造有利条件，用适宜的战略使形势朝有利方向转换。“阳动而行，阴止而藏；阳动而出，阴随而入。阳还终始，阴极反阳”说的就是这个意思。

当一个人得势时，似乎没有什么事情是不能够顺利完成的，正所谓“春风得意马蹄疾，一日看尽长安花”。反之，在失势时，什么事情都不顺心，越是努力，事态仿佛越是恶化，此时，我们应该怎么办呢？鬼谷子提醒我们，在面临不利于自己的形势时，越发不能心浮气躁，乱了章法，而要沉着冷静，遵循“阖”的秘诀，以强韧的意志、坚定的信念打持久战，本着勇往直前的精神继续前进，渡过难关；而随着外部形势的变化，有利于自己的黄金时代一定会到来的，那时再采取“捭”的战术，化被动为主动。为了求得更大的发展目标而暂时示弱于人便是这种智慧最突出的一种体现。

百折不挠、宁死不屈确实是令人钦佩的美德和品性，但面对强大的对手，若无取胜的机会，却一味地勇往直前，就会陷入被动，给自己带来不必要的伤害甚至牺牲。如果适时示弱，可以避其锋芒，迷惑对手，得以养精蓄锐，然后等待时机反戈一击，常常能出奇制胜。

示弱的智慧在自然界中随处可见：一堆石子压在草地上，小草被压在下面，但为了继续生存和生长，小草改变了直长的方向，沿着石头间的缝隙，弯弯曲曲地探出头来。在重压面前，小草选择了弯曲、选择了示弱，而正是这种选择，才使它们散发出永恒的勃勃生机。有两种蓝甲蟹：一种很凶猛，生性好斗，跟谁都敢“开战”；一种很温顺，遇上“敌人”便一味装死，一动不动。随着时间的推移，强悍凶猛的蓝甲蟹在残杀中越来越少，濒临灭绝；而甘于示弱的蓝甲蟹因为善于保护自己，反而繁衍昌盛，不断壮大。

自然界中的植物和动物能够应用阴阳之道保护自己、求得生存和繁衍的空间，乃是出于生存的本能。而我们人类拥有无上的智慧，所以更应懂得运用阴阳之道来谋发展、求进步、铸成功。人们常常用“毫不示弱”来形容勇敢和刚毅，面对压力誓不低头的确是值得钦佩的个性和品格，但懂得适时选择示弱、认输乃至于放弃的人才是最聪明的人。

瑞典的克洛普以登山为生。1996 年春，他骑自行车从瑞典出发，历经千辛万苦，来到了喜马拉雅山的脚下，与其他 12 名登山者一起登珠穆朗玛峰。但在距离峰顶仅剩下 300 英尺时，他毅然决定放弃此次登峰行动，返身下山，那意味着前功尽弃啊！而他做出这个决定的原因是他预定返回的时间是下午 2 点，虽然他仅需 45 分钟就能登上峰顶，但那样他会超过安全返回的时限，无法在夜幕降临前下山。同行的另外 12 名登山者却无法认同他的决定，毅然向上攀登，虽然他们大多数到达了顶峰，但最终错过了安全返回的时间而葬身于暴风雪中，让人扼腕叹息。而克洛普经过对恶劣环境的适应，在第二次攀登时轻松地登上了峰顶，征服了“珠峰”。

假如克洛普也和其他人一样，执著地选择勇往直前，不顾一切地去实现目标，那么他将遭遇与其他同行者一样的悲惨结局，更不会有以后的成功。正是因为他学会了“示弱”，学会了审时度势，把握大局，以小忍换大谋，最终安全实现了自己登珠峰的夙愿。

生活中向人示弱，可以小忍而不乱大谋；工作中向人示弱，可以收敛触角、蓄势待发；强者示弱，可以展示出其平易近人的一面，显示其广阔的胸襟；弱者示弱，可以积蓄实力、厚积薄发。

示弱并不是妥协和倒下，更不是懦弱，而是一种理智和“小不忍则乱大谋”的智慧，是为了更好、更坚定地站立。人生是一个艰难的旅程，绝不会一路风平浪静、一帆风顺，所以我们必须懂得适时地扬帆和收帆，以避免被风浪吞没，从而安全地抵达彼岸。

谋略典故：卧薪尝胆，忍辱负重

公元前 496 年，越王允常死，勾践即位。由于其父允常不肯帮助吴国攻打楚国，又支持阖闾弟夫概自立，两家结下了怨仇。吴王阖闾趁越国有丧事之机，率军攻打越国。在槜李之战中，吴国的军队不料却被越王勾践打败，阖闾在混战中身受重伤，回师途中死去，从此更加深了彼此双方的仇恨。阖闾的儿子夫差继位后，厉兵秣马，发誓报仇。

越王勾践打败吴国老王阖闾，初尝胜果，得意忘形之下，他不纳范蠡忠言之劝，欲灭吴国而后快。公元前 494 年，吴越夫椒之战中，勾践一败涂地，被困在会稽山。打了败仗的勾践万般无奈之下，为图保佑社稷、他日复国兴邦，命人前去求和。夫差为报父仇不肯纳降，命伍子胥趁势灭越。

越王勾践及其臣民命悬一线。范蠡请缨只身去见夫差，一番斗智，说服夫差收兵，保住了勾践的性命，但越国上至君臣，下至百姓，从此成为了吴国的奴隶。

勾践抵达吴都姑苏城，夫差有意羞辱他，要他住在阖闾坟前的一个小石屋里守坟喂马，有时骑马出门还故意要他牵马在国人面前走过。他们小心地侍候着吴王，百依百顺，忍饥挨冻，毫无怨言。经历了此番变故，勾践意志消沉。

伍子胥也借机百般凌辱勾践，使勾践不堪受辱，欲送死于伍子胥剑下，被范蠡舍命阻拦，勾践也终于明白了自己的使命。为掩人耳目，勾践白天在街头忍辱偷生，夜晚励精图治。

勾践忍辱负重，小心伺候夫差，做到百依百顺，胜过夫差手下的仆役。夫差生病，勾践前去问候，还掀开马桶盖观察夫差刚拉的大便，了解夫差的病情。时间过去 3 年，由于勾践尽心服侍，再加上伯喜不时接受文种派人所送礼并在夫差面前为勾践说好话，使夫差认为勾践已真心臣服，决定放勾践夫妇和范蠡回国。

勾践回国后，为了报仇复国，迁都会稽，重修政制，用最快的速度复兴国家。他尊贤礼士，敬老恤贫，以百姓为念。勾践奋发图强，采取了富国强兵的种种措施，鼓励百姓生养儿女，减轻赋税劳役，制定一系列有利国计民生的政策，对那些孤儿寡妇、生病的、穷苦的，由官府代养他们的儿女，对那些有名望有特长的人，国家在物质上给予优厚的待遇，鼓励他们为国出力。勾践自己也亲自参加耕种，不是亲自种出来的粮食，勾践就不吃，不是他夫人织出来的布，勾践就不穿。十年之内，不向老百姓收税。因而，他受到全国百姓的爱戴，老百姓纷纷请求和吴国作战，复国雪耻。

为了牢记亡国之痛、石室之辱，他每天晚上睡在柴堆上，并且在柴堆上面挂一个苦胆，在每天早晨起床穿衣时，总要去舔一下苦胆，尝尝它的苦味，给后人留下了卧薪尝胆的成语。勾践一边卧薪尝胆，磨炼他的意志，一边又在国内努力发展生产，积蓄力量，并且在太湖之中秘密训练军队。

不想，这一切被伍子胥发现了越王意欲复国的举动。夫差得知后，杀心顿起，亲自领兵前来，越国又一次大祸临头。于是勾践令越国中的男女入山采葛，赶织黄丝细布献给吴王，表示自己的忠顺，用来麻痹对方。勾践还把越国的两名美女西施与郑旦献给吴王，让夫差整天荒淫无度，沉醉于美色当中，不再理朝政。这一招十分有效，吴王增加了越国的封地，放松了对勾践的警惕。使越国又逃过了一劫。伍子胥也因此失去了吴王夫差的信任，他的谏言不再被采纳。

就这样勾践君臣同心努力，发愤图强，国势蒸蒸日上，吴国却一天天走向衰败。又过了五年以后，越国的实力极大地超过了吴国。勾践一看时机已经成熟，勾践对本国的臣民说："我不需要那单枪匹马的勇气，我要的是万众一心，同进同退。奋勇向前时想到国家的赏赐，畏缩后退时想到军令的刑罚；如果前进的时候不出力不听指挥，败退了却不知羞耻，这样就会受到应有的刑罚。"臣民们斗志昂扬，互相勉励，都说："看一看谁是我们的国君，能不为他去拼死杀敌吗？"

经过了近十年的耐心等待，公元前 482 年，勾践趁吴王发兵北征之机，发动了复仇战争。勾践指挥他决心为国报仇的人民，袭击了吴国，攻入吴都姑苏，他的"水师"又从海道进入淮河，断绝了吴军的归路。公元前 475 年，越军攻打姑苏城，围了二年以后，最终攻下了这座城，夫差逃至姑苏山。历史惊人地重演了，这一次品尝胜利滋味的是越王勾践。他没有接受吴国的投降，夫差自杀，越国吞并了吴国。自此，勾践专心国事、富国安邦，成为春秋末年政坛上显赫一时的风云人物。

勾践深谙胜者为王、败者寇的道理，身处危难时，又是献美女，又是献身做奴仆，苟且偷生了一回，图谋东山再起。"十年生聚，十年教训”，不忘国耻，励精图治，待机而起，终于圆了复国之梦！这期间的勾践忍了常人不能忍之痛，运用了典型的中国传统智慧——“韬晦”。他既没有像项羽，无颜见江东父老，刎颈乌江；也没有像荆轲一样逞匹夫之勇去谋刺夫差，而是怀抱复国之心，小心谨慎，屈尊降贵，暂且俯首称臣。他教会了我们在对敌的劣势中如何以小搏大的艺术。

同时，忍辱负重又是需要勇气和长远的谋略的，并不是一般人可以做到的。越王勾践在吴国之所以能忍受了常人所不能忍受的侮辱，是因为他确信自己只要能重获自由，一定能打败吴国。若当时越王勾践逞一时之勇，必定会死在吴王手上，那越王勾践不过就是一个值得后人可怜和同情的烈士了，最终胜利的还是吴王。但因为勾践忍辱负重，最终灭掉了吴国，胜利重又属于越王勾践，那么后人在被勾践能忍辱负重的精神所折服的同时，也会赞扬越王勾践的远见。

越王勾践卧薪尝胆、报仇雪耻的过程验证了对敌中的局势是能够转化的。只要有坚强的意志再经过艰苦的努力，就可以使局势转劣为优；相反的，被胜利冲昏头脑，丧失了警惕，麻痹大意，就会使力量从强变弱，在最终的争斗中败下阵来。

阴阳相求，由捭阖也

鬼谷子在文中说到：“以阳求阴，苞以德也；以阴结阳，施以力也；阴阳相求，由捭阖也。”即在游说的过程中，要以力相逼，以情化之，要依据阴阳结合的天地之道。引申来看，当我们在说服别人的时候，有时候会遇到对手攻势猛烈、锐气凌人的反击，此时如果一味地委曲求全，则会给自己带来损失；如果硬对硬地顶牛，又会陷入困境。这时候，刚中有柔，刚柔并用，阴阳结合，就可能控制住对手，掌握主动。这样的例子，在中国历史上举不胜举，下面我们来看这样一个例子。

康熙年间，三藩叛乱，吴三桂手下有一员战将韩大任，率部在湖南与清军作战失利后退到福建准备攻打汀州。当时在福建与叛军作战的清军统帅杰书打算发兵武力进剿。这时，属下吴兴祚出来反对发兵进剿，主张招抚。此人见多识广，口若悬河，很得杰书信任，杰书也考虑到兵力不足，于是便采纳吴兴祚的意见，派吴前往叛军驻地招抚韩大任。

吴兴祚带了几个随从，快马加鞭来到叛军驻地。他一见到韩大任，便号啕大哭起来，把韩大任搞了个莫名其妙，忙问缘由。吴兴祚面带悲伤开诚布公地说："我这次来是专为吊唁您而来的，叫我怎能不哭?"韩大任忙问："你说这话是什么意思?"

吴兴祚不慌不忙地回答说："将军你所以威行天下，是由于吴三桂对您格外器重。现在吴三桂把兵权交给您，深信不疑，实指望您建功立业，可是您几年时间却寸功未建，损失惨重，吴三桂现在还能看重您吗？现在您又冒险准备攻打汀州，可汀州守军早已严阵以待，您觉得以疲惫之师攻打精锐军队能够打胜吗?如果一旦战败，吴三桂还能原谅您吗？所以我说将军死期已近，前来预先吊唁。"

听完吴兴祚的一席话，韩大任低头不语，沉默片刻，问吴兴祚："你看我归顺朝廷怎么样?"吴兴祚一看时机已经成熟，忙说："我这次来就是受康王杰书的委派来劝说将军归顺的，将军如能够弃暗投明归顺朝廷，当是建功立业的绝好时机。"一番话终于说服了韩大任，使韩大任带领数万军队归附了朝廷。

这个例子告诉我们，对付铤而走险的人，最忌的一招就是不留退路。在针锋相对之后，铤而走险的人大多都有后悔之意，只不过在没有退路的前提下才不得已而为之，如果这时能以强硬的语言晓之以利，再用柔和的语言动之以情，一般情况下是都能安抚成功的。因此，在说服对手的时候，凡是遇到打算一头撞南墙的人切记刚中有柔。否则物极必反，会把一个本来可以有挽救余地的人或事逼向绝路。

在这个世界上，人的个性千差万别，对说服的敏感程度也不相同。因此，运用刚柔并用的技巧时，要视对方性格而定，有所侧重。有些人自我意识淡薄，不敢正视现实。对这些人，应猛击一掌，大喝一声，用尖锐、严厉、刚正、激励的语言，使其猛醒。有些人自我意识强烈，脾气暴躁。对这些人，应用和风细雨的腔调，以推心置腹的情感来说服他。

还有一点大家要特别注意，说服时可以用刚言，但不能太刚，太刚就容易走向残暴，造成双方关系紧张；说服时可以用柔言，但不能太柔，太柔就容易失去力量，无法收到预期的功效。刚柔结合，两手并用，才能增强说服力量。

谋略典故：七擒七纵，心悦诚服

东汉末年，魏、蜀、吴三分天下。蜀丞相诸葛亮受昭烈帝刘备托孤遗诏，立志北伐，以重兴汉室。就在这时，蜀南方之南蛮又来犯蜀，诸葛亮当即点兵南征。到了南蛮之地，双方首战，诸葛亮就大获全胜，擒住了南蛮的首领孟获。但孟获却不服气，说什么胜败乃兵家常事。孔明得知后大笑，下令放了孟获。放走孟获后，孔明找来他的副将，故意说孟获将此次叛乱的罪名都推到了他的头上。副将听了十分生气，大声喊冤，于是孔明将他也放了回去。副将回营后，心里一直愤愤不平。一天，他将孟获请入自己帐内，将孟获捆绑后送至了汉营。孔明用计二次擒获了孟获，孟获却还是不服，诸葛亮便又放了他。这次，汉营大将们都有些想不通，他们认为大家跋山涉水、千里迢迢而来，这么轻易地放走敌人简直是像开玩笑一样。 孔明却自有道理：只有以德服人才能真的让人心服；以力服人将必有后患。 孟获再次回到营中，他的弟弟孟优给他献了个计谋。 半夜时分，孟优带人来到汉营诈降，孔明一眼就识破了他，于是下令赏了大量的美酒给南蛮之兵，使孟优带来的人喝得酩酊大醉。这时孟获按计划前来劫营，却不料自投罗网，被再次擒获。 这回孟获却仍然不甘心，孔明便第三次放虎归山。 孟获回到大营，立即着手整顿军队，伺机而动。 一天，忽有探子来报：孔明正独自在阵前察看地形。 孟获听后大喜，立即带了人赶去捉拿诸葛亮。 不料这次他又中了诸葛亮的圈套，第四次成了瓮中之鳖。 孔明得知他这次肯定还是不会服气，便再次放了他。 孟获带兵回到营中。 他营中的一员大将带来洞主杨锋，因跟随孟获数次被擒，数次被放，心里十分感激诸葛亮。 为了报恩，他与夫人一起将孟获灌醉后押到汉营。 孟获五次被擒仍是不服，大呼是被内贼所陷害。 孔明便第五次放了他，命他再来战。

第二天，孔明正要分兵缉擒孟获，忽得报说孟获的妻弟将孟获带往孔明寨中投降，孔明知道是假降，一声令下全部拿下，并搜出每人身上的兵器。 孟获不服，说假如能擒他七次，他才真服。 孔明于是又放了他。

于是孟获又请来乌戈国的藤甲军，与孔明决战。 孔明用油车火药烧死了无数蛮兵，孟获第七次被擒，才真心投降。

大军回到成都，后主刘禅出城 30 里迎接。 刘禅与孔明并车而行，设太平筵，重赏三军。 从此每年有三百多个邻邦向蜀国进贡。

反应篇

反应篇

本篇作为一种游说之术。主要含义是：通过正面或反面的反复观察、了解、辩说，准确地掌握对方的反应，包括心理、语言等方面的反应，以便紧紧抓住对方，并准确地制定自己的基本策略。本篇说理不仅层次井然，而且形象生动，运用了多个独特的比喻，如：钓人之网、比目之鱼、响之随声、影之随光、后羿射日等。

【经典原文】

古之大化者，乃与无形俱生。反以观往，覆以验来[①]；反以知古，覆以知今；反以知彼，覆以知己。动静虚实[②]之理，不合来今，反古而求之。事有反而得覆[③]者，圣人之意也，不可不察。

人言者，动也；己默者，静也。因其言，听其辞。言有不合[④]者，反而求之，其应必出。言有象，事有比；其有象比[⑤]，以观其次。象者象其事，比者比其辞也。以无形求有声，其钓语[⑥]合事，得人实也。若犹张置网而取兽也，多张其会而司之。道合其事，彼自出之，此钓人之网也。常持其网驱之，其言无比，乃为之变。以象动之，以报其心，见其情，随而牧之[⑦]。己反往，彼覆来，言有象比，因而定基。重之、袭之，反之、覆之，万事不失其辞，圣人所诱愚智，事皆不疑。

古善反听者，乃变鬼神以得其情。其变当也，而牧之审也。牧之不审，得情不明；得情不明，定基不审。变象比，必有反辞，以还听之。欲闻其声，反默；欲张，反敛；欲高，反下；欲取，反与。欲开情[⑧]者，象而比之，以牧其辞[⑨]，同声相呼，实理同归。或因此，或因彼，或以事上，或以牧下。此听真伪，知同异，得其情诈也。动作言默，与此出入；喜怒由此，以见其式。皆以先定，为之法则。以反求覆，观其所托。故用此者，己欲平静，以听其辞，观其事，论万物，别雄雌。虽非其事，见微知类。若探人而居其内，量其能射其意也。符应不失，如腾蛇之所指，若羿之引矢。

故知之始己，自知而后知人也。其相知也，若比目之鱼。其伺言也，若声之与响；见其形也，若光之与影也。其察言也不失，若磁石之取针，舌之取燔骨。其与人也微，其见情也疾。如阴与阳，如阳与阴；如圆与方，如方与圆。未见形，圆以道之；既见形，方以事之。进退左右，以是司之。已不先定，牧人不正⑩，事用不巧，是谓“忘情失道”；己审先定以牧人，策而无形容，莫见其门，是谓“天神”。

【难点注释】

①反以观往，覆以验来：反，同返，覆，都是反复的意思，追溯过去的经验，进行研究以面对当前，认识未来。

②虚实：真伪的意思。

③反而得覆：调查过去，研究现在，以定将来的对策。

④言有不合：所说的话不合理。

⑤象比：按照形象进行比较。

⑥钓语：如钓鱼投饵一般，在交谈时给对方以诱饵，以便引出对方的话头。

⑦牧之：进行调查加以说明。

⑧开情：敞开心怀叙述。

⑨象而比之，以牧其辞：用形象、比喻法，驾驭言辞。

⑩牧人不正：不能公正地驾驭人。

【通俗译文】

古代以大道教化众生的圣人，所以能与无形共生共存，是自然物化的规律。反顾而回溯以往，再回首察验未来，既可以知古，也可以知今。既可以了解对方，又可以知道自己。依动、静、虚、实的运动原理，如果在未来及现在得不到实践，就可以反思历史去研求前人的经验。有些事要反复考察探索才能把握。这是圣人的见解，不可不认真研究。

别人说话，是动态的；自己缄默是静态的。要根据别人说的语，听他的辞意内涵，如果对方言辞有矛盾，要反复地追问他，对方（真正）的答辞就会出现。语言有形象性，事物可用比喻。因为有形象与比喻，所以要观察藏在言辞下面的含义。一般地说，形象可以模拟事件，比喻可以比附言辞，然后以“无形”的规律来求得有声的言辞，引诱对方说出（我方）所要知道的事，从而得到与人、事相吻合的真相。这就像张开网逮野兽一样，多张一些网，汇集而来的野兽就会多些。如果把捕野兽的方法用在人事上，只要方法合宜，对方就会自己“出来”，这就是钓人的“网”。要经常拿着这个“网”，追逐对方，如果从对方的言辞上不能进行比较，就要改变方法。用“形象”的手段，使之感动，以体会对方的思想、情感，进而控制对方。自己返回去，对方再度来，双方言辞均有形象、类比，于是心中就有数了。反复地用言语攻击、偷袭对方，事虽万变但不失于“言辞”，用“言辞”申明大道。圣人以此诱导愚人、智者，使万事不容置疑。

古人善于从反面听别人言论，这可以改变鬼神，而刺探到实情。他们随机应变，行动很得当，对对手的控制，也很周密。如果控制不周密，得到的情况就不明了，得到的情况不明了，心里底数就不实。要把形象和类比，灵活运用，就要会说反话，以便观察对方的反映。想要听别人讲话，自己就要沉默；想要敞开，就要先收敛；想要升高，就要先下降；想要获取，就要先给予。要想了解对方的内情，就要运用模仿和类比的方法，以便把握对方的言辞。同类的声音可以彼此呼应，合乎实际的道理会有共同的结果。或者由于这个原因，或者由于那个原因；或者用来侍奉君主，或者用来管理下属。这就要分辨真伪，了解异同，以分辨对手是真实情报还是诡诈骗术。活动、停止、言说、沉默都要通过这些表现出来，喜怒哀乐也都要借助这些模式，都在事先确定法则。用反向形式来得到对方的回应，以观察其寄托。所以用这种反向思维的方法，自己要平静，以便听取对方的言辞，考察事理，论说万物，辨别雄雌。虽然没有论及事情本身，但是可以根据细微的征兆，探索出同类的大事。就像刺探敌情就要深居敌境，估计敌人的能力，再摸清敌人的意图，像验合符契一样可靠，像飞龙一样神速，像后羿张弓射箭一样准确。

要想掌握情况，要先从自己开始，只有了解了自己，然后才能了解别人。了解别人，就像比目鱼一样形影相随；掌握对方的言论就像声响与回音一样相符；明了对方的情形，就像光和影子一样不走样；侦察对方的言辞，就像用磁石来吸引钢针，应用舌头来剥取焦骨上的肉一样万无一失。自己暴露给对方的微乎其微，而侦察对手的行动要十分迅速。就像由阴变阳、又像由阳转阴、像圆变方、又像方转圆一样自如。在情况还未明朗以前，要用圆略来诱惑对手，在情况明朗以后就要用方略来战胜对方。无论是向前，还是向后，无论是向左，还是向右，都可用这个方法来控制。如果自己不事先确定策略，统帅别人就没有规范。做事没有智术，叫做“忘情失道”，自己首先认真确定策略，再以此来统领众人，策略要不暴露意图，让旁人看不到其门道所在，就可以称为“天神”。

【本篇要义】

所谓“反应”，在鬼谷子的思想里有两个含义：“反”和“复”是游说的技巧，而“应”则是这两种技巧产生的结果。在《太平御览》一书中引为《反覆篇》。反复，据鬼谷子解释就是“言有不合者，反而求之，其应必出”。意为如果其言辞不合情理，自相矛盾或者和你自己的主张不合拍，你可以追问诘难他，他一定会有应对。再从应对的言辞中捕捉到对方的真实意图，了解和掌握对方的真实思想，进而控制被游说者。

本篇主要介绍“反复”游说术的重要性、策略及技巧。题名为反应，与我们通常理解的反应并不相同，他是指说客通过某种手段刺激对手，使之发生变化。“反以观往，复以验来；反以知古，复以知今；反以知彼，复以知己。”陶弘景注释为“欲以知来，先以观往；欲以知今，先以考古；欲以知彼，先度于己。”想要知道将来的情况如何，先观察过去的情况；想要知道现在的情况，先考察古代的情况；想要知道他人是什么样的，先正确认识自己。鬼谷子认为世间的事物是有联系的，了解事物把握事物应该全面去把握，历史地、全面地、辩证地看待，强调从时空整体上去把握事物的发展变化。

接着鬼谷子又阐述了反应的谋略：“人言者，动也。己默者，静也。因其言，听其辞”。首先自己要“阖”——缄默静听，让对方“捭”——侃侃而谈。要根据别人的言谈来得知他的真正意图和主张。如何才能以反求复，鬼谷子继续做了讲解：“言有不合者，反而求之，其应必出。”反术的应用在于对方与我和言辞不合时，需要刺激对方，使对方有所反应并表现出其真实意图，即“应”。而这需要说客用“象比”的手段去获得，这就像张网捕兽一样，可以达到自己得知对方情况的目的。如果对方不言语，那就要用反复之术来打击他，达到控制对方的目的，即可达到“万事不离其辞”，并再次强调“圣人所诱愚智，事皆不疑”。

然后，鬼谷子强调反听的目的是得情，说客应该通过各种方法反复试探，让对方不知不觉地暴露出真实思想，“故善反听者，乃变鬼神以得其情。”经过多次反复刺激对方，“以听其辞，观其事、论万物、别雄雌。虽非其事，见微知类。”以便听取对方的言辞，进而考察言辞中的事理，探讨事物的兴衰，辨别事物的真伪异同。即使对方所谈不是我们急于想要得到的信息，属于比较次要的信息，但是我们可以根据其中细微的征兆，发现某些事物变化的迹象，进而推断出重要的信息。这里的核心是欲擒故纵，即“欲闻其声，反默；欲张，反敛；欲高，反下；欲取，反与。”只有这样才能“同声相呼，实理同归”。

最后，鬼谷先生阐述了知人必先知己。“知之始己，自知而后知人也”。要想掌握情况，要先从自己开始，只有了解自己，然后才能更好地了解别人。“己不先定，牧人不正，事用不巧，是谓忘情失道。”如果自己不事先确定策略，就不能正确管理别人，做事就没有合适的技巧，这叫做“忘情失道”。“己审先定以牧人，策而无形容，莫见其门。”只有知己和知彼结合起来才能达到反应术应用的最高境界——“天神”。

本篇提及了说客应用“反应术”时经常用的几种技巧：象比、张网、钓语、知己等，有许多我们经常提到的成语也隐含其中，诸如投石问路、欲擒故纵、抛砖引玉等。

【智慧评析】

反以知古，覆以知今

古人云：“以铜为镜，可以正衣冠；以人为镜，可以明得失；以史为镜，可以知兴替。”在这里，鬼谷子以一个纵横家的视角，阐明了“反以观往，覆以验来；反以知古，覆以知今；反以知彼，覆以知己”的方法论。

有一则寓言，狮子、驴子和狐狸决定共同去打猎，它们收获很丰厚。狮子要求驴子分配猎物，驴子把猎物平均分成3份，请狮子自己挑选一份。狮子恼怒了，它觉得自己得到的太少了。于是，它突然扑过去把驴子吃掉了。这回，狮子又让狐狸来分配猎物。狐狸把大部分的猎物放在一起，请狮子来拿，自己仅留下很少的一点点。狮子问狐狸，是谁教它这样分配的。狐狸回答：“是驴子的不幸。”

他人的实践经验可以成为自己的借鉴。生命有涯而知无涯，有限的生命不可能体验所有的事物。直接经验是宝贵的，但却是有限的。人的伟大之处，就在于能借助别人的思维从间接经验中获得智慧。借鉴别人成功的经验和失败的教训，是自己获得智慧的路径之一。

秦末农民起义中，刘邦领兵攻破武关以后，长驱直入，歼灭了秦朝的主要兵力。秦王子婴迫不得已，只好捧着传国玉玺，开城门投降。刘邦入咸阳城，进了秦宫，见宫室帷帐富丽堂皇，美女珍宝不计其数，顿起羡慕之意，想全部留下自己享受。武将樊哙极力劝阻，使刘邦很不高兴。谋臣张良对他说：“只因秦王残暴，不得人心，您才能得到今天的胜利。我们既然为天下除去暴君，就该改变奢侈淫逸之风，提倡俭朴风气。现在您刚入秦宫，就像秦王一样享乐，岂不等于‘助纣为虐’？樊哙将军的话虽然说得有一点激烈，但是他却是为了您着想，所以还是希望您能接受樊将军的建议。”刘邦认为张良的话有道理，于是撤出咸阳，把军队驻扎在灞上。张良劝说刘邦，巧妙地点出了秦朝奢侈淫逸导致灭亡的教训，使刘邦认识到了自己的错误。

“以史为镜，可以知兴替。”一般情况下，借用历史人物和事件去劝说别人，更能令对方肃然警醒，收到良好的说服效果。

“以人为镜，可以明得失。”借用自己或别人过往的经验，方能以更稳健的步子走过今天，迈向未来。“老马识途”的故事，就充分证明了这一点。

春秋时代，齐桓公亲率大军进攻山戎，将其击溃。当齐军要返回齐国时，却在深山中迷了路。当时已是冬天，白雪皑皑，山路弯曲多变，走着走着就辨不清方向了。这时，管仲说：“不要紧，老马可以作我们的向导，它们认得路。”于是齐桓公立刻让人挑选了几匹老马，放开缰绳，让它们在前面随意地走，军队跟在马的后边。没多久，在几匹老马的带领下，齐军果然走出了山谷，找到了回齐国的路。

管仲知道老马识途的道理，得益于他早年的经历。年轻的时候，管仲家里很穷，经常和鲍叔牙一起做生意，两人乘骑的都是宝马。一次，两人住在一家客店，遭遇盗贼，两匹马都被偷了。两人报了官，然而等了两天，毫无音讯。到了第三天，管仲、鲍叔牙正闷坐店中，忽然听见附近有“咴、咴”的马叫声，两人出门一看，竟是被盗的马自己回来了。管仲、鲍叔牙回到家中，就把宝马失而复得的事告诉了鲍父，并问是何原因。老人见多识广，对他俩说：“这有什么奇怪的，俗话说，‘猫记千，狗记万，老母鸡还记二里半’，何况是宝马良驹。”

齐桓公是幸运的，因为他有了管仲。管仲也是幸运的，因为他有一段坎坷的人生经历，成为他那无穷智慧的源泉。老马识途，短短四个字便道出了经验的重要性。在实际的摸爬滚打中所学到的东西有时要比单纯从书本上学到的东西更具现实的指导意义。赵括“纸上谈兵”就是很好的例子。人们经常说“失败乃成功之母”，失败并不一定是坏事，从失败中我们能积累经验和教训，这就是失败的好处。

谋略典故：以史为鉴，成功说服

战国时候，秦国一直比较开放，他们连续几代注意招纳客卿，在用人上从不排外。于是很多人才都流向秦国，这些人才对秦国的日益富强起了很大的作用。但是到了秦始皇，他却一度讨厌起客卿来，因而全国上下开始排挤其他国家的人，秦始皇还特意下了逐客令，要把他们赶走。

这时，有个叫李斯的客卿，他在被驱逐的途中，向秦始皇上书说：“泰山不拒绝一杯一勺的土，才形成了它的高大；沧海不对涓细的河流进行挑拣，才形成了它的广袤；为王者不拒绝平民百姓，才能形成他的仁义道德。”他还引用了历史上著名的事件：从前，秦穆公任用戎狄的由余，宛地的百里奚，宋国的蹇叔，晋国的公孙枝和丕豹，才成就了他的霸业。秦孝公用客卿商鞅变法使秦国走向强盛，惠王用客卿张仪破坏六国合纵，昭王用客卿范雎获得远交近攻的计策，这四位国君都是依靠客卿才取得成效，没有这些客卿，君王自己即使想到计策也不会如此迅速有效。今天大王要驱逐他们，他们定会纷纷离开秦国而被别国所用，别国强大相当于秦国的衰弱。人才一离开，想让商鞅、百里奚那样的人回来就太难了，而失去这样的人才，对秦国来说，可能比失去土地、金银财宝更加严重，其他的人才听说秦国驱逐客卿，也不会到这里来的。这样，秦国的信誉也差了许多。

秦始皇看了李斯的上书，恍然大悟，意识到了客卿对国家强盛起到至关重要的作用，于是立即下令召回被逐的客卿，废除了逐客令，并对他们以礼仪相待。这样悬崖勒马，阻止了秦国的人才外流。后来，李斯当了秦国的宰相，辅助秦始皇统一六国，为秦始皇统一中国立下了汗马功劳。

与其他谋士的方法不同，李斯懂得秦始皇并不是真正地讨厌别国的人才，于是经过巧妙设计，采取了引用古代历史事件的方法来劝说秦始皇。“以史为鉴”是君王统治国家、安邦定国的重要准则，从历史中可以获得宝贵的经验，李斯正是以此劝说秦始皇要重视人才，再伟大的君王得需要依靠人才的辅佐和帮助才能成就大业，人才外流无异于增加他人的实力。可见，了解对手的心理，然后据此巧妙计划对于说服对手的重要性。

因其言，听其辞

“因其言，听其辞”。主要讲要善于倾听，并且在听的过程中要善于诱导对方发言，通过对对方发言的反复推敲，来把握对方内心的真实情况。

鬼谷子教导我们，要耐心地倾听别人说话，如果别人话里有话，要弄清楚其中隐含的意思。同时要抓住机会提问，从对方的回答中了解真情。

有一则寓言，一只从潮湿的洼地里蹦出来的青蛙，对所有的野兽宣称：“我是一个医生，医术高明、见多识广，什么病都能治好！”野兽听了都非常高兴，只有一只狐狸疑惑地问道：“你连自己的跛足和皱皮都没有办法，怎么还说能给别人治病呢?”青蛙听后无言以对，气得呱呱直叫。

对一个聪明人来说，空话、大话是不起作用的。即使别人说得天花乱坠，我们也要保持理智，绝不可以轻信。有时，可以通过有效的诘难，了解事情的真相。

“因其言，听其辞”在今天同样具有现实的指导意义，尤其在销售和谈判方面。谈判中一定要善于倾听。因为谈判中有一半左右的时间要听对方说话。常言说：“锣鼓听声，听话听音。”会不会倾听，能不能听懂对方的话中之意、听准对方的“弦外之音”，能不能在倾听中摸准对方的“软肋”或“破绽”，从而迅速调整应对的策略，关系着整个谈判的成败。一个高明的谈判者不仅要善于用耳倾听，还要善于用嘴在不显山露水的情形下，引导对方多多地说、不停地说。

“因其言，听其辞”是说话的一个不可或缺的重要组成部分，是交谈艺术中的重要技巧。在与人沟通的过程中，尤其是以推销或说服为目的的谈话中，必须学会倾听，善于倾听。

谋略典故：听懂弦外之音

齐景公伐鲁，接近许城时找到一个叫东门无泽的人。齐景公问他：“鲁国年景怎么样?”东门无泽并没有直接回答他的问题，而是说些别的事：“背阴的地方结冰很厚，连河底都冻了；向阳的地方则结冰有五寸厚。”齐景公没有理解对方的回答，就去问晏子。晏子告诉他：“您问他年成收入怎么样，他回答结冰的情况，这说明他是一个合乎礼的人。背阴的地方结冰很厚，连河底都冻了；向阳的地方则结冰有五寸厚。这说明鲁国的节气正常，该热就热该冷就冷。节气正常说明政治平和，政治平和则上下团结，上下团结则年成很好。年成好则收入高。他的话里有这些意思：鲁国的粮食充足，群众团结，您要是讨伐他们，恐怕会把齐国军队搞得很疲惫也不会有什么收获，这和您的想法差距较大。请您对鲁国以礼相待，平息两国之间的怨恨，遣返他们的战俘，来表明我们的好意。”齐景公就不再打算伐鲁。在这里，东门无泽的回答很含蓄，并没有直接劝齐王不要进攻鲁国，而是通过言其他而让对方明白他的意思，避开了顶撞齐王的局面。当然，在使用这种策略的时候要考虑对方的理解力，齐景公并不能理解东门的意思，好在有晏子读懂了他的弦外之音，因此他的劝谏目的达到了。

言有象，事有比

鬼谷子提出了“言有象，事有比；其有象比，以观其次。象者象其事，比者比其辞也。以无形求有声”的主张，意思是，语言有象征，事物有类比，既然有表象有类比，通过谈话我们可以了解对方，然后观察分析得知藏在言谈和事物后面更深的东西。所谓“象”是指表现事物本质的象征；所谓“比”，是指言谈用语中的比拟。然后以无形的规律来探求有声的言语(由于借助逻辑方法和修辞技巧，让道理不言而明)，通过合适的比类来说服对方。

一次，齐国靖郭君田婴准备在薛地筑城，谋士们都来劝阻。田婴对通报的下人说：“那些人来了不要通报。”有个人前来拜见，说：“在下就说三个字。多一个字，甘愿受烹煮之刑。”田婴很好奇，于是接见了他。那人进来说：“海大鱼!”说完掉头就走。田婴说：“你先留下把话说完!”那人说：“我可不敢拿性命当儿戏!”田婴说：“不碍事，先生请讲!”客人这才回答道：“你没听说过海里的大鱼吗？渔网钓钩对它无能为力，但一旦它因为得意忘形而离开了水域，那么蝼蚁也能随意摆布它。以此相比，齐国也就像殿下的‘水’，如果你永远拥有齐国，要了薛地有什么用呢？而你如果失去了齐国，即使将薛地的城墙筑得跟天一样高，又有什么用呢?”田婴称赞说：“对。”于是停止了筑城的事。

齐人用富有诱惑力的惊人之语制造悬念，勾起了田婴的好奇心，诱使他继续听下去，然后用“海大鱼”这样一个形象的比喻，表达了“龙游浅滩遭鱼戏”的意思，使田婴立刻认识到自己思虑不周的错误。

还有一个例子，战国时，魏文侯吞并了中山国，把它分封给自己的儿子。一天，魏文侯问群臣：“我是个怎样的君主？”众臣答道：“仁君。”唯独大臣任座表示异议，说：“您得了中山国后，不封给您的弟弟，而封给您的儿子，这哪里是仁君所为呢？”魏文侯听罢大怒，任座见状离座而去。魏文侯又问翟璜，翟璜答，“您是仁君。”魏文侯问：“你为什么这样认为？”翟璜说：“我听说先有仁君，而后才有耿直的大臣。任座是耿直的大臣，所以我认为您是仁君。”文侯听了又心喜又惭愧，赶快让人把任座请了回来，并将他奉为上宾。

现实生活中，有些人喜欢说话直截了当，而有些人说话就很委婉。虽然这都无所谓对错，但有时候，当直截了当地说不太方便或抹不开面子的时候，就需要使用一些隐语，这样反而能起到很好的效果。不过，使用这种方式，一定要确保对方能够听明白，否则就是空费心思。

谋略典故：赵高的“象比”游说术

公元前210年，统一中国后的秦始皇开始了他的第五次出巡活动，丞相李斯、中车府令赵高以及“百官”随行出巡。

李斯是历史上有名的丞相之一，年轻时曾就学于荀子，学习辅王治国的方法，他在告别老师时说：“我听说机会出现就要把握住，千万不可轻易放过，当今正是千军万马争天下的时候，只有出去游历各个国家，向君王们游说陈述自己的主张，才有可能实施学到的治国方法，现在秦王想吞并各国，统一天下，这正是像我这样的布衣老百姓纵横驰骋，大显身手，建功立业，成就功名的绝好时机，所以我准备西去，游说秦王，开始我的功业。”

李斯告别荀子后到了秦国，先是投到了当时的丞相吕不韦的门下做舍人，并深得吕不韦的赏识。后被任命为秦王的侍郎，从此开始了他的政治生涯。赵高的身世则比较复杂，据说出身，“诸赵疏远属”，可以说是沾点赵贵族的边。有几分之一的贵族血统吧！他的父母都是秦国的罪人，也有说是秦国统一战争中灭赵时的俘虏，他父亲受了秦国的宫刑，母亲则做了宫中的奴婢，赵高兄弟几人都是在秦宫中出生的“私生子”，也是生而为奴的人，“世世卑贱”，被人瞧不起。后来秦始皇听说赵高身强力壮，并且还懂得些“狱法”，提拔他做了中车府令，就是专门负责管理宫廷内乘舆车和印信、墨书的太监头子。秦始皇还让自己的小儿子胡亥跟着赵高学习法律。到了随秦始皇出巡的时候，赵高已开始负责职掌传达皇帝命令和调兵的凭证“符”和“玺”了，事情虽不多，但非常机要、关键。

秦始皇这次出游，一路游山玩水，自然是舟车劳顿。到了平原津病倒了。赵高奉命写遗书，给当时在河套监军的秦始皇长子扶苏：“与丧会咸阳而葬。”信写好，也盖好了封印，还没有送出，秦始皇就死在沙丘行宫。丞相李斯认为皇帝死在外边，两个公子一个在外监军，一个随秦始皇出巡，因此，不便马上立太子，为了政局的稳定，决定对外秘不发丧，照常行事，知道事情真相的只有五六人。

赵高扣留了秦始皇赐给长子扶苏的玉玺和书信，并找到了胡亥商量，两人有了如下的对话：“皇上已经驾崩了，生前没有封诸子为王，唯独在身前给了长子扶苏一封长信。扶苏接信后一到咸阳，就将被立为皇帝，而你可就一点地位也没有啦，你看该怎么办呢?”

胡亥回答说：“这是理所当然的事，我听说明君知臣，明父知子，父皇既然已经死了。就该封长为王，我还能说什么呢!”赵高说：“不能这么说，当今天下生死存亡的大权掌握在你、我和丞相李斯手中，希望你好好想一想，况且别人向你称臣与你向别人称臣，统治别人与被别人统治，是大不一样的，怎么可以同日而语哩!”

胡亥说：“自古以来，废除兄长而立弟为皇，就是不义的行为；不服从父亲的诏书而怕死，是不孝的表现；才疏学浅，勉强靠别人的力量做了皇帝，是无能的做法，三条都是违背道德的，这样做天下不服，只会落得自身倾危，社稷颠覆。”

赵高说：“臣听说以前汤、武各杀其主，天下却都称赞他们的行为是仁义之举，并不认为这是不忠的行为；卫君杀了他的父亲，卫国的人将它作为德行记载下来。就连圣人孔子也将此事写在书上，也不认为是不孝的行为。做大事要不拘泥于小节，积大德就不要在小事上谦让。乡曲间各有所宜，就是百官的标准与要求也不可用同一个标准来衡量，因此顾小而忘大，将来一定是祸害；犹豫不决，以后必定要后悔的。只要你决断而果敢地干，就连鬼神也要躲避你，尔后就必定成功，希望公子你如愿以偿。”

胡亥长长地叹息道：“现在父皇棺木未葬，正在大行期间（还没有发丧），这个时候打扰丞相不太合适吧?”

赵高说：“现在时间太紧了，来不及详细谋划了！正如两军打仗，用马驮着粮食往前赶，还唯恐来不及，怎么能再犹豫不决哩!”

经此一番对话，胡亥接受了赵高的意见。赵高又说：“此事不跟丞相商量，恐怕大事难成，我去替你找李斯。”

赵高找到丞相李斯，对李斯说：“皇上驾崩之前，曾经赐给长子扶苏一封信，要他回咸阳参加丧礼，并立他为皇帝，书信还在我这里没有送出去。现在皇上死了的消息，外面还都不知道，给扶苏的书信和符玺，也在我们这里。确定谁立为太子，全凭你、我之言，你说到底应该怎么办呢？”

李斯听赵高这么说吓了一跳，“你怎么能说这种亡国的话呢？这可不是我们这些当臣子的应该议论的”。

赵高并不害怕，他对李斯说：“你自己估量一下，与扶苏身旁的大将蒙恬相比，你们俩的才能谁强？功劳谁大？谋划谁更深远、精确？谁更得天下老百姓的人心？与将要立为皇帝的长子扶苏的关系谁时间更长，更能得到信任？”

李斯说：“我这五个方面都不如蒙恬，但是你为什么要如此刻薄地责问我呢？”

赵高说：“我赵高原本就是一个内宫的厮役，只不过懂得一些文墨，才得当了这么个管舆车与印信之类的中车府令。进宫二十多年了，我还从未见过秦国罢免丞相，功臣的赏封能够传及下一代的，他们的结局都是被诛死。皇帝有二十多个儿子，这你是一清二楚的，长子扶苏刚毅武勇，讲究信义而喜欢用旧人，他即位后必定要用蒙恬做丞相，你最终可能连一个列侯的印都留不住，到时被遣归乡里，还不是一目了然的事吗？我受先皇之诏教胡亥学法律，胡亥仁慈笃厚，轻财重士，秦国的其他公子都不如他，他可以做皇帝，你想个计策，争取把这件事定下来。”

李斯说：“我李斯本是上蔡闾巷中的一个布衣。有幸被皇上看中，升我做了丞相，皇上本来就是要将国家存亡的安危重任交给我，我还有什么可以说的呢？是忠臣就不会怕死，虽然是孝子但不勤劳的话也会有危险，请你不再说了。”

赵高却说：“我听说圣人迁徙无常，像龙一样因时而变，是因为他们能够见末而知本，观察人所指就能知道其意图所在。事物是不断变化的，这是固然的，怎么可以有常法呢？现在天下的权力和命运，悬在胡亥手里。赵高我是肯定能够得志了。从外制中采用的是迷惑众人耳目的方法，而从下制上则用的是欺君窃国之计。所以秋霜降而草枯花落，春水动则万物复苏，这是世间运行的必然效果。您为何到现在还不明白这个道理呢？”

李斯说：“我听说晋国因换立太子，三世不得安宁；齐桓公兄弟之间争夺帝位，他的兄弟公子纠被戮身死；殷纣王暴虐成性，不听谏言，他的国家后来也化为荒丘废墟。以上三人都是违逆天行，结果也都落得宗庙不保，祖宗不安的下场。我李斯也是个人，怎么能和你们合谋干这伤天害理的事！”

赵高说：“上下同心合力，就可以长久，里外一致，也就分不出表里了。您若听了我的计策，保您可以长久封侯，世世为官，一定会像古代仙人王子乔、赤松子那样高寿；有圣人孔子、墨子那样的智慧。如果今天放弃了这个机会，不仅你自己自身难保，恐怕还会危及你的子孙，这还不够让您感到寒心吗？善于变化的人能够转祸为福，您将选择哪一条路呢？”

听到这里，李斯无话可说，仰天长叹。流着眼泪说：“我既然不能以身殉死，还能把我的生命寄托到哪里去呢？”

于是李斯听从了赵高的计策，与赵高、胡亥密谋，决定一面由李斯出面，装作受了秦始皇的命令，宣布立胡亥为太子；一面伪造了秦始皇给扶苏的信，严厉谴责，“赐其自裁”，令他自杀。最后胡亥在咸阳继位，成为“二世皇”。

在这里，赵高用“象比”说服了胡亥和李斯。胡亥担心自己称帝会落下不孝不义之名，又恐自己能力不足，赵高便用“象比”的游说术，列举了一些弑主继位反被称颂的例子，使胡亥下定了决心。李斯对赵高之举表示反对时，赵高同样运用了“象比”的游说术，从正反两面引诱和压迫李斯，李斯最终也被说服，胡亥继位便成了事实。

张置网而取兽，多张其会而司之

要用巧妙无形的方法引诱对方说话，若“钓语”合乎人情事理，就不难从其话语中窥测内心的实情。以张网逮兽为例：若多张置一些网，并加以密切关注，就能多捕获一些野兽。这个方法用于人事上，只要方案合宜，对方自然会被你网住，这就是钓人的“网”。经常拿着这张“网”与人周旋，可使对方向你推心置腹。如果你用的比喻对方不明白，就要改变方法，用形象来打动对方，以体会其真情实感，从而加以控制。若能你一言我一语地进行交流，且双方言辞均有形象、比喻，这就有了沟通的基础。若双方言语投机，你来我往，则世间万物没有说不清楚的。无论对方是愚人还是智者，圣人都有办法诱使他说出真情。

鬼谷子提出的“钓语”，意味深远，是一种很微妙的语言艺术。所谓“钓语”，就是像钓鱼投饵一样，为了引诱对方说出真话，在发言时故意说些刺激对方的话题。“其钓语合事，得人实也。若犹张置网而取兽也，多张其会而司之。道合其事，彼自出之，此钓人之网也。常持其网驱之，其言无比，乃为之变。以象动之，以报其心，见其情，随而牧之。”钓语是言谈开始时的导引性、启发性语言，以便引出对方的话头以及对方不愿外露的思想情感。用简单而富有引诱力的话语引导、开启对方，使得对方非得开口说话不可。就像拿饵钓鱼一样，把别人的真话钓出来。还要像张网捕兽一样，让别人无处躲藏，只有据实相告。熟练使用这些技巧，就不难听到真话。

春秋时期，楚成王立商臣为太子，后来又觉得不妥，想废黜太子。商臣得知这个讯息，但不知是真是假。于是，商臣就去问他的老师潘崇。潘崇说："这件事江芈想必知道，你设宴招待她，席间故意对她不敬，从中就可看出传闻的真假。"江芈是楚成王的妹妹，贵不可言，性格暴躁，人们见了她都毕恭毕敬，唯恐有半点闪失。商臣于是依计行事，请江芈赴宴。在宴会中，商臣故意以言行冒犯江芈，使她十分恼怒。在离席时，江芈向商臣骂道："你果然是一个不争气的东西，怪不得大王要废你！"商臣听到江芈的话，证实了传闻的可靠性，便策划了一次宫廷政变，夺取了王位。

商臣抓住江芈火气大的弱点，故意出言不逊，试探出事情的真相，堪称险中求胜的一招妙棋。俗话说得好，世上没有不透风的墙。同样，世上也没有完美无缺的人。只要是人，都会有这样那样的弱点。发现人性的弱点，投以适当的钓饵，就不难达到自己的目的。

唐朝时期，女皇武则天为了巩固统治，重用了两个残忍的执法官，一个叫周兴，一个叫来俊臣。有一次，有人向武则天告发周兴谋反。武则天命令来俊臣调查这件事。来俊臣知道周兴不好对付，于是请周兴来家里喝酒。在酒席上，来俊臣叹口气说："兄弟我平日办案，常遇到一些犯人死不认罪，不知老兄有什么办法?”周兴得意地说：“这还不好办！你找一个大瓮，四周用炭火烤热，再让犯人进到瓮里。犯人敢不招供吗?”来俊臣点头叫好，立刻命人抬来一口大瓮，在四周点上炭火，然后对周兴说：“现在有人告你谋反，请老兄自己钻进瓮里吧!”周兴知道自己中了圈套，只好老老实实招供了。

来俊臣以请周兴支招为“钓语”，套出了在周兴心目中最恐怖的刑罚，然后一句“请君入瓮”，让周兴搬起石头砸了自己的脚。

在日常生活中，让别人对你说真话，不是一件容易的事情。在法庭审讯当中，要让狡猾的犯罪嫌疑人开口说真话，更是难上加难。一些有经验的执法人员，善于通过各种有效方式取得供词，值得我们研究和借鉴。

有一次，中国银行某地分行的一位行长利欲熏心，私自将570万美元调到香港。经群众举报，上级有关部门发现这笔钱去向不明，既无贷款协议，又无买卖合同，也没有借据凭证，即对他拘留审查，以防止其逃匿或与别人串通。这位行长很聪明，且熟悉法律程序，他认为在事实没有弄清之前，就对他进行拘留审查是非法的，便向法院起诉。法官这样驳斥他：“如果这笔钱装入你自己的腰包，则属于贪污；如果私自借给别人，则属于挪用公款；如果被人骗走，则属于渎职。或者是贪污，或者是挪用公款，或者是渎职，总之都构成犯罪，所以拘留审查是必要的。”这位行长一听傻了，知道自己已无路可走，只好交代了自己私自转移现金，准备携巨款外逃的犯罪事实。法院驳斥这位行长的言论，运用逻辑的三难推理，排除了他不被拘留审查的可能性，就像一张大网一样，将他紧紧圈在了“犯罪”的界限内，成功地攻破了他的心理防线，让他开口说了真话。

再举一个例子。第二次世界大战期间，法国反间谍机关收审了一位自称来自比利时北部农村的流浪汉，法国反间谍军官吉姆斯认定他是德国纳粹的间谍，可是还缺少有力的证据。审讯开始了。吉姆斯用法语提问："会数数吗?"这个问题很简单，流浪汉用法语流利地数数，没有露出一丝儿破绽，甚至在说德语的人员容易说漏嘴的地方，他也能说得极熟练。于是他被押回小屋去了。过了一会，有人在屋外燃起火来，哨兵用德语大声喊："着火啦!"流浪汉无动于衷，照样睡他的觉。后来，吉姆斯又找来一位农民，和流浪汉谈论种庄稼的事，他谈的居然也不外行。看来吉姆斯凭外观判断的第一印象是不能成立的。第二天，流浪汉被押进审讯室的时候，吉姆斯正在审阅一份文件，在上面签完字，抬起头突然说："好啦，你可以走了，你自由了。"流浪汉长长地松了一口气，愉快地呼吸着自由的空气。然而，他刚想转身，忽然发现吉姆斯的脸上露出了胜利者的微笑，顿时恍然大悟。原来，吉姆斯在说上面那句话时用的是德语，而他表示听懂了。这个德国纳粹间谍的真实身份也因此暴露了。

吉姆斯之前使用的一系列方法，表面上看都是失败的，其实不然。这些就像张开了一张大网，为最后的收网做好了准备。德国间谍百密一疏，最终露出了狐狸尾巴。

需要说明的是，鬼谷子用"钓人之网"这样的字眼，难免会引起后人的猜疑，以为这位"智圣"在鼓励行奸使诈的行为。其实这是一种误解。所谓的"钓人之网"，我们可以把它理解为一种交际之法。在深入了解对方心理的基础上，通过言辞或其他方式的引诱，获得对方真实的信息。在当今社会生活的许多方面，这种方法都大有用武之地。

谋略典故：触龙“钓语”赵太后

公元前265年，秦国猛烈进攻赵国，赵国向齐国求救。齐国却要求赵国用长安君作为人质，他们才能出兵。这时赵国由赵太后掌权，她坚决不同意用自己最钟爱的小儿子做人质，大臣们极力劝谏，太后十分恼怒，明确告诉其左右，若有人胆敢再向她劝谏有关此事者，她就要降罪于该人。

赵国的左师触龙说他希望谒见太后。太后猜想他肯定也是为人质之事而来，于是怒容满面地等待他。触龙一进屋，便慢步走向太后，到了太后身旁便连忙请罪说：“老臣脚有病，已经丧失了快跑的能力，好久没能来谒见了，心里很是过意不去，一直怕太后玉体偶有欠安，所以很想来看看太后。”接着，触龙又问：“太后每天的饮食还好吧?”太后回答道：“就靠喝点粥罢了。”触龙又说：“老臣现在胃口很不好，就自己坚持着步行，每天走三四里，稍微能增进一点食欲，对身体也能有所调剂。”太后说：“我年纪大了，做不到这些了。”说着说着，太后的脸色渐渐缓和了起来。

触龙接着说：“老臣的劣子舒祺，年纪最小，是个不肖之子。臣老了，偏偏又很爱怜他。希望能派他到侍卫队里凑个数，来保卫王宫。所以冒着死罪来禀告您。”太后说：“没问题。年纪多大了?”触龙回答说：“十五岁了。虽然还小，但希望在老臣没死的时候先拜托给太后。”

太后说：“做父亲的也爱怜他的儿子吗?”触龙答道：“比做母亲爱得更深。”太后笑道：“妇道人家才特别喜爱小儿子。”谁知触龙却说：“依老臣个人的看法，老太后爱女儿燕后要胜过长安君。”太后连忙说：“您错了，对女儿的爱比不上对长安君爱得深。”触龙说：“父母爱子女，就要为他们考虑得深远一点。老太后送燕后出嫁的时候，抱着她的脚哭泣，是想到她要远去，也是够伤心的了。送走以后，并不是不想念她，每逢祭祀一定为她祈祷，总是说：‘一定别让她回来啊！’难道不是从长远考虑，希望她有了子孙可以代代相继在燕国为王吗?”太后点点头说：“确实如此。”

触龙又说：“从现在往上数三世，到赵氏建立赵国的时候，赵国君主的子孙凡被封侯的，他们的后代还有能继承爵位的吗?”太后说：“没有。”触龙说：“不只是赵国，其他诸侯国的子孙有吗?”太后说：“我没听说过。”触龙说：“这是因为他们近的灾祸及于自身，远的及于他们的子孙。难道是君王的子孙就一定不好吗?地位高人一等却没什么功绩，俸禄特别优厚却未尝有所操劳，而金玉珠宝却拥有很多。这才是真正的不好。现在老太后您授给长安君以高位，把富裕肥沃的地方封给他，又赐予他大量珍宝，却不曾想到目前让他对国家做出功绩。有朝一日太后百年了，长安君在赵国凭什么使自己安身立足呢?老臣认为老太后为长安君考虑得太短浅了，所以我以为您爱他不如爱燕后。”

太后恍然大悟，马上让人套马备车一百乘，让长安君到齐国去当人质。长安君一到，齐国也就出兵了。

触龙的谏说，妙就妙在“神不知鬼不觉”，步步诱导，环环紧扣，不露痕迹。先用“缓冲法”，然后用“引诱法”，再用“旁敲侧击法”，借用自己疼爱儿子，却让儿子“参军”作为可供类比的先例。最后，触龙触及主旨，提到长安君，指明太后的做法，看似“爱子”，实为“害子”，终于让太后心悦诚服，同意让长安君作为人质出使齐国。

欲闻其声，反默

“古善反听者，乃变鬼神以得其情。其变当也，而牧之审也。牧之不审，得情不明；得情不明，定基不审。变象比，必有反辞，以还听之。欲闻其声，反默；欲张，反敛；欲高，反下；欲取，反与。”这里主要讲反应之术要善于变化，特别是善于从反方向入手。事情若从正面无法入手，不妨考虑反其道而行之，往往能收到化繁为简、事半功倍、神鬼不测的效果。

“欲闻其声，反默；欲张，反敛；欲高，反下；欲取，反与。”在后世应用甚广，尤其是政治和军事方面。“欲擒故纵”便是推而广之的典型。欲擒故纵中的“擒”和“纵”是一对矛盾。其中，“擒”是目的、结果，是实质；“纵”是方法、手段，是表象。

西晋末年，幽州都督王浚野心极大，甚至想代晋称帝。匈奴人刘渊建立的汉(后改称赵，史称前赵)名将石勒打算消灭王浚的部队。王浚势力强大，石勒恐一时难以取胜。他决定采用“欲擒故纵”之计，麻痹王浚，他派门客王子春带了大量珍珠宝物，敬献王浚。并写信向王浚表示拥戴他为天子。信中说，现在社稷衰败，中原无主，只有你威震天下，有资格称帝。王子春又在一旁添油加醋，说得王浚心里喜滋滋的，信以为真。正在这时，王浚有个名叫游统的部下，伺机谋叛王浚。游统想找石勒做靠山，石勒却杀了游统，将游统首级送给王浚。这一招，使王浚对石勒绝对放心了。

公元314年，石勒探听到幽州遭受水灾，老百姓没有粮食，王浚不顾百姓生死，苛捐杂税，有增无减，民怨沸腾，军心浮动。石勒亲自率领部队攻打幽州。这年4月，石勒的部队到了幽州城，王浚还蒙在鼓里，以为石勒来拥戴他称帝，根本没有准备应战。等到他突然被石勒将士捉拿时，才如梦初醒。王浚中了石勒“欲擒故纵”之计，身首异处，美梦成了泡影。

战场上没有同情和怜悯，更没有真正的饶恕。但战场总会有胜有负，古人有“穷寇莫追”的说法。实际上并非不追，而是看如何去追。若把敌人逼急了，则往往会使敌人集中全力，拼命疯狂反扑，与其如此，倒不如暂时放敌人一马。放其一马，不等于放虎归山，目的在于使其放松戒备、丧失警惕、懈其斗志，然后再伺机而动，一举将其歼灭。

中国历史上，欲擒故纵之例颇多。诸葛亮将孟获七擒七纵，在于审时度势，采用攻心之计。如今，“欲张，反敛；欲高，反下；欲取，反与”、“欲擒故纵”更成为大多数精明企业家和商家的制胜法宝。

有个大的电器公司，其产品质量上乘，在国内外享有盛誉，急需扩大生产规模，但公司当时拿不出那么多的资金搞扩建项目，比较可行的办法是兼并其他的小企业，利用改造小企业原有的设备。但如何兼并对方呢？如果对方一点好处都得不到，怎么会俯首称臣呢？于是，该电器公司决定给小企业三大好处：一是抽一部分技术人员对小企业职工进行培训；二是拿出一部分资金对小企业原有设备进行改造；三是在产品质量合格的前提下，小企业可使用该电器公司的品牌。

这样一来，该电器公司就轻而易举地吞并了这些小企业，使这家大电器公司少花了70％的资金，扩大了生产规模，增加了盈利。这就像先播种后丰收一样，先博得对方的好感，进而达到自己的目的，这比主动出击的成功率要高得多。

类似的事例还有很多：

美国的可口可乐公司，为了打开中国市场，不是一开始就向中国倾销商品，而是采取“欲将取之，必先予之”的办法。先无偿向中国提供价值400万美元的可乐灌装设备，花大力气在电视上做广告，提供低价浓缩饮料，先吊起你的胃口，使你乐于生产和推销美国的可乐，而一旦市场打开，再要进口设备和原料，他就要根据你的需要情况来调整价格，抬价收钱了。

10年中，美国的可口可乐风行中国，生产企业由1家发展到8家，销量、价格也成倍增长。美国商人赚足了钱，无偿给中国设备的投资早已不知收回几倍了。

先让你尝到些甜头而割舍不掉，然后再实施自己的计划，这种“欲擒故纵”、“欲得先与”的战术，在商场上俯拾皆是、举不胜举。可以说，鬼谷子的思想在当今商战中绽放着奇光异彩。

谋略典故：欲取反与，颁布推恩令

汉武帝颁布推恩令是成功运用“欲取反与”策略的典范。

西汉自文、景两代起，如何限制和削弱日益膨胀的诸侯王势力，一直是封建皇帝面临的棘手问题。文帝时，贾谊鉴于淮南王、济北王的谋逆，曾提出“众建诸侯而少其力”的建议。文帝在一定程度上接受了这一建议，但没有完全解决问题。汉景帝即位后，采纳晁错的建议削藩，结果吴、楚等七国以武装叛乱相对抗，即“七国之乱”。景帝迅速平定了叛乱，并采取一系列相应的措施，使诸侯王的势力受到很大的削弱。但至武帝初年，一些大国仍然连城数十，地方千里，骄奢淫逸，阻众抗命，威胁着中央集权的巩固。因此，元朔二年（公元前127年），主父偃上书武帝，建议令诸侯推私恩分封子弟为列侯。这样，名义是上施德惠，实际上是分其国，以削弱诸侯王的势力。这一建议既迎合了武帝巩固专制主义中央集权的需要，又避免激起诸侯王武装反抗的可能，因此立即为武帝所采纳。

同年春正月，武帝颁布推恩令。推恩令下达后，诸侯王的支庶多得以受封为列侯，不少王国也先后分为若干侯国。按照汉制，侯国隶属于郡，地位与县相当。因此，王国析为侯国，就是王国的缩小和朝廷直辖土地的扩大。这样，汉朝廷不行黜陟，而藩国自析。其后，王国辖地仅有数县，彻底解决了问题。

推恩令是汉武帝推行的一个旨在减少诸侯封地，削弱诸侯王势力的一项重要法令。颁布推恩令以前，诸侯王只能把封地和爵位传给嫡长子，推恩令颁布之后，允许诸侯王把封地分为几部分传给几个儿子，形成直属于中央政权的侯国。推恩令吸取了晁错削藩令引起"七国之乱"的教训，反其道而行，欲取反与，使得诸侯王国名义上没有进行任何的削藩，避免了激起诸侯王武装反抗的可能性。于是"藩国始分，而子弟毕侯矣"，导致封国越分越小，势力大为削弱，从此"大国不过十余城，小侯不过十余里"。

同声相呼，实理同归

鬼谷子认为，如果想了解对方的内情，可用象形和比喻的方法，以便把握对方的言辞。同类的声音可引起共鸣，切实的道理会有共同的结果。或因此共鸣，或因彼共鸣，或以共鸣法来侍奉上司，或以共鸣法来管理下属。这也是分辨真伪、了解异同，以分辨对手是真情还是诡诈的有效方法。

在这里，鬼谷子阐述了迅速俘获人心的基本原则，即说话要声情并茂，善于引起对方内心的共鸣。这样，才更容易了解对方的真心，以决定下一步的行动。

齐威王在位的时候，有一年，楚国进犯齐国。齐威王自知不是楚国的对手，只好拿出黄金100两，车马10辆作为礼物，派使者前往赵国求救。使者看着这些礼物，忽然大笑起来。齐威王很奇怪，就问他为什么笑。使者回答说："今天一早，我看到一个农夫在路旁祷告。他面前摆着一小盅酒，祈求说：'老天爷啊，请您保佑我好运，让我五谷满仓，金银满箱，长命百岁，儿孙满堂。'我见他的祭品微薄，却对老天爷提出这么多要求，不由得越想越好笑。"齐威王听了恍然大悟，他立即把送给赵王的礼物增加了十倍。赵王接到齐国使者送来的礼物后很高兴，马上派出精兵增援齐国。楚国得知赵国出兵的消息，就撤兵回国了。

齐威王企图用微薄的礼物去换取赵国的救兵，这是非常不明智的。但使者没有直接指出齐威王的错误，而是巧妙借一个农夫的吝啬行为加以暗示，首先引起了齐威王的共鸣，使他也直观地感觉到农夫的愚蠢，继而对比思索自己的行为，切实意识到自己的错误。使者所使用的，无疑是一种高明的说服方法。

言辞能引起对方内心的共鸣，这是游说的一种极高境界。而只有达到这种境界的人，才有可能完成不可能完成的任务，达到不战而屈人之兵的游说效果。

东汉顺帝时，外戚专权，百姓生活艰难。广陵人张婴不堪忍受暴政，聚众起义，纵横扬州、徐州一带几十年，劫富济贫，朝廷屡剿无功，深感头疼。当时朝中有一名叫张纲的御史，此人廉洁刚正，得罪不少权贵。于是，掌权的外戚梁冀便上奏顺帝，任张纲为广陵太守，让他平息暴动，企图借刀杀人。张纲到了广陵，单车独行直入张婴大营。张婴十分惊讶，便出来相见。张婴冷冷地问道："太守大人屈尊来到贼营，不知有何见教?"张纲站起身来，施礼说："将军何出此言？下官办事不周，不恤民情，以至陷民于水火之中。俗话说，'官逼民反'，将军清廉自律，行侠仗义之举，实令下官敬佩不已。"张纲这番话出乎张婴的意料，他急忙站起来赔礼，激动地说："太守早来十年，我张婴何至于此？我是个草莽之人，不知礼仪，更无法结交朝廷，我也知道自己是釜底游鱼，苟延残喘而已，哪里活得长久？今天大人到此，就给我指点迷津吧！"就这样，张纲用安抚的办法，不动一兵一卒，经过与张婴反复协商，妥善处置，终于平息了广陵的暴乱。

张纲说服张婴，不是靠威压，也不是靠利诱，而是采取了攻心之法。他首先承认自己的失职，将责任揽到自己身上，然后称赞张婴为民赴险，成功地打动了张婴，也攻破了张婴的心理防线。这正符合古人所说的"攻心为上"的原则，因而才能不费一兵一卒就平息暴乱。

"共鸣法"同样适用于规谏失足之人。人的心中都有善念，只是有些人的善念已经沉睡，需要用别人的善行去唤醒。对于那些看似冥顽不化的人，我们也要以诚相待，尽力去感化他们，来启发他们的良知。《孙子兵法》云："不战而屈人之兵，善之善者也。"能让失足之人主动去弃恶从善，那是最好的。

大文豪雨果的《悲惨世界》中，主人公冉阿让半夜偷走了米礼爱主教家的一只银烛台，不料半途被警察抓到。在对质时，主教却说是自己赠送给他的。当冉阿让跪着求主教原谅他的恶行的时候，主教却只要他宣誓将灵魂交付上帝，自此重新做人，并将另一只烛台也送给他，这样的情形让冉阿让感受到爱的力量，从此弃恶从善，经过努力，成了市长和工厂主。他捐助慈善事业，甚至为救人于危难而舍弃了名利。综观他的改变，主教的功劳不可磨灭。冉阿让因主教的爱和宽容，完全被改变了，从一个危害社会的罪犯，转变成了造福社会的君子！

心与心的共鸣，可以让我们的生活多一些宽容和谅解，少一些纠纷和矛盾。对于不讲理的小人，揭露、斥责都是必要的，但这毕竟是外力所致，要想真正挽救这些人，最好的办法是让他们自己内心受到震动，得到感化，使他们充分认识到自己的错误。这样，他们就会抛弃侥幸之心，从而改邪归正。

从前，有两个相邻的村子。两村的村民都靠种植西瓜为生。甲村的村民很勤劳，他们经常挑水浇瓜，所以西瓜长得又快又好。乙村的村民很懒惰，很少给西瓜浇水，所以他们的瓜长得不好。甲村的瓜长得好，令乙村的村民很嫉妒。于是，每天晚上，他们就轮流跑到甲村的瓜田里，扯掉一些西瓜藤。甲村村民发现后很气愤，他们也打算晚上去破坏乙村的瓜田。一位老瓜农劝阻说：“你们要这么做的话，只会让两村结怨越来越深，我看不如帮帮他们，每天晚上，咱们就去帮他们浇水。”甲村的村民依照他的话去做了，乙村的瓜一天天好了起来。乙村村民发现真相后，不由得大受感动，他们赶紧去甲村道歉。从此，两村村民变得亲如一家。

俗话说：将心比心，凭凭良心。心灵感化的力量，比严酷的刑罚更为强大。如果多一个人懂得这个道理并付诸行动，人世的纷争就会少一点，世界会变得更美好一点。

谋略典故：直陈利害，让对方权衡利弊

战国时期，各国之间混战不休，弱肉强食，形势一天一个样儿。有一次，楚国大将昭阳率兵攻打魏国，并在襄陵一战中打败魏军，得到了八座城池。

昭阳大喜之下，得陇望蜀，又欲移兵攻打齐国。齐王得到消息后，连忙召集群臣共商对策。当时齐国的军队战斗力还很弱，若与楚兵交战，必遭惨败。但固守城池不出也不是长久之计，所以齐王为此忧心忡忡，群臣一时之间也想不出什么好办法来对付楚兵。

正当齐王一筹莫展之时，忽有人来报说秦国使臣陈轸前来拜见。

陈轸上殿后见齐国君臣皆面有难色，问其原因，才知道楚国大将昭阳在得到魏国八座城池之后，又要转而攻打齐国。陈轸稍作沉吟，便对齐王说："大王不必担忧，待我前去叫他罢兵回国。"

齐王无法，只好抱着一试的态度委托陈轸去见昭阳。

陈轸见到昭阳后，便开门见山地问道："请问按照楚国的赏制，对那些击败敌军、杀死敌将而得城池的人，应给予什么样的奖赏呢？"

昭阳回答说："官封上柱国、爵封上执。"

陈轸又问道："还有比这更高的奖赏吗？"

"那就要数令尹了。"

"那你回国后，能被封为令尹吗？"

昭阳哈哈大笑，志得意满地答道："当然没问题，因为我马上就能当令尹了。”

陈轸也仰头哈哈大笑。

昭阳见状，奇怪地问他：“你笑什么呢？难道你认为我是在说谎吗？”

陈轸摇摇头，说：“我并没有丝毫怀疑之心，只是觉得既然令尹之位已非你莫属，那你又何必自取降职杀身之祸呢？”

昭阳一听，疑惑地问道：“你这话是什么意思？”

“让我来给你讲一个故事吧。有人赏给他的门客们一杯好酒，门客们商量道：‘一杯好酒，分与这么多人饮用，还有什么趣味可言？不如我们每人画一条蛇，看谁先画成，那杯酒就归他一人享用。’众人纷纷称好，于是皆取来笔墨在地上画起来。其中有一人顷刻便画完了，拿过酒杯正欲畅饮，这里他见众人都还没有画完，便自以为是地给蛇添起脚来。此时，恰逢另一人也画完了，那人抢过酒杯一饮而尽，还讥笑第一个画完的人：‘你见过有脚的蛇吗？它穿不穿鞋呢？’那个先画完的人这才明白过来，但后悔已经来不及了。

“你现在攻打魏国，已经取得八座城池，应该说已经把蛇画完，若再进攻齐国，那就是‘画蛇添足’了。如果打下来，你的官职还是令尹；但如果打不下来，那后果就很严重了。你是一个很聪明的人，应该不会干傻事吧！”

昭阳听罢，仔细地想了想，觉得陈轸说得很有道理，于是连夜就撤兵返回楚国了。

陈轸的游说之所以能够达到最终的目的，其原因也不外乎陈说利弊，待人自做决断。他站在对方的角度为其仔细分析了昭阳所处的位置，用寓言的形式点明了利弊，指出伐齐纯属多此一举。打了胜仗，自己已身居显位，也不会得到更高的地位了；而一旦打了败仗，那就会受到惩罚。结果，昭阳在权衡利弊之下，选择了撤军回国。

虽非其事，见微知类

鬼谷子认为，了解他人，虽然未获得全部信息，但可以根据细微的迹象，预见到其发展的趋势，这就是“见微知类”的方法。另有一句俗语叫做“见一叶落而知天下秋”。意思是一个具有远见卓识的人，能从细微的迹象中预见到发展趋势，具有先知先觉的特殊本领。

有一个“狼子野心”的故事，说的是春秋时期，楚国有两个大官，一个叫子文，一个叫子良。子文的儿子叫子扬，子良的儿子叫子越。子越小的时候，子文对子良说：“这孩子狼子野心，会给我们家族带来灾难。”子良听了很不高兴。子文回到家，对家人说：“子越如果当了大官，你们一定要尽早离开楚国，千万不要亲近他。”子文死后，子扬和子越也都当了大官。子扬没有听从父亲的告诫，继续留在楚国。子越逐渐暴露出他的野心，他嫉恨子扬的官位比自己大，于是暗中派人杀了子扬。后来，子越领兵反叛楚王，结果被楚王的大军打败，他的家族也因此受到牵连。

子文能从子越小的时候，就发现他“狼子野心”，听起来十分玄乎。但俗话说得好：“三岁看八十”。一个人成年后会成为什么样子，从小就能看出一点苗头，只是一般人都没有用心去察觉罢了。

一般来说，对于大的现象与变化，人们往往是能够注意的；而对于小的现象与变化，却常常会忽视，这也许正是需要我们格外关注的。因此，《淮南子·兵略训》中特地提醒道：“下至介鳞，上及毛羽，条修叶贯，万物百族，由本至末，莫不有序。”就是说，下到介虫、鳞虫，上到鸿毛、羽毛，像千枝万叶一样，都贯通联系着万物百族。从根本到末梢，没有不是有条理的。只有既注重大的方面，又不忽视小的方面，最终在对敌争斗中取得胜利才是有把握的。

见微知类是一种高层次的判断能力。要记住的是，并不是出现了苗头，就一定会发生相应的结果。如果牵强地进行联系，就可能犯下错误。有一个年轻人，他把家里的所有钱财都花光了，只剩下身上的一件外套。一天，他发现有一只提早飞回来的燕子。他想：“啊，春天到了，我可以不用再穿外套了，不如用它换点儿钱。”于是，他脱下外套，拿去卖了。不久，又一阵北风吹来，气候变得非常寒冷。他被冻得到处躲，恰巧看见冻死在地上的燕子。他气愤地对燕子说：“喂，朋友，你把我都害死了！”

从提早飞回的燕子身上，年轻人得出了“不用再穿外套”的结论，这显然是荒谬的，至少应该看看天气情况再定。结果燕子冻死了，他也只能穿着单衣挨冻了。

因此，在获得大量资讯的基础上，必须要对这些资讯进行一番去伪存真的筛选，避免被假象和错觉迷惑了视线。接着对经过判断确定为真实的资讯，作由表及里、由此及彼、由明及暗的推理，把握问题的实质，否则也就难以达到“见微知著，见端知末”的境界。

第一次世界大战期间，法军和德军作战时，法军一个司令部在前线构筑了地下指挥所，人员深居简出，十分隐蔽。当时行军的一位参谋人员在观察战场时发现：每天上午八九点钟，总有一只小猫在法军阵地后方的一座坟包上晒太阳。据此情况，德军做出如下判断：第一，这只猫不是野猫，野猫不喜欢白天出来，更不会在炮火隆隆的阵地上出没。第二，猫的栖身处就在坟包附近，那里很可能是一个地下掩蔽部，因为周围没有人家。第三，根据仔细观察，这只小猫是相当名贵的波斯品种，在打仗时玩这种猫的，绝不会是普通的下级军官。随后，德军集中六个炮兵营的火力，对确定目标实施突袭，结果，法军指挥部人员全部阵亡。

谋略典故：反常即疑，及早防范

三国魏齐王曹芳嘉平元年(294 年)，蜀将姜维攻打魏国的雍州(今陕西西安)，依曲山(今甘肃岷县内)修筑了两座兵城。曹魏派征西将军郭淮迎击蜀军。郭淮派陈泰和邓艾包围两座兵城，自己率兵截断蜀军援军的道路，姜维无奈引兵退走。郭淮想借此机会进击两城中的蜀军，以除后患。邓艾劝谏道：“以往蜀军作战惯使回马枪，今次说不准他们还会再打回来，我们还是预先提防为好。”于是，郭淮分出一拨兵马，让邓艾率领驻在蜀军来路上的白水(在川陕甘交界处)北岸。

三天之后，姜维果然派将军廖化率兵杀回，遇到阻击，便在白水南岸与邓艾隔河结营。当时，邓艾兵少，廖化兵多，但廖化并不急于进攻。邓艾见状，对部将说：“蜀军杀回来去救被我们困在两兵城中的同伙儿，敌众我寡，理当架桥急攻我们，但他们并不急于架桥进攻，可见是另有所图。白水附近有一洮城(今甘肃临潭)，是军事重镇，说不定姜维会偷偷率重兵去袭击。”于是他分出一拨人马，当夜去60 里外的洮城增援。

天亮，姜维果然率大军渡河来抢洮城，由于邓艾早作了准备，没有得手，被邓艾阻在白水以南。两城中的蜀军久盼不到援军到来，粮草用尽，只好开城门投降了曹魏。

这里，邓艾善于用以往蜀军的作为来推知他今次所用的战术，能够从对手一反常规不急于架桥攻击以援救被围困的自己人的细微动作中推知对手另有所谋，因而审时度势，预先作了防范，料敌机先，堪称得“见微知类术”之精髓。杰出的军事家最善于运用此术，以预计战争发展的形态，去预算对方部署的战术，然后因势为制，战胜对手。

知之始己，自知而后知人也

我们都熟悉孙子“知己知彼，百战不殆”这句名言。而鬼谷子在这里提出的“知之始己，自知而后知人”，也含有“知己知彼”的要求。不过，他更强调自知，把自知作为知人的前提，这是很有见地的。自知之明，确实是人生中的一种重要品质。

有一则寓言故事，说一头牛来到水潭边喝水，把一群小蛙中的一只踩死了。蛙妈妈回来后，发现死了一只小蛙，就伤心地询问原因。一只小蛙说：“亲爱的妈妈，刚才有一头巨大的怪物来到潭边，用它的蹄子踩死了我们的兄弟。”蛙妈妈一边尽力鼓气，一边问她的儿子们道：“那野兽是不是像我这样大呢?”小蛙说：“比您大。”蛙妈妈又鼓了鼓气，问：“是像这样大吗?”小蛙回答说：“妈妈，您不要再鼓气了。我想您无法像那怪物一样大的。”蛙妈妈气坏了，它用最大的力气鼓起肚皮，只听“嘭”的一声，它的肚子胀破了。

寓言中的蛙妈妈，居然想跟牛比个头，可任它怎样鼓气，可能也赶不上牛的一只蹄子大。在我们的现实生活中，又有多少人能做到“自知之明”呢？站在哈哈镜前，弱小的老鼠会认为自己比猫还要强大，瘦弱的花猫会认为自己比老虎还要凶猛……这样的例子不胜枚举。无自知之明，不量力而行，其结果不堪设想。

历史上，赵括和马谡都是无自知之明、不自量力的典型。他们本身属于那种会动脑，但缺乏实践经验不会动手的人，如果只是在军营中做一个参谋，为主帅出谋划策，或许还能发挥他们的才干。要不然，他们可以利用一些小战斗逐渐培养实战经验，待经验丰富之后，将理论与实践相结合，没准也能成为一代良将。可惜，他们在还不具备将帅之才的时候，便硬着头皮肩负起重要的军事任务。马谡出征前甚至立下了军令状，诸葛亮曾叮嘱他：要在平地上扎营，阻击魏军。可马谡却自恃聪明，硬要在山上屯兵。结果被魏兵围困，导致大败，丢失街亭，掉了脑袋。不了解自己的真正水平，冒险而为，历史上和现实中许多惨痛的悲剧和沉重的代价就是这样造成的。

古语说“见贤而思齐”，这本是值得提倡的一种美德，可是这个“思齐”也要有个度。想必大家都听过“东施效颦”的故事。越国美女西施有闭月羞花之貌，举止大方，衣着朴素，略施粉黛，美不可言。就连胸疼时捂着胸口的动作，都变成了一种无法言说的柔弱美。东施一味效仿，却不知道西施到底美在哪里，效颦就变成了做作，换来了大家的耻笑。模仿美好的东西并没有错，但在效仿的时候不仅要知其然，还要知其所以然，得其要领才是关键。而要得其要领，首先就要有“自知之明”。

有一个占卜者，坐在市场里算卦收钱。忽然邻居跑来告诉他，他的家门被撬，家里所有的东西都被偷没了。这位占卜者大吃一惊，气得跳了起来。他叹息着回到家中，查看所发生的事情。旁边有人看到这一切便对他说：“喂，朋友，你不是说你能够知道别人未来的祸福吗，怎么连自己身上发生的事情都没有预测到呢？”

比起知人来，自知更难做到，就像眼睛看不到睫毛，自己的缺点自己很难看见。因为还有虚荣心在作祟，使人不愿意看到自己的缺点。汉武帝的时候，有一个叫戴圣的官员，他学问渊博，名重一时。但他处理政务不遵法令，造成许多冤案错案。一个叫何武的官员向朝廷揭发了戴圣的过失。不久，朝廷免了戴圣的官职。戴圣很生气，认为何武是在有意陷害自己，他一有机会就在别人面前说何武的坏话。何武知道后只是一笑了之。有一次，戴圣的儿子犯了罪，被抓获后押到官府听候处理，而主审官正是何武。戴圣认定何武会将他儿子置于死地，整天茶饭不思。可是，何武公正判决，并没有判处死刑。这时，戴圣开始反省自己的过错，才发现自己以前确实有很多不是。于是，他到何武家去认错，两人从此成为好朋友。

戴圣学问好，知天、知地、知人，唯独缺乏自知，在何武的感染下，他深刻反省己过，终于补上了人生的重要一课，避免犯下更大的过错。

了解自己是人生在世最需要做的首要事情，也是世界上最难做到的一件事。

一位少年去拜访年长的智者。

少年问智者，自己如何才能变成一个自己愉快，又能给别人带来快乐的人。

智者笑着望着他说：“孩子，你有这样的愿望，已经是很难得了。很多比你年长的人，从他们问的问题本身就可以看出，不管给他们多少解释，都不可能让他们明白真正重要的道理，就只好让他们那样好了。”

少年满怀虔诚地听着，脸上没有丝毫得意之色。

智者接着说：“我送给你四句话。第一句话是，把自己当成别人。你能说说这句话的含义吗?”

少年回答说：“是不是说，在我感到忧伤的时候，就把自己当成是别人，这样痛苦就自然减轻了；当我欣喜若狂之时，把自己当成别人，那些狂喜也会变得平淡、中和一些?”

智者微微点头，接着说：“第二句话，把别人当成自己。”

少年沉思一会儿，说：“这样就可以真正同情别人的不幸，理解别人的需求，而且在别人需要的时候给予恰当的帮助。”

智者两眼发光，继续说道：“第三句话，把别人当成别人。”

少年说：“这句话的意思是不是说，要充分地尊重每个人的独立性，任何情形下都不可侵犯他人的核心领地?”

智者哈哈大笑：“很好，很好，孺子可教也。第四句话是，把自己当成自己。这句话理解起来太难了，留着你以后慢慢品味吧。”

少年说：“这句话的含义，我一时体会不出。但这四句话之间有许多自相矛盾之处，我怎样才能把它们统一起来呢?”

智者说：“很简单，用一生的时间和阅历。”

少年沉默了很久，然后叩首告别。

后来少年变成了壮年人，又变成了老人。再后来在他离开这个世界很久以后，人们都还时时提到他的名字。人们都说他是一位智者，因为他是一个愉快的人，而且也给每一个见到过他的人带来了快乐。

能够认识别人，自是一种智慧和能力；能够认识自己则是圣者、贤人。人生最难做到的就是正确、客观地认识自己。在人的一生当中，很多人因为不能正确认识自己，所以终其一生不知道自己应该做什么、适合做什么、能够做什么，不能为自己的人生准确定位。因为不能正确认识自己，所以时常陷入自卑或自大的误区；因为不能正确认识自己，所以出现了错误，往往找不到问题的症结所在；因为不能正确认识自己，所以总是牢骚满腹、怨天尤人，却不知从自身找原因。

所谓“当局者迷，旁观者清”，自己处在自身的立场和角度，难免会自我设限，这就是一种“心障”，“心障”会蒙蔽自己的双眼，对自己认识不清、不全面或者有失偏颇，这时就需要借助和求教于别人，看看别人眼中和心中的自己究竟是怎么样的。

所谓“以铜为镜，可以正衣冠；以古为镜，可以知兴替；以人为镜，可以明得失。”有时候单单通过别人对自己的评价来认识自己也是远远不够的，因为别人出于“明哲保身”等种种立场和因素，难免会隐匿自己的某些真实观点，对你敷衍塞责。所以人要认识自己，还在于能够以人为镜，反照自己，做到时刻自省。《论语》的《学而》篇中曾子有曰：“吾日三省吾身……”只有时时处处反省自己，总结经验，吸取教训，才能不断进步和完善自我。

认识自己，绝非一朝一夕的事，而是需要一生的时间和阅历的。如果我们能及时发现自己的不足和过错，在实际可行的基础上，取彼长，补己短，自我调整，我们就能更快地走向成功，取得更大、更好的成就。

楚汉相争，刘邦打败项羽，有人为他歌功颂德，他却说：“运筹帷幄之中，决胜于千里之外，吾不如子房；镇国家，抚百姓，给馈饷，不绝粮道，吾不如萧何；统百万之军，战必胜，攻必取，吾不如韩信。此三者，皆人杰也，吾能用之，此吾所以取天下也。”

明末清初博学多才的顾炎武，在《广师》一文中说：“坚苦力学，无师而成，吾不如李学中；险阻备尝，与时屈伸，吾不如路安卿；好学不倦，笃于朋友，吾不如王山石。”

刘邦、顾炎武都讲了三个“吾不如”。刘邦是封建皇帝，顾炎武是饱学之士。尽管他们所处的历史时代和阶级地位不同，所说的“吾不如”的内容也有区别，但其精神实质却是差不多的。共同之点是人贵有自知之明，人要了解自己、认识自己。自知是做人的最起码要求。有了自知，一个人才能对自己所处的环境有一个准确的把握，才能知道自己的工作能力、学识水平、社会关系、家庭、社会背景等处在一个什么样的状况下，才能充分发挥自己的聪明才智，生活才能充实。

谋略典故：不知己也不知彼

建安三年（198 年）三月，曹操围攻张绣于穰（今河南邓县）。五月，刘表派兵援救张绣，企图断绝曹操的后路。曹操因听说有人劝袁绍乘机袭击许都（即许昌，在今河南许昌西南），担心后院出事，只好引军退还。张绣准备亲自率军追击，贾诩对张绣说：“曹军不可追击，如果追击，必然会被打败。”张绣不听，贸然率兵往追。这样，曹操一时也不得撤走，于是只好步步为营，缓缓而退。

曹操写信给荀彧说：“贼寇前来追击我，虽然一天只能行军几里路，但我估计，到达安众（今河南邓县东北约四十里）时，必将击破张绣。”曹军到达安众时，张绣与刘表合兵一处，凭险据守，使曹操前后受敌。于是，曹操便乘夜间在险要之处开凿通道，将辎重全部撤走，并且埋伏下奇兵。天亮之后，张绣和刘表的援军以为曹操已经率军遁逃，便放心大胆地率军追击。不想，曹军伏兵齐起，步骑夹攻，将追兵打得大败而还。

张绣刚刚回到穰，贾诩便对他说：“现在赶紧再去追击，再追必然获胜。”张绣推辞说：“因为不听您的话，所以弄到这个地步。现在已经战败，为什么还要再去追呢？”贾诩说：“军事形势不断变化，再追必然获胜。”张绣一向信任贾诩，听贾诩这样一说，也就同意了。于是，便收集散卒，再去追击曹军。让张绣没有想到的是，这次追上曹军后，发现曹军不像上次那样戒备森严，事先对遭到追击似乎并无准备，所以，一经交战即慌乱溃逃，自己果然大胜而回。

事后，张绣十分不解，便问贾诩说：“我以精兵追击曹操的败退之军，您说必然失败；退回之后又以败兵追击得胜之师，而您说必然获胜。结果都被您说中了，为什么事情如此相反而都应验了呢？”贾诩说：“这道理是很容易明白的。将军您虽然善于用兵，但却不是曹操的对手。曹军刚刚撤退，曹操必定亲自断后；追兵虽然精锐，但首先是将领不相匹敌，而且对方的士卒也很有战斗力，所以知道您必然失败。曹操进攻将军，既没有失策之处，军力也没有用尽，在这种情况下撤兵，必然是因为国内有什么变故；既然已经击败了将军的追击，必定会轻军速退，纵然留下众将断后，但众将再勇猛，也都不是将军您的对手，所以即使使用败兵，也必将战而胜之。”张绣听罢，对贾诩打心眼里感到佩服。

在此战中，张绣不听贾诩之劝，贸然追击曹军，可说是犯了不知己也不知彼的错误：他不知道曹操不败而退实是因为国内出现忧心之事，而并非是真败；他不知道曹操既然不是败退，即必定会严加警戒，甚至亲自断后，以防追兵。最重要的是，他不知道自己的将领根本不是曹军的对手。所以，他的失败自在贾诩的预料之中。既败之后，张绣又简单地接受上次的教训，不肯再追，同样是犯了不知己也不知彼的毛病：他不知道曹操在既胜之后会以为不可能再有追兵，从而丧失警惕，匆忙退走。

如圆与方，如方与圆

鬼谷子提出，在情况还未明朗以前以圆略来诱惑对手，在情况明朗以后就要用方略来战胜对方。无论是向前还是向后，无论是向左还是向右，都可用这个方法来对待。阴阳转换彼此渗透，方圆交替运用自如，相辅相成，就能成大事。

世界上有两种类型的思想，一种以“方”为代表，好比刺猬，以不变应万变；另一种以“圆”为代表，好比狐狸，遇事灵活机智。圆：狐狸多机巧；方，刺猬仅一招。圆是天，方是地；圆多变，方稳定；圆乐观，方迷惘；圆有自由，方有信仰……二者可谓是优劣参半，何不兼容并蓄，融二者之精华于一身呢？

自古以来，有圆就有方，就连钱币，也就是风靡一时的孔方兄亦是如此。圆中有方，做人要圆，却也不能失了方的刚正。

人的思想变幻无穷，高深莫测，难以令人捉摸，而人的性格却相对简单得多。一个人活在世上，如何处好事做好人，关键在于他把圆与方糅合得是否相互依存却又不冲突。举个例子，清朝雍正时期的田文镜，是个有名的“铁公鸡”。他办事极一丝不苟，事无巨细，但他的方式实在有些让人受不了，都是硬的。 这样一来，朝中便没有什么人与他相交相好。 可与他同朝为官的李卫就不同。 他办事同样是一丝不苟，事无巨细，但他懂得方圆兼并，软硬兼施，刚柔并济，其实这才是最好的为官之道。 方，是田文镜的处世为官之道，他只以不变应万变，好比刺猬。 而李卫则兼收田文镜之刚硬，再加上他自己好比一只狐狸，这样，李卫的官路就比较顺达。

同样地，在后来的乾隆时期，纪晓岚几次被皇帝老儿关进大牢捉虱子。 而这一切仅仅是因为纪晓岚太好直言进谏。 和珅，可以用老奸巨猾来形容，处世极其微妙，四面讨好，却又不失方的威严。 尽管他也有几次差点被弘历关进大牢与纪晓岚一起捉虱子玩，但他都能巧妙地周旋过去，一方面是因为他在弘历面前说好话，凸显圆的作用，另一方面是他在改正自己的错误时，非常严肃，不疏忽任何一个细节，这样，方的威力又大放光彩。

做人难，难做人。 生活在这纷繁的世界，做人真的很难，要做得人人喜欢更难。 纵观世界历史，大凡能成就伟业者，无不是深谙做人之道。 知道做人何时应该进，何时应该退，何时应该发脾气，何时应该深藏不露。 那些成大事者，多是方圆通达，在危难时刻总能把做人的机智技巧运用得淋漓尽致。 其实做人没有什么法则可遵，但做人的戒律却一定不能违犯。 在为人处世中，有些人不管不顾、自私自利、刻薄尖锐，又多斤斤计较，这种人肯定是一个不受欢迎的人，也是一个做人失败的人。

也就是说，做人既不要过分，也不要太怵；既要懂得方圆，又要有做人的原则。

方是壮士立志平天下的思想气度，做人的脊梁；圆是处世的锦囊，是聪明者适应社会、协调乾坤的行为准则。方是以不变应万变，圆是以万变应不变。有圆无方则不立，有方无圆则滞泥。做人要外圆内方，办事要刚柔相济，交友要有所选择，说话要恰到好处，沟通要讲究技巧，处世要乐观豁达。人立于世，必得在社会上行走，少不了要和人打交道。为人处世无方，会使你到处碰壁、寸步难行；为人处世得法，会使你柳暗花明、事半功倍。

学习圆方之略，还需要解决的一个重要问题是如何对待别人的错误。倘若别人无意中犯了错误，违背了你的心愿，打乱了你的计划。这时，你的第一反应可能是气愤，接下来可能会大发雷霆。很多人都会如此。然而这样做也根本于事无补，其结果往往是加剧了对方的恐惧，事情也会越来越糟。其实，如果能够忍住一时的怒火，反过来宽容别人，结局就会不同。

美国空军的著名战斗机飞行员胡佛在一次领导驾机行动中，飞机险些失事，后来检查发现原来是负责加油的机械师加错了油。问题查出后，那个机械师吓得面如土色，然而胡佛不但没有追究这件事，还让他专门做自己所负责的飞机的维修工作。后来，这个机械师一直跟着胡佛，而且干得十分出色。由此看来，如果做人圆润一点，原谅别人的过失，给予他人理解和尊重，这样于人于己都有好处。

在现代激烈的商业竞争中，对于一些有意的欺骗或侵犯，又该如何处理呢?

让我们来看下面这个例子。一天，在法国的一家著名的照相器材厂里，一批日本客商正在参观。给他们当向导的是实验室主任，他是一个细心人，一边热情地回答客人们提出的各种问题，一边暗暗地注意客人们的一举一动。实验室主任注意到，有一个日本客商对一种新的显影溶液特别感兴趣。他戴着领带，当他俯身观察显影溶液时，领带末端恰好浸入了溶液之中。日本客商这一极平常的动作，没有逃过实验室主任的眼睛。实验室主任心想：多么狡猾的日本人！他只需回去将领带末端的溶液化验一下，便可以轻而易举地获得这种显影剂的配方。这可是本厂最核心的机密啊！绝不能让日本人得逞。实验室主任急忙叫来一位公关小姐，对她如此这般地吩咐一番。不一会儿，公关小姐拿着一条崭新的领带出现在这位日本客商面前，用她那甜润的嗓音说道："先生，您的领带弄脏了，我们给您洗洗，您先换上这条新领带，好吗?""噢——好吧，谢谢你!"日本客商知道自己露馅了，他只好一边道谢，一边解下了领带。他内心有点沮丧，但对法国方面没有当面戳穿他而深表感激。

俗话说"兵不厌诈"，在商业领域也是如此。法国方面察觉日本人有"诈"之后，没有予以当面揭露，而是不露声色地抢先一步，破坏了对方的意图，同时还能维持表面上和谐的关系，确实是十分高明的做法，达到了鬼谷子所赞许的"与人也微，见情也疾"的境界，值得我们在工作中加以效仿。

谋略典故：把握高压与怀柔的最佳尺度

春秋末期，郑国的宰相是子产。他善于执政，把国家治理得有条不紊，深得民心。他的执政之道就在于刚柔并济，把握住高压和怀柔两种政策的最佳尺度。

当时，许多大国都觊觎郑国。子产认为，郑国要求得生存，当务之急是加强国力。于是子产一方面提倡振兴农业，另一方面为确保军事费用，决定征收新税。一时间，民怨四起，民众对他恨得咬牙切齿，甚至有人还密谋杀害他。他的家人和朋友都纷纷劝他改变主张，朝中大臣也站出来反对他的政策。

面对来自各个方面的压力，子产没有丝毫的动摇。他力排众议，义无反顾地继续实施既定的政策。

“我所做的一切都是为国家和人民着想，即使牺牲我自己的名誉也在所不惜。如果虎头蛇尾，我殚精竭虑想出来的兴国之道就会付诸东流。我决心一如既往地贯彻我的政策。老百姓的责难只是因为我的政策没有立竿见影的效果。过一段时间后，他们就会明白的。”子产这样对别人解释。子产不改初衷，面对责难仍然坚持己见。

过了几年，农业振兴计划收效甚大，人民的生活水平日益提高，军队也逐步强大起来，足以抵抗外来的入侵。郑国在诸侯国中逐渐树立起不可动摇的地位。

子产的政策并不都是如此“刚硬”，他在教育政策的制定上就表现得非常“宽容”。

郑国为了大力培养知识分子，在各地普遍设立了称之为“乡校”的学校。但是许多对当政者不满的人就利用乡校传播与统治者相反的观点。若任其发展，就会不利于民心安定，对统治也造成威胁。因此，许多大臣提议关闭乡校。

子产却不以为然，反驳道：“如果那些人聚集在乡校谈论政治，我们可以听取他们好的意见，不断改良我们的政策，这样看来，不是一件好事吗？”

子产借用了一个比喻，继续说：“人们的言论就好比是河川里的水一样，如果我们钳制他们的言论，就如堵塞河水一样。尽管暂时控制住了，不久那些不满就会像洪水一样滚滚而来，堤坝和堰塘终将被冲毁。与其这样，还不如疏通流水，引导它们畅通无阻地流出来，这样不是更合适吗?”从此以后，郑国的教育文化事业得到了繁荣。

由于子产广开言路，集思广益，在他为政期间，郑国国泰民安，国家呈现出一派欣欣向荣的景象。

阴阳之道与方圆之说，与刚柔张弛的运用策略是相通的。绵里藏针、柔中存刚是成功的为人之道，刚柔并济更是行之有效的处世手段。 治理国家同样如此。 子产深知，如果君主严刑峻法，过于苛刻，就会使人们畏而远之；如果太宽松，就会使臣子骄纵跋扈，不易驾驭，所以必须恩威并济，把握好时机和火候。

内揵篇

内揵篇

内揵术是《鬼谷子》关于进献说辞和固守谋略的方法，主要论述了领导者与被领导者之间的关系。“内”，就是使人采取自己的计策；“揵”，就是设法坚持自己的计策，可以以情动人，以理动人。在内揵术的运用中，最关键也是最核心的是要把握清楚被说者的心理，这是一切游说技巧发挥的出发点。

【经典原文】

君臣上下之事，有远而亲，近而疏；就之不用，去之反求[①]；日进前而不御，遥闻声而相思[②]。事皆有内揵，素结本始[③]。或结以道德，或结以党友，或结以财货，货结以采色。用其意，欲入则入，欲出则出；欲亲则亲，欲疏则疏；欲就则就；欲去则去；欲求则求，欲思则思。若蚨母之从子也；出无间，入无朕。独往独来，莫之能止。

内者，进说辞也。揵者，揵所谋[④]也。欲说者务隐度[⑤]，计事者务循顺[⑥]。阴虑可否，明言得失，以御其志。方来应时，以和其谋。详思来揵，往应时当也。夫内有不合者，不可施行也。乃揣切时宜，从便所为，以求其变。以变求内者，若管取楗。言往者，先顺辞也；说来者，以变言也。善变者审知地势，乃通于天，以化四时，使鬼神，合于阴阳，而牧人民。

见其谋事，知其志意。事有不合者，有所未知也。合而不结者，阳亲而阴疏。事有不合者，圣人不为谋也。

故远而亲者，有阴德也。近而疏者，志不合也。就而不用者，策不得也。去而反求者，事中来也。日进前而不御者，施不合也。遥闻声而相思者，合于谋待决事也。

故曰：不见其类而为之者，见逆。不得其情而说之者，见非。得其情乃制其术，此用可出可入，可揵可开。故圣人立事，以此先知而楗万物。

由夫道德仁义，礼乐忠信计谋，先取诗书，混说损益[⑦]，议论去就。欲合者用内，欲去者用外。外内者，必明道数[⑧]。揣策来事，见疑决之。策无失计，立功建德，治名人产业，曰揵而内合。上暗不治，下乱不寤，揵而反之[⑨]。内自得而外不留，说而飞之，若命自来，己迎而御之⑩。若欲去之，因危与之。环转因化，莫知所为，退为大仪。

【难点注释】

①就之不用，去之反求：就，靠近、趋近；去，离开。在身边却不任用，离去以后还受聘请。

②日进前而不御，遥闻声而相思：日进前，每天都在君主的跟前；御，驾驭马车，这里引申为“使用”；遥闻声，听到很遥远的地方的声音。

③素结本始：素，平常；本始，本源。意思是把平常与本源相联结。

④揵所谋：进献计谋。

⑤隐度：暗中揣测、估量。

⑥循顺：沿着顺畅的途径，遵循固有规律。

⑦先取诗、书，混说损益：引用《诗经》和《书经》来验证自己的学说。

⑧外内者，必明道数：在决定内外大事时，必须明确道理和方法。

⑨揵而反之：固执己见，事与愿违。

⑩若命自来，己迎而御之：命，召令；自来，指君主有令召来；御：防御、抵制，这里是指拒不接受。

【通俗译文】

君臣上下之间的关系很微妙，两者之间，有的相距遥远却关系亲密，有的相隔很近却关系疏远。有的臣子主动投靠国君，但得不到重用，而有的臣子虽然已经离开国君了，但国君却又很想找回并重用他。有的臣子天天都能谒见国君，但没有被信任使用；而有的臣子则与国君距离遥远，但国君只是听到关于他的消息就想得到并重用他。归根结底，这些情况都是因为在君臣之间、上下之间、人与人之间相互交往时有内在的东西联系的，而这种联系是靠平时的交往积累而来。感情的联系往往来源于平时的接触，臣子结交君王，有的用高尚的道德情操来结交，有的用像交朋友的方式来结交，有的则用送给对方财物来结交，有的则用美貌的容颜来结交。臣子只要摸清了国君的意图和愿望，想进来就可以进来，想退出就可以退出；想要亲近国君就可以亲近，想要疏远国君就可以疏远；想出仕做官就可以做官，想隐退山林就可以隐退；想向国君所求就能求到，想要让国君挂念就可以让他挂念。使君臣之间的关系就像母蜘蛛与他的孩子之间的关系一样亲密，谋臣想出就出，毫无间隙让他人可钻，没有一点漏洞；想入就入，毫无征兆让他人捉摸，进退出入随心所欲，独来独往没有任何人能够阻止自己。

所谓“内”，就是臣下对君上进献说辞；所谓“揵”，就是臣下对君上呈献谋略。想要说服他人的谋士，务必要暗中揣测对方的心意；想要策划事情的谋士，务必要循顺势而为，迎合人意，因势利导，顺其自然。谋臣要私下暗中分析自己的计谋是否可行，然后明确向国君分析利弊得失，才能迎合君心，进而影响对方的思想，控制最后的决策。游说的要诀在于选择适当的时机，使自己的计谋与对方的心意易于结合，合乎对方的心愿；选择适当的契机，反复思考，顺应时宜，才能与对方的心愿相结合。假如所进之辞不合国君的意愿，决策肯定无法实施下去。因此，游说者就应该揣摩合适的时机，改变策略来适应变化了的形势，以变对变，提出新计谋，才能像一把钥匙开一把锁一样，适应新的形势，这样，国君才会肯定和接纳谋士的建议。

与国君谈论过去的事情，要顺着他的意思来做分析；与国君谈论未来的事情，则要采用容易变通的言辞，留有余地，随机应变。善于随机应变的谋士，要详细了解体察当时当地的形势，只有这样，才能和上天的法则相通，随着四季的更替而变化以适应不同的环境，像驱使鬼神一样得心应手，才能遵循阴阳变化的规律，统治管理百姓。

谋士在观察到国君在谋划事情时，一定要知晓君主的意图和心愿。如果出的计谋与对方意向不吻合，那是因为你对对方的意图和情况没有摸透。如果计谋与对方的意图一致，但总不能达到默契，那就是因为君臣的关系表面上看很亲热，实际上二者内心里却有很大的距离。如果与国君的意见没有吻合的可能，圣人是不会为其谋划的。

所以说，与国君相距很远却关系亲近的臣子，是因为他们的主张能与国君心意暗合；距离国君很近却关系疏远的臣子，是因为他们的策略与国君意图不一；身在职位却没有被重用的臣子，是因为他的计策没有得到国君心理上的认可；离开职位而能再被国君召回的臣子，是因为他的主张正中了国君的心意；每天都和国君谒见的臣子，却不被信任，是因为他的施政策略与国君的想法不一致；而与国君距离遥远，但国君只是听到关于他的消息就想得到并重用他的臣子所想的策略，与国君正在计划做的事情相同。

所以说，在不了解对方是哪类人、有什么想法就去游说的人，必定会事与愿违，适得其反；在不掌握对方意图的时候就去游说的人，定要受到否定。只有了解对方的真实意向和情感，再依据实际情况确定方法，这样去推行自己的主张，才可能控制对方，进退自如；既可以进谏国君，坚持己见；又可以放弃自己的主张，随机应变。

因此圣人立身处世、建功立业，都是由此预先了解事物的真相，从而把握万事万物的。向国君进辞献策，由道德、仁义、礼乐和计谋开始，首先引用《诗经》和《书经》的教诲，再综合分析利弊得失，讨论自己策略的得失，然后考虑去留的问题。

如果想要留下和国君处好关系，那么就需要了解他的意图和想法，才能“用内”主动接近国君，争取其宠信；如果想隐居离开，就用“外”，不必去探究他的真实意图和想法。无论是用外情还是内情，都必须先明确道理和方法，揣测预知未来的事情，在遇到各种疑难面前就能相机决断。在运用策略时只要不失策，就能建立功业和积累德政，治理人民，使他们从事生产事业，这叫做“揵而内合”，也即君臣上下同心，臣子的计谋与国君的意向相一致了。

如果国君昏庸不理国家政务，百姓纷乱事理不明，这就是计谋与内情不相合，臣子就算有好的谋略也不被国君所用，那么就应该隐居山林。对于那种对内自以为是、对外又不能礼贤下士的国君，说客可以奉迎他，获得他的信任后再慢慢说服他，从而达到自己的目的。如果国君征召自己，则应该主动去迎合，接受任命，为其所用，实现自己的目标。如果想归隐山林，应该趁着国家危乱的时候行事。要依据情况伺机而动，见机行事，运转自如，就像圆环旋转往复一样灵活，顺应变化，使旁人看不出你想要干什么。

【本篇要义】

“内揵术”是《鬼谷子》中关于进献计谋的方法，主张拉近与游说对象的关系，找准对方的心理契合点，在心理上让对方对自己有认同感，从内心上去打动对方，然后再向对方提出自己的建议和谋略，进而影响对方的决策。

鬼谷子在本篇中的第一层意思是强调谋士说客在进献言辞时，必须先打好心理基础。“君臣上下之事，有远而亲，近而疏；就之不用，去之反求；日进前而不御，遥闻声而相思。事皆有内揵，素结本始。”君臣之间的亲疏远近，决定了谋士在国君心里的地位，也直接影响了谋士的建议被采纳的可能性。“素结本始”，与国君亲疏远近的主要功夫做在平时，只有与国君、上级平时的关系处理得好，才能摸准对方的真实意图和想法，才能够做到“欲入则入，欲出则出；欲亲则亲，欲疏则疏；欲就则就；欲去则去；欲求则求，欲思则思。若蚨母之从子也；出无间，入无朕。独往独来，莫之能止。”也只有这样，谋士说客们在国君面前游说时才会游刃有余、挥洒自如，控制对方的思想，引其思维走向你所设计好的思路。

鬼谷子在文中的第二层意思是谋士说客如何才能宠幸、取悦于君上。也即“内揵术”的具体方法，实际上也就是我们平时所说的“拉关系、走后门”，必须根据不同的对象，不同的情况，采用不同的方式，“或结以道德，或结以党友，或结以财货，或结以采色”，先顺从对方的意愿——“用其意”，取悦于对方，让他心理上接受你、认同你，他才能够心甘情愿地接纳你的谏言，接受你的游说，达到“独来独往，莫之能止”的境界，玩弄君上于谋臣股掌之间。

鬼谷子的第三层意思是谋士说客们在进献计谋时应该采用的技巧。首先应该“欲说者务稳度，计事者务循顺。”想要说服他人策划事情，务必要暗中揣测对方的心意，顺势而为，迎合人意，顺其自然。其次，“乃揣切时宜，从便所为，以求其变”。游说的要诀在于选择适当的时机，顺应时宜，使自己的计谋与对方的意图相一致。“方来应时，以和其谋。详思来楗，往应时当也。夫内有不合者，不可施行也”。游说的要诀在于选择适当的时机，使自己的计谋与对方的心意易于结合，合乎对方的心愿；选择适当的契机，反复思考，顺应时宜，才能与对方的心愿相结合。最后，要能够及时变化，改变游说的策略来适应变化了的形势，以变对变，并提出新计谋。“以变求内者，若管取楗”。“善变者审知地势”，善于随机应变的谋士，要详细了解体察当时当地的形势，用容易变通的言辞，留有余地，随机应变。而且一再地提醒：“事有不合者，有所未知也。合而不结者，阳亲而阴疏。事有不合者，圣人不为谋也”。他强调如果游说者的计谋与君王意向不一致，原因是你还没有进入对方的心理，如果与国君的意见没有吻合的可能，就算是圣人也不能够为其谋划。

在本文中鬼谷子先生的第四层意思是“内揵术”的使用中如何处理内与外的关系。阐述什么时候用“内”，什么时候用“外”。如果想要留下和国君处好关系，那么就需要了解他的意图和想法，主动接近国君，争取其宠信即“欲合者，用内”、“揵而内合”；如果因为一些原因，臣子就算有好的谋略也不被国君所用，那么就应该隐居山林，不必去探究他的真实意图和想法，“欲去者，用外”、“揵而反之”。

在内揵术的运用中，最关键也是最核心的是要把握清楚君上的心理，这是一切游说技巧发挥的出发点。“得其情，乃制其术”，只有了解对方的真实意向和情感，才能依据实际情况确定方法，推行自己的主张，控制对方，进退自如。如果你不知道对方的意图和想法，就成为无矢之的，所采取的游说成功的可能性降低。

【智慧评析】

事皆有内揵，素结本始

如何在进言之前察言观色，先行试探，以彻底了解对方的人情所好，使得自己的进言能够有的放矢、对症下药，最终达到预期效果，这实在是一门不可忽视的大学问！唐朝的纵横家赵蕤在其名著《长短经·钓情》篇里就此总结了七条诀窍：一是以物钓之，看喜欢何物；二是以言钓之，看喜听何话；三是以事钓之，看如何待事；四是以志钓之，看志趣何在；五是以视钓之，看眼神如何；六是以贤钓之，看如何待贤；七是以色钓之，看形色如何变化。

这其实与鬼谷子所说的“事皆有内揵，素结本始。或结以道德，或结以党友，或结以财货，或结以采色。用其意，欲入则入，欲出则出；欲亲则亲，欲疏则疏；欲就则就；欲去则去；欲求则求，欲思则思”是如出一辙，而且二者所言各尽其妙，殊途同归，都充分肯定了“必得其情，乃制其术”的无穷妙用。

战国时的改革家商鞅，原是卫国人，年轻时便有大才，可惜得不到重用。他听说秦孝公励精图治，广揽人才，便带着十几车书，浩浩荡荡地跑到秦国来应聘。他这种举动比较出奇，人们议论纷纷，连秦孝公也有耳闻，起到了比较好的宣传效果。

商鞅第一次见秦孝公时，大谈“仁道”——这是孔夫子的当家学问，商鞅颇有心得，讲得口沫横飞、头头是道。可秦孝公却听得差点睡着了，完全是出于礼貌才耐着性子听他高谈阔论。

商鞅察言观色，顿时明白：人家不爱这个。于是他知趣地告退。

过了十几天，商鞅又得到一个见秦孝公的机会。这次他不讲“仁道”讲“王道”，大谈治国平天下的学问，谁知秦孝公对这个也不感兴趣，商鞅只得再次告退。

过了一个多月，商鞅好不容易才得到再次见秦孝公的机会。这次他不谈“王道”谈“霸道”——这是法家以法治国、富国强兵的一套学问，一下子吊起了秦孝公的胃口。两人促膝相谈，越谈越投机。不久，秦孝公授命商鞅改革，成就了历史上有名的“商鞅变法”，为秦国日后兼并六国、统一天下奠定了基础。

鬼谷子的这种谋略，具体运用到商业谈判中，则强调我们要充分发掘出能“用其意”的各种因素，除了金钱等方面的利益外，适当地照顾到对方情感上的需要，有时却能起到意想不到的效果。

20 世纪 80 年代初，著名的引滦入津工程有这样一段真实的故事：担负隧洞施工任务的部队一度因炸药供不上，面临停工，延误工期。领导心急如焚，派李连长带车到东北某化工厂求援。

李连长昼夜兼程千余里赶到化工厂供销科，可是得到的答复只有一句话：眼下没货！他找厂长，厂长忙，没时间听他多解释，他跟进跟出，有机会就讲几句；他软缠硬磨，厂长不为所动，硬邦邦地对他说：“眼下没货，我也无能为力。”

话说到这份上，似乎路已堵死。

后来，厂长给他倒一杯茶水，劝他另想办法。李连长并不死心，他喝了一口茶，看到这水又找到新话题：“这水真甜啊！天津人可是苦啊，喝的是从海河槽里的苦水，不用放茶就是黄的。”他一眼瞥见厂长戴的是天津产的手表，接着说：“您也是戴的天津表？听说现在全国每十块表中就有一块是天津的，每四个人里就有一个人用的是天津的碱，您是办工业的行家，最懂得水与工业的关系。造一辆自行车要用一吨水，造一吨碱要160吨水，造一吨纸要200吨水……引滦入津，解燃眉之急啊！没有炸药，工程就得延期……”

他说得很动情，很在理。厂长有几分感动，问：“你是天津人？”“不，我是河南人，也许通水时，我也喝不上那滦河水！”厂长彻底折服了，他抓起电话下达命令：“全厂加班三天！”三天后，李连长拉着一车炸药胜利返程了。

谋略典故：张良以贤钓情

汉高祖刘邦因为宠幸戚夫人，所以想废掉吕后所生的太子，而改立戚夫人的儿子赵如意为太子。要知道，太子是国家的根本，一旦根本动摇，就会出大事，所以许多大臣纷纷向刘邦进谏，劝他放弃这个念头，但他都听不进去。吕后得知此事后，十分着急，便请留侯张良出主意。张良为她细细分析道：“这是难以用口舌争得胜利的。皇上有四个招不来的人，这四个人都已经很老了。只因皇上待人轻慢无礼，他们逃入山中，不愿做汉朝的臣子。但是皇上一直认为这四个人很高尚，不爱名利。现在不妨派一个能说会道的人持太子的亲笔信，用卑谦的言词诚恳地请求他们入宫，这样做他们会来的。入宫之后，要以贵宾之礼相待，让他们常常跟着太子入朝，并让皇上能看到他们。这样对稳固太子的地位是会有帮助的。”吕后采纳了张良的计策，将四人请进了宫。

有一次，宫中举行宴会，太子也参加了。其左右有四个随从，年纪都已80多岁了，眉须雪白，衣着潇洒，神姿伟岸。刘邦很奇怪地问他们是什么人，四位老人走上前来各自报了自己的姓名：东园公、角里先生、绮里季和夏黄公。刘邦一听，大为吃惊，急忙问道："我找你们好多年，你们都躲着不肯出山。今天为什么主动跟随我的儿子呢?"四人都回答道："陛下您轻视士人，喜欢骂人，而且喜怒无常，臣等不愿受辱。听说太子仁慈孝顺，尊敬贤士，天下有才之士没有不翘首以盼，想为太子效命的，所以臣等就来了。"刘邦于是对他们说："既然如此，烦请公等帮忙扶助太子至终吧!"说完后，刘邦转向旁边的戚夫人，叹息道："太子翅膀已硬，现在很难动摇他的位子了。"于是放弃了改立太子的打算。

这就是一个以贤钓情的典型例子。正因为张良准确把握到了刘邦的心意，知道光靠进言劝谏是于事无补的，所以选择了以贤钓之，最终让刘邦自己权衡轻重改变了初衷，从而保住了太子。

务隐度，务循顺

"欲说者，务隐度；计事者，务循顺"是讲游说别人，首先要了解其真实情况，分析和揣度其内心世界，然后再"对症下药"，这样才能"合其道"、顺其意、称其心，使对方顺利接受自己的主张。因此，掌握对方的真实情况与真实心理，是游说成功与否的关键。

懂得进谏之道的人在掌握对方的真实情况与真实心理的基础上，往往能依靠各种巧妙的方法取得成功。

春秋时期发生过这样一个故事，烛邹替齐景公饲养的爱鸟不小心飞走了，景公发怒要杀烛邹。在这千钧一发的时候，国相晏婴站出来说："烛邹这书呆子有三大罪状，请大王让我列举完以后，再按罪论处。"得到景公的允许后，晏婴把烛邹叫到景公的面前说："你为大王管理着爱鸟，却让它飞走了，这是第一条罪状；你使得我们大王因为鸟的事杀人，这是第二条罪状；更严重的是各国诸侯听了这件事后，以为大王重视鸟而轻视读书人，这是第三条罪状。"数完这些所谓罪状后，晏婴便请景公把烛邹杀掉。景公尽管残忍，但从晏婴的话里听出了利害，就对晏婴说："不要杀了，我听从你的意思就是了。"

晏婴没有直接表达自己对齐景公荒唐做法的不满，而是就坡骑驴、顺势而下、因势利导，故意推导出一个更加荒唐的结论，让齐景公自然而然地看清自己的过错，从而做出正确的取舍。

由此可见，如果批评和建议的方法得当，就很容易达到预期的效果，反之，如果直言不讳，则会引起对方的反感和不悦，让对方觉得没面子、下不了台，即使你的意见或建议是合理的，对方也不愿接受。这不仅达不到"治病救人"的目的，甚至连自己也要遭到"池鱼之殃"。

所以，批评或者建议别人，一定要"欲说者，务隐度；计事者，务循顺"，把握好对方的实际情况和真实心理，再采用适当和切实可行的方法，才能收到预期的效果。

俗话说："良药苦口利于病，忠言逆耳利于行。"这话虽然很有道理，但是，难道良药就一定苦口、忠言就一定逆耳吗？在鬼谷子看来，向居上位者进忠言之前，要先摸清楚他的想法，然后顺着他的心思去说，这样就能在避免犯上的同时，还能使他愉快地接受你的观点。

春秋时期，晋灵公贪图享乐，让人给他造一座九层的琼台。这一工程耗资巨大，劳民伤财，朝野上下一片反对之声，晋灵公一概不听，还下令说："谁敢再进谏，格杀勿论！"晋国有个能臣叫荀息，他知道此事后，便来求见晋灵公。晋灵公竟命令武士在暗处弯弓搭箭，只要荀息一开口劝谏，便立刻把他射死。谁知荀息见到晋灵公后，并没有提到琼台的事，而是要求给晋灵公表演杂技以博一笑。晋灵公高兴地答应了。荀息先把十二颗棋子摞起来，再把鸡蛋一个个摞上去。晋灵公看得提心吊胆，不禁在一旁大叫道："危险!"荀息慢条斯理地说："这算什么，还有比这更危险的呢!"晋灵公忙问："还有什么比这更危险?"荀息说："大王，您要造九层高台，造了三年，尚未完工，弄得民不聊生，男人们都被征调到工地去了，留下女人种庄稼，如果以后没有收成，国库就会空虚。一旦外敌入侵，国家危在旦夕，难道这不更危险吗?"晋灵公听后，觉得确实很危险，弄不好要亡国，立刻下令停止了琼台的建造。

荀息用巧妙的方式，先以杂耍吸引灵公的注意力，再通过摞鸡蛋的演示向灵公形象地说明了国家面临的局面，使灵公停止了琼台的兴建。

在向别人提意见时，即使是出自好意，也要讲求方式方法，巧妙委婉的暗示和生动形象的比方，往往比直截了当的批评更容易为人所接受。

战国时，齐威王整天在宫中饮酒作乐，不理朝政。淳于髡知道齐威王爱听隐语，就进宫对他说："国中有只大鸟，栖息在王宫里已经三年了，可是它从来没有飞过一次，也没有叫过一声，大王您猜猜看，这是一种什么鸟?"齐威王笑了笑说："这可不是一只平凡的鸟呀！它不飞也就罢了，一旦飞起来，就会直冲云天；它不叫也就算了，一旦大叫一声，天下的人都会大吃一惊。先生您先回去吧！我明白了。"从此，齐威王就像换了个人似的，开始勤勉治理国家。在齐威王执政的三十七年中，齐国始终是一个强国。

淳于髡没有直接批评齐威王不理朝政的行为，而是借大鸟的不飞不鸣为喻，在委婉批评的同时，给予了一种间接的勉励。其结果是，齐威王一下子振作起来，果然“一鸣惊人”了。

在我国古代，敢于直言犯上的直臣、谏臣也不少，但大多没有好结果，而唐朝名臣魏征则是一个例外。有一次，唐太宗被魏征不留情面地批评之后，怒气冲冲地回到内宫，对长孙皇后说：“我非杀了魏征那个乡巴佬不可！”皇后劝他说：“有魏征这样的大臣是值得庆贺的，没有您这样的明君，怎能有如此耿直的大臣呢？”唐太宗转念一想：是呀，没有魏征，自己就无法知道自己的错误，那自己不就是昏君了吗？于是对魏征加以重赏。

像魏征这样犯颜直谏的忠臣固然令人钦佩，但话说回来，唐太宗、长孙皇后这样的一对帝后那可是千年难遇。要是魏征不幸生在其他朝代，以他天不怕地不怕的脾气，恐怕也难以善终。所以，在向上司进言时，还是要注意说话的技巧，因为你的上司毕竟不是唐太宗。

谋略典故：邹忌讽齐王纳谏

邹忌身高八尺多，形体容貌端美。早晨穿戴好衣帽，照镜子时对他的妻子说：“我与城北徐公相比，哪一个美？”他妻子说：“您美极了，徐公怎能比得上您呢？”城北的徐公，是齐国的美男子。邹忌不相信自己会比徐公美，就又问他的妾：“我与徐公相比，哪一个美？”妾说：“徐公怎么能比得上您呀！”第二天，有客人从外边来，邹忌同他坐着谈话，又问他：“我和城北的徐公比，谁美？”客人说：“徐公不如您美。”又过了一天，徐公来了，邹忌仔细端详他，自己觉得不如徐公美；再照镜子看看自己，更觉得远远不如。晚上躺着想这件事，说：“我妻子认为我美，是偏爱我；妾认为我美，是害怕我；客人认为我美，是有求于我。”

于是邹忌上朝拜见齐威王，说：“我确实知道自己不如徐公美。我的妻子偏爱我，我的妾害怕我，我的客人有求于我，他们都认为我比徐公漂亮。如今齐国有方圆千里的疆土，一百二十座城池，宫里的嫔妃和身边的亲信，没有不偏爱大王的；朝中的大臣没有一个不害怕大王的；全国的老百姓没有不有求于大王的。由此看来，大王受到蒙蔽很深啊！”

齐威王说：“好！”就下了命令：“所有的大臣、官吏、百姓能够当面指责我的过错的，可得上等奖赏；上书劝谏我的，可得中等奖赏；在公共场所批判议论我的过失，传到我耳朵里的，可得下等奖赏。”命令刚下达，群臣都来进谏，门前、院内像集市一样；几个月以后，还偶尔有人来进谏；一年以后，就是想进谏，齐威王所领导的臣民也没什么可说的了。

燕、赵、韩、魏等国听到这种情况，都到齐国来朝见。这就是所谓的在朝廷上战胜别国。

这个故事主要写的是战国初期齐威王接受邹忌的劝谏而采纳群言，终于使齐国大治。邹忌善于思考，能够“欲说者，务隐度；计事者，务循顺”，运用得当的方法巧妙进谏。邹忌见齐威王后，并没有开门见山、单刀直入，而是先讲自己的切身体会，用类比推理的方式讲出“王之蔽甚矣”。他先叙述了妻、妾、客蒙蔽自己的原因，然后从自己的生活小事推而广之到治国大事，说明齐王因为处于最有权势的地位，因而所受的蒙蔽也就最深。邹忌没有对威王直接批评，而是以事设喻，启发诱导齐威王看到自己受蒙蔽的严重性，从而使他懂得纳谏的重要性。邹忌对齐威王的进谏符合对方的身份，并且遵循了正确的途径，利用了适当的方法，所以取得了成功。

由邹忌的故事我们可以总结出这样的道理：在批评、建议别人的时候一定要懂得委婉含蓄之道，这就如同在苦药丸外面加了一层“糖衣”，不仅不影响治病救人的目的，还能让对方因为尝到“甜头”而乐于咽下你的良药。

方来应时，以合其谋

“方来应时，以合其谋”是说向君主进言，应当应和时宜才能与君主的谋划相合，时机不当，就会因为触犯了君主的威严而很难成功。

《韩非子》上记载了这样一个故事：

殷纣王曾做长夜之饮，即：大白天关起窗子、拉上帷幕、点上蜡烛，不分昼夜地饮酒作乐。结果搞得他神魂颠倒，以致忘了年、月、日。他问左右的人现在是何月、何日，左右也没有人知道。他只好派人去问箕子。箕子私下对家人说：“以天下之尊，居然不知月、日，这个天下可危险极了；举国上下都忘了月、日，我若独自清醒而知道月、日，我也危险极了。”于是，他对来者说：“我醉得厉害，人也迷糊了，什么日子我也记不起来了。”

假如箕子用“天下之尊，居然不知月、日，这个天下可危险极了”为进谏之言，劝谏纣王，势必会招来纣王的不悦，因为正是纣王不分昼夜的寻欢作乐、不务正业而导致了他不知月、日的荒谬结果，在这种时候向他进谏，显然是讽刺纣王是个无道昏君。“众人皆醉我独醒”显然不合时宜，会冒犯君威。所以，箕子的做法可谓明智之举。

然而，历史上的臣子并非都像箕子那样明智。有的人虽然是出于一片赤胆忠心，对君主冒死直言力谏，但往往因为不合时宜、不识进退之道，结果不但起不到进谏的作用，反而白白断送了性命。这就是所谓的“逆鳞”。传说龙的脖颈下面有片鳞是逆着长的，叫做“逆鳞”，“逆鳞”是万万触不得的，因为稍稍一动，龙就会疼痛钻心，非得搅个海浪翻腾、地动山摇不可。当然，龙只是传说中的动物，并无真实性可考。但在现实生活中，长有这种“逆鳞”的人却为数不少，以皇帝或君主最为典型，俗话说：“伴君如伴虎”，对于这种人，千万不能触动他们的“逆鳞”，否则是会招惹麻烦，甚至招致杀身之祸的。

由此可见，下属向上司进言，若想让上司接受，又不致使自己遭受危险，就必须选择合适的时机，尤其不能当众批评上司或与上司争论。常常有这样的情况，在公司中，一些人其实很有才干，但由于爱当面向上司提不同的意见，或当众顶撞上司，所以结果往往得不到重用。这是因为他们犯了一个职场中最大的忌讳，即不尊重上司或者说不给上司留面子。任何管理阶层的人，都想维护自己的权威，而当众批评，甚至顶撞上司无疑是对上司尊严与威信的损害和贬低，这和古代向君主进谏“逆鳞”的道理如出一辙。所以韩非子说：向君主进谏，最忌讳的便是当面触犯。

谋略典故：晏婴善抓进谏时机

春秋时期，齐相国晏婴是一位家喻户晓、德高望重的政治家，人们尊称他为晏子。他博闻强记，知古通今，他在齐灵公、庄公、景公三世任卿达 57 年。他提倡节俭，并能以身作则。尽忠进谏，对国君从来是知无不言，言无不尽。

一日，齐庄公在花园里与妃子下棋，听说晏子求见，就撇下妃子，与这位棋坛高手在棋盘上厮杀起来。

晏子也不多话，稳稳坐在那里，出车跃马，摆开阵势，一会工夫就吃了庄公不少棋子，占尽优势。但接下来，晏子横冲直撞，走几步废棋，棋局发生了变化。庄公沉着应战，居然转败为胜，赢了一局。

齐庄公疑惑地问："为什么这局棋你会下得如此差呢?"

"臣有勇无谋，输棋自在情理之中。"晏子手指棋盘说，"下棋是这样，治理国家也是这样，如今齐国的状况，对我而言已经很难胜任相国的重任了。"

庄公吃了一惊，晏子又说："近年来，由于您偏爱勇武有力的大臣，使武夫们滋长骄傲情绪，傲视文臣，欺压百姓，闹得京城临淄乌烟瘴气。许多有才干的文臣得不到重用，官风民风越来越坏。若这些人不加以严格约束，势必会出乱子。"

齐庄公有些自知之明，但身为国君，怎可轻易接受一个臣下的批评呢？于是不服气地问："请相国直言，古时候有没有哪一个国君，依靠武力而安邦治国的呢?"

晏子说："夏朝末年有大力士推侈、大戏，殷朝末年有勇士弗仲、恶吏，这些人都是神力无边、万夫莫挡之辈，可他们却不能挽救夏桀、殷纣的灭亡。夏、商的覆灭告诉后世一个道理：光靠勇力而不行仁政，是行不通的。"

庄公仔细体会晏子的肺腑之言，认为他说得很对，就恭敬地表示感谢。并同意从今后省刑轻赋，施仁政以固国本，让万民敬仰自己，让文臣亲近自己。

“方来应时”，意思是反复揣摩，以适应时势的要求去进言，以求其变通。晏子下棋，开始时猛如虎，顾前不顾后，待到后来欲挣扎时，早已成败局。他以此吸引庄公提出话题，并顺势转到以武治国和以仁治国上面来。当庄公不服气时他又举出实例，证明以武治国是不可行的。其婉转自如的口才技巧，令人叹服。

晏子在此便巧妙地抓住了进谏的时机，他不急于进言，而是在下棋中创造有利时机。先是采用投石问路的方法，以下棋使庄公对棋局的变化莫测而深感迷惑，而后再把话题转到以仁政治国上来，阐述了自己的立场与观点，接着又举出实例，说得庄公心服口服。

我们再看看有关晏子的另一个故事。晏子生活非常俭朴，齐景公经常看着他身上的粗布衣裳叹气道：“你真是个乡下人啊！”

晏子的住宅和普通老百姓的房子没什么区别，家中陈设甚至比老百姓的还要简陋。齐景公知道后，便想给他建造一所好一点的房子。

一天，退朝后，齐景公叫住晏子说：“你的住宅靠近集市，每天在嘈杂的声音中度日，实在让你受苦了，更何况灰尘满街，地势很低，狭窄且又潮湿的环境实在不能适合像你这样的人居住，请你还是搬到宽敞明亮的地方去吧！一切费用都由我来负担，你看怎么样？”

晏子摇头道：“感谢大王美意。住宅的好坏不一定是以豪华和简陋来区分的，况且我所住的地方是齐国的先代贤士们住过的。我有时想，自己住在这里是不是有资格，会不会有辱先贤们啊。再说，我住在靠近集市的地方，买东西很方便，怎么可以麻烦百姓再为我另建房屋呢？还是算了吧！”

齐景公见他不肯换房，便转换话题，笑着问：“你住在集市附近，可知什么东西最贵，什么东西最便宜吗？”

晏子一听，不由得想起自景公继位以来频繁施用的一大酷刑——刖刑，即把人的双腿砍断。有很多老臣冒死进谏要求废除此酷刑，都徒劳无功。晏子多次想劝谏，但一直苦无机会。今日齐景公问起物价贵贱来，晏子想了一想，说道：“假肢是最贵重的，鞋子是最便宜的。”

齐景公脸色微微一变，若有所悟地低下头，沉思了许久。

“好了！”齐景公严肃地对晏子说道，“从明天开始我就废掉刖刑。”

晏子身居高位，却甘居贫贱；尽管想谏止刖刑，却要耐心等候时机，可谓深得顺其自然之道。一个人如果享尽荣华富贵，必遭天妒人怨，灾难随时可能加身。晏子贵而不富，就不会被人视为眼中钉、肉中刺了。所以他能安然当权57年之久。至于进谏时机的把握，晏子处理得恰到好处，似谏非谏，点到为止，却力压千钧，一击而中。

要想说服他人，首先要深思熟虑，分析自己的谋略优劣可否，成败利钝。这是全面了解自己的过程，也是说服他人的先决条件。

以变求内者，若管取揵

鬼谷子认为，谋臣在与国君谈论未来的事情，应该采用容易变通的言辞，留有余地，随机应变。及时改变游说的策略来适应变化了的形势，以变对变，并提出新计谋。“善变者，审知地势”，善于随机应变的谋士，要详细了解体察当时当地的形势，用容易变通的言辞，随机应变。

刘邦称帝后，一天，把韩信召进宫中闲谈，要他评论一下各将领的才能，韩信一一说了，当然，那些人韩信根本就不放在眼里。刘邦听了，便笑着问他："依你看来，像我这样的人能带多少人马?"韩信回答："陛下能带十万。"刘邦又问："那你呢?""对我来说，当然是越多越好了!"刘邦心里不快，但还是笑着问道："你带兵多多益善，怎么为我所用呢?"韩信知道自己说错了话，忙掩饰说："陛下虽然带兵不多，但您'善将将'，驾驭将领的能力无人能比啊!"刘邦一听这话，心里顿时舒坦了许多。

韩信后来死于非命，也是因为他功高盖主、不知收敛的缘故。但在这里，韩信给刘邦戴上"善将将"这顶高帽子，确实还是令刘邦十分欣喜的。韩信虽然不擅长舌辩，但随机应变的本事还是很高的。

在现实的生活中，我们都提倡做人要老实本分，刚正不阿，但很多时候老实耿直不但做不成事，反而会自身难保。只有学会变通，才能无往而不利，尽享风光。所以做人一定要机灵一点，时时事事随机应变，才能使自己立于不败之地。

美国康奈尔大学威克教授做过这样一个实验：拿一只敞口玻璃瓶，瓶底朝着光亮一方，放进一只蜜蜂，蜜蜂在瓶中反复地朝有光亮的方向飞，它左冲右突，努力了好多次，都没有飞出瓶子，可它就是不肯改变突围的方向，仍旧按原来的方向去冲撞着瓶壁。最后，它耗尽了气力，奄奄一息。

然后，教授又放进了一只苍蝇，苍蝇也朝有光亮的方向飞，突围失败后，又朝各种不同方向尝试，最后终于从瓶口飞走了。

这个实验充分说明了：成功在于肯努力尝试以求其变。当一条路走不通时，要赶紧转过身去寻找另一条出路。往往在困境面前改变一下思路，一切就峰回路转、柳暗花明了。

西方有一位聪明的书商为了推销书籍，想出了一个绝妙的招数。他先是给总统送去了一本书，然后就不停地打电话征询总统的意见。日理万机的总统想早点摆脱他的纠缠，便敷衍道：“这本书不错!”这位书商闻言顿时心花怒放，大做广告：“现有总统喜欢的书出售。”于是，这些书被一抢而空。不久，这位书商又出了一批书，他又送了一本给总统。总统为了避免再次被人利用，就毫不客气地说：“这本书糟透了!”不曾想，这次书商更是如获至宝，又到处做广告：“现有总统厌恶的书出售!”人们出于好奇争相购买，这些书很快又被卖光了。后来，书商故技重施，又将一本新出版的书送给总统。总统因受前两次的教训，干脆缄口不语，一个字也不肯说。但这也早在书商的意料之中，他不但不急，反而高兴得手舞足蹈，因为这次他做的广告是：“现有总统难以下结论的书出售!”这些书果然又被抢购一空了。当然，这只是一个较极端的例子，但充分说明了“变”的妙处。

很多人过着墨守成规的日子，几十年如一日。这种人很少能取得大突破。而真正聪明的处世者，往往善于变化思维，从而给自己的生活和事业带来转机。

罗丹说：“生活中不是缺少美，而是缺少发现。”而我们也可以说，在生活中，不是缺少机会，而是缺少变化。我们就要做一个生活中的有心人，有时别人一句不经意的提点，却是你创造的契机。是的，有时我们的确无法改变生活的一些东西，但是我们可以改变自己的思路，有时只要我们放弃了盲目的执著，选择了理智的改变，就可以化腐朽为神奇了。 正所谓有变化就有机会。

谋略典故：变换自如才能处乱不惊

鬼谷子认为，一个经常与居上位者接触的人，一言一行都势必要小心谨慎，以免出错。 但是这样还不够，还必须要头脑灵活。 在应付突发事件时，要有随机应变的能力。

春秋时期，晋文公的管家给他上了一盘烤肉。 文公正要吃，发现有毛发缠绕在上面，便把管家叫来训斥道：“烤肉上怎么绕着毛发，你想让寡人噎着吗?”管家见状一惊，立即磕头请罪道：“我有三条死罪：用磨刀石磨刀，把刀磨得非常锋利，能切肉，断毛却切不断，这是我的第一条罪；用木棍穿肉块却看不见毛发，这是我的第二条罪；用炽烈的炉子、通红的炭火烤熟了肉，但是毛发却没有烧掉，这是我的第三条罪。”听到这里，文公明白了，是有人在暗中陷害管家。 于是召集堂下的所有人来盘问，最终找到了这个人，于是重重责罚了他。

管家遭人陷害，被晋文公责骂，但他很快就冷静下来，以自列罪状的方式，向晋文公申诉了自己的冤枉，合情合理。 这种方式，显然要比直接喊冤效果好得多。

齐国到齐景公在位时，政治更加清明，国力更加强盛，在众多诸侯国中是屈指可数的大国，这不仅因为有开明、有作为的齐景公，还因为有一流的政治家晏子辅佐。

一次，有个人得罪了齐景公，齐景公大发脾气。 盛怒下，他下令将那个人绑在大殿下面，要把他一节节地砍掉，这可是一种非常残酷的刑罚。 同时，齐景公下令，谁都不能来劝阻这件事。如果有人来劝阻，就和那人同罪，也要被肢解。作为国君，他的话一言九鼎，谁也不敢冒险进谏。

晏子听了以后，便把袖子一卷，装出一副凶狠的样子，拿起刀来，把那人的头发揪住，同时在鞋底下磨刀，做出要亲自动手杀掉此人、为君王泄怒的姿态。

然后，晏子仰起头来，向坐在大殿上面正发脾气的景公询问："大王，我看了半天，但感到不知怎样下手，好像史书上没有记载过，尧、舜、禹、汤、文王这些贤明的君主要肢解杀人时，到底应该先砍哪一部分才对？对这个人应该从哪个部位下手去砍，才能做得像那些圣主们一样杀得好呢？"

齐景公听了晏子的话，立即警觉，自己若要做个明君圣主，又怎么能用这种残酷的方法杀人呢！所以他对晏子说："好吧！我错了，放掉他吧！"

晏子在此运用了"言往者，先顺辞也；说来者，以变言也"，先是顺着景公的意图佯装要杀掉此人，却在行动中用暗示的语言警醒了景公，达到了自己劝谏的目的。

晏子知道如果当时直言规劝，直说心言，必定会事与愿违。因为此时的齐景公正在气头上，如此一来不仅会使之下不来台，还会火上浇油，不但救不了要被杀之人，甚至连自己的性命也保不住。正是晏子看清了这个道理，才将计就计，很巧妙地充当"刽子手"，以委婉的方法劝阻了齐景公。

事实上，凡居上位者都带有一定的傲气和霸气，有人将其形容为"老虎的屁股——摸不得"。但话说回来：智者千虑，必有一失。若不慎触怒了居上位者，真摸了"老虎的屁股"，就该设法予以补救。这需要智慧，而且是"急智"。

某日，纪晓岚在翰林院校理《四库全书》时，天气炎热，纪晓岚热得汗流浃背，便脱下衣服，光着膀子读起书来，谁知正在这时候，乾隆皇帝大驾光临，纪晓岚来不及穿衣服，又不能光着身子去迎驾，只好躲在书橱后面。乾隆皇帝早已看见纪晓岚，故作不知，示意群臣坐下，自己随意翻书。纪晓岚躲在书橱后面没有听见动静，便伸出头问："老头子走了没有?"一时众人大惊失色，不敢言语。纪晓岚从书橱后面走出来，发现气氛不对，才看清乾隆帝手里拿着扇子正在扇凉，不觉惊骇得浑身颤抖，连忙跪下求皇上饶命。乾隆帝暴跳如雷，非要纪晓岚讲出"老头子"是什么意思。纪晓岚急中生智，娓娓道来："这个'老'是万寿无疆之意；'头'是一国之主，万民之首；至于'子'是昊天之子为子，'老头子'是特殊之称，是尊敬之意。"乾隆听后，转怒为喜。

若自己不被居上位者看好，甚至遭到打击和羞辱，这个时候怎么办？是据理力争，还是忍气吞声？处理这种问题的方法不能一概而论，但一般情况下，都是需要有"忍"的功夫的。

晋代人杜锡曾任太子司马通的近侍官，他多次对太子的不端行为予以劝诫，引起太子的怨恨。太子很想惩罚他，但是杜锡一向奉公守法，没法随便给他安个罪名。太子想来想去，终于想出一招。一天，太子让人把针放在杜锡常坐的毡子下，杜锡来见太子的时候，一坐上去就挨了针扎，弄得很是狼狈，但很快他就忍住疼痛，又泰然自若起来。太子问他："你坐上什么了?"杜锡知道太子在捣鬼，心里很气愤，但转念一想：人家是太子，也就是将来的皇帝，自己得罪不起啊！于是就回答说："我什么也不知道啊!"太子听他这么说，就若有所思地说：

“我还以为你只喜欢跟我过不去呢，没想到你也跟自己过不去！”以后就再也没有戏弄过杜锡。

面对太子的挑衅举动，杜锡能够随机应变，处之泰然，因为他深知君臣之间的关系，君要臣死，臣不得不死。如何才能消灾免祸，摆脱“不得不死”的悲剧，确实是古代臣子的一大课题。

晋朝时候，尚书令乐广的女儿嫁给大将军成都王司马颖。成都王的哥哥长沙王在洛阳专权，成都王于是出兵夺权。长沙王平素亲近小人，疏远君子；凡是在朝为官的，无不怀着恐惧的心情。乐广在朝廷中享有盛誉，又和成都王有姻亲关系，于是一些小人就在长沙王跟前说他的坏话。长沙王就问乐广是否暗通成都王，乐广神色自若地回答说：“我家五个儿子都在洛阳，我怎么会拿五个儿子去换一个女儿呢?”长沙王从此释然，对他不再有疑虑。

以上所举的这几个例子中，主人公都依靠随机应变躲过了灾祸。在向上司提建议或遭到上司责问时，我们又怎能缺少这种随机应变的本事?

得其情，乃制其术

我们平时说话、办事，怎样才能达到预期的效果呢?鬼谷子认为，要“得其情，乃制其术”，就是说，必须通过调查研究，掌握实情，然后根据实情锁定目标，制订计划，采取行动。如果在掌握实情之前就盲目行动，必然会遭遇失败。

有一只狐狸，不小心掉进井里，爬不出来了。正好一只山羊口渴了，来到井边。它发现了狐狸，便问：“狐狸，井水好喝吗?”狐狸说：“这井水清澈甘甜，你赶紧跳下来，咱们一起喝吧。”山羊相信了狐狸的话，“扑通”跳了下去。当它喝完水后，才发现上不去了。狐狸对它说：“我有个好办法。你用前脚扒在井墙上，我踩着你跳上井去，之后再拉你出来，我们就都得救了。”山羊同意了。狐狸跳出井口以后，就不再管山羊了。山羊生气地骂狐狸不守信用，狐狸对井下的山羊说：“喂，伙计，如果你的头脑和你的胡须一样完美，就绝不会在没想到上来的办法前就跳下去。”

一个事先不经过调查研究就盲目行动的人，就像那只被狐狸骗得团团转的愚蠢的山羊一样，将会处处受困。与此相反，一个聪明人在行动之前就会把情况调查清楚，并预见到事情的结果。

人与人之间都是相互依存的，怎样才能做到你知我知，相当重要。这就是说，只有看透对方，才能不至于陷入误区，才能行之有效地处理棘手的问题。

在现代商业领域，企业或个人在做出某种买卖或投资之前，也要进行充分的调查研究，在掌握正确信息的基础上做出决策，以最大限度地获取经济效益。

王先生是某公司的所有人，经过银行介绍，他想以200万元的价钱把他的公司卖给张先生。为了尽快完成交易，王先生把经营这家公司的前景大肆吹嘘了一番。但是张先生没有轻信他的话，经过多方仔细调查，他发现这家企业其实已摇摇欲坠，而且欠银行一大笔钱，如果公司卖不成，银行也势必跟着倒霉。因此，张先生决定让银行做媒介，给王先生施加压力。于是张先生跑去对银行负责人说：“看目前的情况，这家公司顶多值50万元，但王先生不会接受这个价格，所以您必须帮助我和他好好谈谈，否则公司破产，您也会跟着遭受损失。”银行方面也认为

50 万元的价格是十分公平合理的，于是从中撮合，最后生意谈成，双方以 50 万元的价格成交。

在收购公司的过程中，张先生没有听信王先生的一面之词，而是做了大量调查工作，估算出了该公司的实际价值，然后巧借银行来压价，终于以较低的价格完成了收购。 可见，做任何事情之前，调查研究都是不可缺少的。

谋略典故：看透人心，暗中布阵

刘邦西进后，进展还算比较顺利。 部队也由原来的数千人，发展到了近十万人，他踌躇满志地向武关进军。 当年，楚怀王轻信秦国谎言，不听屈原等忠臣义士的劝告，亲赴武关与秦言和，结果被扣为人质，押解囚禁于秦都咸阳，最后客死他乡，酿成千古遗恨。 唐代大诗人杜牧经过此地，忆起这段史迹，触景生情，写了一首名为《题武关》的诗：

碧溪留我武关东，一笑怀王迹自穷。

郑袖娇娆酣似醉，屈原憔悴去如蓬。

山墙谷堑依然在，弱叶强吞尽已空。

今日圣神家四海，戍旗长卷夕阳中。

刘邦率军来到武关，想起怀王的这段往事，也百感交集，慨然长叹。 他环顾四周，但见崖高壑深，路窄难行，易守难攻。关上秦军，居高临下，虎视眈眈。

刘邦心里盘算：如若驱兵强攻，势必造成惨重伤亡，一定要想另外的办法，以计取胜。 这时，营外通报：秦军丞相赵高派使者来与刘邦讲和，声称：只要沛公答应与丞相合作，丞相愿意献出咸阳，二人平分关中，共同称王。 对赵高其人，刘邦很是了解。 赵高出身于原赵国一个贵族之家，后来家境没落，随父母流亡到秦国，因父母触犯了秦律，受到严惩，他也受牵连而被处以宫刑，沦为官奴，在秦王宫廷里服杂役。赵高对自己的“卑贱”地位一直耿耿于怀，总是千方百计地想出人头地，改换门庭，凭着他的小聪明，又通晓狱律法令，不久就赢得崇法尚刑的秦王政的欢心。秦王政灭掉六国后，更名为“始皇帝”，赵高亦被任为“中车府令”，管理宫廷车马辇舆，同时执掌秦朝的印符玉玺，为皇帝起草诏书命令，还兼任公子胡亥的师傅，给胡亥讲授法律。为了取悦胡亥，赵高常常把宫廷机密要闻透露给胡亥，胡亥因而把赵高当做知己。

秦始皇为求得长生不老之术，带着丞相李斯、中车府令赵高和幼子胡亥，进行第五次巡游。他祭祀完大禹又去寻找神仙乞求长生不老仙丹。百般折腾了好几天，仍然一无所获。公元前210年，秦始皇在南巡途中一病不起，知道自己大限将至，于是连忙召见丞相李斯，要李斯草拟密诏，立扶苏为太子。当时，掌管玉玺和诏书的是宦官赵高。赵高早有野心，看准了这是一次难得的机会，就故意扣压了密诏。几天后，秦始皇驾崩。李斯怕太子回来之前，政局动荡，所以秘不发丧。赵高特意去找李斯，告诉他，皇上赐给扶苏的信，还扣在我这里。现在，立谁为太子，我和你就可以决定。狡猾的赵高知道李斯是个权力欲很强的人，又了解到他与大将军蒙恬不和，于是就借机对他讲明利害：如果扶苏做了皇帝，一定会重用蒙恬，到那个时候，宰相的位置你能坐得稳吗？一席话，果然把李斯说动心了，于是二人合谋，制造假诏书，赐死扶苏，杀了蒙恬，把昏庸无能的胡亥扶为秦二世。

赵高就是这样一个飞扬跋扈、奸佞无比的阴谋小人。尽管他能控制秦二世和朝中大臣，可对迅猛发展的农民起义军却毫无办法。刘邦率军向武关挺进的时候，派了一个叫宁昌的人“使秦”，以和平谈判为掩护，目的是打探秦统治集团内部的消息。刘邦的军队打到关中的南大门了，咸阳城里一夕数惊。赵高也沉不住气了，想了个以退为进的办法，派亲信人物代表自己赴武关与刘邦谈判，企图保住手中的权力。刘邦虽然急于入关，想早点做“关中王”，却不肯与赵高这样阴险的人同流合污，但他觉得可以对赵高的阴谋加以利用。于是他十分热情地接待了赵高派来的使者，并煞有介事地与其谈判，同时故意把谈判的情况四处张扬，大造和谈将成的舆论。武关守将初见大兵压境，惊恐万分，又是增派岗哨，又是加固城防，秣马厉兵，日夜警惕。如今看着朝廷派来的使者与刘邦谈判，双方置酒把盏，握手言欢，一颗高悬的心落了地，对部下的管束也不严了，将派出去的岗哨也撤回来了。第二天天色未亮，刘邦便出其不意，挥军进攻，一举攻占了武关。武关守将睡梦未醒，便束手就擒。赵高的使者见势不妙，慌忙逃回咸阳报信。刘邦看透人心，巧妙应对，稳住对方，暗中布阵，然后一举攻城夺地，实是高明之策。

抵巇篇

抵巇篇

在本篇中，鬼谷子讲到了发现、消除裂痕的重要性及方法。这里所说的“抵巇”，就是在裂痕刚刚出现时，就要通过各种手段使其得以控制；在裂痕不可弥补时，就要通过破坏使其彻底瓦解，并重获完整。

【经典原文】

物有自然，事有合离。有近而不可见，有远而可知。近而不可见者，不察其辞也；远而可知者，反往以验来也[①]。

巇者，罅[②]也。罅者，涧也。涧者，成大隙也。巇始有朕，可抵而塞，可抵而却，可抵而息，可抵而匿，可抵而得，此谓抵巇之理也。

事之危也，圣人知之。独保其用[③]，因化说事[④]，通达计谋，以识细微。经起秋毫之末，挥之于太山之本。其施外兆萌牙蘖[⑤]之谋，皆由抵巇。抵巇隙，为道术。

天下纷错，上无明主，公侯无道德，则小人谗贼，贤人不用，圣人窜匿，贪利诈伪者作，君臣相惑，土崩瓦解，而相伐射，父子离散，乖乱反目，是谓萌牙巇罅。圣人见萌牙巇罅，则抵之以法。世可以治，则抵而塞之；不可治，则抵而得之；或抵如此，或抵如彼；或抵反之，或抵覆之。五帝[⑥]之政，抵而塞之；三王[⑦]之事，抵而得之。诸侯相抵，不可胜数，当此之时，能抵为右。

自天地之合离终始，必有巇隙，不可不察也。察之以捭阖，能用此道，圣人也。圣人者，天地之使也。世无可抵，则深隐而待时；时有可抵，则为之谋；可以上合，可以检下。能因能循，为天地守神[⑧]。

【难点注释】

①反往以验来：即回头考察过去以预测将来。反：通“返”。往：过去。来：未来。

②罅：裂缝，漏洞。

③独保其用：指独自保持清醒，精神不受干扰。

④因化说事：顺应自然变化之道来分析事物。

⑤孽：通“蘖”，树木被砍伐以后，在根部重新生长出的新芽。

⑥五帝：《史记·五帝本纪》认为是黄帝、颛顼、帝喾、帝尧、帝舜。他们都是禅让传国。如：帝舜是帝尧的臣子，他协助尧治理国家，流放四凶，整治洪水，使国家恢复安定。

⑦三王：夏、商、周三代开国的君主。夏启用武力消灭有扈氏，建立新的夏王朝。商汤讨伐无道的夏桀，建立新的商王朝。周武王讨伐无道的纣王，建立新的周王朝。

⑧守神：把握精神，即顺应天地之间的规律。

【通俗译文】

万事万物都有自然而然的道理，事物在发展过程中，有时相合，有时背离。有时近在眼前却看不到，有时远在天边却了解得很清楚。近在眼前却看不到的原因，是不能考察对方的言辞；远在天边却了解得很清楚的原因，是能够借鉴过去已经发生的事而测验将要发生的事。所谓“巇”，便是裂缝的意思，裂缝不及时堵塞，便会成为大裂缝，使得事物崩裂。裂缝开始发生时是有征兆的，可以采取不同的措施对待它：或者堵塞，或者排除，或者使事故平息，或者使事故消失；如果已经无法挽救了，便用新的事物来取代它。这就是抵巇的道理。

事物出现危险征兆时，圣人便能察觉。他能独自保持清醒认识，精神活动不受干扰，顺应变化之道来分析事物，因而能通达计谋，辨析细微的现象。万物开始时，经常都微小得像秋天鸟毛的末端；一旦成长壮大，就像泰山的山脚那样巨大稳固。圣人把他的智谋用于处理外界情况时，不管征兆如何细微，都要运用“抵巇”之术。针对裂缝采取措施的抵巇之术，是一种道术。

天下分裂纷乱，上面没有英明的君主，公侯大臣没有道德，小人当权，毁谤和残害好人，有能力的人不被任用，圣智的人远远逃避躲藏，贪图财利、虚伪欺骗的人到处活动。君臣互相蒙蔽，国家土崩瓦解，互相残杀攻击，百姓流离失所，父子分隔，亲友反目成仇。这种情况便叫做产生了裂缝。圣人见到产生了裂缝，便用各种方法来治理它。如果世界还可以治理。便采取措施堵塞裂缝；如果已经不可挽救，便用新的秩序来取代它。或者用这种措施治理，或者用那种措施治理；或者使它返回到原来的状态，或者使它翻转覆灭。上古时代，五帝相互禅让，发现裂缝便及时堵塞；夏、商、周建立新王朝，除掉原来的暴政，建立新的秩序。这都是历史上的先例。现在，诸侯之间乘人裂缝的事，数也数不清。在这种时代，能及时采取抵巇措施的人便是值得推崇的人。

自开天辟地以来，万事万物都会有裂缝产生，不可以不仔细观察研究。观察的方法是运用捭阖的手段。能够用抵巇之道来研究处理事物的人便是圣人。圣人便是体现天地自然之道的使者。世上没有什么裂缝可处理，他们便深深隐居，等待时代召唤：时代发生裂缝，可以采取措施时，他便出来谋划。他能够与国君遇合，取得信任；也可以约束民众，取而代之。他能够遵循这种方法，掌握住天地间的神妙变化。

【本篇要义】

抵巇术，在政治上指投机钻营、乘间而入，获知对方的弱点和危机所在，然后巧妙地利用这些巇，达到某种目的；在人际间则是指抓住对手心理、行为、思想、品德等方面的缺陷和弱点，去说服他们接受观点。 如果对方有“巇”，谋士应该善于抓住并利用起来；如果对方没有“巇”，聪明的谋臣会等待时机或者在对方阵营内造“巇”，之后为我所用。 防护自己之隙和攻击对手之隙是纵横家经常用的两种策略。

首先，鬼谷子认为，弱点和矛盾具有普遍性，他存在于天地之间的万事万物。“天地之合离终始，必有巇隙”意即自从天地形成以来，万事万物就会有分离聚合，有开始结束，其中也就必然存在着裂痕，这种朴素的辩证思想来源于阴阳学说。有的事物看上去似乎没有“巇”。其主要原因并不是他没有弱点和矛盾，而是自己没有分析透彻，“……不可不察也。察之以捭阖，能用此道，圣人也。”对方的弱点和矛盾是谋臣策士们必须得研究的问题，可以用“捭阖”的方法去观察和分析事物。而善于运用这种方法的人，是对自然规律和社会规律了解比较透彻的高明者。社会出现的裂缝，则表现为“天下纷错，上无明主，公侯无道德，则小人谗贼，贤人不用，圣人窜匿，贪利诈伪者作，君臣相惑，土崩瓦解而相伐射，父子离散，乖乱反目，是谓萌牙巇罅。”社会秩序被打乱，上无明主，下无清吏，小人妄为，忠良遭诬，圣贤避世隐居，奸人兴风作浪，君臣互不信任，国与国之间互相征伐，父与子之间互相离散，骨肉则反目成仇，这就是是“裂痕的萌芽”。

其次，据鬼谷子描述，这种“巇”并非一成不变，而是处于发展变化之中的。“巇者，罅也。罅者，涧也。涧者，成大隙也。”裂痕会发展成裂缝，小的裂缝则会发展成大的裂缝进而变成大裂隙、最后变成山谷。世间万物也都是处于发展变化之中的，矛盾也是如此。起初弱点和矛盾表现出来的可能并不起眼，“经起秋毫之末，挥之于太山之本。”经过发展变化，开始时像秋天鸟兽的羽毛一样微小的事物，最后也会动摇到像泰山那样扎实雄伟事物的根基。千里之堤，溃于蚁穴，当小的裂缝出现时不去处理，最后有可能发展到局面无法收拾，使得事物走向全面崩溃。

既然“巇”是肯定存在的，而且是处于变化之中的。我们应该怎么样去处理他？利用他？这是鬼谷子在文章中表达的第三个意思。当“巇”不存在的时候(或者没有显现出来)，高明的人应该深深地隐居起来，以等待时机，“世无可抵，则深隐而待时”；当“巇”出现的时候，他们就会人世来为国家出谋划策。当局势还能够治理好时，就要采取弥补的“抵”法，“可抵而塞，可抵而却，可抵而息，可抵而匿”，使其“巇”得到弥合，继续保持它的完整，让它存在下去：如果局势已经坏到不可治理时，就用破坏的“抵”法，“可抵而得”，彻底打破“巇”，弃旧从新，取而代之。

抵巇术的成功运用，关键在于顺应事物发展变化的规律。抓住事物产生、发展、兴盛、衰亡的规律，就可以灵活运用“抵而塞之”或者“抵而得之”的策略了。使用抵巇术，就在于寻找攻击对方的弱点，也即我们经常说的避实就虚。

【智慧评析】

有近而不可见，有远而可知

鬼谷子说得好：“有近而不可见，有远而可知。”为什么在近处的反而看不见呢？因为近处的东西太平常了。同样的道理，我们生活中有很多事情不被重视，因为它们太小了。但是有句古话说：“不积跬步，无以至千里。”对于想干大事的人，又怎么能轻视小节呢？

有个富家子弟特别爱吃饺子，每天都要吃。但他只吃馅，吃完了就将饺子皮丢掉屋子后面的小河里。好景不长，在他十六岁那年，一场大火烧了他的家，父母也相继病逝。这下他身无分文，又不好意思要饭。邻居家大嫂是个好人，每顿送给他一碗面糊糊吃。他则洗心革面，发奋读书，发誓三年后考取官位回来，好好感谢大嫂。三年后，他果真中了魁元，做了官，于是衣锦还乡去见大嫂。大嫂什么礼物也不愿意接受，而是对他说："你不要感谢我，我没给你什么，三年来你吃的饭都是当年你丢下的饺子皮，我收集晒干后装了好几麻袋，本来是想备不时之需的，正好你有需要，就还给你了。"大官愣住了，继而思考良久……

世间万物都是由小到大发展变化而来的，都有一个量的积累到质的变化的过程。一个人的本性是善的，可是如果不注意修养自身，日后也可能逐渐地变坏。这就是"勿以善小而不为，勿以恶小而为之"的道理。

周武王灭掉商朝，做了天子以后，远方的西戎国派使臣送来一条大狗。这条狗是西戎的特产，非常名贵，武王高兴地收下了。召公担心武王贪图享受，就劝谏他不要将狗收下。武王觉得不过是收下一条狗，没什么大不了的。召公说："贤明的君主应该给百官做出表率，随时注意积累自己的德行，哪怕是小细节也应该注意。大德是由小德积累而来的，就好像用土去堆一座很高的山。山很快就要堆成了，只差一筐土的高度。如果这时您停止了，就不能成功，这不是太可惜了吗？您是一个贤明的君主，可不能犯这种错误啊！"武王听了召公的劝告，就专心治理朝政，最终成为一位贤明的君主。

召公说得没错，越是干大事业的人，越应该注意小节。俗话说"千里之堤，溃于蚁穴"，垃圾堆里的一点火星，可以把一座宫殿烧成灰烬。"一子落错，满盘皆输。"你站在高处，身上任何一个微小的弱点都可能成为敌人集中火力攻击的目标。《荷马史诗》中的著名英雄阿喀琉斯刀剑不入，但他的脚后跟却是他的致命之处。就因为有了这个弱点，他终于死在太阳神的箭下。

一个人能不能干成大事，有很多种检测的方法，但最简单的一种，就是看他在处理小事时的态度和做法。

明朝抗倭名将戚继光出身于将门世家，他的父亲戚景通对他管教很严格。戚继光十二岁的时候，有一次，有人送给他一双很漂亮的丝织鞋子。戚继光很喜欢这双鞋，就穿着它跑来跑去。戚景通一见，十分恼火，立刻将儿子叫住，斥责道："你有吃有穿，还不知道满足，小小年纪就穿这样的鞋子，长大后，你就会去追求荣华富贵。要是你今后当了军官，说不定还会侵吞士兵的粮饷，后果不堪设想啊！"戚继光听了父亲的教诲，感到很惭愧，他立刻弯腰脱掉丝鞋，换上了布鞋。从此，他再也不追求奢侈了，当上将军以后，他依然过着俭朴的生活。

现代社会，人们都希望自己过上富足的生活，而使自己变得富裕的方法有很多，但最重要的一点就是要珍惜自己的钱，善用自己的钱。你省下来的或额外得到的每一分钱，都是自己的资产，说不定什么时候就会派上用场，在关键时刻发挥作用。

有两个年轻人一起找工作。一个是英国人，一个是中国人。一枚硬币躺在地上，英国青年看也不看地走了过去，中国青年却激动地将它捡起来。英国青年对中国青年的举动露出鄙夷之色："一枚硬币也捡，真没出息！"中国青年望着远去的英国青年心生感慨："让钱白白地从身边溜走，真没出息！"后来，两个人同时走进一家公司。公司很小，工作很累，工资也低。英国青年不屑一顾地走了，而中国青年却高兴地留了下来。两年后，英国青年还在寻找一份自己满意的工作，面试他的老板正是那位中国青年。英国青年对此很不理解，他问：“为什么你能这么快成功呢?”中国青年说：“因为我没有像你那样从一枚硬币上迈过去。你连一枚硬币都不要，怎么会发大财呢?”

在对一枚硬币的取舍中，英国青年以他的绅士风度选择了藐视，最终一无所获；而精明的中国青年却不放过任何一个积累财富的机会，终于成为大富翁。

谋略典故：君子不欺暗室

在别人都能看到的时候，言行有节，这是很容易的；但是在别人看不到的时候，依然能不改操守，注重生活小节，这就不是人人都能做到的了。蘧伯玉“不欺暗室”的故事，就证明了这一点。

蘧伯玉是卫灵公时著名的贤大夫。一次，卫灵公与夫人南子在宫中夜坐，先听到辚辚的车声，可车声到宫门时就消失了，过了一会儿，辚辚的车声又响起来。卫灵公就问夫人说：“你知道刚才过去的人是谁吗?”夫人说：“应该是蘧伯玉。”灵公问：“你怎么知道是他呢?”南子说：“君子是非常注意自己的生活细节的，车走到宫门口时没了声音，那是车的主人让车夫下车，用手扶着车辕慢行，为的是怕车声打扰国君。能这样做的人，除了蘧伯玉还有谁?”灵公派人去看，果然是蘧伯玉。只有像蘧伯玉这种“不欺暗室”的人，才是真正的君子，因为他们做事不是为了赢得美名，而是为了坚持自己的信念。对自己诚实，有时比对他人诚实还要难。

东汉时有一位叫杨震的官吏，他博览群书，通晓经典，很有才华，有“关西孔子”的美誉。他为官洁身自好，忠贞清廉，生活十分俭朴。他当官不给自己置办产业，不建造豪华府邸，甘于布衣蔬食。他到东莱出任太守，路过叫昌邑的地方。当时任昌邑县令的是一个叫王密的人，此人曾经受过杨震的举荐，对杨震心怀感激之情。为报答杨震以前对自己的举荐之恩，他准备了10斤黄金，趁着夜深人静的时候带着黄金到驿馆献给杨震。杨震对王密这样做非常生气，他说：“我了解你，你怎么一点都不了解我？”王密还以为杨震是怕人知道，因而不肯接受黄金。他再次请杨震收下黄金，并说：“天黑，没有人知道。”杨震说：“天知，地知，你知，我知，怎么说没有人知道呢?”王密这才明白杨震的真正意思，感到十分羞愧。

抵巇之理

鬼谷子认为，天下万事万物都有合有离，都难免会产生裂缝，产生矛盾，从政者一定要善于观察矛盾的征兆，采取不同的态度对待：“巇始有朕，可抵而塞，可抵而却，可抵而息，可抵而匿，可抵而得。”这五种态度中，“抵而塞”与“抵而得”是两种最常用的方法。大到国家的治理，小到企业经营、人际交往，都会出现矛盾和裂缝，在这种时候，一定要及时查漏补缺、弥补缝隙，正所谓“亡羊补牢，为时未晚”矣！

人与人之间相处，产生隔阂和裂痕是在所难免的。不管是亲人之间、夫妻之间、朋友之间，还是同事之间，有了裂痕就要及时主动地去补救，不要让裂痕越来越大，以致无法挽救。下面我们仅以家庭关系中最难处理的婆媳关系为例。

一直以来，王晓丽对婆婆的态度都是保持分寸、拿捏尺度，带着敬畏之心的。就是不得已和婆婆上街并肩行走时，王晓丽都尽力避免靠得太近。这不是说王晓丽对婆婆有多么生分和见外，只是觉得婆媳之间固有的那种微妙关系，需要保持小小的距离才会让王晓丽觉得舒服和安全。

王晓丽的婆婆说话很直，有时甚至还有一些刻薄，心眼在某些时刻也显得小。王晓丽能做到的就是回避，回避和她在任何时刻可能会有的正面冲突。

偌大的厅堂里，婆婆一人做着毛线鞋，王晓丽走过她的身边，婆婆看看王晓丽，又低下头去继续做毛线鞋。王晓丽能感觉到婆婆希望自己能主动上去和她说说话、聊聊天，婆婆的眼神里透着落寞。但是，王晓丽却像一阵风一样，掠过她的身边，撂下她一个人，也撂下了满眼的期待。

有时上街，王晓丽时不时就能淘得新衣服回家。婆婆看到王晓丽手里拎的包就说："又买新衣服啊。""对啊。"王晓丽眉也不抬，"看着喜欢就买了。""你上次那件还没有穿呢。"婆婆的语气明显有些责备。"肯定是要穿的呀，你急什么。"王晓丽也有点不高兴。"多少钱啊，贵不贵?"这是婆婆的惯例。"不贵。"但王晓丽报出的数字却往往让婆婆吓一跳。而对婆婆诧异的眼神来说，王晓丽也早已见怪不怪，喜滋滋自顾去房里试换新衣服。

某年冬天的一个午后，王晓丽兴冲冲地买回一条休闲皮裤。皮裤是越小越好的，因为会越穿越松。当王晓丽费尽力气地穿上并奋力拉好拉链，艰难地松出口气，正蹲下身去磨合时，只听"哧"一声响，休闲皮裤的后中缝竟裂开了长长一条裂缝。王晓丽"哎呀"一声，婆婆从厨房里冲出来，不停地唠叨："裂了啊，找他去，什么货啊，哪个店里的?""找什么找啊!"王晓丽没好气地白了婆婆一眼，"在市区，远着呢。"王晓丽气冲冲地扔下裤子上班去了，心里一直不痛快。

晚上回到家，皮裤被整整齐齐叠放在桌上，王晓丽没好气地拿在手里，奇怪的是却找不着那条开裂的缝了。明明是裂了的啊，王晓丽很纳闷。“别找了，我帮你缝好了。”婆婆从厨房中端出最后做好的汤放在桌上，“吃饭了。”婆婆的语气淡淡的，像什么事情也没发生过。王晓丽拿着裤子默不作声地进了房间。在灯下，看清了婆婆手缝的纹线，一针一针，紧紧密密，和原先的纹线完全吻合，而且不只是裂口处，所有的接口，都被婆婆重新缝上了细密结实的针眼。一阵很强烈的温暖的感觉猛然间溢上了王晓丽的心头！王晓丽在灯下坐了很久，手指在皮裤上反复地摸索。王晓丽深知自己最讨厌的事情就是缝纫，对于针线活她一直避而远之。而婆婆一个冬日下午的清冷时光，就全耗在了她的皮裤上。想到婆婆长满冻疮开裂的手，想到婆婆千沟万壑、疼痛难忍却又哆哆嗦嗦为自己缝补的手，王晓丽的泪水不自觉地流了下来，一滴一滴，全落在这几百针细细密密、结结实实的针眼上。王晓丽知道，婆婆为自己缝补的不仅仅是开裂的皮裤，而是在用爱的丝线，缝补着婆媳二人之间浅浅的隔阂。

第二天，在婆婆每日梳妆的案头，多了两样东西，一样是热水袋、一样是冻疮膏，那是王晓丽悄悄放上去的。看到婆婆手里拿着那两样东西露出幸福笑容的样子，王晓丽的心里也暖融融的。而曾有的隔阂，也就在无声的关爱里默默地消融。

生活就是这样，如果有了隔阂和“缝隙”不及时“缝补”，缝隙就会越来越大，隔阂就会越来越深，矛盾就会越积越重，最终难以弥补、无法挽救，倘若及时弥补，把矛盾和隔阂消灭在萌芽状态，不但可以和好如初，还能拉近心理距离、增进彼此感情。

家庭关系如此，朋友关系、同事关系都是如此，有了缝隙，一定要及时“抵而塞之”。当然，我们更不能人为制造矛盾、破坏团结，因为利益而争得头破血流，否则不但无法获得应得的利益，还会失去应有的和谐与幸福，成为他人的笑柄。

谋略典故：将相和

战国时候，秦国最强大，常常进攻别的国家。

有一回，赵王得了一件无价之宝——和氏璧。秦王知道了，就写了一封信给赵王，说愿意拿十五座城换这块璧。赵王接到了信非常着急，立即召集大臣来商议。大家说秦王不过想把和氏璧骗到手罢了，不能上他的当，可是不答应，又怕他派兵来进攻。正在为难的时候，有人说有个蔺相如，他勇敢机智，也许能解决这个难题。

赵王把蔺相如找来，问他该怎么办。蔺相如想了一会儿，说：“我愿意带着和氏璧到秦国去。如果秦王真的拿十五座城来换，我就把璧交给他；如果他不肯交出十五座城，我一定把璧再带回来。那时候秦国理屈，就没有动兵的理由。”赵王和大臣们没有别的办法，只好派蔺相如带着和氏璧到秦国去。

蔺相如到了秦国，进宫见了秦王，献上和氏璧。秦王双手捧住璧，一边看一边称赞，绝口不提十五座城的事。蔺相如看到这情形，知道秦王没有拿城换璧的诚意，就上前一步说：“这块璧有一点瑕疵，让我指给您看。”秦王听他这么一说，就把和氏璧交给了蔺相如。蔺相如捧着璧，往后退了几步，靠着柱子站定。他理直气壮地说：“我看您并不想交付十五座城。现在璧在我手里，您要是强逼我，我的脑袋和璧就一块儿撞碎在这柱子上！”说着，他举起和氏璧就要向柱子上撞。秦王怕他把璧真的撞碎了，连忙说一切都好商量，于是命人拿出地图，把允诺划归赵国的十五座城指给他看。蔺相如说和氏璧是无价之宝，要举行个隆重的典礼，他才肯交出来。秦王只好跟他约定了举行典礼的日期。

蔺相如知道秦王丝毫没有拿城换璧的诚意，一回到住处，就让手下人化了装，带着和氏璧抄小路先回赵国去了。到了举行典礼那一天，蔺相如进宫见了秦王，大大方方地说：“和氏璧已经送回赵国去了。您如果有诚意的话，先把十五座城交给我国，我国马上派人把璧送来，决不失信。不然，您杀了我也没有用，还会让天下的人都知道秦国是从来不讲信用的！”秦王没有办法，只得客客气气地把蔺相如送回赵国。

这就是“完璧归赵”的故事。蔺相如立了功，赵王封他做上大夫。

过了几年，秦王约赵王在渑池会见。赵王和大臣们商议说：“去吧，怕有危险；不去吧，又显得太胆怯。”蔺相如认为对秦王不能示弱，还是去好，于是赵王让蔺相如随行。大将军廉颇带着军队送他们到边界上，做好了抵御秦兵的准备。

赵王到了渑池，会见了秦王。秦王要赵王鼓瑟。赵王不好推辞，鼓了一段。秦王就命人记录下来，说在渑池会上，赵王为秦王鼓瑟。

蔺相如看到秦王这样侮辱赵王，生气极了。他走到秦王面前，说：“请您为赵王击缶。”秦王拒绝了。蔺相如再要求，秦王还是拒绝。蔺相如说：“您现在离我只有五步远。您不答应，我就跟您拼了！”秦王被逼得没法，只好敲了一下缶。蔺相如也叫人记录下来，说在渑池会上，秦王为赵王击缶。

秦王没占到便宜。他知道廉颇已经在边境上做好了准备，不敢拿赵王怎么样，只好让赵王回去。

蔺相如在渑池会上又立了功。赵王封蔺相如为上卿，职位比廉颇高。廉颇很不服气，他对别人说：“我廉颇攻无不克，战无不胜，立下许多大功。他蔺相如有什么能耐，就靠一张嘴，反而爬到我头上去了。我碰见他，得给他个下不了台！”这话传到了蔺相如耳朵里，蔺相如就请病假不上朝，免得跟廉颇见面。

有一天，蔺相如坐车出去，远远看见廉颇骑着高头大马过来了，他赶紧命车夫把车往回赶。蔺相如手下的人看不过去了。他们说，蔺相如怕廉颇像老鼠见了猫似的，为什么要怕他呢？蔺相如对他们说：“诸位请想一想，廉将军和秦王比，谁厉害？”他们说：“当然秦王厉害！”蔺相如说：“秦王我都不怕，会怕廉将军吗？大家知道，秦王不敢进攻我们赵国，就因为我们赵国武有廉颇，文有蔺相如。如果我们俩闹不和，就会削弱赵国的力量，秦国必然乘机来打我们。我所以避着廉将军，为的是我们赵国啊！”

蔺相如的话传到了廉颇的耳朵里。廉颇静下心来想了想，觉得自己为了争一口气，就不顾国家的利益，真不应该。于是，他脱下战袍，背上荆条，到蔺相如门上请罪。蔺相如见廉颇特来负荆请罪，连忙热情地出来迎接。从此以后，他们俩成了好朋友，同心协力保卫赵国。

将相和好的表面原因是蔺相如的宽阔胸襟和廉颇勇于认错、

知错就改、负荆请罪。实际上，是缘于他们共同的爱国思想，缘于他们共同的认识：将相不和，就会让敌人有机可乘、乘虚而入，赵国危矣！正是因为他们二人及时弥补了这种空隙和漏洞，才保全了国家社稷的大局。

经起秋毫之末

鬼谷子说："经起秋毫之末，挥之于太山之本。"是说万事万物在开始时都像秋毫之末一样微小，一旦发展起来就像泰山的根基一样宏大。本章主要讲事物和矛盾都是从细微发展到巨大的，圣人之所以能够抓住事物的危险征兆是在于能够见微知著。

智者圣贤往往初见端倪，就能知道事情的本质和发展趋势，这是一种明察秋毫、见微知著、以小见大的能力。下面是鬼谷子见微知著，及时帮助百姓避免灾祸、挽救损失的故事。

有一年夏初的一天，晴空万里，艳阳高照，黄鹂欢唱，蝉鸣蝶舞。鬼谷子突然对孙膑和庞涓说："很快要涨大水啦！你们马上分头下山，告诉四周百姓，加固房屋，备好粮草，以防水淹。"孙膑、庞涓面面相觑，将信将疑，又不敢多问，只好遵命下山。

三天后，天气果然骤变。闷雷滚滚，大雨倾盆，山洪暴发，大地变成一片汪洋。幸亏鬼谷子事先告诉了百姓，才免遭一场灾祸。百姓感激鬼谷子，孙膑、庞涓也更加敬重他。但是他们却不知其中的奥妙，于是便向鬼谷子求教。

鬼谷子告诉他们，自己并非神仙，也不会料事如神，只是通过常年观察天象总结出了一些规律。在涨大水之前，早晨的天空会昏黄一片。这说明远处已有大水，阳光一照，水面的颜色反射到天空是昏黄色，因此可以断定，不久就要发洪水。

正是因为鬼谷子能够见微知著、防微杜渐，才使得百姓幸免于难。正所谓“千里之堤，溃于蚁穴”，倘若不能防微杜渐，往往会酿成大祸。

临近黄河岸畔有一片村庄，为了防止黄患，农民们筑起了巍峨的长堤。一天有个老农偶尔发现蚂蚁窝一下子猛增了许多。老农心想这些蚂蚁窝究竟会不会影响长堤的安全呢？他要回村去报告，路上遇见了他的儿子。老农的儿子听了不以为然地说：“如此坚固的长堤，还害怕几只小小的蚂蚁吗？”说完拉老农一起下田了。当天晚上风雨交加，黄河里的水猛涨起来，开始咆哮的河水从蚂蚁窝渗透出来，继而喷射，终于堤决人淹。

由此可见，防微杜渐、及时修复裂痕和缺口在人生的各个环节上都非常重要。人生的某一个环节出现了缺口，哪怕是很小的缺口，假如不及时修补，就会造成不堪设想的恶劣后果。

“防微杜渐”这四个字，既适用于国，也适用于家。家庭是社会的细胞，家庭美满、幸福，社会才能稳定、发展。要做治国平天下这样的大事，先要从日常居家小事做起，从一言一行做起。老子说过：“千里之行，始于足下。”若小节不修，言行不慎，虽是小事也能酿成大的祸端。所以家要在一开始就立下规矩，不脱离正常的轨道。只有如此才能使家中诸人和睦友爱，这个家族才能兴旺繁盛。

曾国藩被后人戏称为治家八宝饭的“书蔬鱼猪，早扫考宝”，以及勤俭孝友就是其齐家理论的核心。书蔬鱼猪是一家生产力的表现；勤俭孝友是一家精神力的表现，二者相辅相成。曾国藩熟读前人书籍，知道自古以来很多的钟鸣鼎食之家相继败落，都是因为子孙骄奢淫逸所致。因此他屡次训诫后辈说：“家败，离不开一个‘奢’字。”他还要求主持家政的弟弟澄侯把金日磾、霍光这样的正反事例“解示后辈”，意在要后辈戒奢戒骄。所以曾国藩在家训中，时时强调一个“俭”字。曾国藩治家有方，兄弟多有建树，子孙也人才辈出，家中一团和气，尊老扶幼，子孝妻贤，世世代代广为流传。

一些目光远大的杰出人士，往往都明白这个道理，因此他们懂得节制自己儿女的物欲。美国前总统肯尼迪的父亲约瑟夫是美国最知名的五大企业家之一。为了防止自己今后不测，约瑟夫给每个孩子存了1000万美元的委托金，但他绝不让富裕腐蚀他们。为使孩子们懂得如何节俭，他每月给他们很少的零花钱。然而，另一方面，约瑟夫又十分注意培养孩子的美好品性。他经常邀请知名人士来家里聚会，鼓励孩子们上餐桌参加他们的谈话。他让男孩子们全部进非教会学校读书，开阔视野。他的四个儿子后来全进入哈佛大学学习，并个个有所作为。

谋略典故：吕夷简深谋远虑

明朝的杨慎曾说：“事之晦者或幽远难见，惟有识者鉴而明之，从容谛谋，收奇效于久远。”意思是：有的事情很隐晦，祸机的发生也在很久以后，难以发现，只有见识高超的人才能敏锐地察觉到，预先策划好的对策，在很久以后却能收到奇异的效果。这番话与鬼谷子的“事之危也，圣人知之。独保其用，因化说事，通达计谋，以识细微。经起秋毫之末，挥之于太山之本”有异曲同工之妙。

宋真宗时，后宫李妃生子，就是后来的宋仁宗。当时正得宠的刘皇后无子，宋真宗便命刘皇后认仁宗为子。

仁宗长大后，以为自己是皇后亲生，宫中人畏于皇后威严，没人敢对他说明真情，仁宗对刘皇后也极为孝顺。

宋真宗去世，仁宗即位，刘皇后垂帘听政，大家更没人敢对仁宗讲明，李妃身处真宗的众多嫔妃中，对仁宗也不敢露出与众不同之处。

后来李妃病死，刘太后想把葬礼办得简单些，以免引起别人的疑心，万一传到仁宗耳中，就拆穿了这副西洋镜了。

宰相吕夷简却反对，在帘前争执，说："李妃应该厚葬。"

当时仁宗正在太后身边，刘太后吓了一跳，忙把仁宗领出去，然后厉声问吕夷简："李妃不过是先帝的普通嫔妃，为何要厚葬？况且这是宫里的事务，你身为宰相，多的什么嘴？"

吕夷简平淡地说："臣位在宰相，所有的事都该管。如果太后为刘氏宗族着想，李妃就应厚葬，如果您不为刘氏着想，臣就无话可说了。"刘太后沉思许久，想明白了吕夷简的用心，便下旨厚葬了李妃。

吕夷简出宫后，找到总管罗崇勋，告诉他："李妃一定要用皇后的礼仪厚葬。丝毫不能有缺，棺木一定要用水银实棺，可别说我没告诉你。"

罗崇勋见宰相少有的庄重与严厉，唯唯听命，于葬礼用物丝毫不敢轻忽。

刘太后死后，燕王为了讨好皇上，便告诉仁宗："陛下不是太后所生，而是李妃所生，可怜李妃遭刘氏一族陷害，死于非命。"

仁宗大惊，忙传讯老宫人，刘太后已死无人再隐瞒此事，便如实禀告。

仁宗知道后，痛不欲生，在宫中痛哭多日，也不上朝，他一想到亲生母亲朝夕在左右，自己却不知道，母亲从生至死，自己从未孝养过一日，最后竟然不得善终。

他越思越痛，自己下诏宣布自己为子不孝的大罪，改封母亲为皇太后，并准备为母亲以后礼改葬。待改葬后再查实，清算太后一族的罪过。

然而宫闱秘事本来就是无法查实，也无法说明的，刘氏宗族的人知道后惶惶不可终日，既无法申辩，只能坐待灭族大祸了。大臣们见皇上已激愤到极点，便没人敢为太后一族说上一句话。

改葬李妃时，仁宗亲自抚棺痛哭，却见李妃因有水银保护面目如生，肌体也完好，所用的葬器都严格遵照皇后的礼仪。

仁宗看到后，大喜过望，哀痛也减少许多，他对左右侍臣说："小人的话真是不能信啊。"改葬完后，仁宗非但不追究刘氏一族的罪过，反而待之更为优厚。

宋朝时贤相辈出，远胜于其他朝代，吕夷简却称不上是贤明宰相，不过在处理仁宗生母李妃的葬事上，倒显示出人所难及的深谋远虑。

古时皇后无子，养其他嫔妃所生子为自己儿子的并不少见，后汉肃宗章帝就是别人所生马皇后养以为子。章帝自己也知道此事，感于马皇后养育之德，待之与亲生母亲无异，对待马氏家族也比对亲生母亲的族属更为优厚。

刘皇后不明此义，一意掩饰，殊不知无论何等隐秘事，终有大白于天下之日。她付出的辛苦不少，却为自己的家人亲属埋下了杀身祸根。

吕夷简毕竟是深谋远虑，他已预见到此事必将真相大白，他预想到了会有小人借机大进谗言，以及仁宗的反应，所以借李妃的葬礼把此祸预先消除。刘皇后倒也不糊涂，想明白吕夷简的用心后，便同意厚葬，不过她对此事可能会带来的严重后果依然没有吕夷简看得分明，所以吕夷简又亲自找到主管葬礼的人，唯恐他不明白此事的重要性，从中偷工减料，尤其是点明一定要用水银实棺，这一点后来起到了关键性作用。

仁宗知道真相后的激烈反应也是人之常情，从李妃生前备受压抑来推测，她死于太后及其亲人之手也是大有可能的，如果想找证人也很容易，刘皇后垂帘多年，也会得罪很多人，这些人无论是出于报复还是讨皇上的欢心，都会无中生有地加以证实，后来冤狱也大多是这样造成的。

试想仁宗打开母亲的棺木，如果尸体腐烂不可辨识，陪葬的器物再俭薄不成体统，仁宗痛上加痛，一怒之下也许根本不愿去查了，刘氏家族想要保留一条活命都不可能了。

然而开棺之后，一切与想象的不同，仁宗虽然思念哀痛，但已不相信母亲死于非命之说，也算大有安慰，不但不痛恨太后，反而生出感激之情，对刘氏宗族愈加恩宠。

仁宗是历史上少见的宽厚有德的君主，刘皇后执政多年，也可谓有功于国，然而她的家族却在一件难以预料的事上在鬼门关上绕了一个弯，祸与福就是如此难料，令人在钦佩吕夷简之余，也不禁栗栗危惧。

圣人见萌芽巇罅，则抵之以法

对待做事过程中的各种危机和不利局面，鬼谷子主张要预之在先，准备在先，这就是所谓“抵巇之隙”。有了“抵”的意识，就能时时掌握主动权。

人们常常十分关心危机的处理手段，这是“临时抱佛脚、病危之时才寻医”的具体表现。实际上，大家都知道，一个人要想活得长、活得好，仅仅靠“临病求医”是远远不够的，进行经常性的身体检查，预防疾病更加重要，企业也是如此。正如鬼谷子所说的“圣人见萌芽蛾罅，则抵之以法”。

危机是可以避免或减轻的，对待危机，或未雨绸缪，或亡羊补牢，结果有着天壤之别。

有一天，猴子在树林里见到山猪在一棵大树旁拼命地磨牙。猴子非常奇怪，走过去问山猪："现在既没有别的动物来伤害你，也没有猎人来捕捉你，为什么还要这样努力地磨牙呢？"

山猪笑着说："现在磨牙正是时候，你想一想，一旦危险来临，我哪还有时间磨牙呀！现在磨得锋利点，等到用的时候就不会慌张了。"

这只山猪太聪明了，它知道在危险还未来临之前就把牙磨利，不然的话，很可能会与其他猛兽的搏斗中丢掉性命。唉！有些时候，动物比人要聪明许多。动物已经把居安思危、未雨绸缪变成了一种本能，而有些人却没有明白这个道理，往往自恃强大而忽视准备的重要性。

应该说，外界的危机并不是最可怕的，可怕的是对这种危机的麻木不仁和茫然无知，不去做任何应对的准备。

对于一个庞大的企业，防患于未然的重要性远远高于得病后的治疗。中国有句古话："凡事预则立，不预则废。"市场如战场，有备治人，无备则治于人。

对企业来说，危机不仅仅指企业面向公众或顾客的重大事故，而且还包括不论客观还是主观因素，抑或是不可抗力所引发的能够导致企业处于危险状态的一切因素。从分类上，包括人力资源危机、产品服务危机、客户危机、行业危机、财务危机、媒体危机、计算机技术危机、工作事故、诉讼危机、侵权危机、合同危机、政策法规变更、天灾人祸、破产危机、并购危机、保卫工作危机、企业战略危机、供应链危机、文化冲突、多元化危机、权力交接危机等21种危机模式。当前企业最经常面临的前三种危机依次是人事危机、行业危机、产品服务危机。

企业不能有丝毫鸵鸟心态，认为危机绝不会降临到自己的头上，等到事后发出“假如当年不那样就不会有今天这样”的慨叹，只能伴着千古遗恨写进历史。与其抱着侥幸心理去消极面对危机，还不如制订切实可行的、周密的危机管理计划，化被动为主动。周密的危机管理计划是危机管理的指导方针。

危机的突发性和不可预料性决定了危机的不可避免性，对企业来说，只有尽早制订周密的应急计划，才能将危机扼杀在襁褓之中，将其所带来的严重后果降到最低。

谋略典故：伊尹的抵巇之法

夏朝的最后一个皇帝是夏桀，他在位时荒淫无道，滥杀忠臣良将。政权岌岌可危。与此同时，夏朝的一个属国——商国渐渐强大起来，国王成汤在相国伊尹的帮助下，内修德政，发展军事力量，对外逐步征服周边邻国，最终于公元前11世纪，灭掉桀王，建立商朝。

伊尹本来是成汤推荐给桀王的，但桀王只同他谈了一次话，以后再没有理过他。成汤见夏王对伊尹不予重用，于是请他到商国并拜他为相，授予国政。伊尹不负众望，帮助成汤发展农耕，铸造兵器，训练军队，终于灭了夏朝。成汤死后，他把大权交给了相国伊尹，嘱托他尽心辅佐自己的三个子孙。伊尹答应了他的要求。

成汤有三个子孙：外丙、中壬、太甲，都是商朝很有作为的君王。但太甲继位的前三年，并没有致力于天下大业，而是整日沉湎于酒色之中。

伊尹曾以长者的身份劝告他，又以相国的权力威胁他，但太甲在治国为民上仍毫无心思。伊尹施尽各种方法，想令太甲改过自新，以继承成汤的业绩，创造商朝鼎盛，无奈太甲仍不以为然，顽固不化。

有大臣向伊尹劝道："当年先主在位时，你帮他灭掉夏国；先主仙逝，你又辅佐两位人主，已经报答了先主的知遇之恩。现在你既然无能为力，又何必强求呢？你不如带上金银财宝，找一个青山绿水的地方隐居下来，安享晚年！"

伊尹训斥那位大臣道："为人臣子，应当在国家危难时挺身而出，劝诫皇帝。这才是良臣。如果都像你所说，在君主英明、太平盛世时，大臣都在朝堂食俸禄；而一旦风起云变、国君不明事理时，便隐蔽起来，那么，要我们大臣又有什么用处呢？"

那位大臣听完，哑口无言，急忙向伊尹请罪。尽管如此，伊尹还是免了他的职，并当众公布那位大臣的口舌之罪，众人听了不无畏惧。

太甲也知道了这件事，表示赞同。伊尹乘机又劝太甲，太甲仍是不听。无奈，伊尹便将太甲关进南桐宫，责令他反省，他则亲自主持朝中事务整整三年。

经过三年反省，太甲终于悔悟。伊尹又亲自把他接出来，将政权交还给他。

太甲重新登上皇位，励精图治，使商朝达到了鼎盛时期。这其中，伊尹功不可没。他当了三十多年的商朝相国，为商朝的统治奠定了坚实的基础。

小的缺漏如果不及时加以控制，任其发展就会动摇大山的根基，只有把它消灭在萌芽状态，才不会出现大错。太甲身居帝位而沉迷于酒色，这是小“巇”，只有及时制止才不至于发展到大“巇”，甚至发展到无可挽回的地步。伊尹先是以言语劝告，在无效的情况下才将他软禁三年，这种由低到高、由软到硬的“抵”法可谓运用得恰到好处，因为让太甲尝尝得而复失的滋味，比每天耳提面命效果要好得多。

伊尹能够成功“抵”住太甲的“巇”，这与他防患于未然的眼光是分不开的，正所谓：“圣人见萌芽巇罅，则抵之以法。”

可以治则抵而塞之，不可治则抵而得之

“世可以治则抵而塞之，不可治则抵而得之”是《鬼谷子》中最有特色的内容，已接近了民主思想的边缘。作者并不是站在最高统治者的立场来看待和处理社会矛盾，而是站在一种比较公正的立场，他公开宣布：国家发生了矛盾，如果还可以挽救的话，就协助当权者挽救；如果国家已经腐败不堪，无可救药，就推翻它，取而代之。

所谓“穷则变，变则通”，当一个国家的统治出现了危机和矛盾，若能“抵而塞之”，则可以变法图强，以挽救危机。但是，这种改革只限于阶级矛盾还有余地缓和的基础之上，倘若阶级矛盾和统治危机已达到无法挽救的地步，则只能“不破不立”，即通过革命“破旧”以“立新”，取而代之。周武王顺天应命、替天行道、兴周伐纣便是“抵而得之”。

商朝最后一个国王是商代的第三十二位帝王子辛，也叫“帝辛”，“纣王”并不是正式的帝号，是后人硬加在他头上的恶谥，意思是“残又损善”。据正史所载，商纣王博闻广见、思维敏捷、身材高大、臂力过人。他曾经攻克东夷，把疆土开拓到东南一带，开发了长江流域。殷商末年，它有两个主要的敌

手：西部的周方国及东部的夷人部族(甲骨文里被称做人方)。

这个时候，活动在渭河流域的姬姓周部落逐渐强大起来，首领周武王姬发正在积极策划灭商。他继承父亲文王遗志，重用姜尚等人，使国力增强。当时，商的军队主力正远在东方与东夷作战，国内军事力量空虚。周武王把握时机，联合各个部落，率领兵车300辆，虎贲(卫军)3000人，士卒4.5万人，进军到距离商纣王所居的朝歌只有70里的牧野(今河南淇县西南)，举行了誓师大会，列数纣王罪状，鼓励军队同纣王决战。

而此时商纣王的大军远在东南，无力回援，牧野之战的商军，并非商王朝的精锐之师，而是临时武装起来的奴隶和囚徒。交战中，部分奴隶与囚徒临阵倒戈，周武王最终赢得了胜利，取代了商纣。

自古以来，变法改革以及王朝更替都是顺应社会发展规律的举措和行为，能不能通过变法得以图强，能不能通过革命取而代之，是要看能否顺应历史发展潮流、社会发展规律以及是否顺应民心，而并非一人人力所能为也。

所以，“世可以治则抵而塞之，不可治则抵而得之”是符合社会发展规律、符合民心的正确思想和行为。

因此，变革旧的事物，绝不是什么轻而易举的事情，需要一段时间的准备，才能逐渐被人们理解、接受。古代明君的变革都是顺天应人、大公至正的，没有什么阴谋可疑之事，就像是老虎身上的斑纹一样昭然可见，天下人看得清清楚楚，无不信从。东汉的马融说“虎变，威德折冲，万里望风而信”。可见“德”是多么重要，任何人在推行变革之时，能够做到德行天下，天下人自然会云集响应，这样的变革前景当然美好。

变革本身是一个循序渐进的过程，不是一蹴而就的，更不是靠一股热情就能奏效的。它需要分步骤、分阶段地进行。经过反复研究，当天时地利人和都具备时，只需顺势而行。变革是非常严肃的事情，需要热情，更需要冷静；需要勇敢，更需要智谋。盲目采取行动会有凶险，所以一定要审慎稳进，不宜贸然行动。对变革的舆论，必须要经过反复多次的研究探讨，进行审慎周密的考虑安排，证明变革确实合理可行。同时，还要能够得到人们的理解与信任，只有到了这个时候，才可以大刀阔斧地进行变革。

一旦变革成功之后，一定要小心翼翼地维护变革的成果。历朝历代在经济与政治改革获得一定的成功之后，会一再强调要稳定，稳定压倒一切，这样做的目的只有一个，就是维护变革后的成果，使老百姓逐渐享受到变革的利益。

因为这是一个竞争日益激烈的时代，唯有积极变革的企业才能生存，才能在市场竞争中站稳脚跟，走出新的道路，迈上财富的康庄大道。世界某旅馆业巨头为了把自己的旅馆建成第一流的旅馆，第一次在房间里使用了空调、电视，还为孩子们设计了游泳池，增加了照顾孩子的服务项目，甚至设计了为旅客的小狗居住的免费狗屋。所有这些，在当时都是闻所未闻的。正因如此，当别人的旅馆生意冷清时，他的旅馆却总是挤得满满当当。

他的旅馆的成功之处，就在于突破了当时一般的经营策略，勇敢地采用最先进的设备，有针对性地设计服务项目，拥有了别人无法企及的优势。反之，若一味固守老传统、老经验，就会掐断财富的源泉。“当此之时，能抵为右”，这可以看做是鬼谷子对现代人的忠告。

在今天看来，鬼谷子的这一思想也是可以运用于很多地方的。如当我们在生活中遇到某些矛盾时，我们应先考察矛盾是否可以“治”，若可以“治”，则可“抵而塞之”以解决，若不可“治”，则应坚决地“抵而得之”。

谋略典故：盘庚迁都

商朝第十九代君主盘庚，甲骨文叫做般庚，名旬，生卒年不详，汤的九世孙，祖丁子，阳甲弟。阳甲死后继位。根据《夏商周年表修正》，他于在位的第三年(公元前1298年)迁都于殷。他是一位很有作为的国王。病死后，葬于殷(今河南省安阳县小屯庄)。

商朝从建国到灭亡，历经五百多年。因为前期屡屡迁都。而最后的二百七十多年定都于殷(今河南安阳市)，所以商朝又叫殷朝。有时候也称为殷商或者商殷。盘庚定都于殷，不再迁徙，反映了这时候农业的重要性已经超过了畜牧业，人们有了定居下来的需要。

盘庚决定迁殷，是经历了一番斗争的。太甲以后，商朝历代的君主和奴隶主贵族们过着腐化的生活。他们寄生在国人和奴隶身上，残酷地剥削人民和奴隶，任何事情都驱使奴隶去做。在奴隶和奴隶主之间阶级矛盾十分尖锐，奴隶们不堪忍受折磨大批逃亡。在统治者之间，对王位的争夺也十分激烈，有的人说应当父死子继，有的人说应当兄终弟及，叔侄之间，兄弟之间，为争夺王位，常常展开你死我活的斗争。他们为私利把国家搞得混乱不堪。商朝被阶级矛盾和奴隶主内部的矛盾削弱，国力日渐减弱，有些小国和少数民族也起来反叛，加上水涝、干旱等自然灾害，内外原因使得商朝这个奴隶制国家简直到了崩溃的边缘。

盘庚看到这种情况，觉得国家不能再照老样子维持下去了。应当想出一个根除弊病的办法来解决这些问题，挽救商朝的衰亡。 他想出来的办法，就是把都城迁到殷，因为到那里去有着几条好处：第一，殷地的土地比较肥沃，自然环境和现在的都城比起来，无论是建设都城还是发展农业生产，都会比现在的情况要好；第二，迁都以后，一切都得从头做起，王室、贵族将会受到抑制，这样，阶级矛盾就可以得到缓和；第三，迁都可以避开那些叛乱势力的攻击，都城比较安全，外部的干扰少了，统治就可以稳定很多。

为了扭转动乱局面，公元前 1300 年，盘庚不顾旧贵族的反对，毅然将都城由奄(今山东曲阜)迁于殷(今河南安阳小屯)。可是不少人反对迁都的决定，反对的人主要是奴隶主贵族。 他们知道，到了新的地方不能像现在一样照旧享乐。 盘庚是个意志十分坚定的人，是不会因为有人反对就改弦更张的。 他把奴隶主贵族召集起来，对他们发表了两篇训话。 第一篇训话是劝说，告诉大家迁都到殷的好处。 他说：“我要效仿先王关心臣民的样子，关心你们，保佑你们，带着你们去寻求安乐的地方。你们如果怀有二心，先王的在天之灵便要降下灾难，惩罚你们。”第二篇训话是示威，他用强硬的口气，告诫人们一定要规规矩矩地服从迁都命令，否则就要受到严厉的制裁。

盘庚用了软硬兼施的手段，终于完成了迁都的计划，可是斗争并没有结束。 老百姓到了一个新地方，好多地方不适应，于是就闹着要回老家。 奴隶主贵族就乘机捣乱，煽动大家要求搬回老家去。 盘庚又发表了一篇训话，用强硬的态度，毫不妥协地警告奴隶主贵族不要捣乱，否则必遭严惩。 过了几年，局势才安定下来。奴隶们在这里被迫夜以继日地劳动，一个十分繁荣的都市出现在殷的土地上。从此。商朝的都城就永久地固定在殷城，由于盘庚的治理，商朝在这时政治上比较稳定，社会经济和文化因此有了更大的发展。

盘庚迁都，使得殷商这个奴隶制国家摆脱了困境，并且得到了进一步的发展。从此商朝的都城就定在殷城，政治稳定，经济和文化都有了很大发展。近代在殷城发掘出的大量青铜器就是那个时代鼎盛的反映，著名的司母戊大方鼎就是那个时期铸造的。迁都之后，殷商的生产力、生产技术都有了很大的进步和提高，成为我国文明发展史上一个重要的里程碑。盘庚迁殷可算得上我国历史上较早、较成功的改革。

察之以捭阖

“自天地之合离、终始，必有巇隙，不可不察也。察之以捭阖，能用此道，圣人也。”这里主要讲抵巇之术是一种符合自然规律的圣人之道，人们应该根据时代的要求灵活应用。

既然，万事万物皆有“巇隙”，在敌我较量和斗争中，完全可以凭借慧眼找准敌方的矛盾和空隙所在，然后乘“隙”而入，以敌方内部矛盾作为突破口，大做文章，离间其内部关系，瓦解其内部团结，以赢得斗争的胜利。

战国时期，秦国与韩国在河泽交战，韩国连败，形势危急。

大夫公仲对韩王建议说：“我们的军队数量远比不上秦国，现在内无后备，外无救援，正处于危急存亡的关头。现在秦国意在讨伐楚国而不是我国，不如通过张仪同秦国议和，送给秦国一座名城，约他一同讨伐楚国。秦国志不在我。又有利可图，一定会同意的。这样既保存了我国，又可以灭掉劲敌楚国，这是一箭双雕啊。”

韩王答应了，于是就对外宣称公仲将西赴秦国议和。楚王听说韩国要和秦国和解，十分恐惧，就召见陈轸问他怎么办。

陈轸说："秦国想攻打楚国已经很久了，现在又得到韩国一座名城，再和韩国一起南下，这可是秦国梦寐以求的事！楚国肯定要受到两国的进攻。"

楚王点头道："是。一个秦国已经不能阻挡，再加上韩国，我们岂不要灭亡了？"

陈轸忙说："我有一个办法。大王可在国内选拔人马，宣称救韩。知道的人越多越好。再命令士兵用战车布满道路，派使臣带着足够的财物，使韩王相信楚王是他的盟友，一定会救他。即使不能如愿，韩国也会感激你，一定不会前来攻楚。即使两国兵临楚地，韩国也绝不肯奋力攻打，而且有可能反戈相向，而一个秦国对我国不可能造成什么重大的危害；倘若如我所愿，韩国接受了我国的礼物并表示亲近，那秦国知道后，一定大怒，两国便结下恩怨，他们之间的矛盾对我们有利。这就是我依靠秦韩之兵而免除楚国之祸的一个计谋。"

楚王听罢大喜。于是在国内准备人马，大肆宣称救韩，并派出使臣，送许多财物到韩国。韩王大喜，于是阻止公仲赴秦。公仲劝韩王道："不能这样做，秦国告诉我们的是其真实想法，而楚国却在说谎。相信楚国的谎言而轻易断绝与秦国的关系，一定会遭到秦国报复的。况且楚、韩不是兄弟之国，也不是盟友，更没有约定讨伐秦国，只是秦国想讨伐楚国，楚国才出兵说要救韩。这一定是陈轸的计谋，请大王千万不要中了楚国的奸计啊！"

韩王不听公仲的意见，和秦国断绝了关系。秦国大怒，增派人马讨伐韩国，而楚国的救兵并没有到，韩国大败。

对抵巇术的运用，在军事上很多，尤其是在春秋战国时期被广泛应用。如果能够洞察到他国相互的利害关系，便可运用离间计挑起双方的纷争，而自己则可以坐山观虎斗，以取渔翁之利，以上这则故事便是成功运用离间计的著名事例。楚国面对秦、韩两个国家的进攻，临阵磨枪也为时已晚，而陈轸巧妙地抓住这两个国家之间的利害关系，从中挑拨离间，终于使秦、韩两国反目成仇，兵戈相见，不仅削弱了韩国，更重要的是保全了楚国。

乘虚而入、抢占市场是当今很多商家在商战中惯用的计谋。以攻其不备、乘虚而入的手段抢占市场，也是商战策略中风险最小、最容易成功的一种。

美国花旗银行在德国开办家庭银行，不到几年时间，就在德国消费者金融业务中取得了统治地位。他们运用的策略，就是“乘虚而入”。

德国的银行家们虽然也知道普通的消费者有一定的购买力，能成为银行的客户，但他们认为，大银行向来是为工商界和富有的投资者服务的，为普通消费者服务不免有损大银行的尊严。花旗银行正是抓住德国金融市场的薄弱环节，创办家庭银行，专为个人消费者服务，经营消费者所需的业务，一切手续都使消费者感到便利。虽然德国银行有极强大的势力，有遍布在每个城市商业区的众多分支机构，但花旗银行所办的家庭银行只花了5年左右的时间，就占有了德国低端消费的全部银行业务。

在现代经商活动中，“乘虚而入”是经营高手惯用之计。精明的商家为了使自己的企业和产品在竞争中立于不败之地，千方百计地寻找对方的弱点和空位，进而抢占市场、赢得自身最大利益。但应用此计必须要求自己真正了解对手的详细情况，要不断地进行分析、论证，以求准确无误地把握住对方的空隙，然后迅速而果断地出击，切勿操之过急，以免“欲速则不达”，或者为对方的假象所迷惑。

谋略典故：吕布杀董卓

董卓在长安自称太师，要汉献帝尊称他为“尚父”。他还把他的弟弟、侄儿都封为将军、校尉，连他刚出生的孩子也封为侯。为了寻欢作乐，他在离长安二百多里的地方建筑了一个城堡，称作郿坞。他把城墙修得又高又厚，把从百姓那里搜刮得来的金银财宝和粮食都贮藏在那里，单是粮食，足足够吃三十年的。

郿坞筑成之后，董卓十分得意地对人说：“大事成了，天下就是我的；即使不成功，我就在这里安安稳稳度晚年，谁也别想打进来。”

董卓在洛阳的时候，就杀了一批官员；到了长安以后，他更加专横跋扈。文武官员说话一不小心，触犯了他，就会丢掉脑袋。一些大臣怕保不住自己性命，都暗暗地想除掉这个坏蛋。

董卓手下有一个心腹，名叫吕布，是一个出名的勇士。吕布的力气特别大，射箭骑马的武艺十分高强。他本来是并州刺史丁原的部下。董卓进洛阳的时候，丁原正带兵驻守洛阳。董卓派人用大批财物去拉拢吕布，要吕布杀死丁原。吕布被董卓收买，背叛了丁原，投靠董卓。董卓把吕布收作干儿子，叫吕布随身保护他。他走到哪里，吕布就跟到哪里。人们害怕吕布的勇猛，就不好对董卓下手。

司徒王允决心除掉董卓。他知道要除掉董卓，先要拉拢他身边的吕布。他就常常请吕布到他家里，一起喝酒聊天。日子久了，吕布觉得王允待他好，也就把他跟董卓的关系谈了出来。原来，吕布跟董卓虽说是“父子关系”，但是董卓性格暴躁，稍不如他的意，就向吕布发火。有一次，吕布说话顶撞了他，董卓竟将身边的戟扔向吕布。幸亏吕布眼疾手快，把身子一侧，躲过了飞来的戟，没有被刺着。后来，吕布向董卓赔了礼，董卓也表示宽恕他。但是，吕布心里很不痛快。他把这件事告诉了王允。王允听了很高兴，就把自己想杀董卓的打算也告诉了吕布，并且说：“董卓是国贼，我们想为民除害，您能不能帮助我们，做个内应?”

吕布听到真要杀董卓，倒有点犹豫起来，说：“我是他的干儿子，儿子怎么能杀父亲呢?”王允摇摇头说：“唉，将军真糊涂，您姓吕，他姓董，本来不是骨肉至亲，再说，他向您掷戟的时候，还有一点父子的感情吗?”吕布听了，觉得王允说得有道理，就答应跟王允一起干。

公元192年，汉献帝生了一场病刚刚痊愈，在未央宫会见大臣。董卓从郿坞到长安去。为了提防人家暗算，他在朝服里面穿上铁甲。在乘车进宫的大路两旁，派卫兵密密麻麻排成一条夹道。他还叫吕布带着长矛在他身后保卫着。经过这样安排，他认为万无一失了。

可董卓万万没有想到王允和吕布早已商量好了。吕布约了几个心腹勇士扮作卫士混在队伍里，专门在宫门口守着。董卓的座车一进宫门，就有人拿起戟向董卓的胸口刺去。但是戟扎在董卓胸前铁甲上，刺不进去。董卓用胳膊一挡，被戟刺伤了手臂。他忍着痛跳下车，叫着说：“吕布在哪儿?”

吕布从车后站出来，高声宣布说："奉皇上诏书，讨伐贼臣董卓！"

董卓见他的干儿子背叛了他，就骂着说："狗奴才，你敢……"他的话还没说完，吕布已经举起长矛，一下戳穿了董卓的喉咙。兵士们拥了上去，把董卓的头砍了下来。吕布从怀里拿出诏书向大家宣布："皇上有令，只杀董卓，别的人一概不追究。"

董卓的将士们听了，都高兴地呼喊万岁。长安的百姓受尽了董卓的残酷压迫，听到除了奸贼，成群结队跑到大街上唱着，跳着。许多人还把自己家里的衣服首饰变卖了，换了酒肉带回家大吃一顿，庆祝一番。

王允之所以能够成功，就是因为他利用了敌人的内部矛盾。正所谓"堡垒最易从内部攻破"。如果对方并无缝隙让你有机可乘、乘虚而入，那么就需要你随时注意捕捉和利用敌人阵营中的内部矛盾，人为地给对手制造裂痕，使之互相猜疑，瓦解其内部团结，使其形成内乱，分崩离析，然后乘隙而攻之，这就是兵书上说的"离间"之计。

飞钳篇

飞钳篇

“飞”者是指情绪放纵，言论自由。而“钳”者，则是指夹住，使之不能自由活动。作为行为，指说服人的术法，按照自己的意图牵着人走的术法。简言之，作为统治者（领导人）要施行任贤之道，利用人的专长，不失时机地获得人和社会舆论的拥护，来成功大业。飞钳之术可以说是引人之术、服人之术。

【经典原文】

凡度权量能，所以征远来近。立势而制事[1]，必先察同异之计，别是非之语；见内外之辞[2]，知有无之术；决安危之计，定亲疏之事；然后乃权量之。其有隐括[3]，乃可征，乃可求，乃可用。引钩钳之辞[4]，飞而钳之。钩钳之语，其说辞也，乍同乍异[5]。其不可善者，或先征之，而后重累；或先重累，而后毁之；或以重累为毁，或以毁为重累。其用，或积财货、琦玮、珠玉、白璧、采色以事之，或量能立势以钩之，或伺候见涧而钳之，其事用抵巇。

将欲用之于天下，必度权量能，见天时之盛衰，制地形之广狭，阻险之难易，人民、货财之多少，诸侯之交，孰亲孰疏，孰爱孰憎。心意之虑怀，审其意，知其所好恶，乃就说其所重，以飞钳之辞，钩其所好，以钳求之。

用之于人，则量智能，权材力，料气势，为之枢机[6]，以迎之，随之，以钳和之，以意宜之，此飞钳之缀也。

用于人，则空往[7]而实来[8]，缀而不失，以究其辞。可钳而纵，可钳而横；可引而东，可引而西，可引而南，可引而北；可引而反，可引而覆。虽覆能复，不失其度。

【难点注释】

①立势而制事：把事导向成功。

②内外之辞：内是实质，外是表面，也就是所说事情的反正两面。

③隐括：隐情，说不清的地方。

④引钩钳之辞：钩是弯曲金属所作的钩针，比喻诱使他人言论归顺己方。

⑤其说辞也，乍同乍异：钩钳之语，对于对方的言论，本着

“有时同意，有时反对”的原则进行。

⑥枢机：转动门户的轴叫枢，启动发射的装置叫机，是事物的关键。

⑦空往：仅仅用语言赞美、歌颂。

⑧实来：使对方打开心扉，拿出真情来归服己方。

【通俗译文】

只要善于揣度人的智谋，考量人的才干，就能吸引远近人才。要造成一种声势，使事情获得成功，就得先观察人们相同和不同之处，区别议论的是与非，了解对内对外的各种进言，掌握其真假，决定事关安危的计谋，确定与谁亲近和与谁疏远。然后再看看这样做的利弊得失。衡量这些关系时，如果还有不清楚的地方，就要进行研究，进行探索，使之为我所用。借用引诱使对方说出真情，然后通过恭维来钳住对手。钩钳之语是一种游说辞令，其特点是忽同忽异。对于那些没法控制的对手，或者先对他们威胁利诱，然后再对他们反复试探；或者先对他们反复试探，然后再摧毁他们；或者在反复考验中，毁灭对方，或者把摧毁对方作为反复考验。想要重用某些人时，可先赏赐财物、珠宝、玉石、白璧和美女，以便对他们试探；或者通过衡量其才能创造气氛，来吸引他们；或者通过寻找机会来控制对方，在这个过程中要运用抵巇之术。

要把“飞钳”之术向天下推行，必须考量人的权谋和才干，观察天地的盛衰，掌握地形的宽窄和山川险阻的难易，以及人民财富的多少，诸侯间交往中谁与谁亲密，谁与谁疏远，谁与谁友好，谁与谁相恶。要详细考察对方的愿望和想法，了解他们的好恶，然后针对对方所重视的问题游说他，先用“飞”的方法诱出对方爱好之所在。最后再用“钳”的方法控制住对方。

如果把“飞钳”之术用于他人，就要揣摩对方的智慧和才能，度量对方的实力，估计对方的势气，然后以此为突破口与对方周旋，进而争取以“飞钳”之术达成妥协，有意识地适应对方。这就是“飞钳”的秘诀。

如果把“飞钳”之术用于外交，可用华美的辞藻套出对方的实情，保持联系，勿使失误，以便考究游说的辞令。这样就可以把握关键实现合纵，也可以实现连横；也可以引而向东，也可以引而向西；可以引而向南，也可以引而向北；可以引而返还，也可以引而复去。虽然如此，还是要小心谨慎，不可丧失其节度。

【本篇要义】

本篇中，鬼谷子讲述了引人、服人之术的“飞钳术”。飞，即放纵对方情绪，给予言论自由，并“迎之随之”；钳，夹住对方，使其按自己的意图行动，最终达到自己的目的。飞钳，即先用好听的话或诱人的东西套住对方，从而察知对方意图，最后使对方为我所用或制服对方。在飞钳术中，最重要的是适应对方，这也是飞钳术的秘诀。正如鬼谷子所说，在适应对方过程中，用“飞”的方法诱导对方发言，引出对方的虚实，使之吐露真情。而后马上加以推崇，使对方产生认同感，借以抓住对方，使之不得收回，然后诱导对方顺着自己的思路。在诱导时就要时而赞同时而反对，给对手以假象，让他摸不着头脑，最后落入圈套，此即“钳”。

飞钳术是取用人才的重要法宝，鬼谷子说：“用之于人则量智能，权材力，料气势，为之枢机。”“凡度权量能，所以征远来近。”人才的力量是巨大的，这直接关系到事情的成败。统治者(领导人)要想吸纳人才，广招贤良，就应该不失时机地采取顺从、迎合、适可而止的做法取用人才，来成就大业。

鬼谷子在本文中还讲述了一系列具体使用飞钳术的方法，例如，在动用言辞说服对方时，应该使用各种谋略技巧收服人心。用言辞套住对方，用计谋使对方随我方的意图而仰俯、升沉，但要注意使对方不失常态，才是精彩的飞钳之术的妙用。正确地使用言语技巧，可以打动对方，诱导对方顺着自己的意图前进，进而可以纵横驰骋，随心所欲。熟练地在言辞中使用飞钳术，不仅是古代纵横家的拿手好戏，也是现代成功的演说家以及推销员熟稔的看家本领。

对于使用飞钳的方法仍然无法使之动容的对手，鬼谷子说要综合考虑天时、地利、人和等因素，分析周围的关系，给对手施加强硬的压力，进而控制对方。在古代的诸侯关系中，灵活地使用这个方法，可以与诸侯各国建立密切的关系，进而达到合纵或连横的目的。

即便是在现代社会中，这种方法也是屡试不爽的。美国在处理与东欧各国，特别是在处理与中亚、中非各国关系时，常常使用各种形式的援助来收服人心，拉拢各国，进而建立自己的联盟。对于那些金钱和利益打动不了的国家，则挑起战争，用强硬的武力来征服一切，达到自己的目的。

另外，鬼谷子还讲到，一个成功的统治者(领导者)要使天下人归附，除了自己有胸怀天下的胸襟外，还要会使用飞钳的方法感召部属，赢得人心，方可成就大业。历史上，许多杰出的人物都善于使用利益、兴趣等手段套住对方，进而钩钳对方，收服人心。在当今的商业竞争中，如何用人、制人，已是事关成败的大事。聪明的商人总是会利用飞钳术钩住目标人，在谈判时驳斥与赞扬相结合，以诱导对方，了解对方的真实意图，以期在错综复杂的人际关系中赢得先机。

【智慧评析】

度权量能，征远来近

鬼谷子在本篇中首先提出征召人才。“凡度权量能，所以征远来近”。意思是指凡是揣度人的智谋和衡量人的才能，就是为了吸引征召远来的和近处的人才。所有关于人才的论述都由此而来，是一个基础性质的策略。只有招纳了人才，才会有下一步的用人、控制人等等。

古代杰出的政治家大都是善于用人的高手，唐太宗李世民就深谙此道。唐太宗认为“致安之本，唯在得人”，所以他很重视选官用人。他求贤若渴，为了改善吏治，争取各地方集团的支持，他选拔任用了许多有才能的人担任中央要职。这些人出身不同，代表了各种地方势力，有原秦王府的臣僚，有追随李建成反对他的政敌，有关中军事贵族和南北士族，也有出身低微的寒门人士。由于唐太宗在一定程度上能够“拔人物则不私于党”，以才取人，甚至破格用人，所以贞观时期人才济济，出现了一批对国家的治理有杰出贡献的著名将相，如房玄龄、杜如晦、魏征、李靖、李勋等。这些谋臣猛将为李唐王朝发挥了自己的聪明才智，保证了唐朝的政治稳定和各种政策的施行。这与“贞观之治”局面的形成是密切相关的。

晚清的曾国藩统帅湘军，战功卓著。他之所以取得令人瞩目的成功，最重要的便是对人才的重视。曾国藩认为“国家之强，以得人为强”，并说：“善于审视国运的人，‘观贤者在位，则卜其将兴；见冗员浮杂，则知其将替’。”他将人才问题提到了关系国家兴衰的高度，把选拔、培养人才作为挽救晚清王朝统治危机的重要措施。像李鸿章、左宗棠、李善兰、华蘅芳、徐寿等许多影响近代中国历史的人物，都是得到曾国藩的提拔和赏识而得以发挥才能的。

无论一个国家还是一个企业，若要取得进步和发展，都要善于发掘和运用各种人才。作为领导者、统帅，要想取得成功，都必须善于发现人才、网罗人才、礼待人才，并且大胆使用，因才授职，尽其所长。如果不善用才，即使人才多如过江之鲫，对国家和企业也是起不到作用的。

谋略典故：朱元璋广收人才

从创业初期，与其他创业帝王一样，朱元璋就十分重视网罗各种人才，特别是能够帮助自己分析天下形势、指明前进道路的有识之士。

依靠从驴牌寨得来的三千兵马，朱元璋不久就将驻守在横涧山的元军打败。其首领叫缪大亨，被迫投降。朱元璋收服了大量俘虏，他选出两万多人归在自己的队伍中，兵力一下子达到近三万。朱元璋力量迅速壮大，引来了许多人投靠。

在定远地区，有一个地方地主武装，由冯国用、冯国胜两兄弟等人带领。他们弟兄年纪轻轻，刚刚二十多岁，在当地是很有影响的地主，家中有几百亩土地，有几十个佃户。哥哥冯国用自幼聪慧而好学，经史子集，多有通晓。除了学文，他与弟弟冯国胜也不忘记练习武术，强筋壮骨。由于当时各地农民起义不断，冯氏兄弟为求自保，就组织了一些乡民，成立了自己的武装。

与朱元璋的实力相比，他们的力量毕竟十分单薄，所以仍然十分害怕，寝食难安。当时朱元璋的势力逐渐强大起来了，声誉较好，所以就产生了投靠他的念头。可是朱元璋对像自己这样的儒士到底欢不欢迎呢？冯家兄弟踌躇不决，但最后还是主动找到朱元璋的门上来了。朱元璋一看见冯家兄弟，打心眼里就喜欢上了。只见两人一身儒士服装，气质儒雅，一副读书人的样子。朱元璋非常客气地接待了他们，俩人这才放了心。

没有过多客套的朱元璋，立即切入正题，他说道：从外表来看，你们两位就不像一般人，一定非常有学识。当今之世，群雄逐鹿，天下大乱。世事究竟何去何从，请两位给予指教。

冯国用回答说："有德昌，有势强。大江南边，形势最为险要的是建康（就是今天的南京），古人早就说过，建康自古就是龙盘虎踞之地，很多帝王都把都城建立在那里，所以应该占领建康。现在驻守建康的元朝军队都是一些懦弱无能之辈，对军事十分无知。如果主公您能率领军队，挥师南下，据有建康，把它作为根据地，然后再向四方用兵，必能救民众于水深火热之中，使仁义之道得以昌行天下。"冯国用提醒朱元璋，说主公千万不可效仿各地的山寨头目，鼠目寸光，没有任何出息，整天就知道贪图美女、玉帛等眼前小利。如果能占有建康这个战略要冲，能以德收服人心。

自从进军以来的朱元璋，真还是第一次听到这么高瞻远瞩的宏论，不由得喜不自禁。从冯氏兄弟的身上，朱元璋终于感到了要想实现自己的远大抱负，就必须大量吸收这样的人才。朱元璋毫不犹豫，当即任命冯氏兄弟为幕府参谋。

朱元璋在网罗人才方面，除了冯氏兄弟外，还得到了另一个对其一生的事业起到至关重要作用的核心人物李善长。而李善长投归后，更建议朱元璋以汉高祖刘邦为榜样，而这番话对于朱元璋日后的发展影响实在是不可低估，光是同样效法出身布衣的开国皇帝这点，就带给朱元璋明确的前进目标和依循的道路。李善长，字百室，老家在徽州的一款县。李善长自幼也是十分聪明，在他6岁那年，元朝重新实行科举考试，他父亲希望儿子能够参加科举考试，如能成功，必然能建功立业，成就大事。

在仕途之路跋涉的李善长，发现元朝统治者对汉人十分歧视，重开科举，也只是表面上做做文章而已，汉人要想通过科举出人头地，甚至在仕途上光宗耀祖，简直难于上青天！于是，李善长放弃了科举的念头，一头钻进了书本之中，自己研究起做官的学问来了。李善长对法家的著作尤其偏爱，他感觉到，和儒家的道德说教相比，法家言论中所讲的权术计谋最为实用。

对自己的才能十分自信的李善长，觉得自己是个能安邦定国的大才，只是没有找到合适的机会，施展手脚。再后来，李善长弃文从商，来往于徽州和定远之间，不久，就攒下了许多钱财，成为当地的名士，他还娶了定远一户富裕人家的女儿为妻，在定远置了家业。

他一方面做生意，一方面时刻注意关心着国家大事，总不忘有朝一日能够遇见明主，一展自己的政治抱负。在时事纷乱的年代里，朱元璋的兴起，让李善长看到了希望。他通过了解朱元璋的行为，觉得他一定可以成就大业。虽然自己比朱元璋要大十几岁，但他感到，帮助这位年轻人，一定可以实现自己的理想。

1354年的6月，朱元璋率兵攻打滁州，在起兵中途，李善长前来投靠。李善长主动上门来投靠自己，朱元璋焉有不重视之理。他早就听说过李善长了，知道他是个名士，于是赶紧召见。 两人见了面，行了礼，李善长没发一言，仔细打量起朱元璋的面相。 接着就极为高兴地说道：“总算是天有日、民有主了！”朱元璋听到这句吹捧的话，自然十分兴奋。

朱元璋急忙问：“现在天下群雄并起，要到什么时候才能天下安定呢？”李善长说：“当年的汉高祖也是出身于平民，但是他为人豁达而大度，知人而善任，从不贪图眼前的富贵，从不纵兵烧杀抢掠，不过五年，就成了大业。 现在，元廷已经到了瓦解的边缘，内部不和，人心尽失。 所以，只要主公您效法当年的汉高祖，用不了多久，天下就会平定下来。”

李善长还把朱元璋与刘邦相提并论，说汉高祖刘邦的家乡在沛县，而主公的家乡在壕州，两家相距不远，所以，汉高祖留下的帝王之气，一定能够照到他的身上。 这样的比喻，朱元璋听了，心里自然高兴。 于是，李善长投机成功，立即被朱元璋任命为幕府的掌书记。

但是精明的朱元璋还不忘警告李善长：“当今之世，群雄四起，天下一片混乱，李先生这样有智有谋，正好适应时事的需要，但是，我经常听说群雄之出谋划策的人，有事无事，就进谗言，毁谤主人身边的将帅，所以，总是使得主人众叛亲离，随后自行灭亡。 我希望李先生要以此为借鉴，处理好各种关系，一心一意，共建大业。”自此，朱元璋就让李善长担任了自己的军师，负责总理各种事务，包括安抚百姓、整饬军队、征兵筹饷等等军事大计。

除了吸收了李善长等著名知识分子外，朱元璋还网罗了刘基和宋濂等著名的儒士为自己效力。 刘基原来是元朝的进士，也在朝廷侍事，小到最初的高安县丞，大到江浙儒学副提举，还做过都事，行过军。后来，受朱元璋之邀，来到南京，被朱元璋尊为先生，得到重用。

在朱元璋优遇刘基的时候，有三位地主阶层知识分子宋濂、章溢和叶琛，相继来到应天，投靠朱元璋。宋濂原来就曾是朱元璋的幕僚，后来辞职回家，现在是再次为朱元璋效力；而叶琛曾经在元朝做过幕府和行省元帅；章溢则是当时的一代学术宗师许谦的再传弟子。受到传统封建思想的影响，他曾经在家乡组织军事武装，镇压过红巾军，还做过元朝的浙东元帅府金事，后来，他辞官隐居在匡山。

对于他们的到来，朱元璋十分高兴。朱元璋于是拨出专门的财物，在自家住宅旁边盖了一座“礼贤馆”，请刘基、宋濂、章溢和叶琛去住。因为四人均为浙东名士，所以，当时就有人称他们为“浙东四先生”。

朱元璋对于这四个人到来，还特意请教陶安：“跟先生您相比，这四位先生的才华如何？”陶安十分谦虚而又实事求实说：“从谋略上看，我不如刘基；从学问上看，我不如宋濂；从治理天下来看，我又不如章溢和叶琛。”朱元璋听罢，十分欣喜。于是就根据四个人不同才能，让刘基做了自己的幕府；让章溢和叶琛做都水营日金事，负责水利、屯田事宜；让宋濂做了江南处儒学提举，主管教育事务，不久，又任他为长子朱标的老师。

朱元璋的知人善用唯才是举，对他的成就霸业以及后来统治起到了关键作用，也广泛扩大了他的名望和影响。

朱元璋曾说：“才者，国之贵宝也。”可见，朱元璋对人才的重视。在这里不得不提的是，朱元璋在网罗人才时，并没有只顾眼前所需所用，而是把眼光放得很长远，对各种人才均求贤若渴。正因为他的广收人才，才成就了他的宏图大业。

其实，任何一个辉煌的成就，都不是凭个人的力量能够做出来的。任何一个人，也不可能只凭自己的力量，就能创造一番大事业。在创业时期，助手的帮助尤为重要。所以说，广采“他山之石攻玉”的确是必不可少的一个过程。综观古今中外，没有任何例外。只有那些善于吸纳人才、善于使用人才的人，才能成就一番伟业。

见内外之辞，知有无之术

鬼谷子认为，征召人才之后，就应该去了解人才。看看对方的专长所在，观察对方是哪方面的人才。“必先察同异之计，别是非之语，见内外之辞，知有无之术，决安危之计，定亲疏之事，然后乃权量之，其有隐括，乃可征，乃可求，乃可用。”要考察他们之间的相同和不同之处，区别他们正确的和错误的言行；要了解他们进言的真实性，能看出他们是否有真才实学；要与他们讨论、决策事关国家安危的大计，以便确定君臣之间关系的远近亲疏。最后通过权量这些关系，根据其表现出来的才能，矫正其短处，使他们都能被君王所利用。只有了解了人才，国君才可以在需要的时候征召、聘请、重用他们，也才能够做到用其所长、避其所短。

为统帅者，必须得到人才的辅佐，才可能成就大业。要得人才，首先要识人才，这就需要有鉴人之术。为统帅者若不能鉴人识人，即便是身边人才济济，也会视而不见。

春秋时期，楚国人卞和为国献宝玉，楚厉王与楚武王有眼无珠，卞和一献失左足，再献失右足。幸好贤明的楚文王即位后，主动召卞和进宫，并慧眼识玉，这块宝玉才没有被埋没。楚文王为表彰卞和几次冒死献宝，就将这块宝玉命名为“和氏璧”。

真正有才能潜质的人，往往就像那块“和氏璧”一样，一眼看上去平淡无奇，只有通过有识之士的发现、举荐和精心培养，才能展现出真正的才华和价值。

美国人卡罗林·威尔斯·霍登编写了一本《世界幽默选》，在《人才》篇中有一段，讲一个政治家对一个哲学家说：“聪明人真难找啊！”哲学家说：“的确，因为只有聪明人才能了解和发现聪明人。”这句话道出了人才的发现必须有善于发现人才的人。在我国把善于发现人才的人通常比作伯乐。关于伯乐的地位，汉朝政治家桓谭说：“得十良马，不如得一伯乐。”唐代大文学家韩愈又做了进一步的论述：“世有伯乐，然后有千里马。千里马常有，而伯乐不常有。”这可以说是经验之谈。事实证明，千里马是常有的，关键是如何发现他、识别他。

“何代无贤，但患遗而不知耳”。是唐太宗继帝位后与右仆射封德彝对话中的一句。这句话的意思是，每一个时代都有贤才，关键在于知，而知贤才，首先要能识别。但是，识别人这一工作，自古以来都是非常困难的。人之所以不同于其他动物，在于他的复杂性。人的智商、情商以及在实践中的选择能力，其他的动物是无法比拟的。实践证明，看准人，并加以妥善使用，事业则无往而不利；看不准人，就会用人不当，即使再好的事情也会导致一塌糊涂。

关于识人难的问题一直困扰着领导们，针对这一问题，白居易曾在他的《放言五首并序》的第三首中做了这样的描述，他写到：“赠君一法决狐疑，不用钻龟与祝蓍。试玉要烧三日满，辨材须待七年期。周公恐惧流言日，王莽谦恭未篡时。向使当初身便死，一生真伪复谁知？”这首诗的大意是说，识别人才的优劣、好坏，是非常不容易的，得经过长期的观察和多次的实践考验。就如同鉴别一块玉要用火烧三天，经过三天的火烧，这块玉还不热，那它便是真的；分辨一棵树是不是乔木，得需要等待七年时间；一个人的好与坏，真与伪，忠与奸，不能凭一时一事，也不能凭某些人的某些评断，而是要看他的整个过程。就好像周公和王莽一样，假如周公摄政时、王莽未篡位时就死了，那么他们一生的真伪又有谁会知道呢？可见识别一个人，它不但是复杂的，而且还需经过长期的观察和考验。

识别人难是公认的，但是人并不是不可识别的，只要我们有一定的识人的标准和原则，在此基础上我们就可以形成一套方法。

以德才兼备作为知人善任的标准，是中国文化的结晶。落实到识人方面，在我国古代有许多精辟的论述。三国时代蜀国的丞相诸葛亮在《前出师表》中就提出“亲贤臣，远小人”，这对兴亡有至关重要的意义。他借此对汉朝进行了概括，并指出，先汉时期之所以兴隆，是因为“亲贤臣，远小人。”后汉之所以倾颓，是因为“亲小人，远贤臣。”后来在《便宜十六策》中又进一步指出：“治国之道，务在举贤。若大国危不治，民不安居，此失贤之过也。”在唐朝有个大臣叫魏征，他把识人与行结合起来，主张才行兼备。他提出要识人，要审查这个人的行为，做到知其善始用之。他说乱世用人，可不顾其行，但在“丧乱既平，则非才行兼备不可用也。”这也明确地提出了德才兼备的标准。宋代政治家司马光在前人的基础上又提出“才者德之资，德者才之帅”的主张，这对后来的人，都产生过一定的影响。

从历史上看，凡按此原则识人并加以使用的，这样的群体都有过一番业绩。诸葛亮不但有知人的思想，而且在实践中也把这一思想充分地体现了出来。其中对待蒋琬就是一例。刘备率大军入蜀初期，蒋琬是干都的县令。有一次刘备下去巡视，见蒋琬酒醉不理政事，大怒之下就要杀他。诸葛亮非常了解这个人，替他讲情，说：蒋琬这个人，是国家的栋梁之才，非常难得，他为政以安民为本，不大重视粉饰自己。刘备尊重了诸葛亮的意见，没有给他治罪。蒋琬果然不负所望，后来做了不少有益的事情，并被诸葛亮提拔为丞相府长史，诸葛亮每次出征，他都能保障兵粮的供给。因此他被诸葛亮称为“忠雅”之士。诸葛亮临死前，又向刘禅推荐他。蒋琬果然没有被看错。在他执政期间，大公无私，胸襟广阔，善于团结人，能审时度势，使国治民安。

历史上也曾有过很多用人不当导致事业失败的教训。如北宋杰出的政治家王安石，在宋神宗的支持下开始变法。一场轰轰烈烈的变法运动，最终却归于失败。失败的原因，除了深刻的社会、政治原因外，与王安石本身也有很大的关系。王安石自身很有才华，但过于自信，以至于到了自大的地步；他识人不准，在实施变法的用人方面多有失误。当时，由于得不到朝中重臣的支持，王安石只好找那些急于上进的新人，且把他们都想象成像他一样为国分忧、为民请命的清官。然而，这些人不仅缺乏实际操作经验，而且都把变法作为晋身之阶，参与变法动机不纯。王安石的重要支持者与助手如吕惠卿、章敦、曾布、蔡卞、吕嘉向、蔡京、李定、邓绾等，都属于人品不正者，甚至大多数后来都被列入了《宋史》的“奸臣传”中。用一些人品不好、胸怀私心的人进行变法，再好的设想也是得不到正确实施的。

人们都知道“滥竽充数”这个典故。南郭先生滥竽充数的伎俩之所以能够得逞，其最大的责任不在南郭，而在齐宣王。身为一国之君的齐宣王被南郭的花言巧语所蒙骗，犯了失察的大过。还好南郭先生只是一个在乐队里混饭吃的市井无赖，要是在一个集体里面，所谓的“人才”都像南郭这样，其后果将不堪设想。

谋略典故：刘备识人善用成霸业

人人都知得人才者得天下，然而觅得人才不是件容易事，觅得旷世之才更是不易。刘备因其能准确辨别人才，继而锲而不舍地发掘人才，放手使用人才，终于成就了一番霸业！

东汉末年，朝政腐败，各地黄巾军蜂拥而起。镇压黄巾军起家的曹操经过多年征战，逐渐统一了北方。曹操又挥师南下，准备趁机统一全国。少时家贫的刘备，起初以贩鞋织席为业，与关羽、张飞桃园三结义后，才有点起色，但也不过仅做过县尉之类的小官。201 年，刘备屯住新野时，认真分析自己蹉跎半生而无所成乃是因身边虽有关羽、张飞等驰骋疆场之虎将，而无出谋划策运筹帷幄之文臣，于是便下定决心踏遍中原，寻求良辅。

在一次偶然的机会，谋臣徐庶向刘备推荐：附近的隆中，有个天下奇才，复姓诸葛，名亮，字孔明，人称卧龙，才能胜我十倍。将军如果能请到他，不愁不能平定天下。

在徐庶的荐举下，刘备与关羽、张飞便来到襄阳隆中，拜访诸葛亮。第一次来到茅庐时，亮已外出，三人返途中遇见亮好友崔州平；数日后，刘、关、张顶风冒雪，二顾茅庐。途中，遇亮好友石广元、孟公威。到达茅庐，只见亮弟诸葛均，方知亮已出游，备留下一笺，表达倾慕之意。返回时，在隆中山下小桥边遇见亮岳父黄承彦；过了一段时间，刘备与关羽、张飞三顾茅庐，适逢诸葛亮在家，但昼寝未醒。刘备吩咐关、张在门外等候，自己徐步而入，拱手立于阶下，直到诸葛亮醒后，方才相见。英雄惜英雄，刘备见到诸葛亮的第一面，就清楚地认识到了这正是他一直在苦苦寻找的辅政奇才。之后，就在这小小的茅屋之中，制定了著名的“隆中对”，三国鼎立之势成矣！

除三顾茅庐外，刘备其他一些知人善任的事例也值得一提：例如绰号“凤雏”的庞统，后来也被刘备提拔为“治中从事，亲待亚于诸葛亮，遂与亮并为军师中郎将”。庞统在攻取益州过程中，出谋划策，立下了卓著功勋。

在攻降刘璋和夺取汉中诸战役中，法正立有大功。刘备得到益州以后，“以正为蜀郡太守，扬武将军，外统都畿，内为谋主”。法正死后，刘备“为之流涕者累日”。（《三国志》作者陈寿把庞统比做魏臣荀彧，把法正比做程昱、郭嘉，充分说明了二人在刘备建立三分基业中所起的作用。）

在入蜀后随从刘备征战受到刘备赏识的武将有黄忠、魏延等。黄忠“常先登陷阵，勇毅冠三军”。在汉中进攻夏侯渊时，“渊众甚精，忠推锋必进……一战斩渊，渊军大败”。刘备为汉中王，提拔他为后将军，与关羽等齐位。魏延也数有战功，当刘备要挑选一员重将镇守汉川时，众人以为必定会选上张飞，张飞也认为非己莫属，可是当宣布姓名时，却是魏延，于是一军尽惊。

刘备是有自己的考虑的，之所以不用张飞，是因为他早已看出张飞的弱点。张飞非常敬慕名流士大夫，可是不体恤吏卒。刘备经常告诫他说：“卿刑杀既过差，又日鞭挝健儿，而令在左右，此取祸之道也。”说明刘备有见微知著之明。至于魏延，史称其“善养士卒，勇猛过人”，以后魏延在跟随诸葛亮北伐中，亦颇有战功。

刘备在建立西蜀政权后，在求才、用才上也是非常妥当的。原来刘璋既无法节制骄态的州中诸将，也不能任用优秀人才，刘备则能按才录用。例如：董和、黄权、李严等本来是刘璋所授用的；吴鼓、费观、庞羲同刘璋有亲戚关系；刘巴则一向不屑与刘备共事，为刘备素日所怨恨的。可是刘备这时因他们各有所长，“皆处之显任，尽其器能。有志之士，无不竞劝。”这样，原有的矛盾解除了，刘备的政权也得到了巩固。

与曹操、孙权两位劲敌相比，刘备一开始是最弱小的，正因为他能够找到辅佐旷世奇才诸葛亮，才最终开创了三国鼎立的局面。这不得不让我们佩服刘备识人用人的能力。刘备往往只谈一次话，就能发现人才。例如庞统、邓芝、马忠等因见面与语而“大奇之”。刘备与马忠谈过一次话后，“谓尚书令刘巴曰：虽亡黄权，复得狐笃，此为世不乏贤也”。“世不乏贤”这样的话，非善于知人者，是不能道出的。刘备临终时，曾告诫孔明：“马谡言过其实，不可大用，君以查之”。但是诸葛亮却不以为然，后来他首次伐魏，即用其为先锋导致街亭失守。准确地识别人才，对于成就大业的英雄至关重要！

引钩钳之辞，飞而钳之

通过鉴人之术锁定人才之后，怎样吸引人才为我所用呢？只知鉴才而不能用，岂不成了叶公好龙了吗？ 在这里，鬼谷子提出了“飞而钳之”的办法，即首先要了解对方，其次要以褒扬的方式俘获其心。 只有热情、诚恳地对待人才，才能赢得有识之士的诚心相助，成就大业。

《世说新语》中记载了一个故事，说一个洛阳的高官叫顾荣，一次应邀赴宴，发觉端烤肉的人露出很想吃烤肉的神态，就把自己那一份让给了他。 同席的人都讥笑顾荣，顾荣说：“哪有成天端着烤肉，却不知道烤肉滋味的道理?”后来顾荣遇上战乱，过江避难，路上每逢遇到危难，总有一个人在身边保护。一问缘由，原来就是受赠烤肉的那个人。

风平浪静的时候，聚集在身边的人，不一定是真正的知己，一旦事到临头，这些人就作鸟兽散了。 但在危难之时能不离不弃、携手共渡难关的人却一定是真正值得珍惜的朋友。 所谓“疾风知劲草，日久见人心”，说的就是这个意思。

李元度被曾国藩称为“患难与共”的人，他早期与曾国藩的关系十分密切。 曾国藩兵败靖港的时候，曾数次愤而自杀未遂。 当时，在他身边“宛转护持，入则欢愉相对，出则雪涕呜愤”的人就是李元度。 后湘军在九江水域大败，损失惨重，曾国藩“愤极，欲策马赴敌而死”，被罗泽南、刘蓉劝止。 在此困难之时，李元度投笔从戎，“护卫水师，保全根本”。 在咸丰六年的时候，湘军周风山的军队在江西樟树镇被太平军击溃，曾国藩部下再无得力陆军，完全依仗李元度率领的平江勇“力撑绝续之交，以待楚援之至”。 在曾国藩困守江西的那些最为艰难困苦的岁月里，李元度始终不离不弃、倾力辅助，最终帮助他走出了艰难的时期，为以后的东山再起赢得了宝贵的机会。

把人才当做朋友、知己一般对待，使其怀有知遇之感，自然不难赢得人才之心，从而为自己的事业加上一枚重重的砝码，这是古今中外无数成功者的成功秘诀。

美国 IBM 创始人沃特森说："你可以接收我的工厂，烧毁我的厂房。然而，只要留下人，我就可以重新组建 IBM。"可见，国外很多的知名企业家都把人力资源看的比物质资源更为重要，在现如今人力资源争夺激烈的环境下，国内的企业要想不被社会淘汰，就应该多多注重吸引人才的重要性，多向国外知名企业学习经验。

曾经有一个瑞士籍的研究生发明了一种电子笔及其辅助设备，这种笔和设备可以用来修正遥感卫星所拍摄的照片。这一发明引起了世界各国的关注，很多企业争相聘请这位研究生加盟。当时，一家美国公司和一家瑞士公司争夺这个人才，双方像在拍卖场上，不停地加价，都势在必得。最后，美国公司胜出，因为该公司对瑞士那家公司说："我不加价了，等你们加够了，我在你们的数额上乘以 50。"此言一出，吓退了那家瑞士公司。

这家美国公司可谓是魄力十足。事实上，很多美国公司都是这样。美国企业能够打遍天下，和他们重视人才分不开，全世界的精英都往那里汇聚，怎么可能不发达?

谋略典故：千金买马骨

春秋战国时期，齐国的齐湣王非常骄横，他一心想兼并列国，自己来当天子。这一来，列国诸侯对他都不满意，特别是齐国北面的燕国，受到齐国的欺负，更想找机会报仇。

燕国本来也是个大国。后来传到燕王哙手里，听信了坏人的主意，竟学起传说中尧舜让位的办法来。公元前314年，燕王哙将王位让与相国子之。子之得国后更加骄横，国人多有不服，将军市被率领本部士卒攻击子之，经十余日战斗，市被为子之所杀。子之还不罢休，要杀原来的太子平，太子平与太博郭隗微服躲入无终山，哙小儿子公子职逃奔韩国。燕国内乱，人人怨恨子之。

当时齐湣王闻燕国内乱，乘机以匡章为大将，率领10万齐兵从渤海进军燕国。燕国百姓痛恨子之，故齐军一到，都开城迎接。这样，匡章很快就攻到燕国都城。子之党羽见齐军强盛，四处逃跑，仅子之及其死党鹿毛寿拼死抵抗，鹿毛寿战死，子之被擒。

子之被匡章派人用囚笼解运齐都临淄领赏，他自己则坐镇燕都，将燕国3000余里土地，据为齐有。子之解送齐国后被处死。

燕人虽恨子之，但见齐王意在灭燕，众心也不服，于是四处寻访，在无终山找到太子平，立为国君，这就是燕昭王。昭王告示各地，一时燕境内原来降齐的，又纷纷归服昭王。齐将匡章一看众怒难犯，就班师回国。这样，燕昭王就回到燕都。

公元前311年，昭王即位后，他修理宗庙，改革政治，谦恭下人，用丰厚的聘礼招贤纳士，一心复兴燕国，报齐破燕之仇。燕昭王思贤若渴，他对相国郭隗说："燕国的耻辱，我时时刻刻记在心里。若有贤士可替国家出力报仇，我情愿去伺候他，请先生为我指教，怎样才能招揽到天下的人才？"

郭隗摸了摸自己的胡子，沉思了一下说："要推荐现成的人才，我也说不上，请允许我先说个故事吧。”接着，他就说了个故事：

古时候，有个国君，最爱千里马。他派人到处寻找，找了三年都没找到。有个侍臣打听到远处某个地方有一匹名贵的千里马，就跟国君说，只要给他一千两金子，准能把千里马买回来。那个国君挺高兴，就派侍臣带了一千两金子去买。没料到侍臣到了那里，千里马已经害病死了。侍臣想，空着双手回去不好交代，就把带去的金子拿出一半，把马骨买了回来。

侍臣把马骨献给国君，国君大发雷霆，说：“我要你买的是活马，谁叫你花了钱把没用的马骨买回来？”侍臣不慌不忙地说：“人家听说你肯花钱买死马，还怕没有人把活马送上来？”

国君将信将疑，也不再责备侍臣。这个消息传开，大家都认为那位国君真爱惜千里马。不出一年，果然从四面八方送来了好几匹千里马。

郭隗说完这个故事，说：“大王一定要征求贤才，就不妨把我当马骨来试一试吧。”

燕昭王听了大受启发，回去以后，马上派人造了一座很精致的房子给郭隗住，还拜郭隗做老师，并出重金求贤，筑黄金台（燕昭王为礼贤下士所置之土台，上面放着千金，聘请天下名士）。燕昭王求贤的名声传开后，齐国的邹衍、卫国的屈庸、赵国的剧辛、洛阳的苏代，都去投奔燕昭王，而乐毅也正是这时候到了燕国的。当时到燕国的人才虽然不少，但最受燕昭王信任的却是乐毅。据说，礼贤下士的燕昭王非常看重乐毅，曾亲自为乐毅推毂（推车轮），一时传为佳话。

其实，乐毅在燕国，一无亲戚，二无故旧，没有任何“关系网”，可以说是个“外来户”，燕昭王一下子就将他“立于群臣之上，以为亚卿”，如果站在保守的勋戚的立场上，这简直是难以理解的，可以提出数不清的排斥乐毅的理由，什么“曾为魏使，未必与我一心”呀，“非我族类，其心必异”呀，“年资尚浅，未可以当大任”呀，不一而足。燕昭王面临的是百废待兴的局面，形势紧急，人才难得。任何犹豫拖沓，都可能丧失机会。因此，燕昭王偏能“不谋父兄”，不听同姓群臣那些带有偏见的议论，当机立断，看准了就办，大胆起用了乐毅。此举，为乐毅这位杰出军事家提供了施展才智的平台，也使燕昭王实现自己振兴燕国的夙愿有了人才保障，成为其人才战略成功的关键。

燕昭王没有看错人，乐毅一上任，就显露出超人的才华。他针对燕昭王急欲报仇雪耻的心情，精辟地分析了当时的形势，提出了克敌制胜的方略。他说：“齐国是个大国，过去曾称霸诸侯，当今也仍有很强的实力，‘练于兵甲，习于攻战’，要想战胜它，不能急于求成。而应做长期的努力：一是要改革内政，二是要搞好外交。”经过二十八年的积累，“燕国殷富，士卒乐佚轻战”，经济实力大为提高，国民的凝聚力大为增强，伐齐的条件基本具备。外交方面，乐毅提出“必与天下图之”的策略，联合楚、魏、韩、赵等国，结成反齐军事联盟。至此，伐齐的条件已完全成熟。公元前 284 年，燕昭王任命乐毅为上将军，授以相国印，合燕、赵、楚、魏、韩五国之兵以伐齐。在济西大会战中，击破齐军。楚、魏等国的军队力疲而归，乐毅则不给敌军以喘息机会，率燕军乘胜前进，轻卒锐兵，长驱直入，一举攻克齐都临淄，齐闵王逃入莒城，仅以身免。燕国取得了自五霸以来空前未有的胜利。

其后，燕国并没有停止前进的脚步，燕昭王又命令乐毅留下来继续战斗，夺取齐城之未下者。燕昭王对乐毅充分信任，放手使用，从不对乐毅的军事行动进行干预，更不要说掣肘，从而能使乐毅淋漓尽致地施展其军事天才。乐毅又在齐打了五年，转战千里，占领了齐七十余城，除莒、即墨两城以外，其他齐国城邑全被攻下。至此，乐毅的功业达到光辉的顶点，燕国的国势也达到了强盛的巅峰。这是战国时代五彩斑斓的历史画卷中极富魅力的一页。乐毅在军事上的胜利，燕国的振兴和强盛，正是燕昭王人才战略的成功和胜利。

公元前279年，燕昭王死，燕惠王立。当时，乐毅对莒、即墨两城采取围而不攻、以待时机的策略。齐人到燕进行反间活动，昏聩的惠王听信谣言，派骑劫往齐指挥燕军，召乐毅回国。乐毅担心被杀，便逃亡赵国。骑劫平庸无能，在与齐军作战中被杀，燕军望风而逃，齐国很快就收复了失陷的七十余城。燕国从此走上衰亡的道路。

这个故事中的相国郭隗，是一个巧于辩说的谋臣人物。他巧妙地借五百金买骏马骨的故事，教给了昭王求贤的方法；又借机把自己比喻成千里马的骨头，使君王重用自己。郭隗计谋的成功，是以昭王急切盼才、重才为前提的。它确实为燕国历史增添了精彩的一笔。燕昭王正是依靠这些天下的人才，靠他们的辅佐，治理好了国家，使燕国殷实富足，战士安乐舒适，在燕昭王28年（公元前284年）联合秦、楚、赵、韩、魏等国一起打败了齐国，收复了失地，洗刷了过去失败的耻辱。

郭隗“骏骨吸才”的计谋故事，对后代影响很大。后人借此计引申出“千金买骨”、“千金市骨”等成语，比喻对贤才的渴望。汉代孔文举在《论盛孝章书》中说“燕君市骏马之骨，非欲以骋道里，乃当以招绝足也。”

“骏骨吸才”作为招揽和吸引人才的方法，在几千年后的今天，也被越来越多的管理者所借鉴。他们一方面重用现有的人才，给他们提供优惠条件，来引进更高层次的人才。另一方面，他们用重金到各处招揽人才。古为今用，计为我用，郭隗的这个揽才之道，可资借鉴。

或称财货以事之，或量能立势以钩之

请来了贤能之士就万事大吉了吗？当然不是，既是贤才，当然是很多人孜孜以求的栋梁，都想为己所用，加之人才本身具有流动性，所以想方设法控制住人才，让其长期为我所用是一个英明和有远见的领导者必须考虑的事。

鬼谷子认为，是否能够让各种各样的人才为己所用，是评判一个领导者是否合格的重要标准。而“飞钳”——也就是以正确的方法控制人才，则是使用人才的有效手段。

欲成大业，人才的重要性是不言而喻的。能收揽人才，并且能驾驭驱使之，那么就有可能成就大业。若无人才相助，或有人才而不能用，最后必然成不了大事。汉高祖刘邦在未起事之前不过是一地方小吏，在后人看来甚至还有些好吃懒做、不务正业之嫌。最后能成为大汉帝国的开国皇帝，并非他有不世之才，是因为他有张良、萧何、韩信等一群栋梁之才的辅佐。当然，有栋梁之才相助，还要知人善任并驾驭之，如此才能成就大业。韩信、陈平、黥布等人都曾是项羽的部下，归附刘邦之后都被重用。

以张良、萧何、韩信等人之才，为何甘愿受刘邦驱使？刘邦必然有其过人之处，照韩信的说法是他“善将将”。从刘邦封韩信、彭越的举动中，我们就能领略刘邦“善将将”的本领。

秦亡后，刘邦和项羽争夺天下。刘邦逐渐由劣势转为优势，于是领兵追击楚军，在阳夏南安营扎寨，派人与大将韩信、彭越约定日期会师。可是到了约定日期，韩信、彭越的军队并没有开来。刘邦孤军深入，被楚军击败，只好退却下来，坚守壁垒。刘邦又急又怒，于是请来张良求教对策。张良分析了当时的形势，说：“现在楚军眼看就要完了，可韩信和彭越还没有得到封地。两人功勋卓著，本应封王，现在您若允诺灭楚后给韩信、彭越封王，他们必定前来助战。这样，几路大军联合，消灭楚军就易如反掌了。”刘邦依计而行。韩信、彭越很快出兵，几路大军会师在垓下，韩信用十面埋伏消灭了项羽的残部，逼得项羽自杀。刘邦终于登上了皇帝的宝座。

刘邦善于审时度势，从谏如流，这是明君必备的素质，也是人才甘愿为其效力的原因。

人生如战场，尤其是对于那些想要成就一番事业的人来说，更是时时刻刻处于争战之中，在这场旷日持久的战争中，没有几个始终拥戴你的铁杆队员肯定是不行的。如何让追随你的人为你卖命，是个大有学问的课题，除了晓之以利益之外，动之以感情也是非常有效的。

人们讲究“滴水之恩，涌泉相报”，于是就有了“士为知己者死”、“风萧萧兮易水寒，壮士一去兮不复返”、“壮士死知己，提剑出燕京”等说法，这无一不是“感情效应”的体现。君主善用恩情来维系与臣下的关系，这也是历史上的常见现象。

刘备与诸葛亮，可以说是君恩臣忠的典型例子。诸葛亮感激刘备三顾茅庐的知遇之恩，出山后尽心竭力辅佐刘备，深得刘备的信任。刘备临终前，曾将自己的儿子刘禅托付给他，请他帮助刘禅治理天下，并且诚恳地表示："你能辅佐他就辅佐他，如果他不好好听你的话，干出危害国家的事来，你就取而代之。"刘备死后，诸葛亮殚精竭虑，帮助后主刘禅治理国家。曾经有人劝他进晋称王，被他严词拒绝，他说："我受先帝委托，已经担任了这么高的官职；如今讨伐曹魏没见什么成效，却要加官晋爵，这样做不是不仁不义吗?"诸葛亮六出祁山，北伐中原，最终积劳成疾，病死在五丈原。诸葛亮的一生，可以说是为蜀汉"鞠躬尽瘁，死而后已"，这固然是他具有匡扶乱世之志，而刘备的善施恩德在其中也发挥了很重要的作用。

所以说，感情投资是做大事的人必须掌握的一种手段。所谓感情投资，是指一种精神上的、感情上的赏赐：一个关切的举动，两句动情的话语，几滴伤心的泪水……这些无形之物的作用，有时简直可以胜过高官厚禄，而且它所影响的，不只是受惠者本人，还能扩散到整个团队，可以说，是一种无本万利的手段，是一种最为高明的笼络人心之术

在古代，这当中虽然不乏统治者收买人心的把戏，但它也包含着管理上的一些基本原则。因为，只有让人们切实感受到获益，人们才会真心拥护你，并发自内心地跟随你创业图强。总之，要想留住人才，就一定要好好经营你的感情投资。

在现代社会中，这种做法仍然还是很有市场的。以现代企业管理为例，聪明的管理者在工作生活中，会主动给下属以恩惠，让下属有"大树底下好乘凉"的感觉，让他们既感觉到温馨，又感受到安全。这样富有人情味儿的上司必定能获得下属的衷心拥戴。只有和下属搞好关系，赢得下属的拥戴，才能调

动起下属的积极性，激发他们努力工作的热情，为事业的发展尽心尽力。

以前我们谈管理，尤其是对人的管理，过多地强调了“约束”和“压制”，事实上这样的管理往往适得其反。聪明的管理者已经开始意识到这一点，开始在“尊重”和“激励”上下工夫，了解员工的需要，然后满足他。

让管理亲和于人，让管理者与员工心理距离拉近，让管理者与员工彼此间在无拘无束的交流中互相激发灵感、热情与信任，这样的理念在优秀的管理者心中越来越达成共识。要让管理真正亲和于员工，不仅表面上要与员工拉近距离，还要真正关心员工，不单是关心员工的家长里短，更重要的是关心员工的前途和未来，包括员工的薪水和股票，也包括员工的学习机会、得到认可的机会和得到发展的机会。

谋略典故：李世民的情感策略

唐太宗李世民不但善于打仗，而且善于用人。

李绩于625年（武德八年）、629年（贞观三年）曾经两次出击突厥，为唐朝的边防巩固立下大功。当时，高宗为晋王，遥领并州大都督，唐太宗李世民任命李绩为光禄大夫，并同时兼任并州大都督府长史。李绩在并州前后共十六年，令行禁止，治理有方，颇有政绩。太宗对他的评价甚高，曾对近臣说：“隋炀帝不能精选贤臣良将守卫边境，只知道修筑长城来防备突厥的侵扰，真是头脑昏惑！我现在委任李绩镇守并州（治所在今山西太原），突厥畏惧他的威势，远远逃遁，边境得保安宁，这岂不远胜修筑长城吗？李绩就是我的长城啊！”

641年（唐贞观十五年），李世民征召李绩回朝，拜为兵部尚书：李绩尚未来得及到京城，大度设率骑兵八万人南侵李思摩部落。太宗遂派李绩为朔州（今山西朔县）行军总管，率轻骑三千追击薛延施，直到青山（在今甘肃环县西），大破敌人，斩其王一人，俘获其首领，并俘虏五万余人。

当时，李绩突然生病，医生在处方中说，要用胡须烧成灰作药引配药方可治疗李绩的病，李世民听说后，就把自己的胡须全都剪下来，为李绩配药。李绩知道以后，深受感动，叩头流血，哭着对太宗恳切地表示谢意。李世民说："你也是为国家的前途着想，我应该感谢你，不必烦劳你深表谢意。"

643年（贞观十七年），高宗被立为皇太子，太宗征调李绩任太子詹事兼左卫率，加位特进，同中书门下三品。这实际上是对李绩的极大信任，为李绩的政治前途做好铺垫。太宗对李绩说："我儿新登储君之位，你原是他部下的长史，现在把太子宫的事委托给您，我的意思你应该明白。虽然委屈了你的官阶、资历，但责任重大，请你不要见怪。"李绩当时感激涕零。

太宗曾在一次宴会上对李绩说："我将把太子托付给朝廷重臣，思来想去，觉得没有比你更合适的人选了。你过去跟从李密时，不肯辜负李密的托付，现在岂能辜负我的重托啊！"李绩泣不成声，咬破手指发誓，要竭忠尽智，辅佐太子。过了一会儿，李绩因喝醉而睡着了，太宗就脱下自己的御衣，给李绩盖在身上。

649年（贞观二十三年），太宗卧病，对高宗说："你对李绩没有恩惠，他就是想报答你也没有理由。现在，我要责罚他，让他离开京城。我死后，你要将他调回京城，授给他仆射的官职，他蒙受了你的恩惠，必定会使他为你尽忠竭力。"于是太宗真的找了个借口将李绩责出京城，任垒州都督。高宗即位后，当月即召李绩拜洛州刺史，不久又加开府仪同三司，令同中书、门下，参与掌管国家的机密大事。当年又拜李绩为尚书左仆射，完全如太宗临终安排的一样。

李绩仍如太宗在世时一样，兢兢业业，为国家屡建奇勋。后来，李绩任辽东道行军总管，征伐高丽，渡过鸭绿江，一直打到平壤，俘虏了高丽王高藏，将高藏献于昭陵，洗雪了太宗征高丽失利的耻辱。

另一个辅佐太宗有名的谋臣是房玄龄，他是太宗最为倚重的一位大臣，长期担任宰相之职，对唐朝开国初年制度的建立、社会经济的发展，作出过重大贡献，是我国封建社会最为杰出的宰相之一。一次，房玄龄卧病在床，唐太宗为了及时了解病情，探视方便，竟命令将皇宫围墙凿开，以便直达房玄龄家。他每天派遣使臣前去问候，并派名医去治疗，让御膳房送去饮食，听到病情有所减轻，便喜形于色，一听见说加重，又满脸愁云。房玄龄弥留之际，太宗亲自来到病榻前，与之握手话别，悲不能禁。

唐太宗不只对待功臣关怀备至，对待曾经的敌人，只要是能为己所用的人才，同样也恩恤有加。

尉迟敬德原是刘武周手下的一员偏将。武德二年（619年），刘武周命尉迟敬德与宋金刚南侵以扩大地盘，攻陷了晋州（治所在今临汾东北）、侩州。适逢唐将吕崇茂在夏县（今陕西韩城南）造反，寻相、尉迟敬德率军深入至夏县接应吕崇茂，击溃了永安王李孝基的军队，俘获了唐将独孤怀恩、唐险等人。关中震骇，高祖李渊道："贼势如此，难与争锋，宜弃河京（今山西省），谨守关西（渔关以西，今陕西）而已。"李世民上表章谏道："太原是王业的基础，是国家的根本，河东（今山西省）富足，是京城物资的供应地，若把这些地方全都抛弃，我内心实在感到遗憾。我愿请兵三万，必能消灭刘武周，克复汾州、晋州。"于是高祖把关中的兵马都调归李世民指挥，而且亲自赴长春宫为李世民送行。

武德二年十一月，李世民率军奔赴龙门关，大军踏冰渡过黄河，进驻柏壁（今山西新绛县西南），与宋金刚的军队相持。尉迟敬德接应吕崇茂之后欲撤回浍州。李世民派殷开山、秦叔宝在美良川截击，把寻相、尉迟敬德打得大败，唐军复归柏壁。于是众将请战，李世民对众将说道："宋金刚率军远行千里深入我方地域，敌方的精兵强将都集中在这里。刘武周占据太原，完全依赖宋金刚作前卫，敌方士兵虽多，内部实际上是空虚的，一心想速战速决。我军坚守营寨养精蓄锐以挫动敌人的锐气，敌人粮尽计穷时自然会逃走。"

武德三年（620 年）二月，宋金刚终于因军粮耗尽而率军逃跑，李世民指挥大军追击敌军到达介休（今山西省介休县，位于山西省中部），宋金刚列阵抗拒唐军，李世民指挥唐军三面夹击。

宋金刚军溃败逃奔突厥，尉迟敬德收拾残余部队退守介休城。唐军把介休城四面围定，尉迟敬德内无粮草，外无救兵，陷于窘境。李世民派任城王李道宗、宇文士及入城劝说尉迟敬德。在进退无路的情况下，尉迟敬德与寻相率全城 8000 士兵来降，李世民非常高兴，设宴款待，仍然让尉迟敬德统领降军，而且降军营与唐军营就驻扎在一起。李世民部下行军元帅长史屈突通担心尉迟敬德与寻相再叛变，急请李世民采取防范措施。李世民说道："过去，萧王刘秀推赤心置人腹中，他手下的人都忠于使命，现在我信任尉迟敬德，委以重任，何必怀疑他呢？”

不久，寻相与原刘武周部下的降将都叛变而去，众将怀疑尉迟敬德必定要叛变，就将他囚禁在军营中。屈突通与殷开山都说：“尉迟敬德刚刚归顺国家，情志尚不稳定。此人极其勇猛，我们拘禁他很久了，他既被猜疑，必生怨恨之心。留着他恐贻后患，请立即杀掉他。”李世民说：“我的看法和你们不同。尉迟敬德若怀有背叛之心，难道会在寻相之后吗？”说完立即命人将尉迟敬德释放，命人把他领到自己的卧室内，赐给他金银珠宝，对他说道：“大丈夫期望的是相互间讲义气，对小的怀疑不要介意。我终究不会听信谗言而残害忠良，您应该体察到这一点。如果您一定要离我而去，现在把这些东西就当做赠给您的川资路费，以表达这一段时间共事的情谊。”当天，李世民就让尉迟敬德跟从自己到榆案去打猎，恰巧遇到王世充带领数万步兵骑兵来战。王世充部下的勇将单雄信跃马挺架直取李世民，尉迟敬德大吼一声，拍马上前一架刺单雄信于马下。敌军见主将落马，纷纷退却，尉迟敬德保护李世民冲出重围，又率军回来与王世充军交战，将王世充军击溃，并且生擒了王世充的部将陈智略，俘获敌军 6000 余人。李世民对尉迟敬德说道：“当初，众人认为您必定叛变，是上天引导我排除众议，正确地认识您、保住了您。福和善都是有验证的，回报得怎么这样快呀！”于是赐给尉迟敬德一箱金银。此后，李世民对尉迟敬德的恩宠一天胜过一天。

后来，尉迟敬德跟从李世民征窦建德，讨刘黑闼，屡立战功，被授予秦王府左二副军之职。隐太子李建成、巢剌王李元吉企图谋害李世民，就派人秘密地送书信及重礼给尉迟敬德。

敬德推辞道："我出身微贱，适逢隋亡，天下土崩瓦解，我无安身之所，长期沦落于逆地，罪不容诛。是秦王给了我第二次生命，又让我在秦王门下任职，我只能以身报恩。我对殿下无功，不敢接受这样厚重的赏赐。我若私自答应殿下的要求，就是怀有二心。我若为了私利而丢掉忠心，对殿下又有什么用处呢？"李建成见收买不了尉迟敬德，心中十分恼怒。

不久，尉迟敬德把李建成、李元吉欲收买他的事报告了李世民，李世民说："您的忠心，郁结如山，我深知，即使成斗的黄金，也不能使您的忠心转移。不过，以后他们只要送来礼物，您就收下，不必顾虑。若不如此，恐怕您的安全得不到保障。况且了解了他们的阴谋，还可以及时采取相应的对策。"

李元吉等人十分忌恨尉迟敬德，几次派人前去刺杀他，他故意把大门洞开，刺客慑于他的威名，无人敢靠近他。李元吉见一计不成，又生一计，捏造罪名，在高祖面前诬陷他。高祖误听谗言，降旨把尉迟敬德拘禁起来审讯，险些把尉迟敬德杀掉。经李世民一再苦谏，敬德才得以获释。

后来，尉迟敬德听说李建成、李元吉欲杀害李世民，就与长孙无忌力劝李世民采取措施，除掉后患。

武德九年（626 年）六月四日，李世民发动玄武门之变，尉迟敬德亲手诛杀李建成、李元吉。甲子日，李世民被立为皇太子。八月癸亥日高祖传位于皇太子，李世民在东宫显德殿即皇帝位。

贞观十一年（637 年），太宗封功臣为世袭刺史，拜尉迟敬德为宣州刺史，改封为鄂国公。

贞观十七年（643 年），尉迟敬德请求告老还乡，太宗授予敬德开府仪同三司，准许他只在每月初一、十五两日上朝。不久，敬德与长孙无忌等24名功臣的画像被挂上凌烟阁，这是太宗给予功臣的最高荣誉。

还有从邓世隆一事中也可看出唐太宗以情感人的痕迹。隋末年，王世充兄子王太镇守河阳（治所在今河南孟县南），聘请邓世隆为宾客，对邓世隆十分亲近。太宗率军攻打洛阳时，派人送书信给王太，劝王太及早弃暗投明，及早投降。王太命邓世隆代写复信，拒绝投降。邓世隆在复信中，盛赞王世充圣明而有天子的威仪，对高祖、太宗多有贬斥不恭之辞。

太宗平定洛阳以后，邓世隆深知自己为王太写给太宗的复信，闯下了杀身灭门之祸，于是改变姓名，自称隐玄先生，逃到白鹿山（在今辽宁省凌源县境）隐居。

贞观初年，太宗知其文名，征召他，拜他为国子主簿，与崔仁师、慕容善行、刘领、庚安礼等人一起任修史学士。邓世隆虽应召任职，但过去触犯太宗的旧罪，使他终日提心吊胆，不知何时大祸临头。正在邓世隆惶惶不可终日，甚至举止失措之时，太宗听说了他的情况，于是派房玄龄前来安抚他。房玄龄向邓世隆传达太宗的话道：“你替王太给我写复信，出言不逊，确实应该从严处罚，但那时只是各为其主，岂是你对我有什么恶意呢？我现在是天子，怎能追责平民百姓过去犯下的罪过呢？你应该安心供职，用不着心怀恐惧，我不会把你的旧罪放在心上。”邓世隆听了房玄龄传达太宗的话，万分感激，急忙叩头谢恩。邓世隆的同僚、亲友、家属听说了太宗的话，也都深为太宗的宽宏大度所感动。

太宗不计前嫌，不念旧恶，安抚邓世隆，让他安心供职，让他充分施展才华。安抚一个邓世隆，影响一大片，使许多曾在前朝及曾在叛臣手下供职的人，能安心为大唐帝国效力。在唐帝国初创时期，百废待举，要想使百业复兴，首先需要的是各方面的人才，太宗正是以一个政治家的远见，广泛地网罗人才，安抚人心，为创造唐帝国的稳定繁荣局面奠定坚实的基础。

即使是对待有罪的大臣，在绳之以法的同时，唐太宗仍然会劝之以情，叫其死而无怨。

侯君集，也是唐朝开国功臣之一，后来被绘像凌烟阁上。他居功自傲，又颇贪婪，在平定高昌国时，未经奏请，将一些无罪的人收为家奴，又私自占取高昌国的大量宝物，据为己有。上行下效，将士们也学着主帅，纷纷窃盗，侯君集因自己有短，也不敢管束。班师回朝后，被人揭发，送进了大牢。

后来虽经人伸救而被释放，从此却心怀不满，萌发了谋反的念头，便与荒唐之极的太子李承乾搅在一起，鼓动他谋反。后来，他的阴谋破露了，唐太宗亲自将他传来，对他说："你是有功的大臣，我不想让你去受狱中官吏的侮辱，因此亲自来审讯你。"

侯君集先是不承认，唐太宗召来了证人，将他谋反的前后经过一件一件陈列出来，又出示了他与太子往来的密谋信件。侯君集理屈词穷，只好认罪。

太宗征求大臣们的意见说："君集立过大功，留他一条活命，你们看行吗？"

大臣们都不赞成，唐太宗长叹一声说："只好与足下永别了！"说罢泪如雨下。

侯君集追悔莫及，临刑的时候，对监刑将军说："没想到我侯君集会落到这个地步！ 可我早年便追随陛下，在平定异族时也立有大功，请求陛下能留下我一个儿子，以保全我侯氏这一门的血脉！”

按照大唐的法律，谋反之人，属大逆不道之列，不只要满门抄斩，而且要祸及九族。 可唐太宗网开一面，赦免了他的夫人及儿子的死罪，只是流放到岭南。

还有一个叫张亮的人，也是追随唐太宗多年的老部下，侯君集谋反时，他曾向皇帝告发，可他自己也是一个野心家。 当他出任相州（今河南安阳）大都督长史时，曾私下请来一位术士，问他：“相州自古就是风水宝地，有人说不几年之内这里就会出一名王，你以为如何？”他又对人说：“我的手臂上起了一层龙鳞，我想立即干一件大事（即谋反），你们看行不行？”结果被人告发，并揭露他收养了500名干儿子。 唐太宗大怒说：“他居然有500个干儿子，养这么多人想干什么？ 不正是要谋反吗？”

朝廷召集百官讨论此事，张亮自然是死罪无疑，可行刑之前，唐太宗还特意派遣了朝中的亲信大臣长孙无忌、房玄龄到狱中与张亮诀别说：“国家的法律是公平的，你我都应该遵守。你自己不谨慎，触犯了法律，现在也无可挽救了！ 你就放心地去吧。”几句话，让张亮后悔莫及。

李世民对待人才有他十分独特的地方，他既不是像曹操那样用“术”，也不完全像刘备那样用“宽”、“仁”，而是用信任与真情。 太宗之所以能取得成功，也正因为他在自己周围团结了一大批像尉迟敬德这样忠心耿耿的臣子。 若问太宗深得臣下之心的原因，由他对待尉迟敬德的方法就可以找到答案，那就是知臣下之心，推心置腹，待臣下以诚心。 看看那些心甘情愿地为李世民效劳的人，大多是对李世民有着深厚感情的。这些人正是从这种感情中找到了价值感，而价值感是给人提供精神动力的源泉。这就是唐王李世民出众的感性投资术。

钩其所好，以钳求之

“审其意，知其所好恶，乃就说其所重，以飞钳之辞，钩其所好，以钳求之”是说要详细考察对方的愿望和想法，了解他们的好恶，然后针对对方所重视的问题进行游说，再用“飞”的方法诱出对方的爱好所在，最后再用“钳”的方法把对方控制住。简而言之，就是说要想控制对方，就必须了解对方的好恶，尤其是对方的喜好，然后投其所好，就能成功控制对方的心。

投其所好就是抓住了对方心中的欲望，然后想方设法地满足他的欲望，然后让他为我所用。人都是有弱点的，而人的最大弱点就是人的欲望都“需要”别人的逢迎。只要抓住了这个弱点，然后投其所好，就能取得成功。

这个道理最适合于今天的营销行业。一个高明的推销员往往能通过“投客户之所好”来取得销售的成功。

乔·吉拉德是当今世界上最伟大的推销员之一。有人曾问他成功的秘诀是什么，他开玩笑似的说：“没有别的，我只是让顾客感觉我喜欢他们。”

每逢节假日，乔·吉拉德总是会在百忙之中抽出时间给顾客寄张贺卡，并且亲笔写上诸如“我喜欢你”或者“只为你一人”之类的话语。简单的一句话和小小的一张贺卡都是微不足道的，谈不上什么成本，可是，却没有人会不喜欢。乔·吉拉德也因此拥有一大批老顾客。

有一次，一位中年妇女走进了乔·吉拉德所在的展销室，她告诉乔·吉拉德，想在这里打发一会儿时间，因为她想买一辆白色的福特车，就像姐姐开的那辆一样，但对面福特车的推销员让她过一个小时再去，所以她就先来这儿看看。闲谈中，她还说这是姐姐送给自己的生日礼物——今天是她55岁生日。

“生日快乐！夫人。”乔·吉拉德一边说，一边请她随便看看，接着他出去了一会儿，然后回来对她说：“夫人，您喜欢白色的车，既然您现在有时间，我就给您介绍一下我们的双门式轿车，也是白色的。”

他们正谈着，女秘书走了进来，递给乔·吉拉德一束玫瑰。他把花送给那位女士：“祝您长寿，尊敬的夫人。”

中年妇女感动极了，眼角都湿了。“已经很久没有人给我送礼物了。”她说，“刚才那位福特推销员一定是看我开了辆旧车，以为我买不起新车，我刚要看车，他却说要去收一笔款，于是我就上这儿来了。其实，我只是想买一辆白色的车而已，只不过我姐姐的车是福特的，所以我也想买福特的。现在想想，不买福特车也可以。”

最后，她在乔·吉拉德那里买了一辆雪佛莱，并填写了一张全额支票。乔·吉拉德从头到尾都没有劝她放弃购买福特车而改买雪佛莱车，只是因为她在乔·吉拉德那里受到了重视，于是便放弃了原来的打算，转而选择了雪佛莱。

乔·吉拉德不愧是世界上最伟大的推销员，他以一束玫瑰花和一句诚挚的祝福为代价，成功地推销了一辆车，一辆顾客原本没想买的车。投其所好的神奇妙用由此可见一斑。

商场如战场，投其所好的关键，在于搔到对方的“痒”处，越搔越舒服，进而将对方控制于自己的股掌之上。应用此术还要特别注意小心谨慎，尽量做到不动声色、不露痕迹，自然而然地让对方乐于接受、甘于为我所用，切不可急功近利、急于求成，一定要等到水到渠成之时方能行“控制对方”之实，否则只能“欲速则不达”、前功尽弃、功亏一篑。

谋略典故：赵穿投其所好

晋灵公是中国历史上有名的荒淫暴虐之人，他厚敛于民，广兴土木，好为游戏。

他闲着实在无聊时，便下令在绛州城内建了一个桃园，遍求奇花异草，栽种其中。又筑三层高台，中建绛霄楼，凭栏四望，全城风物，市井百态，尽收眼底。

修好这个桃园后，晋灵公时常登高俯瞰、饮酒取乐，并以张弓弹鸟为戏。但是时间长了后，他便玩厌了这样的游戏，渐觉不如弹人有刺激性。于是，这个暴君就发展利用弹人来赌胜负。对准台下的百姓，一声令下，乱弹齐发。百姓头破血流，目毁牙落，号哭遍地；抱头逃避，相互践踏。当时出现了民谚：“莫看台，飞丸来。出门笑且忻，归家哭而哀！”

赵盾是历史上有名的忠臣，在中国的历史上，每当有昏君出现时，往往都会伴随着忠臣的悲哀。他是当时朝中的一个元老重臣，曾经多次劝谏过晋灵公，希望他能够礼贤远佞，勤政亲民。开始的时候，晋灵公还假意检讨，继而就拒谏饰非，最后竟积厌生怨，决定杀死赵盾。但是，晋灵公和他的佞臣两次刺杀赵盾都没有成功，赵盾得以逃过了一劫。

而赵盾有一个堂侄名叫赵穿，他接受了叔父的前车之鉴，对晋灵公采取了“投其所好”的计谋。他首先向晋灵公叩头谢罪，请求辞职，说：“罪人之族，不敢复侍左右，乞赐罢斥。”

晋灵公见其词卑貌恭，认为他真诚可信，反而安慰他说：“盾累次欺蔑寡人，寡人实不能堪，与卿何干？卿可安心供职。”

在初步取得晋灵公的信任之后，赵穿就开始百般投其所好，晋灵公喜欢游玩，赵穿就说：“所贵为人主者，惟能极人生声色之乐也”。

晋灵公当然也好美色，昏君往往如此。赵穿就建议派佞臣屠岸贾为他尽选国中美色，并借以调虎离山。同时，赵穿还以桃园侍卫单弱为由，以晋灵公的名义，从自己指挥的军队中精选出了200名勇士，并暗地里同他们制订了除暴计划。一天，赵穿趁着深夜桃园侍宴的绝佳时机，一举铲除了晋灵公这个暴君。

量智能，权材力，料气势

“量智能、权材力、料气势。”主要讲如果把“飞钳”之术用于他人就要揣摩对方的智慧和能力，度量对方的实力，估计对方的气势，然后以此为突破口和切入点，方能取得成功。

无论做什么事，只要涉及与对手的较量，都要预先对对手进行仔细的分析，以求全面、准确地了解对方，正所谓“知己知彼”，方能“百战百胜”。战场如此，商场如战场，亦是如此。在当今的商务谈判中，对对手“量智能、权材力、料气势”具有非凡的借鉴意义和指导作用。

首先，从自身角度来看，知己才能知人。要善于剖析自我，勇于克服自身的弱点，不断提高自身的素质和专业水平。作为一个谈判者，其知识、经验、修养、口才乃至风度都有一定的要求，谈判需要广泛、丰富的知识和经验，此外，性格上的弱点对谈判也有着重要的影响：如果是自卑的人，面对较强硬的对手，就会有强大的心理压力，容易接受暗示，犹豫不决，当断不断甚至唯唯诺诺；若是脾气急躁的人，在谈判中往往心浮气躁、欠缺冷静，缺乏耐心，容易造成判断失误，或因急于求成，忽视某些必要细节，让对方有机可乘、钻空子；倘若是爱钻牛角尖的人，则不善于多向思维和及时调整策略，或因为应变能力差而造成谈判失利，等等。所以，在谈判之前，一定要充分认识自己、武装好自己，扬长避短，既不让对手有机可乘，又可以以己之长、攻彼之短。

其次，从对手角度讲，对对手相关资料收集和积累得越多，准确性越高，就越能为自己提供赢得对手的筹码。在谈判之前，要根据具体情况和要求，充分了解谈判对手的信誉、作风、经营能力及以往履行合同的情况，等等，尽可能多地掌握和准备好有关对方的情报资料。要知道人的心理是由人的知识水平、认识水平、个人修养、阅历等自身素质所决定的，所以，了解谈判对手，还包括对对方的个人性格特点、兴趣、爱好、追求等的了解。因此，完全有必要在谈判之前对对手做一个详细而全面的分析、了解。

总之，在商务谈判中，必须尽可能地熟悉对方的情况，做到心中有数。不能仓促上阵，否则就可能受制于人，陷于被动。

谋略典故：司马错游说秦惠王伐蜀

战国时期，为争夺地盘，巴、蜀两国交锋，都向秦国告急。秦惠王想出兵讨伐蜀国，但是考虑到蜀道之危险艰难，又恐韩国乘机来犯，所以犹豫不决。秦惠王找来司马错和张仪进行商议，于是引发了司马错和张仪的一场舌战。

司马错要攻打蜀国，张仪说："不如攻打韩国。"秦惠王说："请你们说说各自的见解，让我听听。"

张仪回答说："应先与魏、楚两国表示亲善，然后出兵三川，堵塞轘辕、缑氏两个隘口，挡住通向屯留的路，让魏国出兵切断南阳的通路，楚国派兵逼近南郑，而秦国的军队则攻击新城和宜阳，兵临二周的近郊，声讨周君的罪行，（随后）乘机侵占楚、魏两国的土地。周王室知道已经不能拯救自身，一定会交出九鼎和宝器。我们占有了九鼎，掌握地图和户籍，挟持周天子，用他的名义来号令天下，天下没有敢于违抗的，这就能建立王业了。如今，蜀国是西边偏远落后的国家，戎狄为首领。攻打蜀国，会使士兵疲惫，使百姓劳苦，却不能以此来建立名望；即使夺取了那里的土地，也算不得什么利益。我听说：‘争名的要在朝廷上争，争利的要在市场上争。’现在的三川地区和周王室，正是整个天下的大市场和朝廷，大王不去争夺，反而与那些野蛮的人争夺名利，这就离帝王之业远了。”

司马错说：“不对。我听到过这样的话：‘想使国家富庶的一定要扩大他的领地，想使军队强大的一定让他的百姓富足，想建立王业的一定要广布他的恩德。这三个条件具备了，那么，王业就会随之实现了。’现在大王的土地少，百姓贫困，所以我希望大王先从容易办的事做起。蜀国是西边偏僻的国家，以戎狄为首领，而且有像桀、纣一样的祸乱。用秦国的军队前往攻打，就如同用豺狼驱赶羊群一样。得到它的土地，能够扩大秦国的疆域；得到它的财富，能够使百姓富足，整治军队又不伤害百姓，蜀国已经归服了。因此，夺取了蜀国，但天下人不认为我们暴虐；取尽了蜀国的财富，诸侯国也不认为我们贪婪。这就是说，我们用兵一次，就能名利双收，还能得到除暴、平乱的好名声。如果现在去攻打韩国，胁迫周天子，胁迫周天子必然招致坏名声，而且不一定有利，又有不义的名声。去进攻天下人都不希望进攻的地方，这是很危险的！请允许我讲明这个缘故：周王室，现在还是天下的宗室；韩国，是周国的友好邻邦。如果周天子自己知道要失去九鼎，韩王自己知道要丧失三川，那么，两国一定会联合起来，共同采取对策，依靠齐国和赵国，并且向楚、魏两国求援，以解除危难。把九鼎送给楚国，把土地送给魏国，大王是不能阻止的。这就是我所说的危险，不如攻打蜀国那样万无一失。”

秦惠王说：“很对。我采纳你的意见。”结果，秦国出兵进攻蜀国。十月夺取了那里的土地，然后平定了蜀国。蜀国的君主改称为侯，秦国派遣陈庄去辅佐蜀侯。蜀国归附以后，秦国就更加强大富庶了。

空往而实来

所谓“飞钳”的秘诀，便是巧妙运用褒扬之辞来达成钳制对方心理目的的一种语言谋略，这也是历代纵横家进言的不二法门。

林肯有一次在写给家人的信的开头便说：“每个人都喜欢听到人家的赞美。”心理学家威廉·詹姆斯也认为：“人性中最深切的禀质，那就是被人赏识的渴望。”美国著名的文学家马克·吐温在谈到被人戴上“高帽子”的感受时，也曾幽默地说道：“鄙人在接受了人家愉快的称赞之后，能够光凭着这份喜悦的心情不吃不喝生活两三个月。”因此，当你在说服他人时，不要老是一味地驳斥对方，而是应该适当地说些赞扬对方名誉或成就的话，以便彻底地诱导对方发言。只要能引起对方的兴趣，使其敞开心怀，就不难了解其情志何在了。

从一般人的心态来看，都不会反对别人给自己戴高帽子的，因为这多半会满足自己潜意识里的自尊心和虚荣心，使自我价值得到体现。然而，要使被戴者感觉到这顶“高帽子”不大不小正合适，却也不是一件简单的事。下面这个故事或许能给我们一些有益的启示。

有一次，一位杂志社的记者前去采访当时一名享有很高地位的财经界人士。话匣子一打开，就先称赞对方经营的手段如何高明，继而就想打听一些成功的诀窍。但由于是初次采访，不能很快到达问题的实质。

这时，那位记者将话锋一转：“听说阁下在业余时间里很喜欢钓鱼，在钓鱼方面堪称行家里手。在下平时也喜欢钓钓鱼，不知阁下可不可以传授一点这方面的经验?”那大人物闻听此言，笑逐颜开，便兴致盎然地“侃”起钓鱼经来，结果主客尽欢，以后记者在采访中自然是方便了不少。

从这位大人物的心态来看，因为所处的地位，高帽已被人“戴”了不少，继续“戴”下去就会有不舒服的感觉。那位聪明的记者非常了解此类大人物的心理，便选择从他的业余爱好钓鱼入手，大人物出乎意外地感到舒畅，这位记者再战时自然也就容易得手了。

地不分东西南北，时不分古往今来，人们大都难逃喜欢被人称赞的心理定势，而不愿听贬抑、反对之语，尤其是那些身居高位、权倾一方的大人物。因此，鬼谷子谆谆告诫道：要想让别人接受你的主张、达到自己的某种目的，就必须先要毫不吝啬地赞同、恭维对方，取悦于对方，然后才能钳制他、驾驭他。

鬼谷子所说的“空往而实来”，是说可以用好听的空话去套出对方的实情，即以虚求实。这和“假作真时真亦假，无为有处有还无”大同小异、如出一辙，有时候故意“指假为真”，以假象去迷惑对方，往往能引诱甚至逼迫对方显露出真实意图。这就是“以假求真”。

以假求真、以虚求实的最大奥妙就在于反复试探以抓住对方心理，从而决定是投其所好、用激励褒奖的言辞去说服对方，还是故意诘难对方，用假象使对方说出实情。

苏秦巧用反语智激张仪便是采用了后者。

当苏秦正踌躇满志说服诸侯合纵时，秦军击败魏国后准备乘胜攻打赵国。为顺利完成合纵，苏秦想让同门师兄弟张仪去秦国游说秦王罢兵。于是他派人送亲笔信给张仪，给他造成他去赵国后苏秦必会推荐他得到重用的假象。

张仪到了赵国，当他兴冲冲去见同窗好友、今日大富大贵、且大权在握的苏秦时，却一连吃了好几天闭门羹。好不容易传见了，这位昔日的好友却待他无比傲慢、刻薄，毫无故人之情。一连串的羞辱之后，张仪终于忍无可忍，大骂苏秦为势利小人。

苏秦却不气不恼，微笑着进一步贬低他：“以余子之才，应该先我而际遇，未料你竟穷困如此。我本想把你推荐给赵侯，使你得于富贵，就怕你志衰才退，无所作为，反连累于我。”

张仪说：“大丈夫自能取富贵，难道非由你推荐不成?”

苏秦冷笑道：“既然如此，即可自便。”于是便让人给张仪十两金子。张仪将金子扔在地上，愤然而去，苏秦也不挽留。

张仪走投无路，果然如苏秦所愿去依附秦国了。

在这个故事中，张仪的所见所闻，苏秦的所作所为其实都是假象，这种假象仿佛一只无形的手，一步一步把张仪引向秦国，从而完成了苏秦预先设计的计谋。这是故意诘难、贬低、诋毁对方的激将之法，也是对“飞钳”之术的反用，即不褒反贬，故意打击对方，以激发其自尊和斗志。这正是所谓“请将不如激将”，当因为某事不得不求于人时，倘若直接以礼相待、盛意拳拳不能奏效，不妨虚晃一招，以假求真、以虚求实，让对方在不知不觉中如你所愿。

谋略典故：包公也爱“戴高帽”

众所周知，历史上赫赫有名的包公是位刚正不阿的“包青天”，但据说这位包老爷同常人一样，也有喜欢被人“戴高帽子”的弱点。

传言包公做了开封的知府后，欲挑选一名称职的文人来做自己的师爷(秘书)。

包公选师爷的告示贴出来之后，四面八方的文人学士纷纷前来应试。考试的第一个题目是笔试，由包公亲自出题、亲自阅卷，最后从参加应试的上千人里挑出了十来个很有文才的儒生。第二个题目是面试，包公要同他们一个一个单独会面，随口出题，当面应答。

而包老爷面试的题目出得也很别致，前面九个人一个一个地进去后，包公指着自己的脸庞对他们问道：“你看我长得怎么样?”那些人抬头一看包公的面容，不禁吓了一跳：头和脸都黑得如烟熏火燎一般，乍一看，简直就像一个黑色的坛子放在肩膀上：两只眼睛鼓而圆，一瞪起来，白眼珠多、黑眼珠少。他们都在心里琢磨着，如果把他的模样照实讲出来，那包老爷一定会火冒三丈的。人说当官的都爱听恭维话，我们何不奉承他一番，讨个喜欢呢？于是，便一个个地都恭维他长得眼如朗星，眉似弯月，面色白里透红，一脸清官相貌。包公听着他们胡说八道，那脸黑得简直要滴下墨汁来，便将他们一个个都打发走了。

轮到第十个应试者了，包老爷也请他看着自己的脸庞，提出同样的问题。那个应试者仔细朝包公打量了一番，才不紧不慢地回答道："老爷的容貌嘛……"怎么样啊？""脸形如坛子，面色似锅底，不仅说不上美，简直要说是丑陋无比。尤其是那两眼一瞪，还真有几分吓人哪！"包公一听，故意把黑脸一沉，喝道："嘿，放肆！你怎么这样说起老爷来？难道不怕老爷我怪罪吗？"那个应试者不慌不忙地答道："老爷，您先别生气。小的深信，只有诚实的人才最可靠。老爷的脸面明明是黑的，难道小的说一声'美'就白了么？老爷既然如此不喜欢听老实话，那以后还怎么秉公断案、做个清官呢？"包公听了连连点头称是，但又接着问道："你说的倒也在理。不过，我听人说：容貌丑陋，其心必奸。此话可否当真？"应试者又答道："此言也不一定正确。看一个人奸否在心而不在貌。只要包老爷有颗忠君爱民的心，就是长得再黑，也会是一个清官。难道老爷没见过白脸奸臣吗？"包公听完，心中大喜，大声喊道："好，就选你了。"

其实这第十个应试者被选中的诀窍无他，还是赞美这一招。只不过，这位老兄比起前九个来，赞得更精更熟罢了。由此可见，赞美别人也是大有讲究的。

忤合篇

忤合篇

“忤”是忤逆、反忤的意思，也就是违背了事物发展的要求，与其规律背道而驰的；“合”则是符合、顺应的意思，即遵循事物的发展要求和变化规律。本篇忤合术讲述的就是关于分合与向背的问题，强调要善于把握两者间相互转化的态势，只要顺势而行，便可纵横自如。

【经典原文】

凡趋合倍反[①]，计有适合。化转环属，各有形势。反复相求，因事为制[②]。是以圣人居天地之间，立身御世，施教扬声明名也，必因事物之会，观天时之宜，因之所多所少，以此先知之，与之转化。世无常贵，事无常师。圣人常为，无不为；所听，无不听。成于事而合于计谋，与之为主[③]。合于彼而离于此，计谋不两忠，必有反忤[④]。反于是，忤于彼；忤于此，反于彼。

其术也，用之天下，必量天下而与之；用之国，必量国而与之；用之家，必量家而与之；用之身，必量身材能气势而与之。大小进退，其用一也。必先谋虑计定，而后行之以飞钳之术。

古之善背向者，乃协四海、包诸侯，忤合之地而化转之，然后以之求合。故伊尹[⑤]五就汤[⑥]，五就桀[⑦]，然后合于汤。吕尚[⑧]三就文王，三入殷，而不能有所明，然后合于文王。此知天命之钳，故归之不疑也。非至圣达奥，不能御世；不劳心苦思，不能原事；不悉心见情，不能成名；材质不惠，不能用兵；忠实无真，不能知人。故忤合之道，己必自度材能知睿，量长短远近孰不如，乃可以进，乃可以退，乃可以从，乃可以横。

【难点注释】

①趋合倍反：趋合是趋向合一，相当于“合”；倍反是背逆，相当于“忤”。倍，同“背”。

②因事为制：因，依据、凭借；制，法则，法度，控制。这里是指要根据实际情况进行控制。

③与之为主：与之，与他们。为主，为主人。指都是各为其主。

④计谋不两忠，必有反忤：忠，忠实；反，背反，忤，抵触，背逆。任何计谋都不可能同时忠于两个主人，必然要相抵触。

⑤伊尹：古代传说人物，辅弼商汤消灭夏桀，是商朝开国名相。

⑥汤：商朝的开国之君，重用伊尹消灭夏桀，开创商王朝，推行善政。

⑦桀：古代传说人物，他是夏朝最后一个暴君，被商王汤消灭。

⑧吕尚：即太公望，辅佐周文王、周武王，对周朝的建立贡献极大，是齐国的始封主。

【通俗译文】

大凡联合与对抗的行动，都有相应合宜的计策。变化和转移就像铁环一样连锁而无中断。然而，变幻着的事物各有具体情况，彼此间互相依赖，要根据实际情况处理。圣人生活在世界上，立身处世是为了教化众人，扩大影响，宣扬名声。他们必须根据事物之间的联系，来观察天时，抓住有利时机，根据国家哪些方面有余，哪些方面不足，据此先把握实质，并设法促进事物向有利的方面转化。世上没有永远显贵的事物，事物没有永恒的师长和榜样，圣人常常是无所不做，无所不听。办成要办的事，重要的是不违背预定的计谋。如果为了自己的君主，合乎这一方的利益，就要背叛那一方的利益。凡是计谋不可能同时忠于两个对立的君主，必然违背某一方的意愿。合乎这一方的意愿，就要违背另一方的意愿；违背另一方的意愿，才可能合乎这一方的意愿。这就是“忤合”之术。

如果把这种“忤合”之术运用到天下，必然要把全天下都放在“忤合”之中权衡之；如果把这种“忤合”之术用到某个国家，就必然把整个国家放在“忤合”之中权衡之；如果把这种“忤合”之术运用到某个家族，就必然要把整个家族都放在“忤合”之中权衡之；如果把这种“忤合”之术用到某一个人，就必然要把这个人的才能气势都放在“忤合”之中权衡之。总之运用“忤合”之术的范围或大或小，其功用是相同的。所作之事都要预先谋划、分析、计算之后再实行“飞钳”之术。

古代那些善于以背离一方、趋向一方而横行天下的人，常常驾驭着四海之内的各家势力，控制各个诸侯，在“忤合”中促成转化，然后达到“合”于圣贤君主的目的。过去伊尹五次臣服商汤，五次臣服夏桀，然后才决定一心臣服商汤王。吕尚三次臣服周文王，三次臣服殷纣王，其行动目的仍未显露于世人，最后归服了周文王。这就是懂得天命的制约，所以才能归顺一明主而毫不犹豫。如果不具备高尚的品德、超人的智慧，是不能驾驭天下的；如果不用心冥思是不可能揭示事物的规律的；如果不全神贯注地考察事物的实情，就不可能功成名就；如果才能、胆量都不足，就不能统兵作战；如果只是愚忠呆实而无真知灼见，就不可能有察人之明。所以，“忤合”的规律是：首先估量自我聪明才智，度量自身的优劣长短，分析在远近范围内还比不上谁。这样就可以前进，可以后退；可以合纵，可以连横了。

【本篇要义】

忤合术主要讨论的是谋臣说客在乱世中的个人向背问题，应该投靠一个有可能成为未来君王的人来实现自己的政治抱负。这种选择就是“忤合”，背弃或者投靠君王。在本篇中，鬼谷子表达了自己对于事物发展的一些认识，如事物的发展变化性，认为世间的事物没有永远高贵的，也没有永远居于权威地位的；

高明的谋臣应该采用实事求是、灵活应变的谋略，圣人应该“无所不作”、“无所不听”，主张“因事为制”，善于“向背”，精于“忤合”；以及忤合术运用时需要注意的问题。据鬼谷子研究者研究，认为忤合有几层意思：一是游说言语上的忤合。是指暂时忤逆人意，最终目的是让别人接受；二是游说策略上的忤合，用模糊错杂的语言苟合于人，取得对方的信任，进而寻求变化；三是谋士向背去就的选择，难以两忠。

首先，鬼谷子认为世间的事物是处于变化发展之中的。他强调要用发展变化的眼光看问题，强调事物的运动。在开篇即表明了这个观点：“化转环属，各有形势”，意为世间万物的发展变化，就像圆环旋转一样变化多端，会因其背景、情形的不同而形成不同的形势。在文中又提到了“世无常贵，事无常师”，他认为世界上的万事万物是都没有永恒的，更没有固定的模式去处理他们，因为他们都是处于不断的变化之中的。

其次，鬼谷子认为谋臣应该根据具体的事物和对象，确定具体的应对方法。实事求是，灵活应变，“反复相求，因事为制”。在正反的比较中求得自己合适的位置。“故伊尹五就汤，五就桀，然后合于汤。吕尚三就文王，三入殷，而不能有所明，然后合于文王”。就像伊尹和吕尚这样的名臣一样，选择合适自己发展的君王。在认识到事物的发展变化性之后，就可以采用“忤合术”去应对不同的对象、不同的事物。“必因事物之会，观天时之宜，因知所多所少，以此先知之，与之转化”。如果想达到自己的目的，就必须看清事物的发展变化，抓住有利时机，权衡利弊，来分析一个国家优势、劣势所在，预测出事件的发展趋势。然后再发挥个人的主观能动性，随情况的变化而制定不同的策略去适应变化，促进事态向有利的方面转化。

然后他论述了在行“忤合术”时应该关注的问题：

要具备超前的意识并予以变化，根据主客观条件预测事物发展的方向，加以人为的调控，才能“得天下之权”，在纷繁的世事中处于不败的主动地位，也即文中所说“其术也，用之于天下，必量天下而与之……大小进退，其用一也。必先谋虑计定，而后行之以飞钳之术”；

在行忤合术之前可以用各种办法加以试探，“古之善背向者，乃协四海，包诸侯，忤合之地而化转之”，谋士要能够通过协作天下诸种力量，包容各路诸侯的手段，把他们置于自己事先设计的“忤合”之地，用“忤合术”试探他们，然后再选择明主，然后求合，共谋天下。

行忤合术对谋士素质的要求：需要有品德智慧，能看清事物内在的规律；需要用心思考，揭示事物的本质所在；需要考察事物的实际情况；需要以诚待人，有知人之明；

总之，谋臣必须充分了解自身的情况和对方的实际能力，不能施行于超过自己的对手，只有在对方不如自己的情况下才能施行。“故忤合之道，己必自度材能知睿，量长短远近孰不知，乃可以进，乃可以退，乃可以纵，乃可以横。”指出了施行忤合术的客观条件，否则就难以达到预期的目的。

【智慧评析】

化转环属，各有形势

鬼谷子认为，因为世界上每种事情的情况都千差万别，所以处理事情的策略和主张也就各不相同，或者相互契合，或者相互抵触，所以非常有必要实行忤合之术。

实际上，鬼谷子的“忤合之术”就是哲学中所讲的矛盾，即矛盾双方既对立又统一，并且可以相互转化。鬼谷子的忤合术是基于“忤”与“合”可以互相转化的原理。事情总是有正有反，有利有弊，有直有曲的。智者往往能够在现实环境里针对客观条件是否具有“天时地利”以及对方是否“人和”，并结合自己的实际需要，变不利为有利，或曲中见直或直中见曲，适时改变斗争形势，变被动为主动，从而化险为夷、转危为安。

班婕妤是汉成帝的后妃，她的父亲班况曾在汉武帝后期驰骋疆场，立下不少汗马功劳。在赵飞燕入宫前，汉成帝对班婕妤最为宠幸。

赵氏姐妹入宫后，飞扬跋扈，许皇后十分痛恨，无可奈何之余，想出一条下策，在孤灯寒食的寝室中设置神坛晨昏诵经礼拜，祈求皇帝多福多寿，诅咒赵氏姐妹灾祸临门。

事情败露后，赵氏姐妹故意在成帝面前搬弄是非，诬陷许皇后不仅咒骂自己，还咒骂皇帝。汉成帝一怒之下，把许皇后软禁于昭台宫。赵氏姐妹还想利用这一机会对她们的主要情敌班婕妤加以打击。

糊涂的汉成帝色令智昏，居然听从赵氏姐妹的调唆审问班婕妤，并欲治其死罪。大难将至，班婕妤从容不迫地说：“我听说死活有命运注定，能否富贵在于天意。行善尚且不能得到幸福，作恶还想指望什么？如果鬼神有知，就不会接受奸邪坏人的胡说；如果鬼神无知，向他诉说又有何益呢？所以我是不愿做祷告诅咒之事的。”

汉成帝觉得她说得有理，又念及以前的恩爱之情，更是顿生怜惜之心，当下就决定不予追究，并且厚加赏赐，以弥补心中的愧疚。

“死生有命，富贵在天”是为“合此”，“修正”、“为邪”是为“忤彼”；“若鬼神有知”是为“合此”，“就不会听信谗言”是为“忤彼”；“要是鬼神无知”是为“合此”，“那么向鬼神诉说就是徒劳”是为“忤彼”。聪明的班婕妤在面临险境时，从容镇定地用忤合术的智慧将汉成帝说服，成功地使自己转危为安。

这就启示我们，在面对不利环境时，要充分发挥自己的主观能动性和创造性，相信依靠自己的能力和努力，可以变不利为有利，可以化险为夷、转危为安。

谋略典故：百里奚的“忤合”之道

百里奚，亦称百里子或百里，字里，名奚。春秋时虞国(今山西平陆北)人。秦穆公时贤臣，著名的政治家。

百里奚早年贫穷困乏，流落不仕，在被晋国俘虏前，曾游历齐、周、虞、虢等国，这使得他对于各国的民俗风情、地理形势、山川险阻知之甚悉，为他后来给秦穆公筹划东进准备了必要条件。

百里奚早年颠沛流离的生活和坎坷的经历使他尝尽了艰苦生活的滋味，也亲眼目睹了下层人民的悲惨处境，对他后来任秦国大夫时，为官清正，树立以民为贵的思想都有着积极的影响。

百里奚辗转到虞国任大夫。秦穆公五年(公元前 655 年)晋国借道于虞以伐虢国，大夫宫之奇以“唇亡齿寒”劝谏虞君，虞君因曾经接受晋献公的宝玉“垂棘之璧”与名马“屈产之乘”而答应了晋国。百里奚深知虞君昏庸无能，很难纳谏，便缄默不语。结果晋在灭虢之后，返回时就灭了虞国，虞君及百里奚被俘。

后来，晋献公把女儿嫁给秦穆公，百里奚被当做陪嫁小臣送到了秦国。他以此为耻，便从秦国逃到宛(今河南南阳)，被楚国边境的人抓获。秦穆公听说百里奚贤智，想用高价赎回他，又怕楚人不许，就派人对楚国人说："吾媵臣百里奚在焉，请以五羖羊皮赎之。"楚国人同意将百里奚交还秦国。百里奚回到秦国，秦穆公亲自为他打开囚锁，向他询问国家大事。百里奚推辞说，他是亡国之臣，不值得询问。秦穆公说："虞君不用子，故亡，非子罪也。"秦穆公与百里奚谈论国事数日，秦穆公十分赏识他，授以国政，号称"五羖大夫"。这时他已是七十多岁的高龄。

百里奚相秦期间，内修国政，教化天下，恩泽施于民众。作为诸侯国的大臣，百里奚劳作不乘车马，暑热不张伞盖，在都城里行走不用车马随从，不用甲兵护卫。这种平易朴素的品行，不仅为百官树立了榜样，也以实际行为感动了百姓。在当时这确实难能可贵，赢得了时人的赞许和尊敬。

在用人方面，百里奚举荐有才德的贤士。他早年周游各地，曾结识贤人蹇叔，得到过蹇叔的助益。此时蹇叔受到他的推荐，被秦穆公拜为上大夫，共议国事，为秦国的富强与成就霸业起了很大的作用。

在外交上，百里奚施德于诸侯，树立秦国的威信，为秦穆公称霸奠定了基础。

百里奚作为杰出的政治家，在晚年建立了辉煌的业绩。他依靠出众的才智和超群的谋略，使僻处一隅的秦国逐渐强大起来，为秦国取得霸主地位起了不可低估的作用。

百里奚的为官之路可谓坎坷曲折，但他深知“忤合”之道，身处逆境、面对昏庸君主时，能做到不自找麻烦、引火烧身，而是采取了明哲保身的缄默态度，以求以后更大的发展。在秦国，因为秦穆公真正能够礼贤下士，并且不计较百里奚是亡国弃臣，对他予以重用，所以百里奚在这种有利的大环境下竭尽所能地发挥了他毕生的政治才干，也成就了他一生的政治抱负。

百里奚的故事很符合马克思主义的矛盾原理：矛盾双方在一定条件下可以互相转化，只要不灰心、不气馁、不轻言放弃，逆境终可以转化为成长的垫脚石、进步的阶梯，即“背反”可以转变为“趋合”。

反复相求，因事为制

在纷繁复杂的社会生活中，当彼此对立的各方都邀请自己加入的时候，应该接近谁、远离谁？弄清这一点是很重要的。鬼谷子给出的答案是“因事为制”，也就是根据事态的发展来决定。

有一则寓言，说有一天，狼的使者来到羊群里，许诺说：“如果你们把守护你们的狗抓住杀了，我们以后就不再吃你们了，让你们过上安静的日子。”那些愚蠢的羊答应了狼的要求。这时，有只年老的羊站出来说：“我们怎能相信你们，并同你们共同生活呢？有狗保护我们的时候，你们还闹得我们不能安心地吃顿饭呢。”

聪明人不会轻信敌人的诺言，而放弃自己的安全保障。相信敌人的诺言无疑是愚蠢的，而选择自己盟友的时候，则一定要睁大眼睛。

春秋时期，鲁国是一个弱小的国家，经常受到其他大国的威胁。鲁国国君为了巩固统治，想和晋、楚这两个大国结交，就准备把自己的几个儿子派到晋、楚两国去，名义上是当官，其实是做人质。鲁国大夫犁鉏不同意这样做，他对鲁君说：“大王，如果您的儿子落水了，您到越国去求人救他，越国的人虽然善于游泳，但也救不活您的儿子；如果鲁国失火了，您到海里去取水，海水虽多，也不能及时扑灭大火，这是因为远水难救近火啊！现在晋国和楚国虽然强大，但距离鲁国很远。离我们最近的大国是齐国，如果让公子去齐国，我们和齐国结交，当鲁国有难时，齐国能不来相救吗?”鲁君认为他说得很有道理。

鲁国国君舍近而求远，准备结交一些根本帮不上忙的盟友，这种做法违背了常理，显然是错误的。但是他联合大国、寻求安全保障的做法是正确的。有时候，当我们面临共同的威胁时，单打独斗是很难有胜算的，此时应该建立一个统一的战线，团结一切可以团结的力量以克服困难。古语云：“人心齐，泰山移。”只要有足够的力量联合，即使是泰山挡道，也可以将它移开。

历史上许多有远见的政治家都因做到了这一点，而改变了敌我力量的对比，使自己走出了困境。比如三国时期，蜀军败于夷陵，被吴国陆逊火烧连营七百里，损兵折将，导致刘备悲愧交加，病死于白帝城。此时，蜀国内部政权不稳，外部魏国大兵压境，其危急形势，正如诸葛亮在《出师表》中所说：“先帝创业未半，而中道崩殂；今天下三分，益州疲敝，此诚危急存亡之秋也。”在这国难当头之时，诸葛亮没有盲目决定向东吴复仇，而是首先考虑建立统一战线，恢复与东吴的联盟关系。由于统一战线的建立，进攻蜀国的曹真大军被吴将徐盛打得大败，而诸葛亮由于再无后顾之忧，得以放手南征，七擒孟获，北伐中原，六出祁山，取得了一系列的胜利，为蜀国又赢得了几十年的生存空间。

在政治和军事斗争中，当对立的双方势均力敌、难解难分的时候，第三方的态度就显得非常关键了。当第三方加入某一方以后，就迅速促成了另一方的失败。历史上有不少这样的例子。

明朝末年，李自成率农民军攻占北京，崇祯帝自缢于煤山，明朝灭亡了。李自成为招降驻守山海关的辽东总兵吴三桂，派降将唐通带着 5 万两白银和吴三桂父亲的书信，前去游说他。吴三桂原本打算归顺闯王，但又得知李闯王政权镇压明朝权贵，自己的父亲被追赃拷打，家产全被查抄，连他最宠爱的小妾陈圆圆也被掳走了，他一气之下，杀了李闯王的使者，给清朝的睿亲王多尔衮写信，请求他发兵征讨李自成。清军早就想进关统治整个中原了。所以，多尔衮立刻率清兵进入山海关。李自成得知吴三桂不肯投降，就亲率大军，和吴三桂的大军在山海关附近决战。两万清军骑兵从右边突袭农民军，农民军大败。后来，清军彻底打垮了李自成，进入北京，顺治皇帝登位，统一了中国。

站在一起的盟友，并非各方面都完全一致，因此必须异中求同。这需要有人积极主动，才可以很快地找到共同点来解决共同面对的问题。如果双方都自顾矜持，不去主动解决问题寻找共同点，只是盯着别人与自己不同的地方，那无论到什么时候，都不可能找到彼此的共同点。

同样，在现代商业社会中，凭个人的单打独斗很难取得事业上的飞跃。学会与人合作，则显得至关重要。那么，该怎样选择合作者呢？借用一句名言来说：“我们没有永远的朋友，也没有永远的敌人。”——凡事要根据形势来判断，这也是鬼谷子思想的精髓。

商业史上有这样一件让人津津乐道的事：在西方许多家庭的餐桌上，习惯于同时摆上美国“水晶杯”公司和“细瓷”公司生产的水晶玻璃高脚杯和细瓷餐具，它们都是高档的名牌餐具。过去，这两家公司因为是竞争对手，关系一直不好。可后来他们经过协商，决定联合推销。“水晶杯”公司利用细瓷餐具在日本市场的信誉，通过联合销售，将其产品打入日本等国；而“细瓷”公司则利用“水晶杯”５０％的产品销在美国的优势，使细瓷餐具占领了美国家庭与饭店的餐桌。结果，联合推销使双方相得益彰，两家的销售额均大幅提高。

谋略典故：诸葛亮联吴抗曹

当诸葛亮辅佐刘备励精图治的时候，统治荆州的刘表却坐守江汉，胸无大志，懦弱无能。不但不能应付复杂的局势，连家务事也处理得一团糟。他听信后妻蔡氏之言，偏爱后妻之子刘琮，不喜前妻之子刘琦。

当时，诸葛亮的智慧和谋略深为人们所敬重。深感在家庭中处境窘迫的刘琦就向他求救“自安之术”。诸葛亮认为父子之际，外人难以说话，总是拒而不答。刘琦乃请他游后园，共上高楼。饮酒观景。命人暗中抽去楼梯。然后哀求道：“现在上不至天，下不着地。先生说话，只入我一人之耳。可以放心赐教了吧！”诸葛亮只回答了一句话：“公子难道不知春秋时晋国的申生在内而被杀，重耳在外而脱险的故事吗？”一句话使刘琦恍然大悟。当孙权派兵攻打江夏太守黄祖后，刘琦立即乘机请求出镇江夏。刘表批准，让他继任江夏太守。诸葛亮一句话的妙计，不仅使刘琦化险为夷，免除了祸起萧墙，也为刘备安排了一支外援兵力。

建安13年(208年)刘表病死，刘琮抢先自立为荆州牧。适逢曹操率军南下，前锋已至新野，刘琮遂遣使投降。他怕刘备阻挠，一再隐瞒。曹军已到宛，才迫不得已，通知移驻樊城的刘备。刘备大惊，率军匆匆南撤，至襄阳。诸葛亮劝他袭击刘琮，夺取荆州兵马，抵抗曹操。但刘备不忍心下手，于是带领士兵和逃难的百姓继续向江陵方向撤退。到当阳东北的长阪，被急速追赶上来的曹操冲散。只得改道汉津，与关羽的水军会合。刘琦也带一万人马来接应，一齐退到夏口。

这时曹操已占领江陵，将顺江而下。诸葛亮向刘备建议："形势十分危急，让我求救于孙将军吧!"他和东吴使者鲁肃一起到柴桑(今江西九江西)见到孙权。这时孙权正按兵不动，观望成败。东吴也有很多谋士劝阻孙权不要和刘备联盟，共抗曹操。但孙权听了诸葛亮令人折服的精妙分析，坚定了战胜曹操的信心。鲁肃和周瑜也极力主战，孙权遂不顾曹操所下战书的威胁，不听老臣张昭的投降煽动，决心抗曹。他拔刀砍去案几一角，说："谁敢再提投降，就跟这案几一样。"于是派周瑜、程普、鲁肃等率水军三万，随诸葛亮前往樊口，与刘备会师，共同抵抗曹操。这就是历史上赫赫有名的赤壁之战。

赤壁之战胜利的主要条件是孙刘联盟，而诸葛亮正是对孙刘联盟作出最大贡献的人。在隆中对策中，是诸葛亮最早提出了以孙权为援的策略。他不但是孙刘联盟的设计者，又是建筑师。是他苦心孤诣、费尽心血为孙刘联盟架设了友谊的桥梁。赤壁之战的胜利是孙刘联盟结出的丰硕成果。而这场历史大剧的编导是诸葛亮，并且他在战争的实际指挥上也发挥了重要的作用。后人演义出来的诸葛亮“草船借箭”、“借东风”、“哭周瑜”等脍炙人口的故事，就是用文学的手法表现诸葛亮非凡的才智，赞颂其缔结和维护孙刘联盟的功绩和在赤壁大战中发挥的作用。

诸葛亮自隆中对策以来，在理论和实践上都十分重视孙刘联盟。在他看来，孙刘联盟是一项基本战略，而不是权宜之计。当这个联盟在此后受到各种干扰破坏而被削弱时，他总是极力维护它。当联盟一度破裂时，他尽最大努力重建联盟。

赤壁之战后，刘备集团占有荆州南部四郡。不但化险为夷、转危为安，还有了自己的地盘。刘备对诸葛亮更加钦佩，拜为军师中郎将，管理长沙等四郡。不久，刘备又向孙权借得荆州北部部分土地。建安十六年(211 年)刘备领兵进益州。建安十九年(214 年)夏天，降服刘璋，占领益州。任命诸葛亮为军师将军。建安二十年(215 年)孙权派兵袭取长沙等三郡，刘备至公安相争。后虽议和，以湘水为界，分占荆州。但孙刘联盟被蒙上了阴影。建安二十四年(219 年)孙权派吕蒙偷袭江陵，关羽兵败被杀，进一步破坏了孙刘联盟。而刘备目光短浅，意气用事，于黄初二年(221 年)大举伐吴，第二年兵败彝陵。黄初四年(223 年)刘备惊忧病死。其子刘禅继位，诸葛亮受遗诏辅政。他高瞻远瞩，首先着手重建孙刘联盟。派尚书邓芝到东吴，重申结盟关系。后东吴亦派张温回访蜀汉。两国“团结和亲，遂为与国”。孙刘联盟才得以恢复。

蜀汉建兴七年(229年)孙刘联盟又一次出现了危机。这年孙权即位称帝，派使臣到成都，要求互尊帝位。蜀汉大臣多表示反对。诸葛亮从大局出发，认定蜀汉的对手是曹魏。保护孙刘联盟，共同对敌，比争正统更为重要。于是说服大家，统一了思想。蜀汉派出卫尉陈震到东吴，庆贺孙权称帝。双方重定盟约，约定灭魏之后，平分其地。

这之后，孙刘联盟基本保持稳定，对吴国、蜀国的安全和发展，对三国鼎立局势起了一定的作用。吴蜀之间不但再没有发生大的战争，有时甚至协同作战，共同对付曹魏。例如诸葛亮在建兴十二年(234年)二月最后一次北伐时，遣使约吴同时大举兵，南北策应，夹击曹魏。孙权即在这年五月，大举伐魏，率主力号称十万，入居巢湖口，向合肥新城进军。派陆逊、诸葛瑾带兵入江夏、沔口，直指襄阳，派孙韶、张承率兵进攻广陵、淮阳，配合了诸葛亮的军事行动，迫使曹魏分兵抵抗。魏明帝只得乘龙舟，东下亲征，才逼东吴三路大军撤退。

因事物主会，观天时之宜

每个人都在追求成功，但真正的成功者却只占极少数。有人觉得疑惑，自己的勤奋程度与那些成功人士相比，应该是半斤八两甚至犹有过之，为什么至今未能成功?那答案很可能是没有把握住机会。善于把握机会，是成功人士必备的素质之一，这就是鬼谷子所说的“因事物主会，观天时之宜”。

《战国策》里有一则寓言，说的是有两只老虎，因为争吃人肉而打斗起来。管庄子准备去刺杀这两只虎，有人制止他说:“老虎是凶狠的动物，人肉是他最喜爱的食物。现在两只老虎为争吃人肉而打斗，一定是一死一伤，你就等着去刺杀那只伤虎吧！这样，你不用付出杀死一只虎的辛苦，实际上却能得到刺杀两只虎的英名。”

沧海横流方显英雄本色，但要看准时机，伺机而动，在适当的时候才可大有作为。时机不成熟，就需要修身养性，但此时可从事一些小的作为，以积聚力量，千万不可操之过急。一旦时机到来，就一定要牢牢把握，付诸行动，争取用较小的代价赢得胜利。

现代社会中，发财致富可以说是每个人的梦想。下面这个穷渔夫和富渔夫的故事，就告诉我们在致富的过程中时机有多么的重要。

在海边，生活着一个穷渔夫和一个富渔夫，两人都以打鱼为生。每天傍晚，他们都打回满满的一船鱼，然后把鱼拿到市场上去卖。可是，每次卖完鱼，富渔夫总比穷渔夫多卖很多钱。穷渔夫十分不解，就问富渔夫：“我们每次打回来的鱼，数量和质量都差不多，但为什么你每次都能多卖这么多钱呢?”富渔夫听了哈哈大笑，回答说：“我们的鱼是一样，但我们的卖法不一样。你每次把鱼拿到市场上卖，为了卖个好价钱而迟迟不肯出手，最后鱼不新鲜了，只能贱价出售。而我考察了当地很多的餐厅，总能在第一时间内把新鲜的鱼出售给第一流的餐厅，所以能卖个很好的价钱。如果不幸难以脱手的话，我也会尽快以半价把它们卖给二流餐馆。我抓住了卖鱼的最好时机，所以才能多挣很多钱啊!”穷渔夫听了，终于明白了自己输在哪里。

两个渔夫所卖的是同样的鱼，可是穷渔夫每次卖的钱都比富渔夫少，唯一的原因就是他不善于抓住卖鱼的时机。在企业经营中也是如此，一旦商机出现，一定要当机立断，该出手时就出手，这样才能在竞争中占据优势地位。

谋略典故：毛遂自荐

公元前258年（秦昭襄王四十九年），秦将白起带兵围困赵国的国都邯郸，赵国虽然竭力抵抗，但因为在长平遭到惨败后，力量不足，情况十分危急，城中简直“易子而食”，以骨为柴，赵孝成王要平原君赵胜想办法向楚国求救。平原君是赵国的相国，又是赵王的叔叔。想来想去，他决心亲自到楚国去跟楚王谈判联合抗秦的事。

平原君的门下有几千门客，但要想从中找出二十个合适的外交人员，真还不容易。平原君找来找去，只找了十九个文武全才的人，要想找第二十个，怎么也想不出来。平原君叹息了：“唉！我赵胜养着数千名宾客，而且已有了十多年的历史。然而，文武智勇具备者怎么连二十名也选不出来呢？”

这时，有个坐在末位的门客站了起来，自我推荐说：“我能不能来凑个数呢？”

平原君有点惊异，说：“您叫什么名字？到我门下来有多少日子了？”

那个门客说：“我叫毛遂，到这儿已经三年了。”

平原君不相信毛遂，就对他说：“有才能的人生活在世上，好比锥子放在口袋里，那锥子尖立刻就透露出来。现在先生在我的门下已经三年了，我身边的人对您没有什么称道，我也没有听说什么，这表明先生没有什么能力。我这次去楚国，肩负着求援兵救社稷的重任，没有什么才能的人是不便同去的。先生不行啊，您还是留下吧！”毛遂说：“我今天才请您把我搁在口袋里呀！要是您早把我搁在口袋里，我早就像一个谷穗子一样露出来了，何止仅露出一个小小的尖呢？”旁边十九个门客认为毛遂在说大话，都带着轻蔑的眼光笑他。可平原君倒赏识毛遂的胆量和口才，就决定让毛遂凑上二十人的数，当天辞别赵王，上楚国去了。

到了楚国，平原君跟楚王在朝堂上谈判合纵抗秦的事，毛遂和其他十九个门客都在台阶下等着。平原君详尽地讲了联合抗秦的必要性之后，要求楚王尽快地派出援兵去解救邯郸，可楚王不出声。平原君又反复讲联合抗秦的意义，楚王还是不应允出兵的事。从早晨谈起，一直谈到中午，平原君为了说服楚王，把嘴皮都说干了，可是楚王说什么也不同意出兵抗秦。

台阶下的门客等得实在不耐烦，可是谁也不知道该怎么办。毛遂此来，因是自荐，所以那十九名随员内心里看不起他，总觉得他有些自吹自擂。这时候，他们想看看毛遂到底有什么特殊的才能，就对他说：“毛先生，既然您有那么大的才能，这回就看你的啦！”

“好！”毛遂爽快地回答。

那十九名随员没想到毛遂会如此痛快，不禁一愣。就在他们发愣的当儿，毛遂紧紧地按着腰中的剑，一步一层地登上了殿前的那十个台阶，高声说：“合纵不合纵，三言两语就可以解决了。怎么从早晨说到现在，太阳都老高了，还没说停当呢？”

楚王很不高兴，问平原君：“这是什么人？”

平原君说：“是我的门客毛遂。”

楚王一听是个门客，更加生气，骂毛遂说：“我跟你主人商量国家大事，你算什么人，轮到你来多嘴？还不赶快下去！”

楚王的话，激起了毛遂的满腔愤怒。只听“唰”的一声，他抽剑出鞘，然后向楚王逼近两步，大声道：“我算什么人，尊贵的楚王，这时候，你所以敢斥责我，不就是仗着你们楚国是个大国吗？ 不就是仗着这时候围在你身边的侍卫人多吗？ 我现在告诉你，眼下在这十步之内，你国大没有用，你人多也没有用。你的性命就在我的手里，你叫嚷什么？”

楚王看毛遂身边带着剑，又听他说话那股狠劲儿，有点害怕起来，就换了和气的脸色对他说：“那您有什么高见，请说吧。”

毛遂说：“昔日，商汤王凭70里的地盘而取得了天下；周文王凭百里的区域臣服了诸侯。 他们的兵，也不多。 可是他们能发挥他们的优势，会运用他们的威力。 所以，你楚国大，你身边的侍卫多，也没有什么了不起。 按说，时下的楚国，土地方圆5000里，雄兵有近百万，应该称霸于天下的。 然而，你骨子里怕秦国怕得要死。 你怕秦国什么呢？ 怕秦国的大将白起吗？ 白起，不过是个奴才罢了。 可是，由于你怕他，所以，他带着只不过几万人来与你们楚国作战，一战，他夺去了你们的京都；再战，烧掉了你们先王的坟墓；三战，干脆俘虏了大王你的先人。 这是多么大的耻辱呀！ 想起这些来，连我们赵国人都感到害羞。 今日，我们来联合你们抗秦，说是为着解救邯郸，更是为你们楚国报仇雪恨。 可是，你却这般怯懦。 我们主君磨破了嘴唇，你死活不肯应允。 你这叫什么大王！ 难道你就不感到惭愧吗？”

楚王听到这里，真是汗流浃背，对毛遂说：“先生教导得很对，我决心郑重地以整个国家来从命。”毛遂又问道：“联合抗秦决定了吗？”楚王说：“决定了！ 决定了！”于是，毛遂就让楚王的侍臣们拿来了鸡、狗、马的血，毛遂捧着盛血的铜盘跪在楚王面前说：“大王先来歃血盟誓，其次是我的主人，再其次是我。”于是，楚国与赵国歃血盟誓。楚王就派春申君黄歇为大将，率领八万大军，奔赴赵国。

在回到赵国以后，平原君说：“我这一回出使楚国，多亏了毛遂先生。他那三寸不烂之舌，致使得咱们赵国重过九鼎大吕。他真比百万雄兵还要强啊！可是以前我竟没发现他。若不是毛先生挺身而出，我可要埋没一个人才呢！”于是，把毛遂待为上宾。

这便是成语典故“毛遂自荐”、“脱颖而出”的由来，故事中的毛遂在无人引荐的情况下，自己推荐自己，是善于抓住时机、勇敢创造成功的典范。

机遇是一个美丽而性情古怪的天使，她来到你身边的时候总是悄然来临，以致你有时并未觉察。因此，你若稍不留心她就将翩然而去，不管你怎样扼腕叹息，她却一去不再复返。一些人之所以不能成功，并不是因为没有机遇，并不是幸运之神从不照顾他们，而是他们缺少自信和勇气接受机遇的挑战。

每个人在生活中都会有机会改变自己，但是，只有极少数人能够抓住机会，实现自己的梦想。大多数人都与机会擦肩而过，留下终身遗憾。美国有句谚语：“通往失败的路上，处处是错失了的机会。坐待幸运从前门进来的人，往往忽略了从后窗进入的机会。”

世无常贵，事无常师

鬼谷子认为，要达到某一目的，实现某一意愿常常要曲折地、灵活地应变，以求成功。

事物总在变化中，正如鬼谷子所言，“世无常贵，事无常师”，圣人就是要了解掌握这一规律，促使两者之间的转化。世上的事没有永远不变的，或忤于彼或忤于此，凡忤则通过计谋使之合，这就是反忤之术、因为反忤之结果可以合，也称之为忤合之术。由此可知，“忤合”是事物发展变化中的应变常规，所以，忤合之术基于“反”、“合”可以互相转化的原理，有些事情顺势去做可以成功，有些事情逆反去做也可以成功。

因此“忤合术”即“以反求正”之术。为了实现某个计划，正面进攻常常难以实现，这时就需要曲折、灵活地应变，从侧面或者反面突破，以求成功。

“司马光破缸救人”早已传为佳话，脍炙人口，这是典型的以反求正的案例。按照通常的想法，人掉进水里以后，人们采取的办法就是把它从水里捞出来，也就是“让人脱离水”，这是符合常规的思维。但是，对于一个年仅10岁的司马光来说，要把另一个掉进水缸里的小孩子抱出水面，既不现实也不可能。也就是说，常规的方法只能使他陷入困境。司马光的聪慧之处就在于没有按照常规的方法，而是从相反的方向，开通出一条思路，也就是“让水脱离人”。他打破了水缸放水，从而顺利地把水缸里的小孩子抢救了出来。事实上，有许多问题用顺向思维无法解决的时候，要攻克这个难题，摆脱困境的最好、最有效的方法就是把我们的脑袋反转一下。

清朝著名学者纪晓岚在他的《阅微草堂笔记》中讲了这样一个故事：沧州城南，有一座靠近河岸的寺庙，山门倒塌，一对石雕的野兽也随之滚到河里去了。过了十几年，准备重修山门，需要把那一对石兽打捞起来，但河很长，到哪里去寻找呢？按照一般人的看法，石兽必然在下游。但一老河工却不同意这种看法，他认为“凡河中失石，当求之于上流”，认为石兽应到河上游去找，他说：“石兽是坚固沉重的，河沙是稀松轻浮的，流水的力量不能一下子把石头冲动，但是被石头挡回来的水的力量必定在面对流水的石头下边，把河沙冲开，形成一个窟窿，越冲窟窿越大，这个石头下边的窟窿扩大到中部，石头不能再保持平衡，必定倒转到窟窿里去。流水再冲击河沙，到一定时间石头再倒转一次，不断地倒转，这个石兽就逆着流水跑到上游去了。”人们按着老河工的话去寻找，果然在上游几里远的地方把那对石兽找到了。

鬼谷子认为，任何事物都有正反逆顺的发展形式，施用“忤合”之术的前提是必须对具体事物多方研究，从而采取具体的应变方法。缺乏针对性的以反求合，不仅不能实现原先意图，而且可能适得其反。

实施忤合之术，必须充分认识万物皆在变化中，变化才有发展，所以有效的忤合智谋必须使实施者相信要超过自己的对手有两个必备条件，其一是知己知彼。知己知彼才能进退纵横，游刃有余。其次是应在对方处于谋略、攻势状态中，即在不如我方谋略的情况下，行忤合之术，必将使我方获得主动权。

诈退之法常被军事家广泛使用，曹操就曾用此计巧取阳平关。

公元215年春，曹操率兵攻伐汉中张鲁，自陈仓出发，一路夺关斩将，进行得极为顺利。阳平关地势险要，易守难攻，守将为张鲁之弟张卫与大将杨昂，他们在山顶筑长墙10余里，更增加了进攻的难度。几次攻击之后，曹操损兵折将，却没有踏上阳平关半步。这时，曹操眉头一皱，计上心来。他见阳平关着实难以攻破，便引军后退。敌人见曹操大军已退，守备也就松弛下来。不料曹操的退兵乃是诈退，正欲以松懈敌人守备。他立即命令张郃、夏侯渊领兵乘夜偷袭，终获大胜，登上了阳平关。阳平关一破，汉中已无险阻，张鲁仓皇逃走，曹操遂占有汉中。

在军事上，诈降之术、诈败之法均为"忤合"之计。

在现实生活中，要达到成功处世的目的，常常要迂回曲折地采取灵活的应变措施，这正是"忤合"之术的妙用。施展此智谋时，首先必须知己知彼，即了解自己和对方的情况，因人而异，因事而异；其次要注意保密性。只有这样才能左右逢源，办事成功。尤其是在商业活动中，要想获取成功，就一定要领悟"忤合"术的真正内涵，在曲中见直、直中见曲中，转患为利。

谋略典故：周瑜打黄盖

建安十三年(208 年)十一月，孙刘联军沿江西上，进军赤壁(今湖北蒲圻西北的长江南岸)。曹军到赤壁时，已染疫病，略一交战致败，即把船舰退驻江北，与孙刘联军隔江对峙。

这时，曹操的谋士许攸献计，派蔡瑁的弟弟蔡中、蔡和去吴营假投降，以便及时报告敌情。曹操依其计，就让二人去假降，允诺事成之后，重重封赏。第二日，二人便各带 500 军士驾船投降去了。周瑜命人将蔡中、蔡和传入大帐，二人哭拜说："我哥哥无故被曹贼杀害，我二人为兄报仇，特来投降。"周瑜收下二人，拨给甘宁，暗中对甘宁说："这二人是曹操派来的奸细，我们可将计就计，让他们通报消息。你只要表面上好好招待他们，暗中提防就是了。等到出兵之日，杀他们祭旗。”鲁肃说：“二人是诈降，不可留用。”周瑜说：“他们为兄报仇来降，怎会有假？”鲁肃告诉诸葛亮，诸葛亮笑而不答。鲁肃一再问，诸葛亮才说：“隔着大江，探子很难来往，公瑾将计就计，正是要他通报消息。”鲁肃听罢才恍然大悟。

夜里，黄盖悄悄来见周瑜，献火攻之计。周瑜说：“我也想用火攻，所以明知二蔡诈降，也收留他们，但却无人为我行诈降计。”黄盖自告奋勇献苦肉计，周瑜深为这位老将的精神所感动。次日，周瑜大会众将，诸葛亮坐在客座。周瑜传令，各将领三个月粮草准备御敌。黄盖公开顶撞：“别说三个月，三十个月也不济事。若能破曹操，这个月就破，不能破，就依张子布的话，马上投降！”周瑜大怒，说：“你敢出言乱我军心，不斩你的人头，众人不服！”命令立即把黄盖推出砍了。黄盖大怒，说：“我追随破虏将军征战东南，至今已保三代主人，那时还没生你呢！”周瑜闻言更怒，命令马上斩。甘宁上前求情，被乱棒打出去。众将都跪下求情，周瑜余怒未息，说：“看众人面子，死罪免了，重打100军棍！”左右捉翻黄盖，直打得黄盖皮开肉绽，鲜血直流。打到50下，众将再次求情，周瑜才饶了黄盖50大板。众将把黄盖扶回本寨，见他昏死了几次，都伤心落泪。

诸将都来探望黄盖，黄盖不说话，只是叹气。参谋阚泽来访，黄盖让左右退下，请入卧室，阚泽也看出黄盖施苦肉计，黄盖就说出心事，请他到曹营献诈降书，他慷慨地答应了。黄盖挣扎着下床，拜谢了。阚泽就拿了书信，扮作渔翁当夜过江，把降书献给曹操。曹操对其百般试探，再加上又收到了蔡中、蔡和派人送回的情报，已确信黄盖是真降。曹操让阚泽立即回去，与黄盖约定，先送消息过江，他就派兵接应。阚泽假装十分害怕，不敢回去。曹操好言相劝，他才回去。

阚泽回到江南先见黄盖，说了与曹操约定一事，又去见甘宁，探听蔡中、蔡和的消息。两人正说着，蔡中、蔡和二将来到，阚泽使个眼色，甘宁立刻会意，破口骂道："周瑜只会逞能，当众侮辱我，让我难见人！"边骂边拍桌子。阚泽装作低声规劝的样子。蔡中、蔡和见状，离间说，甘宁、阚泽二人若想降曹，他们可为引见主人。阚泽也说出他曾见过曹操之事。甘宁就摆酒款待二人。事后，二蔡给曹操写信密报甘宁要降之事，阚泽也写信说黄盖去时，在船头插青龙牙旗为号。

曹操接信后对甘宁、黄盖降曹一事仍有怀疑，派蒋干过江探听消息。在周瑜的巧妙安排下，蒋干结识了庞统，并将其带回了曹营。他哪里知道庞统已经接受了周瑜、鲁肃的请求，这次过江，正是周瑜大破曹操计划中的重要一环！

庞统是一位因逃避战乱而隐居在江东的名士，曹操早就知道他的大名，所以亲自出帐把庞统迎接进来，并请庞统一起宴饮，边饮酒，边谈用兵之道。庞统高谈阔论，对答如流，曹操益发佩服。庞统装出微微的醉意，问："丞相，您军中有良医吗？"曹操听这突如其来的问话，忙说："您问这个干吗呀？"庞统说："水军中得病的人太多啦！"曹操正为这件事着急，因为北方的士兵不服水土，许多人来到长江后呕吐不止，还死了不少人呢！庞统早就了解了这个情况，于是进一步说："丞相您教练水军的方法虽然很好，但可惜还有缺陷。"经过曹操一再追问，庞统才说："您若采纳了我的方法可以免除水军士兵的疾病。

北方士兵为什么得病呢？主要是因为不习惯于乘船，受不了那浪打船摇。如果能将大小战船分别用铁环锁住，大约三五十条船一排，再在舱上铺上宽木板，不用说人可以来回走，就是马也可以上船啦。如果这样训练北方的士兵，那么，任凭风急浪涌，也不会有人生病了。”曹操听了，赶紧致谢，并立即下令，连夜打造连环大钉锁住大小战船。庞统又说：“我看江东的英雄豪杰都怨恨周瑜。我愿意再回江东动员他们归顺丞相。周瑜孤立无援，必然失败！刘备也就没什么可怕的了。”曹操闻言高兴地说：“如果先生再立大功，我将向皇上举荐您担任三公那样的高官。”庞统摇着手说：“我可不是为的富贵，而是为救助万民呀！只是希望丞相渡江以后，不要杀戮江南的百姓。”说完就起身告辞，并且一再嘱咐：“请早日进兵，不要被周瑜发觉了。”

庞统走后，水军都督于禁立即执行曹操的命令，只用了两天时间，就把大小战船分头用连环大钉钉死。曹操亲自来到水军中央的大战船上，观看北军战士在船上演习。只见每排战船，首尾相连，稳如平地；北方士兵挥刀刺枪，十分骁勇。当天正刮着西北风，每条船上风机扯满，鼓声如雷，十分威风。曹操哪里知道，他采用庞统的方法，也就离失败不远了。

建安十三年（208 年）十一月二十日半夜，长江上果然刮起了东南风，而且风势越来越猛。周瑜知道，自己动手的时机到了。于是，他先杀了蔡中、蔡和，然后按事先定好的作战计划，先派出了6 路步军，分别向各战略要地前进。接着黄盖的火船出发了。黄盖一共准备了20 条大火船，船头上都钉满了大铁钉，不怕和敌船碰撞。船内装满了干柴和芦苇，上边还浇满了油，铺上了硫磺等引火物，外边用黑布盖严，船头上插着牙形青龙旗。每条火船后边都拴着轻便小船，弓箭手都躲在小船里。黄盖一声令下，这奇特的船队便乘着东南风向西北岸驶去。

这时曹操得到黄盖当晚率粮船来投降的消息，非常高兴，与众将一起登上连环大船向南远望，等待黄盖的到来。此时月光映照在江水之中，如同万道银蛇，翻波戏浪。曹操迎风大笑，非常得意。忽然一个士兵报告："江南面有一列帆篷船顺风驶来。"曹操随即登高眺望。士兵又报："每条船上都插着牙形青龙旗，第三条船上插着一面'先锋黄盖'的大旗。"曹操听着，看着，高兴地笑了："哈哈，黄盖都来投降，真是天助我啊！"来船渐渐近了，距离曹军的水寨只有二里的水路时，黄盖把大刀一挥，20 只大船一起着起火来。火趁风势，风助火威，烈焰腾腾，船如飞箭，一直撞入曹军水寨，曹军的千百只战船早已被大铁环锁住，哪里逃得了？一瞬间，风吼火猛，江天一派通红。曹操回头看陆上的旱寨，也凶猛地着起火来。江南岸，周瑜派出支援黄盖的 4 队战船一齐冲杀过来；北岸上，周瑜事先派出的 6 路步军也乘势攻来。曹操吓得弃船逃命时，他的那条大船已经被烧着了。这时，黄盖驾着小船追过来，大叫："曹贼！哪里逃？黄盖在此！"曹操急得叫苦连天。幸亏张辽把曹操救下小船，回头一箭，把黄盖射伤，救了曹操一命。黄盖水性好，中箭坠入冰冷的江中，一直挣扎着被援兵救起，可是曹操已经逃上岸了。

当夜这一阵风、一场火，再加上周瑜的水中兵、陆上将，杀得曹军惨败，被淹死、烧死、踩死、杀死的不计其数。曹操来不及整顿人马，只有张辽带领100多名骑兵保着他边战边逃。半路上又有徐晃领兵来救，总算冲出了周瑜设下的埋伏。

诈降术乃军事上忤合之术的巧妙运用，许多军事家利用诈降术，出其不意，以降求胜。周瑜打黄盖——一个愿打，一个愿挨，这已是人尽皆知的故事了。两人实现谋划完备，假戏真做，骗过曹操，诈降成功，火烧了曹操80万兵马。

知天命之钳，故归之不疑

辅佐商汤灭夏兴商的伊尹，和辅佐文王、武王灭商兴周的吕尚，都是为古人所称道的贤人，鬼谷子称他们为“善背向者”，因为他们一旦选中了得天意顺民心的明君，就毫不犹豫地为之效忠。

审时度势、弃暗投明便是“知天命之钳，故归之不疑”的典型。

弃暗投明原意是指抛弃昏庸懦弱的主公，投靠贤明仁德的主公，一般是劝服敌方投向己方的劝降用语。后来“弃暗投明”的词义有了发展，用来指断绝跟黑暗势力的关系，走向光明大道，也喻指在政治上脱离反动阵营，投向进步的方面。

马超是东川张鲁的手下，张鲁受被刘备逼得正紧的刘璋之请，让他带兵攻打刘备入川以后占领的葭萌关。诸葛亮让张飞出战，两人大战二百多回合，不分胜负；接着夜战，还是难决高下。诸葛亮就给刘备出主意，要用计谋招降马超。

刘备收买了张鲁的谋士杨松。杨松就散布谣言说马超想造反，劝说张鲁，限令马超一个月内攻取西川，打退刘备。马超心里明白这是不可能完成的。进，不能攻取西川；退，又不能通过重兵把守的关隘。马超陷入了进退两难的境地。

这时，刘备派遣跟马超有交往的李恢去劝降。李恢来到马超营寨。马超对部下说："我知道李恢能说会道，他今天一定是来游说的。"就在营帐外面埋伏刀斧手，叮嘱说："让你们砍，就砍成肉酱！"不一会，李恢进来了，马超威严地坐在军帐里，呵斥说："你来干什么？"李恢说："特意来做说客。"

马超说："我的剑可是新磨的，你说说看，话不在理，就试试我的剑！"李恢笑着说："将军的灾祸不远啦！"马超说："我有什么祸？"李恢说：您跟曹操有杀父之仇。向前走，不能帮着刘璋打败刘备，往后退，又没法制服杨松跟张鲁见面。四海没法容身，没有主公可以依靠。如果再失败了，有什么脸见天下人？

马超听了叩头拜谢，说："您说得太对了，只是我走投无路。"李恢说："刘皇叔重视结交人才，他必成大业。您的父亲跟刘备共同声讨过曹操，您为什么不弃暗投明呢？这样既可以报父仇，也可以建功业。"马超非常高兴，便跟随李恢到葭萌关投靠刘备。

后来，马超成为了五虎上将之一，官职升到骠骑将军，进封斄乡侯。这正是他弃暗投明的结果。

在中国历史上，审时度势、弃暗投明的事例真可谓比比皆是、不胜枚举：伊尹五次投靠夏桀，五次投靠商汤，最后选择了商汤；吕尚三次到商纣王的首都寻找从政机会，三次投靠周文王，最后选择了周文王；魏征先随李建成，后投李世民；杨业弃北汉投大宋，等等。这些人不是以忠诚于某个君主为从政标准，而是以大势所趋、民心所向作为标准主动地挑选明主，所以能够做到弃暗投明。后来，人们常说“良禽择木而栖，良臣择主而事”便是这个道理。

谋略典故：苏秦择木而栖

战国时代的纵横家苏秦是以合纵抗秦成名的，但最初他是主张连横的(当时，齐、楚、燕、赵、韩、魏六国联合抗秦，称为合纵；而秦与齐、楚等个别国家联合打击其他国家，则被称为连横)。

苏秦开始想见周天子，可是，周天子的近臣侍从瞧不起他，周天子更是拒之门外。他只得改变主意，打算到秦国去求见秦惠文王。因为他分析了当时列国纷争的形势，认为天下之强莫过于秦国了，如果能联合一两个国家，一个个地去攻破其他国家，就有可能使秦王成就帝王之业。因此，如果能够得到秦王的重用，乃是自己平生之一大幸。于是，为了实现自己的连横的战略思想，他决定马上前往秦国。

在一个雪后初晴的日子，他穿着新买的黑貂皮袍，怀揣着变卖家产的钱财，背着简单的行装，辞别了双亲和妻子，满怀信心地踏上通往秦国的大路。他日夜兼程，马不停蹄地来到了秦国的都城，稍作安顿后，便急着求见秦惠文王。秦惠文王还算给了他个面子，在偏殿里接见了他。

苏秦口若悬河、慷慨激昂地陈说了他的主张，可惜秦惠文王并不欣赏，因为当时秦国刚刚诛杀了商鞅，对游说之客都很憎恨、反感，秦惠文王也认为苏秦似乎也同商鞅一样，是个夸夸其谈、华而不实的游说之客，就欠身做礼道：“先生的宏论深奥之极，请容寡人再思考思考。”

苏秦只得回到客馆里，等待秦惠文王的答复，可一连数天也不见秦王召见他，于是，他又一连写了十封献策的报告，呈上去以后也如石沉大海，杳无音信。这时他的生活也出现了困难，皮袍穿破了，钱也用完了，他只好将就穿着草鞋，面有菜色、状极狼狈地离开秦国回家了。

苏秦此次回家后，既不访友，也不接客，关起门来发愤苦读，他翻了几十个书箱，找到了专讲谋略的《太公阴符》。每天伏案攻读，选择其中重要的章节仔细揣摩，当夜里读书困乏得要打瞌睡时，他就用锥子刺自己的大腿，以至血流淌到脚跟都不理会(所谓“悬梁刺股”中的“刺股”者，即是苏秦也)。他常常自言自语道：“哪有用这些智谋说服人主称王称霸者，而换不来高官厚禄的呢?”一年后，他自以为掌握了太公的全部智谋，十分自信地说道：“这次一定能够说服那些高明的国君了。”

鉴于上次游说秦王的失败，他决定改变一下游说策略，由主张秦吞天下而改为合纵抗秦。于是，他下决心说服列国的君王同心协力，孤立强秦。他先去投奔赵国，当时正当赵肃侯在位，赵王的弟弟公子成做相国，号称秦阳君。苏秦先去游说秦阳君，但秦阳君不听他的游说，苏秦只好离开赵国前去燕国。

苏秦刚到燕国时，还没有机会见到燕文侯，于是，他广交朋友，结识社会名流，经过一年多的时间，才得以拜见燕文侯。他对燕文侯说：“贵国乃是天府之地，没有战争之患，人民也安居乐业，这样的和平环境是中原哪一个国家都比不上的。可是，大王可知道为什么燕国没有受到西方强大的秦国的侵略吗?”

燕文侯坦诚地承认道：“寡人不知道。”“这是因为中间有一个赵国作为屏障，挡住了秦国。试想，秦国怎敢历经几千里，越过赵国来攻打燕国呢?可是，赵国要打燕国，那就再容易不过了。只要赵王一声令下，赵国的几十万军队就会马上渡过滹沱河，涉过易水，不到四五天，就可抵达燕国的都城。因此，鄙人希望大王能同赵王亲善，燕、赵两国结为一体，然后再联络中原各诸侯的国家共同抗秦，那么，燕国就可以高枕无忧了。”

燕文侯听后，高兴地说：“先生的主意实在是太好了。寡人知道吾国弱小，西面与赵国交界，南面与齐国交界，而齐、赵都是大国，您打算合纵而使吾国安宁，寡人愿意以国相从。”

苏秦见燕文侯接受自己的主张，心里也非常高兴，便毛遂自荐地试探道：“大王如果愿意与赵王结盟，鄙人愿去赵国说服赵王。”于是，燕文侯资助他一些车马和金银丝帛，并封他以燕国的使者的身份去跟赵国联络。

苏秦辞别燕文侯后，踏上了去赵国的旅途。经过十几天的日夜兼程，来到了赵国。这时秦阳君已故去，赵肃侯听说燕国的使者到来，亲自到郊外去迎接，谦恭地向苏秦请教。

苏秦开始对赵肃侯着力地拍了一通“马屁”，很快转入正题道：“国家安定的根本大计，在于选择盟友。当今列国纷争，诸侯并立，盟友选择得当，自己的国家才能平安无事，人民才能安居乐业，否则，必然祸患无穷。大王，恕臣直言，赵国现在的外交政策就不大妥当，赵国是不应该臣服于秦国的。”

赵肃侯感叹道：“秦国太强大了，吾国无力与之为敌呀!”

苏秦说：“仅靠赵国一国之力，当然是无法战胜秦国的。臣仔细研究过，中原列国的土地比秦国大五倍，军队比秦国多十倍，诸国若能结成为一个整体，合力向西攻打秦国，秦国是一定会被打败的。可是，那些主张连横的人，都想要各国割让自己的土地拱手让给秦国，以贪图一时之安宁。他们似乎忘了，这样做只会使秦国越来越强大，而中原各国被一一吞并的危险也就越来越大。所以，依臣之愚见，各国莫如用合纵联盟统一中原六国的步伐，合力去抵抗秦国。无论秦国攻打哪一个国家，六国便一起出兵讨伐秦国。这样，孤立的秦国就一定不敢轻举妄动而危害中原各国了。”

赵肃侯也完全赞同苏秦合纵抗秦的主张，于是，他慷慨资助了苏秦一百辆马车、二万两黄金、一百双玉璧、上千匹精美华丽的丝绣品，请他继续去联络其他各国的诸侯。

苏秦辞别了赵肃侯，又先后拜见了韩宣王、魏襄王、齐宣王、楚威王，也向他们详细说明了向秦国割地求和的危害和联合抗秦的益处，使这四个君王也赞同他的合纵联盟的意见。至此，他完成了合纵联盟的游说。不久，六国诸侯在苏秦的安排下，云集在赵国的洹水开会，正式签订了合纵抗秦的盟约，并且公推苏秦为“纵约长”，还把六国的相印都交给了他。

苏秦回到赵国，赵肃侯封他为武安君。苏秦还没忘报当年秦王轻蔑他之仇，派人将合纵盟约送一份副本给秦王，好长时间，秦国的军队果然不再敢轻举妄动了。苏秦遂完心愿，自然感到十分自豪。

古语云：“良禽择木而居，贤臣择主而事。”高明的谋臣要善于看清形势，根据实际情况而选择适合自己的君主，才会建功立业，成就大事。一代纵横家苏秦在周、秦得不到重用后，转而说燕王，终被启用，进而缔结了合纵之盟，其对“忤合术”的运用已到极致。

忤合之道，自度材能知睿

“己必自度材能知睿，量长短、远近孰不如，乃可以进、乃可以退；乃可以从、乃可以横。”是说一个人无论做任何事，首先要自我估量，然后度量他人的优劣、长短，分析、对比自己与他人的差距所在。只有在这样知己知彼以后，才能进退自如、淡然若定。

一个人只有先了解自己，才能明确地为自己的人生定位，才能清清楚楚地知道自己该做什么、能做什么、适合做什么乃至做什么能成功；一个人只有对所要交往的众人有清晰而全面的了解，才能知道自己何去何从，才能正确决断自己的去向，才能找到自己的用武之地，如果不了解对方就草率从事，往往会落得怀才不遇、明珠暗投的下场。所以，在做出决断之前，一定要清楚自己、了解对方。

这个道理最适合于当今最热门的话题——求职。兵书上说，“知己知彼”方能“百战不殆”，求职应聘，一定要知己知彼，才能成功地找到自己称心如意的工作，让自己的才能有真正的用武之地。

一家外贸公司想要招聘一名搞贸易的人才，并且招聘单位要求此人会外语。一位女大学毕业生知道后喜出望外，马上赶到那家公司应聘。一到公司她才知道，已有几名比她外语还出色的应聘者被淘汰了。

女大学生立即调整了思路，在回答完考官提出的相关问题的同时，又主动介绍了自己的情况："我对经济贸易很感兴趣，因为我上高中时，对世界地理的学习特别用功，所以对各个国家的地理概貌、矿产资源都比较了解，我可以用英语介绍美国西部地区的情况。同时，我也可以用日语介绍一下战后日本经济腾飞的情况。我曾在商业部门实习半年，颇懂一些经营之道，如果你们能认真考虑我的条件，我想我可以胜任此项工作。"这位女大学生恰到好处的"画蛇添足"，说到了考官的心里，最终她被聘用了。

这位女大学生之所以成功，在于她清楚地了解自己的长处和优势，而这个优势又恰恰符合招聘单位的需要，成功也是情理之中的事。

所以，在求职过程中一定要谨记这条重要法则："己必自度材能知睿，量长短"，即知己知彼。

所谓"知己"，就是求职者要了解自己，能客观地分析自己的性格、专长、爱好、学历知识背景、工作背景，既能认清自己的优点和长处，又能客观地对待自己的缺点和短处，并且尽量扬长避短。但是在用人单位面前，"扬长"要适度，要实事求是，切不可张扬甚至刻意炫耀；"避短"并非刻意回避，有意掩饰，而是顺其自然、客观对待。若用人单位问起，则说；不问，则不提。只要确定自己的长处和优势完全符合招聘单位的要求、自己的能力完全可以胜任所要应聘的岗位即可。

所谓“知彼”，就是求职者要了解招聘单位。要做到“知彼”，可以从以下三个方面入手：

首先，是对招聘单位整体情况进行了解。招聘单位的名称、行业属性、产品或服务的大致类型是求职者必须要了解的。在此基础上，求职者还要有意识地去了解招聘单位的规模、行业地位、发展态势、企业文化，等等。

其次，是对应聘岗位的了解。求职者要了解应聘岗位的工作职责、工作方式、在企业组织架构中的位置、在企业中的发展空间、工资福利、待遇，等等。

再次，是对面试官的了解。面试官代表招聘单位对应聘者进行考查。面试官往往影响着应聘的成功率。所以应聘者应避免那些过于个性化的装扮，如怪异的发型、奇装异服，等等。此外，应聘者还可以有意识地去了解面试官在招聘单位的职务，特别是面试官的职务与自己所应聘的职务之间的关系。还有就是面试官的性格、爱好等也是应聘者应该有所了解的。

总之，“知己知彼”的根本目的在于准确找到自己的职业定位和人生定位，所以求职时一定要谨慎对待，切勿操之过急，以免入错行，耽误自己的职业规划和人生规划。

“己必自度材能知睿，量长短”还有另外一层现实意义，就是要承认自己的不足，同时了解他人的长处，学会取长补短。在鬼谷子看来，不管是与人竞争还是联合，要想得利，都必须以自己本身的实力作为保证，否则就会归于失败。

在“黔驴技穷”的寓言里，说贵州一带的老虎没见过驴子，见它身躯庞大，就有点害怕它。有一天，驴忽然叫了起来，声音十分响亮，更是把老虎吓得魂飞魄散。后来，老虎渐渐习惯了驴的叫声，又试探着接近驴，在它身边又吼又跳。驴被老虎的戏弄激怒了，抬起蹄子去踢老虎。老虎这才明白了原来驴就这么点儿伎俩。于是，老虎扑上去把驴吃了。

黔之驴的下场应该引起我们的警惕。做人一定要脚踏实地，只有练就真本领，才能使自己立于不败之地。仅靠花哨的外表唬人，是不会长久的，到头来吃亏的还是自己。

谋略典故：姜子牙自知而知人

西周姜子牙就是一位自知而知人的大贤之人，他辅佐西周、讨伐商纣便是得益于此道。

姜子牙，吕氏，名尚，字子牙，尊称太公望，西周开国的功臣。是一位卓越的政治家兼军事家。他的先人是地方部落的大首领，“四岳”中的一位，因辅佐大禹治水有功，受封于吕地(今河南新蔡县)，子孙从其封姓。因此，姜子牙又叫吕尚。到姜子牙时，家道早已衰落，他曾在朝歌当过屠夫，在孟津开过饭店，但他不精此道，生意折本，穷困潦倒。后来又到朝廷里做了个小官，因不满殷纣王的胡作非为和残暴无道，便愤然而去，到各国游说，已 70 岁高龄仍怀才不遇。

后来，他听说西伯文王贤能，便去投奔，在渭水河瑶溪一带钓鱼，过隐居生活。一天，周文王打猎偶然遇上了他，与他谈论天下大事。他颇有见地的看法和富有哲理的分析，使文王十分惊奇和佩服，立即请他坐上自己的车，同车而归，封为太师，掌管军政大权。他博才多闻，用兵有奇计，政绩显著，深得民心。同时，他还尊重人才，礼贤下士。使天下三分，其二归周。武王即位后，被尊为师尚父，他帮助武王讨伐纣王，决战于牧野，大获全胜，奠定了武王统一中国的基础，为西周的建立做出特殊的贡献。后来被武王封于齐(今山东临淄)，建立了齐国。姜尚在治理自己的封国时，顺应民俗，革除陋习，大力发展工商渔盐事业，人民都归顺到齐国，使齐国很快强盛起来，他著有兵书《六韬》。

姜子牙深知自己不是经商的材料，所以没有在不属于自己的天地里做顽固的坚持；他深知商纣昏庸无道，所以愤然离去；他得知周文王乃贤德之主，并且礼贤下士，便去投奔，所以终成大业。

揣　篇

揣 篇

“揣”是指揣摩、估计、推断等等，通过这些方法对游说对象作出较为准确的判断，以达到自己的目的。文章一开头便指出，善于治理天下者，其胸中必须揣有天下之一切。立志于当政治家的谋臣策士，必须明于“量权”，善于“揣情”，然后才能有所成就。

【经典原文】

古之善用天下者，必量天下之权，而揣诸侯之情。量权不审，不知强弱轻重之称；揣情不审，不知隐匿变化之动静。

何谓量权？曰：“度于大小，谋于众寡。称货财有无，料人民多少、饶乏，有余不足几何[①]？辨地形之险易孰利、孰害？谋虑孰长、孰短？群臣之亲疏，孰贤、孰不肖？与宾客之智睿，孰少、孰多？观天时之祸福，孰吉、孰凶？诸侯之亲[②]，孰用、孰不用？百姓之心，去就[③]变化，孰安、孰危？孰好、孰憎？反侧[④]，孰便、孰知？”如此者，是谓量权。

揣情者，必以其甚喜之时，往而极其欲[⑤]也；其有欲也，不能隐其情。必以其甚惧之时，往而极其恶也；其有恶也，不能隐其情。情欲必知其变[⑥]。感动而不知其变者，乃且错其人勿与语，而更问其所亲，知其所安。夫情变于内者，形见于外；故常必以其见者，而知其隐者；此所谓测深揣情[⑦]。

故计国事者，则当审量权；说人主，则当审揣情；谋虑情欲必出于此。乃可贵、乃可贱、乃可重、乃可轻、乃可利、乃可害、乃可成、乃可败，其数一也。故虽有先王之道、圣智之谋，非揣情，隐匿无可索之。此谋之本也，而说之法也。常有事于人，人莫能先。先事而至[⑧]，此最难为。故曰“揣情最难守司”。言必时其谋虑，故观蜎飞蠕动，无不有利害，可以生事变。生事者，几之势也。此揣情饰言成文章，而后论之。

【难点注释】

①有余不足几何：哪方面有余，哪方面不足。

②诸侯之亲：指诸侯国之间的关系。

③去就：离开与靠近，指民心的向背。

④反侧：反复转动，活动。

⑤极其欲：最大限度地刺激对方的欲望。

⑥情欲必知其变：了解对方情感与欲望的变化。

⑦测深揣情：揣测内心深处的思想感情。

⑧先事而至：事情发生之前就能预料，就已经作了准备。

【通俗译文】

古代善于凭借天下各种条件来施展才能、发挥作用的人，一定要衡量天下的权势实力，揣测各位诸侯的真实心情。如果对权势实力的衡量不详明周密，就不了解各国强弱虚实的差别；如果对真实心情的揣测不详明周密，就不了解隐蔽和变化的状况。

什么叫衡量权势实力呢？回答是：那便是估量并思考大小和多少的情况。包括衡量和计算：有没有财物？人民有多少？贫富状况怎样？哪些方面有余，哪些方面不足？还要分辨比较：地形险峻还是平坦？哪里地形有利，哪里地形不利？哪一国善于谋划，哪一国不会谋划？君臣间的关系，哪一国君主亲近贤人疏远小人，哪一国君主亲近小人疏远贤人？哪一国的宾客足智多谋，哪一国的宾客缺少智谋？还要观察天命，即观察国家命运的发展趋势，谁有祸，谁有福？谁凶，谁吉？观察诸侯间的关系，看谁有可靠的盟国，亲密可用；谁没有可依靠的盟国，不能利用？观察民心向背和变化状况，哪国民心安定，哪国民心不稳？谁被人民热爱，谁被人民憎恶？活动起来，哪里方便灵活，哪里情况熟悉？了解以上一切，这便叫做衡量权势实力。

揣测真实心情：一定要选在那个人最高兴的时候，前去会见他，最大限度地刺激他的欲望，因为他被欲望蒙蔽，便不能隐蔽真情；一定要选在那个人最担心的时候，前去会见他，最大限度地诱发他想起所憎恶的对象。因为他被憎恶所激动，便不能隐蔽真情。还一定要了解那个人感情欲望的变化。如果触动了那个人的感情，但还是摸不清他的变化，便暂且放开那个人，不跟他交谈，转而去询问他亲近的人，从而了解到他所满足的是什么。内心发生感情变化，一定会从外部表现出某种形态。所以，一定要经常从外部表现出来的形态去深入了解内心隐藏的思想感情。这便叫做揣测内心深处的思想感情。

如果要谋划国家大事，就一定要衡量天下的权势实力；如果要游说君主，就一定要周详地揣测他的真实思想感情。一切计谋和愿望，都要通过这种揣测之术。有的人显贵，有的人低贱；有的人被重用，有的人被轻视；有的获利，有的受害；有的成功，有的失败，其规律是一致的。那就是，善于揣测的人便显贵、获利、成功；否则，便低贱、受害、失败。所以说，即使有先王的治国方法，有圣人智者的谋略，如果不揣测真情的话，也无法寻求那隐蔽的东西。可见，这揣测之术是谋略的根本，是游说的法则。善于揣测的人，经常跟别人接触谋事，却没有谁能够超过他：他在事情发生之前便能准备好，这是最难办到的。所以说，揣情是最难掌握的，这就是说最难掌握别人内心的谋划。即使是昆虫飞行爬动那样微末的事情，也都包含着利益与祸害，可以使事物发生变化。使事物发生变化的原因往往是微小的势态。实行这揣情之术，必须要修饰言辞，使之富于文采，然后再进行论说。

【本篇要义】

鬼谷子在《揣篇》中把揣分为两部分内容：量权和揣情。

在文中首先强调了掌握这两种技巧对于一个谋士来讲的重要性。“古之善用天下者，必量天下之权，而揣诸侯之情”。谋臣策士如果想要说服国君、左右天下局势，必须通晓天下的形势，揣摩诸侯各君的真实意向。“量权不审，不知强弱轻重之称；揣情不审，不知隐匿变化之动静”。否则就不知道诸侯各国的实力对比高低，也不可能知道诸侯各国国内的政治局势以及表面情况下隐藏着的发展变化趋势。因此，揣情术是“谋之本也，而说之法也”。也即策划谋略的基础和游说成功的规则。

揣情，是本篇的主要论述内容，主要是针对“说人主者”的策略。怎么样才能更好地“惴情”？

一是可以顺着对手的性情去“揣摩”。“以其甚喜之时，往而极其欲也；……必以其甚惧之时，往而极其恶也”。一般说来，一个人在极其高兴或者恐惧的时候，就不能够控制情绪，也会忘记掩饰自己的真实想法和意图，必然要随着事态的发展变化流露出来，然后不能“隐其情”。

二是可以迂回侧击地去“揣摩”。对于感情控制能力强的对象，他们可能在内心里已经受到触动，但是并没有表露出来，或者说不太明显能让你观察出来。你很难直接观察出他的情绪波动，那么可以采用迂回侧击，先不急着直接分析对象本人，而应该与他身边的人进行沟通，“感动而不知其变者，乃且错其人勿与语，而更问其所亲，知其所安”。这样才能揣摩到他的真实想法。

三是可以见微知著。游说时必须进行细致的思考，善于从小见大，见树木而知森林。“言必时其谋虑。故观蜎飞蠕动，无不有利害，可以生事变。生事者，几之势也。”昆虫飞行和爬虫蠕动都与他们自身的利益相关，因此他们才会有动静的变化。任何事情在刚刚发生之初，都会表露出微小的变化，要想成为一个成功的谋士就应该能够审视到这种变化，进而“揣摩”出对方内心的真实想法。

四是可以察言观色去“揣摩”对方。“夫情变于内者，形见于外；故常必以其者，而知其隐者。”一个人的内心情感发生变化，是会通过自己外在的形貌诸如言语、行动、表情等等表现出来的，通过观其心而知其意。“测深揣情”就能揣测出对方隐藏在内心深处的真情实意。

【智慧评析】

量天下之权，揣诸侯之情

鬼谷子说：“古之善用天下者，必量天下之权，而揣诸侯之情。量权不审，不知强弱轻重之称；揣情不审，不知隐匿变化之动静。”就是说古代善于统治天下的人，必然首先了解天下各种力量的轻重，揣摩诸侯的实情。如果对权势分析不全面，就不可能了解诸侯力量的强弱虚实；如果揣摩诸侯的实情不够全面，就不可能掌握事物暗中变化的征兆。

鬼谷子的这句话包含了“量权”和“揣情”两个意思。所谓量权，就是衡量一国综合国力，具体包括一国的人口、经济、地形、谋士的智谋、君臣关系、天时吉凶、外交、人心向背等等。所谓揣情，就是揣度、琢磨、推测游说对象的心理状态，以利于下一步游说的切入。好的谋略要以精通天下形势为基础，说服对方则需要了解对方真实情况为保证，只有两者结合，谋臣策士才能说服对方。

对于个人来说，“量权”和“揣情”也就是要学会审时度势。《三国志·蜀志·诸葛亮传》裴松之注引晋习凿齿《襄阳记》：“识时务者，在乎俊杰。此间自有伏龙、凤雏。”何谓时务？时务是指事态的发展状态，发展趋势。根据这趋势把握自己的行为举止，根据趋势决定自己何去何从。

做人要“识时务”，要能看透世事发展的趋势，并顺应世事发展，及时采取应变之策。审时度势是识实务最基本的功夫之一。看透世事发展的趋势，并顺应世事发展，及时采取应变之策，才是识实务的要义之一。

古人说：成者王侯败者贼。而历来古今中外之“成者”，无一不是识实务的俊杰。

李斯生于战国末年，年轻时当过小官，对当时现实和自己的处境很不满，一心想建功立业，他经常看见在厕所中觅食的老鼠，遇见人或狗就慌忙逃窜，样子显得十分狼狈。再看粮仓中的肥鼠，自由自在地偷吃粮食，没有人去打扰。

李斯由感叹得到启发，发现人要像粮仓之鼠，才能为所欲为、自由自在。他到齐国去拜荀子为师，专门学习治理国家的学问。

学成之后，李斯仔细分析了当时的形势。楚王无所作为，不值得为他效力。其他几国势单力薄，也成不了大气候。他感到只有秦国能有所作为，于是决定到秦国去。

临行前，荀子问李斯去秦国的原因，李斯回答说：“学生听说不能坐失良机，应该急起直追。如今各国争雄，正是立功成名的好时机。秦国想吞并六国，统一天下，到那里去正可以干一番大事业。人生在世，最大的耻辱是卑贱，最大的悲哀是穷困。一个人总处于卑贱贫穷的地位，就像禽兽一样。不爱名利，无所作为，不是读书人的真实想法。所以我要去秦国。”荀子对此大加赞赏。

李斯刚到秦国时，并不得志。后来相国吕不韦发现李斯博览群书，加以重用，李斯才有了接近秦始皇的机会。

这时秦始皇正想一统天下，李斯趁机向他献计说：“凡是成大事业者，都应抓住时机。秦国在穆公时虽然强盛，由于时机不成熟，没有完成统一大业。自孝公以来，王室衰微，诸侯争霸，各国连年打仗。现在秦国国力强盛，大王英明，消灭六国像除灶尘一样容易。这正是完成帝业，统一天下的大好时机。如果错过机会，等各国强大并联合起来后，那时虽有黄帝的英明，也难以吞并天下了。”

秦始皇听了这些话十分兴奋，马上提拔李斯为长史，按他的谋略派谋士刺客到各国去，用重金收买各国太臣名士，收买不了的就刺杀。与此同时，又派出名将率重兵以武力威胁，迫使各国就范。

在10年时间内，李斯辅佐秦始皇消灭了六国，完成了统一天下的大业。他因此为秦始皇所器重，官位上升到了丞相。

由此可见，审时，是一种远见卓识的准确；度势，是一种心里有底的把握。审时度势，更是一种心明眼亮、运筹帷幄的大自若。审时度势应当这样：根据今天情况采取适当的措施，随着时间的不同而办事。

幸运不是从天而降的，这关键在于你是否能够有一双雪亮敏锐的眼睛，而且处处留心洞察分析时机，揣度情况。当你等到适合的时机，因事制宜，好运气终会属于你。

谋略典故：诸葛亮三分天下

三国时期的诸葛亮的《隆中对》可以说是量权揣情中最为典型的一例。

《三国演义》和《三国志》中说及了此事。东汉后期外戚和宦官争夺朝廷大权，政治日趋黑暗，赋税极其繁重，刑罚极其苛刻，张角在冀州率黄巾军起义，各地纷纷响应。这次起义虽然被镇压下去了，但东汉王朝的统治也土崩瓦解，各地方割据势力拥兵自重，“跨州连郡者不可胜数”，不听中央政令。曹操又胁迫献帝迁都许昌，用他的名义发号施令。至此，东汉王朝已经名存实亡。

刘备问计于诸葛亮在建安十二年(207 年)。此前，曹操已经在官渡之战中击败了占有冀、青、幽、并四州的袁绍，基本上统一了黄河流域，其后又北征乌桓，取得很大的胜利，为南下统一全国准备了条件；而孙权经过父兄和自己的三世经营，也比较牢固地占有了长江下游南部地区。长江中游的荆州地区属于刘表的势力范围，上游的益州地区属于刘璋的势力范围，这两个集团内部矛盾重重，其军力也不足与曹操抗衡。此外，较大的割据势力还有汉中(今陕西南部)的张鲁和凉州(今甘肃)的马腾、韩遂等人。刘备是靠镇压黄巾起义起家的，但是他的兵少，而且又没有地盘，在当时算不上割据势力。他虽有才略，然而志不得伸，曹操说刘备是“人中之龙”，而生平“未尝得水”，这是很恰当的评价。为了改变到处流浪的局面，他决定从寻求谋士入手。经徐庶推荐，他三顾茅庐，请求诸葛亮出山帮助他。他对诸葛亮说的“欲信大义于天下，而智术浅短，遂用猖獗，至于今日”，就是他前半生经历的概括，也表现了他问计的诚恳态度。诸葛亮遂提出了著名的“隆中对”：

“自从董卓作乱以来，各地豪杰同时兴起，跨州连郡称霸一方的多得数不清。曹操同袁绍相比，名位低贱，兵力又少，然而曹操终于打败了袁绍，以弱胜强的原因，不仅是时机有利，而且更重要的还在于人的谋划得当。现在曹操已经拥有百万大军，控制着皇帝向诸侯发号施令，这实在是不能同他较量的。孙权占据江东已经三世了，那里地势险要，百姓归顺，又任用了有才能的人，在这种情况下只能以它为外援，而不可以谋取。荆州北靠汉水、沔水，南边可以直达沿涟一带，东面和吴郡、会稽郡相连，西面和巴郡蜀郡相通，这是个战略要地，而刘表却没能力守住它，这大概是形势给您提供的机会，难道将军没有夺取它的意图吗？益州地势险要，有广阔肥沃的土地，是个富饶的地方，高祖凭借着它建立了帝业。刘璋昏庸懦弱，张鲁又在北面威胁着他，那里人口众多，物产丰富，刘璋却不知道爱惜，有才能的人都盼望能得到一位贤明的君主。将军既是皇室的后代，又声望很高，闻名天下广泛接纳英雄，思慕贤才如饥似渴。如果能占据荆、益二州，守住险要的地方，与西边的各少数民族和好，又安抚南边的少数民族，对外联合孙权，内部革新政治；一旦形势发生变化，就派一员上将率领荆州的军队向中原进军，将军亲自统率益州大军打出秦川，百姓谁能不拿着饭食水酒来迎接您呢！如果真能这样做，那么称霸的事业就可以成功，汉朝的天下就可以复兴了。”

刘备听了非常兴奋，遂邀诸葛亮加入自己的队伍，并重用为军师。

诸葛亮的策略是根据以下三个方面的分析提出的：

第一，在当时的条件下，刘备完全不具备向北或向东发展的可能性。刘备的最终目标是“信大义于天下”即兴复汉室，他的主要敌人是北方的曹操集团。但曹操集团在官渡之战斗击败袁绍，“以弱为强”，其地位日益巩固。诸葛亮看出了它的军事优势（“今操已拥百万之众”）和政治优势（“挟天子而令诸侯”），因而作出“不可与争锋”的结论；又在这个结论之前加一“诚”字，强调了要尊重这个客观实际的意思。既然如此，能不能向东发展呢？诸葛亮又认为，向东发展的可能性也不存在。东方的孙权集团是当时长江以南的最大割据势力，它不仅有优越的地理条件（“国险”），而且内部团结紧密（“民附”和“贤能为之用”），其地位也比较巩固。但它跟曹操集团之间的矛盾很大，必须时时防范对方的进攻。据此，诸葛亮又做出了“可以为援而不可图”的结论。“为援”，就是把孙权集团当做反曹的同盟者或牵制曹操集团的力量。向北、向东发展都不可能，那么向西、向南发展是否可能呢？由此就引出诸葛亮的第二个基本估计。

第二，在诸葛亮看来，刘备应当首先夺取荆、益两州，作为建立“霸业”的根基。他指出，“荆州北据汉、沔，历经南海，东连吴会，西通巴、蜀”，在战略上具有重要意义，是兵家必争之地；而益州也是个险要的地方，它“沃野千里”，是个天然的粮仓，在经济上具有重要价值。能够占领这样的战略要地，并充实自己的经济力量，“霸业”自然就有了根基。接着又引用汉高祖凭借益州这块根据地夺取天下的历史经验，进一步论证了夺取益州的必要性。与此同时，他又看到刘表、刘璋这两个集团的弱点，指出刘表必然“不能守”住荆州，而刘璋的内部也极不稳固（“民殷国富而不知存恤，智能之士思得明君”），这就给刘备提供了可乘之机。最后诸葛亮还看到刘备是“帝室之胄，信义著于四海”，在政治上有一定的号召力。因此，夺取荆、益二州的计划完全有实现的可能。

第三，在诸葛亮看来，夺取荆、益之后，应当一方面修明内政，跟西南少数民族和睦相处，建立巩固的战略后方；另一方面联合孙权，把曹操集团孤立起来，使它两面受敌，这样形势就会发生有利于我的变化。

诸葛亮的这番对策，从当时的历史条件来看，是完全可行的。他对当时的政治形势一目了然，曹、孙二者现在都已经具备了相当的实力，尽管刘备目前处境艰难，但只要“人谋”得当，成霸业、兴汉室的愿望还是可以实现的。

度于大小，谋于众寡

在这里，鬼谷子阐述了量权的主要内容。量权就是：“度于大小，谋于众寡；称货财有无之数，料人民多少、饶乏，有余不足几何？辨地形之险易，孰利孰害？谋虑孰长孰短？君臣之亲疏，孰贤孰不肖？与宾客之智慧，孰多孰少？观天时之祸福，孰吉孰凶？诸侯之交，孰用孰不用？百姓之心，孰安孰危？孰好孰憎？反侧孰辨孰知？”量权主要是针对“计国事者”（谋划国家大事的谋臣说客）的一种策略。谋臣在游说前必须知晓游说对象的国际国内政治、经济、军事、外交等等局势。

“辨地形之险易，孰利孰害?”提到的是如何辨别地形的利弊，从而为自己谋划策略创造有利条件。赤壁之战是历史上著名的以少胜多的战役。分析曹操失败的原因，除了个人的骄傲轻敌之外，更重要的一个原因就是对地形分析不够。北方人不善水战的致命弱点被孙刘联军加以利用，从而以火攻导致了魏军的惨败。

我们说一件事的成败要考虑“天时、地利、人和”。战场上不仅要善于观察“地利”，还要重视“人和”的作用。

李膺是南朝宋时涪县(今四川绵阳县)的县令，公元501年，萧衍在襄阳起兵讨伐南齐，立萧宝融为帝。此后，萧衍又联合邓元起进攻郢州城。不久便攻下郢州，萧衍便让邓元起任益州刺史，代替原益州刺史刘季连。

刘季连原是南齐皇帝萧宝卷任命的，萧衍起兵讨伐萧宝卷时，刘季连犹豫不定，左右摇摆。当他得知自己将被取代时，就征召士兵，誓守益州。

邓元起得到刘季连誓守益州的消息后，便先进兵巴西(今四川绵阳)，太守禾士略开城投降。于是他开始招兵买马，一时间便使自己手下增至三万人。可是四川长期战乱频繁，人们大多逃亡，田地荒芜，无人耕种，三万人马的粮草供应竟成为问题。邓元起对此一筹莫展，不知如何是好。

这时有人出主意说：“蜀地政治混乱，连年争战，很少有人想在这获取东西。他们认为这里的百姓已所剩无几，即使有，也是伤残带病的，没有丝毫用处。实际上并非如此，老百姓往往趁政治混乱、管理松懈的时机，在户籍上假装残疾，以欺骗官府、逃避赋税，这种情况在巴西郡尤为严重。 如果您现在下令核实户籍，把那些假装残疾的人给以重罚，粮草之事，几天便可解决。”

邓元起听从了这个意见，准备派人核查户籍，以筹备粮草。

涪县县令李膺知道了这个消息后，连忙拜见邓元起说：“请大人先不要这样做，我对巴西的情况很熟悉，让我来告诉您怎么办吧。”

邓元起见李膺相貌堂堂，一股浩然正气，便下令先不要核查户籍，看看这位涪县县令有什么高明之策。 李膺说：“刘季连拥兵誓守益州，又派出强将准备来讨伐大人，现在您是前有强敌，后无增援。 如今又处在粮草短缺的境地，巴西人们刚刚依附于您，正在观望您的德政如何。 这时候如果核查户籍，对隐瞒的人，施以重罚，则会造成他们的不满。 他们忍无可忍，便会趁机作乱，对您有百害而无一利。 万一离心离德，您后悔都来不及了。 孟子说过‘为渊驱鱼者，獭也；为丛驱雀者，鹯也；为汤武驱民者，桀与纣也。’大人该不会不懂这个道理吧！”

邓元起听了之后高兴地说：“我差点听信小人之言啊！既然你能分析透这件事情，又对巴西很了解，那粮草之事，就交给你去办吧！”

于是李膺答应邓元起，五天之内筹备齐粮草。 他命人把当地的富户找来，对他们说道：

“如今形势朝不保夕，谁能预料到第二天还能不能活！难道你们不想过太平日子吗？现在邓元起将军领兵接任益州刺史，而原益州刺史刘季连却陈兵反对。 邓元起将军一心要为民造福，却因粮草短缺不能实现。我劝各位往长远处着想，帮邓灭刘，如果到时天下太平了，我们巴西也可沾光；如果死守财物，说不定哪天就会被乱兵抢夺一空啊！”众人听了，都连声说：“正应如此，正应如此。”

不到三天，李膺便将粮草如数交给邓元起。

“称货财之有无，料人民之多少、饶乏，有余不足几何”说的就是在制订策略时要考虑到百姓钱财的多少、民众的反应如何。在战乱纷纷的年代，百姓深受其害，所以才假装残疾以逃避征兵和纳税。这是他们谋求生存的最后一道防线，如果把它也打破了，后果不堪设想。李膺深明此理，所以不向穷苦的百姓筹粮，只从富户身上想主意。富户虽然爱钱，但是毕竟性命重要，为了保住生命，就只能拿钱来换了。

宋仁宗时期，富弼采用了李仲旦的计策，从澶州的商胡河开凿六漯渠流入横陇的故道，以增加宋朝的水利灌溉渠道。贾昌朝素来憎恨富弼，于是暗地勾结宦官武继隆，想置富弼于死地。正在这时候，宋仁宗生病，不能上朝理政，贾昌朝便密令两个司天官趁朝中官员商讨国事时上奏道：“国家不应该在北方开河，以致皇上身体不安。”众大臣听了，都不以为然。宰相文彦博知道他们是别有用心，但当时却无法制止。

数天之后，那两个司天官又上疏请皇后一同听政，并罗列许多理由来证明皇后听政是上策。

史志聪把他们的奏疏交给宰相文彦博，文彦博看后默不作声，把它藏在怀中，没有给任何大臣看，脸上却露出得意的神色。诸大臣都很奇怪，问他上面写的是什么，他只字不提，只是命人把那两个司天官召来责问："你们两人的职责是静观天象，只要略有动静，应马上上报朝廷，可是现在你们怎么想干预国家大事啊？你们的所作所为按法律应当灭族！"

两人听后非常害怕，脸色惨白，浑身发抖。

文彦博又说："我看你们只不过是自作聪明，所以不想治你们的罪，从今以后不准再如此狂妄了。"

两个连忙退出，文彦博这才取出奏疏让诸位大臣观看。

大臣们看后全都愤怒地说："这两个人如此大胆滥讲，为什么不斩首呢？"

文彦博说："把这两个人斩首，事情就会张扬开来，对皇后和在宫中养病的皇上都不是好事，一定会影响他们。"

诸位大臣连忙说："你说得有道理。"

接下来他们一同商议派遣司天官去测定六漯渠方位，文彦博便指名让那两人前去。

武继隆请求把他们留下，文彦博说道："他们只不过是小小的司天官，竟敢如此胆大妄为，议论国事，这其中一定是有人在暗中教唆！"

武继隆铁青着脸，一言不发。

那两个人到了六漯渠以后，恐怕朝廷治他们的罪，于是就改口说："六漯渠在京师的东北方向，不是正北方向，开河之事根本没有什么害处。"

后来宋仁宗的病渐渐好了，精神也渐渐地恢复，这件事就这样化于无形之中。

"君臣之亲疏孰贤、孰不肖？"文彦博不但明察秋毫，还有一双善辨忠奸的眼睛。为了平息这场风波，他尽量把大事化小，小事化了，以免事态扩大而导致无可挽回的损失。面对两个司天官的无理，他丝毫没有动怒，而是在平静中制止了一场争斗，同时又让皇上、皇后得到了安宁，而武继隆也受到了震慑，真可谓一箭三雕。

商场如战场，想要获得成功，必定要先付出一定的代价。

辛亥革命前，是山西大德通票号最兴盛的时候，但总经理高钰没有得意忘形，而是冷静处事，凡重大进退总是三思而后行。当时，三岁的小儿溥仪被扶上了皇帝宝座，高钰就看出天下将不安的苗头，于是在经营上采取保守的做法。稍后，革命党人在南方的活动加剧。高钰便觉得事必大变，所以采取了急流勇退的方式，迅速收敛业务。高钰的这一举措，与当时票号界的隆盛局面极不相称，受到世人的讥讽。很快，他的收敛之计刚刚就绪，辛亥革命就爆发了！于是，绝大多数票号由于准备不足，猝不及防，在挤兑风潮的袭击下纷纷关门！而在这些票号遭受这场灭顶之灾时，大德通票号却有备无患，安然渡过了这场金融风暴！

高钰的聪明之处，就在于他知道票号的经营与政局关系极大，一有大的政变，就可能引起灾难性的后果。因此，他密切关注时局的变化，以此为根据决定自己的经营策略，显然这是一种十分明智的做法。

人是社会性的动物，社会环境对于个人和企业的发展具有重要的影响。人们一般用“天时、地利、人和”来对社会环境加以概括。对于渴望成功的人而言，这三者都是需要加以考虑的因素。鬼谷子这里所说的“量权”，是需要下大工夫的。

谋略典故：吕不韦权衡利弊得方向

善于治理国家的人，必须要权衡天下的轻重缓急，同时揣摩诸侯的实情。也就是要测度事情的大与小，考虑兵力的多与少，计算国家的经济实力，了解人民的生活水平，辨别天时地利谁得谁不得，观察君臣之间的亲疏情况以及老百姓的心态……能够知道以上情况，就叫做权衡利弊。古往今来，那些有所成就之人大多善于权衡利弊，审时度势，谋划自己的人生，吕不韦可算是其中的代表。

春秋战国时期，诸侯混战讲究的是弱肉强食，那些弱小的诸侯国或很早就被吞并，或依附强国苟延残喘。它们能被接受为附庸，也只不过是因为其处于两国或多国的交接之处，允许其存在能给各方提供一个缓冲地带。因此，其灭亡也仅仅是时间问题而已。

卫国早先也是个大国。在春秋战国的四百余年中，卫国的国君一个比一个昏庸无能，卫国国势江河日下。到战国中期，卫国已成为任人宰割的小国，衰落日甚一日。而此时的各大国之间正在以“合纵”和“连横”的策略相互攻伐。而小小的卫国处于各国“合纵”、“连横”的夹缝之中，常常是被凌辱、被兼并和蚕食的对象。

当时，卫国的国君卫怀君去朝拜魏昭王。这原是小国讨好大国的表示，不料怀君一去即被魏国囚禁起来，随即被杀掉。然后，魏国竟擅自做主立元君为卫国国君。因为元君乃是魏昭王的女婿。魏国在强大的秦国进攻面前虽节节败退，而在弱小的卫国面前却称王称霸，这正是战国时代各国之间的外交准则。

此时的卫国已成了魏国的附庸，而卫国的国土实际上也只剩下濮阳一地了。

在这种形势下，有远见的人已对卫国失去希望，连卫国本国的一些王公贵族和政治家都纷纷流向其他诸侯国，对于有意在发家致富后结交权贵以登仕途的吕不韦来说，在卫国这种环境下是没有发展前途的。因此，当赵国使者提出购买百件圭璧之器时，吕不韦很快就做出决断接下了这单生意。当时圭璧是用以礼定王公贵戚的爵位，在卫国属于严禁运进和出售的商品，违者全家斩首。在这种风险之下，吕不韦仍然敢接这单生意，固然是因为其利润极高，更重要的是吕不韦已经决定离开卫国去大国发展。

吕不韦选择去韩国的首都阳翟。他之所以如此选择，是因为阳翟乃是当时最大的玉器交易中心，各国商人都从此进购玉器，吕不韦在这里做生意，赢利丰厚。但是，吕不韦很快又发现了韩国也非久留之地。

韩国源于晋国。晋国在春秋时期势力庞大，曾一度争霸中原，后来由于内乱，势力日渐衰弱。

吕不韦在韩国之时，秦昭襄王执政，他任用范雎为相，实行“远交近攻”的策略。此时，吕不韦对天下形势已经有了更为清楚的认识，他预见到，韩国会首先成为秦国鲸吞蚕食的目标，这个诸侯国将像秋风中的残枝败叶一样衰微下去。秦国的地理位置是：北部是魏国，南部是楚国，西部是蜀国，东部是韩国。在这四个诸侯国中，韩国与秦国的土地纵深交错，相连最紧，成为秦国的心腹之患。所以秦国定会首先大动干戈，攻势凌厉地向韩国发动军事进攻。

吕不韦清楚地看到，韩国政局动荡不安，人民流离失所。他觉得在韩国，别说是封侯拜将，就是贵为韩王，最终也将成为“最是仓皇辞庙日，教坊犹奏别离歌，垂泪对宫娥”的亡国之君。

看清楚了各国形势后，吕不韦决定离开阳翟，另觅去处。当时赵国乃是七国中仅次于秦的强国，兵强马壮，实力雄厚，而且有蔺相如、平原君赵胜等贤臣辅佐，加上吕不韦玉店的最大一个分号就在邯郸，他决定迁移到赵国。

吕不韦赴赵国时，赵国取得阏于之战胜利不久，国力正强。吕不韦的生意越做越大，他巧妙地结识了在赵国当人质的秦王孙异人，动了去秦国发展的念头。他决心将异人捧为秦王，从而实现自己的梦想。其间，他又通过平原君成为赵王的座上宾客。他发现赵王处事刚愎自用，目光短浅。他断定赵王不足以成大事，正在此时，秦赵又起战端，更加验证了其看法，也坚定了其离开赵国的意愿。

吕不韦为立异人为太子嫡嗣之事而远赴咸阳。一进入秦国的境内，吕不韦就感受到这里与关东地区迥然不同的风土民情。吕不韦是个商人，能看出秦国的关中地区是个土地肥美、物产丰富的地方。一路上，吕不韦所见到的秦国人，也都保留着先民周人的遗风，对种田、稼穑之事十分认真，这一点与他的老家濮阳和他到过的邯郸完全不同。

吕不韦回到邯郸后，回想秦国的富饶和强大，再反观赵国，那种繁华、奢靡只是一种黄昏前的辉煌而已，背后隐藏的是赵国国力的衰退。战争的发展证明了吕不韦的眼光。

长达三年的持久战，显然对远途出击的秦军十分不利。秦国君臣为破坏赵军“以逸待劳”坚守不出的战略，使用了反间计，到赵国四处散播消息，说秦军并不怕廉颇，只怕赵奢之子赵括。

愚蠢的赵孝成王轻信了谣言，不顾蔺相如等大臣以及赵母的劝阻，以只会纸上谈兵而毫无实战经验的赵括代替了廉颇。赵括一上任即下令全面出击，中秦军圈套自己被乱箭射死，四十万赵军向秦军投降，结果被秦将白起全部坑杀。赵国元气大伤，势力越来越弱。秦军包围了邯郸，被信陵君率魏、楚联军击败。

吕不韦带着异人趁乱逃出邯郸到了秦国。从此，吕不韦开始了他在秦国的仕途之路。

纵观吕不韦的择国经历，可以说他把鬼谷子的“揣术”已经发挥到淋漓尽致，正因为如此，他才一次次逃离险地，而选择了更有发展的秦地，开始了他的政治谋划。

往而极其欲，往而极其恶

“揣情者，必以其甚喜之时，往而极其欲也，其有欲也，不能隐其情；必以其甚惧之时，往而极其恶也，其有恶也，不能隐其情。”是告诉我们要把握好揣情的时机，大喜、大惧的时候是最好的时机，我们要善于在对方最高兴的时候去加大他们的欲望，在对方最恐惧的时候去加重他们的恐惧，从而让对方将实情暴露出来。

有时候，把握住了对方的恐惧心理，不妨再“危言耸听”一番，即以恐吓的手段刺激对方，人一旦受到这种刺激，往往会因为恐惧而心慌意乱，失掉原来的立场，进而答应你所提出的要求。

春秋战国时期，秦国宰相范雎受到秦昭襄王的充分信任，在内政和外交上为秦国做出了很大贡献，使秦国在当时建立了霸主地位。他的权势不仅在秦国国内，对其他诸侯亦有很大影响力。

但是，在他为相的后几年，出现了令范雎“惧而不知所措”的事情。事情发生在他为相的第七年，由他所推荐而被提拔为将军的郑安平，在和赵国的一次征战中苦战不敌、率兵投降。过了两年，他所推荐的河东太守王稽，又因私通诸侯被诛。按照秦国当时的法律，投降和私通外邦都是重罪，而推荐者也须连坐，就是说推荐者和犯罪者一样，也得被诛杀头。只是由于他深受昭襄王信任，才被豁免，存得一命。

相继发生的这两件事，使得范雎心里留下了很深的伤痕，也使他感到恐惧和不安。这个消息很快传开了，那些早已虎视眈眈等候时机的各国说客们莫不大感兴奋。

燕国有一位名叫蔡泽的说客听到这一消息认为“机不可失”，于是立即动身前往秦国。一到秦国，他便托人介绍，晋见范雎。游说的人以及被游说的人都是说客出身。蔡泽现在的情形和15年前范雎的经历大同小异，这使得范雎不禁产生了一种沧桑之感。他苦笑着接见了蔡泽。

蔡泽说道：“史书上有记载：‘成功者不可久处。’你该趁这个时机辞去相位才算聪明，这样人们才会赞誉你的清廉如同赞誉伯夷，同时你也才能够保持长寿如同赤松子（仙人名，相传为神农时雨师）。如果你只知晋升不知隐退，只知伸不知屈，只知往不知退，必然会带给自己祸害。这个比喻，请您三思。”

范雎答应着说：“善。吾闻‘欲而不知止，则失其所欲；有而不知止，则失其所有。’先生幸教，雎敬受命。”

几天之后，范雎进朝，推荐蔡泽，而自求隐退。昭襄王挽留他，但范雎辞意坚定，并假托重病在身，最后终获应允。

这个故事中的蔡泽正是应用了“以其甚惧之时，往而极其恶”的策略，这在今天的推销领域也非常适用。

顾客是销售人员要攻克的堡垒，销售人员需要做的是抓住他们内心最柔软的部分，然后狠狠地出击。目前，越来越多的企业都在利用顾客的不安全感、恐惧感来展开营销：银行会对你说竞争对手的银行极有可能在经济危机中有关门的风险；保险公司会对你描述你失业或得绝症之后的后果有多么多么的可怕，而你投资一项保险业务之后又会有多好、多大的收益；医院或医药企业会利用病人的恐惧心理“危言耸听”，大发横财，等等。这种事不胜枚举。

不仅仅是“往而极其恶”可以作为销售的手段，“以其甚喜之时，往而极其欲”同样可以。

有个商人到小镇去推销鱼缸，尽管鱼缸做工精细，造型精巧，但问津者寥寥。商人尝试了很多促销手段，都没有什么效果。有一天，他突发奇想，跑到花鸟市场以低价买了500尾小金鱼，来到穿镇而过的水渠上游，把这500尾金鱼都投了进去，于是小渠里有了一尾尾漂亮、活泼的小金鱼，这条消息很快就传遍了小镇！镇上的人们争先恐后拥到渠边，许多人跳到渠里，小心翼翼地捕捉小金鱼。捕到小金鱼的人，立刻兴高采烈地去买鱼缸；那些还没捕到的人，也纷纷拥上街头抢购鱼缸。大家都兴奋地想：“既然渠里有了金鱼，虽然自己今天没捕到，但总有一天会捕到的，那么鱼缸早晚能派上用场。”卖鱼缸的商人趁机把售价不断地抬高，几千个鱼缸还是很快就被人们抢购一空。这个聪明的商人利用人们贪小便宜和爱凑热闹的弱点，耍了点小手段，于是人们就心甘情愿地把钱送上了门。

所以说，鬼谷子老先生“往而极其欲，往而极其恶”的方法是非常具有现实意义的。

谋略典故：赵普巧谏宋太祖

自唐末以后，数十年之间，换了八姓的帝王，争战一直不停，直到宋太祖赵匡胤重新统一中国。

一天，宋太祖召见赵普，有意问道：“天下自唐末以来，朝代频繁更迭，帝王换了八姓，一直战乱不止，生灵涂炭。我想罢息干戈，为国家作长久的打算，应当怎样做呢?”

赵普沉思了一会儿，乘机回答：“向来方镇之权太重，所以天下不安。现在应削夺其权，削其钱谷，收其精兵。如此天下自然就安定了。”

赵普还以大树为喻，说如果树枝过大就应修剪，应始终保持强干弱枝。树干支配树枝，大树自然越长越繁茂。他还向赵匡胤提出了朝廷集中政、军、财权的三大纲领。

太祖听罢，良久不语。原来，赵匡胤做了皇帝后，在陈桥兵变中支持他并出了大力的结拜兄弟石守信、王审琦等人各自分典禁军。赵普出于对他们手握重兵的忧虑，建议赵匡胤削夺他们的兵权。

赵匡胤认为这些结拜兄弟多年来与自己出生入死，情同手足，怎么会背叛自己呢？于是，赵普委婉而振振有词地对他说：“我并不是怕他们本人背叛，只是石守信、王审琦等人没有统御部下之才，万一军中有煽动之人要拥立他们做皇帝，到那时他们也身不由己了。陛下当年不也是这样吗？”

他的话锋利无比，正触到赵匡胤的痛处，使他下定决心削夺石守信等人的兵权。

不久，赵匡胤召集石守信等人宴饮。君臣无间，好不畅欢。在酒醉耳热之际，赵匡胤长吁短叹，显得忧心忡忡，很不开心。他屏退左右随员，对石守信等人说：“我没有你们这般兄弟的力量，不会有今天这个地位。然而，天子非常难当，还不如当个节度使快活；当天子每天担惊受怕，连睡觉都睡不安稳。”

石守信等人大惊，忙问其故。赵匡胤说：“这并不难知，天子这个职位，谁不想谋取呢？”

石守信等人一听，酒意去了大半，连忙叩头跪拜说：“陛下怎么说这样的话呢？如今天下已安定，谁还敢再有异心！”

赵匡胤面带醉意回答说：“你们当然不会，但假如你们的部下有贪图富贵的，一旦把黄袍披在了你们身上，你们虽不想当天子，但能办得到吗？”

石守信等人听了心惊肉跳，痛哭流涕，跪求赵匡胤替他们指点迷津。赵匡胤附耳低语道：“你们为什么不放弃兵权，外出做一地方大员，买些良田美宅，为子孙多办些家业，再多弄些歌妓舞女，每日饮酒作乐，以终天年呢？我再与大家结成儿女亲家，君臣之间没有猜疑，上下相安，不是很好吗?!”石守信等人听罢感恩拜谢。

第二天，石守信等人都称病交出了兵权。这就是历史上著名的“杯酒释兵权”。通过这种方法，赵匡胤解除了石守信等人统领禁军的职务，并命他们到外地去做官。以后，他又以同样的手段将一批节度使免去职务，给以无实权的“奉朝请”之类的闲散职务。就这样，赵匡胤就牢牢控制了军队的权力，消除了将领拥兵自大、谋求皇位的后患。

赵普在此劝谏宋太祖解除手下大将的兵权，用的就是“以其甚惧之时，往而极其恶”的策略。虽然赵普读书不多，但却是以“半部《论语》巧治天下”出名的。他的“巧”，在于他善于思索，为了使宋太祖的统治得以巩固，他以史为鉴，联系实际，触动往事，促使宋太祖做出了“杯酒释兵权”的决策。

更问所亲，知其所安

鬼谷子是见缝插针的行家，他强调游说要抓住对方“甚喜”、“甚惧”两个时机，如果对方不为所动，不要再对他说什么了，而应改向他所亲近的人去游说。这样就可以知道他安然不为所动的原因。这里，鬼谷子是以对方亲近的人作为突破口。

有一本书中曾提到，在航空业刚刚兴起的时候，美国某航空公司发觉乘客几乎都是在不得已的情况下，才肯搭乘飞机。起初，他们认为这是“怕死”的心理在作祟，因此，花了庞大的宣传费，强调飞机的安全可靠，可惜并未收到预期的效果。于是，这家航空公司决定进行调查，并聘请著名的心理学家狄希特博士主持这项工作。

狄希特博士先就经常搭乘飞机的旅客做了一项假想测验，请教他们："如果获悉自己的座机即将撞山而毁时，首先闪入脑海的景象是什么呢?"调查的结果显示，这些旅客所关心的并非自己的生死问题，而是亲人将如何接受这个不幸的消息，即面临死亡的威胁，乘客想到的是爱人如何自处，如有的脑海中浮现自己的太太声泪俱下地说："就是这么傻，如果听我的话，搭火车去不就没事了。"等等如此情景。

航空公司按照这个结论，对"家属"展开了宣传攻势。宣传单上告诉为人妻者："若让先生搭乘飞机，他会在最短的时间回到你的身边。"同时，还举办"全家同游"的活动，使一些家庭主妇也能享受搭乘飞机旅游的乐趣。航空公司利用宣传以说服乘客的背后权威人物——家属，而避免了直接游说乘客时可能遭受的困扰，公司的业务果然大为改观。

可见，在求人办事时，如果所求之人对你根本没有好感，就应把求人的重点放在与对方非常亲近，而且在对方心中占有非常重要地位的人身上。向这个人发起感情攻势，使这个人欠你的情，事情就好办了。

例如旧上海的黑社会头子杜月笙，他能在上海滩崭露头角，"枕边风"就帮了他很大忙。刚出道时，杜月笙头脑机灵，办事老练，苦于没有出人头地的机会。后来他投靠黄金荣，在黄府做了一名打杂的仆役，混在佣人之中，生活倒也安稳。杜月笙存心要飞黄腾达，不甘为人下。因此，他"眼观六路、耳听八方"，处处谨慎，把分配给自己的活做是又快又好，但他地位太低，还拍不上黄金荣的马屁。好在他常与黄金荣的贴身奴仆常常接触，靠此机会，百般讨好，黄公馆上上下下对他都有好感。

终于，机会来了！

有一次，黄金荣的老婆林桂生得病，经久不好，求神占卜，提出要年轻力壮的小伙子看护，据说可以取其阳气，杜月笙是被选中的一个。

这个时候，黄金荣正宠爱林桂生，杜月笙善于察言观色，又善于动脑筋，马上想到这林桂生的枕头风不亚于台风中心，威力强大，拍不上黄金荣的马屁，拍林桂生的马屁更有效，何况，异性相吸，这马屁又容易拍些。

于是，杜月笙“衣不解带，食不甘味”，十二分尽力侍候林桂生。别人照顾，无非是随叫随到或陪坐一旁，杜月笙则全神贯注，不但照顾周到，而且能使林桂生摆脱烦恼，心情愉快，林桂生往往尚未开口，他已知道林桂生要什么东西，林桂生想到的，他想到了，有些林桂生没有想到的，他也想到了，把林桂生服侍得心花怒放，引他为贴己心腹。

在林桂生枕头风的吹动下，黄金荣终于将当时法租界的赌场之一——公兴俱乐部交给杜月笙经管。

需要注意的是，求人办事并不总是在熟人之间进行，有时不得不闯入陌生人的领地。进入一个陌生的家庭环境里，想要迅速打开局面，人们眼光总是寻求理想的“突破口”。有了“突破口”，便可以点带面或由此及彼地铺展发挥开去，从而实现目的。前面所说，对方的“红颜知己”固然是一个极好的目标，同时，老人和小孩儿也是一个理想的“突破口”。

第一，老人、小孩容易接近。

老人因体力虚乏，在家休养，或因年岁高而退职在家，工作是没得做，家务是不让做，话是心里有而没处说，因此常常显得孤寂。如果有人主动接近老人，哪怕是暂时地解除老人的孤寂，老人自然非常乐意。而小孩天真淳朴，喜新好奇爱动：一句唐诗、一段故事、一个鬼脸、一声哄捧就能很快赢得小孩亲近。

第二，通过老人、小孩，可以融洽全家。

一家之中，老人是长者。而中国人有敬老、尊老、孝老的传统。假如老人心悦神怡，全家随之活跃和愉快。中国人又十分看重传宗接代的希望——小孩，视小孩为家庭的未来，祖辈如此，父辈更甚。况且现代家庭小孩多是“独苗”，家里人更是哄捧宠爱，如果能和小孩玩在一块，家长自然会对你另眼相看。

谋略典故：窃符救赵

战国时期，秦昭王派白起为主将，在长平歼灭赵国40万大军以后，乘胜前进，把邯郸团团围住。赵王之弟平原君是魏国公子信陵君的姐夫。因此，赵王几次写信给魏王和信陵君请求魏国出兵援救，魏王便派将军晋鄙统率10万大军去救赵国。

秦王听到这个消息，立即派人去警告魏王说：“我攻打赵国，早晚准能攻下，任何国家敢派兵救援的，我打下赵国之后，接着一定移调军队去打它！”

魏王给吓住了，急忙命令晋鄙停止进军，驻扎在仰城这个地方，名义上是说援救赵国，实际上是观望形势，采取阳奉阴违的态度。

平原君等得急了，不断派人到魏国去，并责备信陵君说：

“我之所以跟魏国做亲戚，就因为你豪爽，够义气，能解救别人的危难。现在邯郸早晚会被攻破，眼看要投降秦国了，魏国的救兵又始终在途中观望，哪见得你还有什么义气？你的姐姐城破被俘，终日哭哭啼啼。你纵不同情我，难道也不可怜你的姐姐？”

这番话情真意切，信陵君心里很难过，屡次去请求魏王火速进兵。但魏王害怕秦国报复，始终不答应。信陵君知道魏王已没有救援赵国的决心，便奋不顾身，独自一人毅然去救赵国。他和门客们商议好，结集了百多辆战车，准备冲入秦军中去，与赵国共存亡！信陵君率领这支小部队经过东门，见到了守门的老头侯生，把自己要去跟秦军决一死战的消息告诉他。

分手的时候，侯生只冷冷地这么说：“你努力去干吧，我老了，不能跟你一道去！”走了一段路程，信陵君心里想：“我平时没有得罪侯生的地方，现在我要去和人拼命，他怎么没有半句话劝阻我或激励我，这确实奇怪。”因此，他便叫大家停下来，独自跑回去。

这时侯生正站在门外，一见信陵君回来，便笑着说：“就料到你一定会回来找我的。”

“你怎么会知道呢？”信陵君问。

“那还不简单！”侯生说，“你一向对我很好，现在你要去送死，我偏不给你送行，你心里一定不愉快，所以我料定你必然回来问我个明白！”

信陵君说：“很对，你猜得不错。我怕我有什么对不起先生的地方，会使你这么冷淡，所以想问个明白！”

侯生说："我知道你一向器重人才，养了这么多门客，但现在遇到了为难的事情，却毫无办法可想，光要跟秦军拼命，这正如把肥肉丢进老虎口里，试问有什么益处呢?"

"我也知道没有什么益处。"信陵君说，"但平原君是我的姐夫，交情又深。眼下他危在旦夕，我不能见死不救呀！虽然明知这样做无济于事，这也是万不得已之举。不知老先生有没有别的办法可想？"

侯生把旁人遣开，细声问信陵君："我听说现在魏王最宠幸的一个美人叫做如姬，是不是?"

"是的！"

"又听说如姬的父亲被人杀害，她怀恨在心，从国王以下，都想为她报仇，却总是没办法找到这个仇人。有一次，她为这件事向你哭诉，你立刻派门客去侦察，很快就把那伙人的头弄到了手，献给如姬，是否有这件事?"

"不错，果有此事。"

于是，侯生说出了他的计划来："你帮如姬报了杀父之仇，她感激不已，就是为你牺牲生命，也绝不会推辞的，你正好利用这个机会，从她身上打主意!"

"她是一个女流之辈，有什么主意可打的? 她又不能撒豆成兵!"

"我再请问一句，"侯生说，"魏王是不是已派晋鄙率10万大军去救赵国?"

"是呀！可是魏王叫他半路上停下来，不准前进。"

"且不必过问不进军的理由，但你可知用什么办法叫晋鄙进军？"

“自然是魏王的命令啦!”

“那么魏王下的命令是凭什么做证据呢?”

“兵符。”

“这就对啦！”侯生霍然起来，对信陵君说：“只要能把兵符弄到手，假借王命，瞒天过海，晋鄙的军权就归于你，魏军就可以立即开到邯郸去，赵国的危机不就解决了吗?魏王的兵符就藏在卧室里，那地方只有如姬一个人才可以接近。你现在立即去见她，只要你一开口，求她帮助，把兵符偷出来，她没有不答应的。这样你便可以把晋鄙的兵权夺到手，就可以指挥大军，北面救了赵国，西面击败秦军，这可是了不起的功勋。这是千载难逢的机会呀！”

信陵君果然采纳了侯生的意见，请如姬偷到了兵符，并拿着兵符接过大将晋鄙的兵权。信陵君随后发布命令说：“父与子同时在军中的，父亲要退役回家；兄与弟在军中的，哥哥回去；是独生子的回家去奉养父母。”

经过整编以后，得到精兵8万，然后使人告诉赵王，约期前后夹攻。到进军那一天，信陵君身先士卒，魏军如出匣的猛虎，杀得秦军措手不及，血流成河，仓皇逃回秦国而去。就这样，邯郸解围了，赵国也转危为安。从此，秦军再不敢轻举妄动。可惜信陵君窃符假传魏王令，军法不容，不敢回国，只好携家眷住在赵国。

以其见者，知其隐者

“故常必以其见者，而知其隐者。此所谓测深揣情。”是说揣情要善于察言观色，从对方的外在表现探测其内心深藏的思想感情。

鲁国大夫郈成子出使晋国，路过卫国，卫国的右宰谷臣留下并宴请他。 右宰谷臣陈列乐器奏乐，乐曲却不欢乐；喝酒喝到畅快之际，把璧玉送给了郈成子。

郈成子从晋国回来，又经过卫国，却不向右宰谷臣告别。他的车夫说：“先前右宰谷臣宴请您，感情很欢洽，如今重新经过这里，您为什么不向他告别呢？”郈成子说：“他留下我，并宴请我，是要跟我欢乐一番，可是陈列乐器奏乐，乐曲却不欢快，这是在向我表示他的忧愁啊！ 喝酒喝到畅快之际，他把璧玉送给了我，这是把璧玉托付给我，如果从这两点来看，卫国大概有祸乱吧！”

郈成子离开卫国30 里，卫国境内果然有人作乱杀死卫君，右宰谷臣为卫君殉难，郈成子回到鲁国后，派人去卫国接右宰谷臣的妻子和孩子，右宰谷臣孩子长大后，郈成子把璧玉交给了他。

孔子听说这件事，说：“论智慧可以通过隐微的方式跟他进行谋划，论仁慈可以托付给他财物的，大概就是郈成子吧！”

晋襄公派人去周朝说：“我国君主卧病不起，府龟甲占卜，卜兆说：‘是三涂山山神降下大灾祸。’我国君主派我来，希望借条路去向三涂山山神求福。”周天子答应了他。 于是升朝，按着礼节接待完使者，宾客出去了。

大夫苌弘对刘康公说：“向三涂山山神求福，在天子这里受礼遇，这是温和美善的事情，可是宾客却表现出勇武之色，恐怕有别的事情，希望您多加防备。”刘康公就让战车兵士做好戒备等待着。

结果，不出所料，晋国果然先做祭祀的事情，然后趁机派杨子率领士兵跟随，渡过棘津，袭击了聊、阮、梁等蛮人居住的城邑，灭掉了这三国。

这个故事说明苌弘对事情观察清楚，也说明他头脑清醒并不是单凭说话来判断事情。

为人处世，最重要的本领之一就是察言观色。不清楚对方心里想什么，就无法把话说到对方的心里去，做事情当然就无法取得满意的结果。要想把事情做好，就一定要在洞察人心、揣摩人意上多下工夫，正所谓“进门看脸色，出门观天色”。一个人的情绪和心理往往会通过面部表情表现出来。懂得察言观色的人，往往可以通过对方的一句话、一个眼神就读懂对方的心意，从而随机应变、见机行事，办起事情来自然也就得心应手、游刃有余了。

不过，倘若对方是个喜怒不形于色、城府很深的人，或者从正面不方便下手，那么直接从正面察言观色往往就会收效甚微。此时不妨考虑一下旁敲侧击，通过侧面的敲打来观察对方的反应，以洞悉对方的心理。

谋略典故：察言观色的高手

齐桓公召集诸侯，卫国的国君最后一个到，桓公退朝后同管仲计划征伐卫国。桓公从朝堂走进内宫，卫姬望见桓公从堂上下来，马上下跪拜了两拜，为卫国的国君请罪。桓公说：“我与卫国没有什么事情纠纷啊，你何必为卫君请罪呢?”卫姬说：“我看到您进来时，脚步提得很高，呼吸强烈，有征伐卫国的气概。看到我时露着不安之状，这明明是要征伐卫国啊。”第二天，桓公进朝堂时朝着管仲一拱手就进去了。管仲对桓公说："主公您已舍弃伐卫的计划了吗?"桓公说："仲父怎么辨出我已放弃伐卫的计划呢?"管仲说："您上朝拱手时比平时恭谨，说话迟缓，看到我时面孔发红，从这几方面的观察，我因此得出了您放弃伐卫的结论。"

管仲通过察言观色方面，分析出了齐桓公放弃伐卫的结论，卫姬通过观察行为举措，洞悉了齐桓公的心理，齐桓公虽然没有把心里的话说出来，但这些心里的"潜台词"早已通过他的一举一动暴露出来了。管仲和卫姬都算得上是察言观色的高手了。不过，齐国善于察言观色的高手还很多。

一次，齐桓公与管仲谋划攻打莒国，谋划的事尚未公布就被国人知道了，桓公感到很奇怪，问这是什么原因呢？管仲说："国内一定有聪明的人。"桓公说："那天说话时有一个向上张望的服役的人，我料想大概就是这个人吧！"于是就命令那天服役的人再来服役，不许别人替代。

过了一会儿，那天服役的名叫东郭牙的人来了。管仲说："这个人一定是那个把消息传出去的人了。"于是就派礼宾官员领他上来，管仲和他分宾主在台阶上站定。管仲说："传播攻打莒国消息的人是你吧？"东郭牙说："是的。"管仲说："我没有说过攻打莒国的话，你为什么要传播攻打莒国的消息呢？"东郭牙回答说："我听说君子善于谋划，小人善于揣测，我是私下里揣测出来的，"管仲说："你根据什么揣测出来的？"东郭牙回答说："我听说君子有三种神色：面露喜悦之色，这是欣赏钟鼓等乐器时的神色；面带清冷安静之色，这是居丧时的神色；

怒气冲冲，手足挥动，这是用兵打仗时的神色。那天我望见您在台上怒气冲冲，手足挥动，这是用兵打仗的神色，您的嘴张开了，没有闭上，这表明您说的是‘莒’，您举起胳膊指点，被指的正是莒国。我私下考虑，诸侯当中不肯归顺齐国的，大概只有莒国吧，因此我就传播攻打莒国的消息。”

先事而至，此最难为

揣情的难点是什么？鬼谷子认为是预测事物的发生。“常有事于人，人莫能先，先事而至，此最难为。”经常有些事情已经发生了，人们却不能事先预测到，而能在事情发生之前就预见，难度是很大的。因此说预测是最难把握的技巧。

说某人预测事情很准，我们通常都会用“神机妙算”、“料事如神”、“未卜先知”等词来形容。但是，人毕竟不是神，不可能掐指一算就能前知500年、后知500年。预测，靠的是经验和智慧。

有这样一则寓言，说的是两头公牛为了争夺一片肥美的草地，发生了争斗。一只青蛙看到后，唉声叹气。其他的青蛙看到后很是不解就问它：“你用得着这么发愁吗？这和你有什么关系啊？”这只青蛙答道：“唉，我们很快就要倒霉了。因为失败的那头公牛将被迫离开草地，而在荒野上一口草也吃不到，它肯定会来到我们这长满芦苇的沼泽地，把我们踩在脚底下。最终，我们大家都会变成肉泥。”这种担心不是没有道理的。果然，没过多久，被打败的公牛来到沼泽地栖身，蛙群受到了严重的伤害，不一会儿就有几十只青蛙被踩死了。

那只“料事如神”的青蛙的推理其实并不复杂，但其他青蛙之所以没有想到，是因为他们没有意识到，或者说对潜在的危险视而不见。有的时候，真理总是简单的。问题是，让人们相信简单的真理却很难。

春秋时期，秦穆公决定发兵，长途奔袭攻打郑国。大夫蹇叔认为兴师动众，无法做好保密工作，郑国肯定会做好准备。秦穆公不听派孟世明等三师率部出征。在部队出发时，蹇叔痛哭流涕地警告说恐怕你们这次袭郑不成，反而会遭到晋国的埋伏，只有到崤山去给士兵收尸了。果然不出蹇叔所料，秦军袭郑不成，只得回师。部队经过崤山时，晋国早在峡谷中埋伏了重兵。在一个炎热的下午，晋军小用部队前来骚扰，孟世明下令追击。追到山隘险要处，晋军突然不见踪影。孟世明见此地山高路窄，草深林密，知道情况不妙，这时鼓声露天，杀声四起，晋军伏兵蜂拥而出，大败秦军，生擒孟世明等三师。

蹇叔在秦师未出之前，便料定郑国会做好防范，而且还料定晋国会在崤山设伏，后来果然一一验证。秦穆公作为“春秋五霸”之一，也是一位英明的君主，但这次不听蹇叔的话，不察敌情便轻举妄动，终于遭到惨败。

俗话说：“商场如战场。”一个精明的商人，同样需要具备古代良将“料敌如神”的素养，才能在激烈的商业竞争中立于不败之地。

第二次世界大战以后，美国建筑业开始蓬勃发展，砖瓦工价码看涨，这对失业者来说是个难得的机遇。一个叫迈克的人为了生计，也由明尼亚波利来到芝加哥，他看到招工广告后，却没有投入应征当砖瓦工的竞争洪流中，而是先冷静地观察了一番。他发现去应征砖瓦工的人，大多数都没有学过技术，或者技术达不到要求，因而在竞争中失败。于是迈克灵机一动，在报纸上刊登了一则“你能成为砖瓦工”的广告。迈克租了一间店铺，请来一位瓦工师傅，买来1500块砖头和一堆砂石做教材，开展培训业务。许多工人蜂拥而至，纷纷出高价参加培训。结果，迈克10天内就获利3000美元，等于一个瓦工大半年的收入。

谋略典故：张良借箸划策

张良身体经常有病，从来没有单独带领过军队，而是作为出谋划策的大臣，经常随从汉王。汉高祖三年（公元前204年），项王把汉王重重包围在荥阳城里，汉王忧心如焚又很恐慌，与郦食其商议怎样去削弱楚国的力量。郦食其说：“过去商汤讨伐夏桀时，封夏桀的后代于杞；周武王诛杀殷纣王时，封殷纣王的后代于宋。现今秦朝残虐无道，用杀伐灭亡了六国，使六国后代连立足的地方都没有。陛下您如果重新拥立六国的后代为王，这些人必然会争着拥戴陛下您的大德大义，情愿作为您的臣子。大德大义风行于各诸侯王那里，您就可以西南称霸，楚国也必定整肃衣冠，毕恭毕敬地来朝谒您。”汉王说：“很好。赶快催促刻六国王印，先生出发分封时就可以带印前往了。”

郦食其的这番话，即使在现代读者看来，似乎也觉得合情合理，但经张良一分析，我们才恍然大悟，明白了如果按郦食其的话去做，那就大势去矣！

郦食其还没有走，张良从外边来谒见汉王。汉王正在吃饭，见张良来便说：“门客中有人给我献上一个削弱楚国力量的计策。”便具体地把郦食其的计策告诉了张良，并说：“子房，你看怎样？”张良说：“是谁给陛下出的这样的计策？陛下的事业完了。”汉王说：“为什么呢？”张良说：“我请借您面前的筷子，为您指画形势。过去商汤和武王讨伐夏桀王、殷纣王而封他们的后代，是有把握制桀王、纣王于死命，现在陛下您有把握制项羽于死命吗？这是不能采用这个计谋的第一个原因。周武王进入殷朝，到箕子门前抚车轼示敬意，修封比干的坟墓，现在陛下您能做到吗？这是不能采用这个计谋的第二个原因。把殷纣王积粟之仓巨桥里的粮食都发散出去，把殷纣王储财之所鹿台的财物都分发出去，用以接济贫穷的人，现今陛下您能吗？这是不能采用这个计策的第三个原因。在殷朝的战事一结束，就把军用的车辆改做乘人之用，把刀枪剑戟都倒着装载，表示不再用了，现今陛下您能这样做吗？这是不能采用这个计策的第四个原因。把军马散放在华山的南边，表示没有什么用处了，如今陛下您能这样吗？这是不能采用这个计策的第五个原因。把运输军需用的牛马都放牧在桃林塞的原野上，表示天下不再有运输与积聚，现在陛下您能这样做吗？这是不能采用这个计策的第六个原因。而且天下的游说之士，离开自己的父母，抛弃了祖坟边的热土，离开有交谊的老朋友，跟从陛下您，只是日夜盼望能得到很小一块土地。今天去拥立六国的后代，没有土地去封有功劳的人，游说之士各自回去给自己的主公干事去了，跟自己的家人团聚，与老朋友会面，谁还能跟陛下您去夺取天下呀？这是不能采用这个计策的第七个原因。楚国不强还倒罢了，强则六国必屈服跟从楚国了，陛下您去哪里寻找在您面前称臣的六国后代呢？这是不能采用这个计策的第八个原因。如果您用这个计谋，陛下的事业就完了。”

汉王停止吃饭，把嘴里的饭也吐了出来，骂道：“这小子，差点坏了我的事业。”下令催促销毁六国的王印。

张良的这番话实在是太厉害了，首先，他认识到古今时移势异，反对照搬“古圣先贤”的旧章法。第二，他看到汤、武分封夏、商后人，是在大局稳定之后，已能左右天下形势，现今是楚汉方争，胜负未决。第三，昔日武王表彰先朝忠良，意在奖掖，鞭策本朝臣民，现今汉王却需招降纳叛，瓦解楚军将士。第四，昔日武王散钱、发粟，是用敌国积储医治自身疮痍，现今汉王自己军需无着，何暇救济他人？第五，昔日刀枪入库，马放南山，牛息桃林，是已转入升平年代，现今却正是激战之际，决不可偃武修文。尤其重要的，是张良主张把封土赐爵用作战争环境里的奖赏军功，用以鼓励天下士民追随汉王征战，以此作为维系将士之心的一条重要索链。此外，张良也一定看到了旧的公子王孙的腐朽没落，分封六国只能分散抗击项羽的力量，最终将被楚军各个击破；即使有强者复出，亦必拥兵独立，岂可臣属于刘邦？

亏得刘邦能及时醒悟，如果不听张良之言或是晚听张良之言，别说打败项羽，建立汉朝，恐怕自己也已死无葬身之地了。

张良的政治预测可谓是极其正确的，就在他说了这番话不久，占据齐地的韩信就派使者来见刘邦，要求封他为齐地的假王。刘邦一听韩信所请，不由得怒气上冲，当着使者的面，破口大骂道：“我久困于此，朝夕望你前来助我，你却要自立为王！”当时，张良正坐在刘邦身边。他清醒地估量到，韩信的向背对楚汉战争的胜负有举足轻重的作用。况且，韩信远在齐地自立为王，刘邦鞭长莫及，根本无力阻止。作为一个政治谋略家，必须在瞬息万变的情况下相机制宜，迅速应变。张良听到刘邦骂出前面的话，连忙在案下轻轻踢他一脚，然后附耳说道：“汉正失利，难道能阻止韩信称王吗？莫如顺便立他为王，使其自守。否则，恐生不测。”刘邦确也诡谲善变，立即感悟先前失言，于是改口骂道：“大丈夫既定诸侯，就要做个真王，何必要做假王！”刘邦一向特爱骂人，有此一骂本不足为奇，况且前后两语接得天衣无缝，竟然蒙混过去。

当年二月，刘邦遣张良操印出使齐，封韩信为齐王。一个顺水人情，居然笼住了韩信，为日后十面合围击毙项羽，作了组织准备。如果刘邦当时按郦食其的计策封了六国的后代，那韩信早就背叛刘邦了。由此可见，汉朝的兴亡成败，有一大部分是捏在张良这位政治预测家的手里的。

摩　篇

摩 篇

“摩”篇是“揣”篇的姊妹篇。“摩”意为研究、揣摩，推测事情。所以“摩意”就是“揣”情之术。“揣情”和“摩意”的规律，则是秘中成事。所谓“用之有道，其道必隐”，而隐微之道的关键是：“隐貌逃情，而人不知，故成事无患。”秘中成事是成就各种事业的规律。在政治、经济、军事等活动中概莫能外。

【经典原文】

摩者，揣之术也。内符[①]者，揣之主[②]也。用之有道，其道必隐。微摩之以其所欲，测而探之，内符必应；其应也，必有为之。故微而去之，是谓塞窌[③]、匿端、隐貌、逃情，而人不知，故成其事而无患。摩之在此，符之在彼。从而应之，事无不可。

古之善摩者，如操钓而临深渊，饵而投之，必得鱼焉。故曰："主事日成而人不知，主兵日胜而人不畏也。"圣人谋之于阴[④]，故曰"神"；成之于阳[⑤]，故曰"明"。所谓"主事日成"者，积德也，而民安之，不知其所以利；积善也，而民道之，不知其所以然；而天下比之神明也。主兵日胜者，常战于不争不费[⑥]，而民不知所以服，不知所以畏，而天下比之神明。

其摩者：有以平，有以正，有以喜，有以怒，有以名，有以行，有以廉，有以信，有以利，有以卑[⑦]。平者静也，正者直也，喜者悦也，怒者动也，名者发也，行者成也，廉者洁也，信者明也，利者求也，卑者谄也。故圣人所独用者，众人皆有之，然无成功者，其用之非也。

故谋莫难于周密，说莫难于悉听，事莫难于必成；此三者，唯圣人然后能任。故谋必欲周密，必择其所与通者说也。故曰："或结而无隙也。"夫事成必合于数，故曰："道数与时相偶[⑧]者也。"说者听必合于情，故曰："情合者听。"故物归类：抱薪趋火，燥者先燃；平地注水，湿者先濡。此物类相应，于势譬犹是也，此言内符之应外摩也如是。故曰："摩之以其类，焉有不相应者？"乃摩之以其欲，焉有不听者，故曰'独行之道'。夫几者不晚，成而不抱[⑨]，久而化成[⑩]。"

【难点注释】

①内符：情欲活动在内，符验就表现在外。

②揣之主：揣是用观察表现于外的符验来判断内心状况，而符验是揣的基础。

③窌：通窖，地窖。

④谋之于阴：策划不让人知道。

⑤成之于阳：使人公开了解。

⑥不争不费：不使用武力，不消耗军费，意思是防患于未然。

⑦其摩者……有以卑：人的性格千差万别，因此摩的方法也有很多种。

⑧与时相偶：道理、权术、天时三者合一才能成事；偶是伴同、顺沿、并列之意。

⑨成而不抱：把事作成，也不居功。

⑩久而化成：久而久之，一定能成功。

【通俗译文】

所谓“摩”是一种与“揣情”相类似的方法。内心活动是“揣”的对象。进行“揣情”时，有“揣”的规律可依，而这些规律却是隐而不现的。适当地去“摩”时，要根据对方欲望投其所好进行测探，其内情就会通过外部形象反映出来。内在的感情要表现出来，必然要有所作为，这就是“摩”的作用。

在“揣摩”之后，要适当地离开对方，像把地窖盖上一样隐藏起来，消除痕迹，伪装外表，回避实情，使人无法知道是谁办成的这件事。这样，办成了事，却不会留祸患。在此处“揣摩”对方，而要在另一处，观察对方表现，顺应事物规律，使我方“揣摩”能在对方应验，则办事无所不成。

古代善于“摩”的人，就像拿着钓钩到水潭边上去钓鱼一样。只要把带着饵食的钩投入水中，就一定可以钓到鱼。所以说，主办的事情一天天成功，却没有察觉；主持的军队日益压倒敌军，却没人感到恐惧（才是高明的）。圣人谋划什么行动总是在暗中进行的，所以被称为“神”，而办事成功都显现在光天化日之下，所以被称为“明”。所谓“主事日成”的人是暗中积累德行，老百姓安居乐业，却不知道为什么会享受到这些好处，他们还在暗中积累善行，老百姓生活在善政中却不知道为什么会有这样的局面。人们把“谋之于阴，成之于阳”的政治策略称为“神明”。那些主持军队而日益压倒敌人的统帅，坚持不懈地与敌军对抗，却不去争城夺地，消耗人力物力，老百姓也不知道为何敌国拜服，也不知道什么是恐惧。为此，普天下都称“谋之于阴，成之于阳”的军事策略为“神明”。

在实施“摩”时，有用和平进攻的，有用正义征服的，有用娱乐麻痹的，有用愤怒激励的，有用名望威吓的，有用行为逼迫的，有用廉洁感化的，有用信誉说服的，有用利害诱惑的，有用谦卑争取的。和平就是宁静，正义就是刚直，娱乐就是喜悦，愤怒就是威吓，名望就是声誉，行为就是实施，廉洁就是干净，信誉就是清明，利益就是求取，谦卑就是谄媚。所以，圣人所施用的“摩”之术，平常人也都可以具有，然而没有能运用成功的，那是因为他们运用不当。因此，谋划策略，最困难的就是周到缜密；进行游说，最困难的就是让对方全部听从自己的主张；主办事，最困难的就是必办成功。这三个方面只有成为圣人才能胜任。

所以说谋划必须周到缜密，游说要选择与自己观点相通的对象。所以说："办事情要稳健，无懈可击。"要想使所主持之事取得成功，必须有适当的方法。所以说："客观规律是与天时互相依附的。"进行游说的人必须使自己的说辞合于情理，合情合理才有人听。世界上万事万物都有各自的规律。好比抱着柴草向烈火走去，干燥的柴草就首先着火燃烧；往平地倒水，湿的地方就要先存水。这些都是与事物的性质相适应的。以此类推，其他事物也是这样的。这就是"内符"与"外摩"相适应的道理。所以说按着事物的不同特性来实施"摩"之术，哪有不发生反应的呢？根据被游说者的欲望而施行"摩"之术，哪有不听从游说的呢？所以说只有圣人最能实行揣摩之术。大凡通晓机微的人都会把握好时机，有成绩也不居功，天长日久就一定取得成功。

【本篇要义】

本篇《摩术》是上一篇《揣术》的姊妹篇，两者合为"揣情摩意"。上篇讲了揣摩事情的重要性，本篇针对上篇，具体提出了如何去"揣"，即如何去揣摩对方的心理，鬼谷子提出了十种方法。另外，鬼谷子说，"摩术"最关键的是"阴谋"，这里的"阴谋"非现代汉语中的贬义，而是指隐蔽地进行谋划。

鬼谷子说，内心活动是"揣"的对象，适当地去"摩"时，要根据对方欲望投其所好进行测探，其内情就会通过外部形象反映出来。"揣情"和"摩意"的规律，则是秘中成事，"用之有道，其道必隐"。隐微之道的关键是："隐貌逃情，而人不知，故成事无患。"秘中成事是成就各种事业的规律，在政治、经济、军事等活动中发挥了巨大的作用，古往今来，许多重大的事件都是利用"阴谋"取得成功的。

“圣人谋之于阴，故曰神；成之于阳，故曰明”，“阴谋”是神秘的，是智者的韬略，无精彩之“阴谋”就不达神明之境界，有目共仰的神明的决策常常源于“阴谋”。

鬼谷子说，适当地去“摩”时，要根据对方欲望投其所好进行测探，其内情就会通过外部形象反映出来，通过别人表现出来的情况可以洞悉他们掩饰的情况。内在的感情要表现出来，必然要有所作为，这就是“摩”的作用。“摩”的行为方式也是有规律的，本篇提出十种“摩”的基本法式，情绪在心里变动，必然会形之于外，所以可以通过人的外表看到的情况来判断内心的活动。揣摩的方法很多，可用和平进攻，可用正义责难，可用奉承讨好，可用愤怒刺激，可用名望威吓，可用行动逼迫，可用廉洁感化，可用信义说服，可用利益诱惑，可用谦卑欺骗，此即平、正、喜、怒、名、行、廉、信、利、卑十法。

另外，鬼谷子还说实施“摩术”一定要周详，要抓住时机，“故谋必欲周密，必择其所与通者说也”。

“摩”术实质上是攻心战术的具体运用，即让对方难以探知的情感也表现出来。办事时，运用“摩”术要真正地揣测出对方的实情，切忌过于直白，而要含而不露，隐微而行。经商时则要善于观察，抓住商机和人心，取得成功。

【智慧评析】

隐貌逃情，而人不知

“故微而去之，是谓塞窌、匿端、隐貌、逃情，而人不知。故能成其事而无患。摩之在此，符之在彼。从而应之，事无不可。”就是要告诉我们，要秘密地符合对方，就需要巧妙地隐藏自己的想法，不能轻易暴露自己的真实意图，在符合别人观点的前提下，揣摩对方的心境，只有这样，事情办成之后才不会留下后患，这也是“揣摩”的高明之处。

“揣情”、“摩意”，常常因机而发，顺情而得。当人们明确自己的行为目的之后，即可择法而行之。而“摩”的行为方式也是有一定规律的。高明的“摩”者，善于独立思考，能辨明对方的内心欲求。能够正确把握对方的内心，利用智慧来将对方说服，完全按照自己的计划行事，这的确不是易事。然而物以类聚，人以群分，如果遵循相应的规律，从不同的思维角度去认识它，反复思量，不断探索，则往往能够驾驭他人，驾驭天下。

例如，皇帝身边如果有奸人，国家大事会常被他们干扰。要整肃国政的话，就必须清除这些奸人，这叫“清君侧”。但是，如果直接提出让皇帝赶走他身边最信赖的人(奸人往往都是皇帝最信赖的人)，不但不会成功，而且还可能会带来杀身之祸。这时，就需要你隐藏自己的真实意图，通过巧妙的方式来达到自己的目的。

宋真宗时的王钦若是有名的奸相，为人阴险奸诈，而又善于逢迎献媚，深得真宗信任。他常常在真宗面前进谗言，中伤其他正直的人士。而被中伤者却为他的假心假意所蒙蔽，多数不知自己已被他所中伤。

契丹逼进南宋时，王钦若借口局势危急，力劝宋真宗向江南逃跑，到他的老家去建立小朝廷。寇准以其惊人的胆识和指挥若定的雄才，坚决挫败了王钦若的逃跑计划，簇拥真宗亲征，直抵前线。由于王钦若也跟随真宗到了前线，仍旧在真宗面前叨咕这，叨咕那，事事掣肘寇准，干扰他抗击契丹的军国大计。寇准一直在捕捉机会，想把这个奸相从真宗身边赶走，以清君侧。

有一天，真宗正在为人事安排发愁。他对寇准说："现在，契丹直逼城下，天雄郡被隔绝在敌后。天雄郡若有不测，河朔全境便会沦入敌手。你看，该让谁去镇守呢？"寇准回答说："当前这种形势下，没有什么妙计可施。古人说，智将不如福将。参知政事王钦若仕途顺利，长得白白胖胖，真是福星高照。让这样一位有名的福将去镇守的话，定会吉人天相，可保万无一失。"

真宗历来看重王钦若，今天难得寇准也这样看重他，心中特别高兴，便欣然同意寇准的意见，命令寇准草拟诏书，通知王钦若上任。当寇准把真宗的旨意传达给王钦若时，王钦若吓得脸色惨白，说不出话来。他原本是个胆小鬼，只会溜须拍马，挑拨离间，哪有深入敌后去固守孤城的本领？此去准是白白送死。

寇准见他可怜兮兮的模样，便对他说："国家危急，皇上亲自挂帅出征，你是皇帝一贯倚重的执政大臣，现在正宜体贴皇上心意，为国效力。"并说："护送你上任的部队已经集合待命，皇上指示免去了上朝告辞的礼节，让你马上出发，不可耽误军机。"说罢，举杯为王钦若饯行，祝他早日奏凯归来。

王钦若没办法，只得硬着头皮去上任。他来到驻地一看，田野全是契丹兵，王钦若哪有退敌良谋，只好堵死城门，固守待毙。

赶走王钦若后，宋军上下齐心，一致对敌，迫使契丹退兵求和，解除了宋朝开国以来最大的一次军事危机。天雄也因契丹撤军而得以解围。

在现代商业领域中，也可以借鉴古人的这些战术，其有效性已经被很多实例所验证。

美国的一家食品店雇佣了一个15岁的年轻人。有一天，老板叫他把20篓在冰冻厂受损的香蕉卖出去。这些香蕉只是外面的皮太熟了，黑糊糊的，颜色不好看，但质量绝对没有问题。当时，市场上完好的香蕉价格是每磅7～8美分，老板让他每磅卖5美分，还嘱咐他说如果实在没人买，就随便甩卖算了。

年轻人没有按照老板的吩咐去做，而是在成堆的香蕉面前叫卖道："阿根廷香蕉，快来买啊！"因为名字很新奇，所以吸引了很多人前来围观。年轻人向人群解释说："这些阿根廷香蕉是第一次销到美国，由于是试销，所以低价出售，每磅只要10美分。"围观者听了年轻人的话，都想买阿根廷香蕉尝尝。不到一个上午，这些香蕉就被抢光了。就这样，受损香蕉卖出的价格反而比新鲜完好的香蕉的价格还要高。

这个年轻人不是别人，他就是后来成为食品大王的亿万富翁普洛奇。普洛奇卖"阿根廷香蕉"，是其经营天才的牛刀小试而已。他没有按照老板的常规想法去做，而是一反常理，利用人们追求新奇的心理，高声叫卖"阿根廷香蕉"，抬高价钱反而销售一空。通过巧妙伪装和隐藏自己，化不利为有利，不仅解决了难题，而且还赚取了意外的利润。

谋略典故：借"天意"陈胜称王

秦朝末年，官府横征暴敛，赋税徭役极为繁重，刑律苛刻，民怨纷起，社会动荡不安。

秦始皇病死沙丘后，秦二世胡亥即位，他任用赵高为相，统治更加腐败，用法更为苛刻，以至“刑者相伴于道，而死人日成积于市”。不少秦始皇的旧臣和秦宗室，由于赵高的诬陷被杀害，统治阶级内部矛盾也日益尖锐。至二世末年，形成了“群臣谏者以为诽谤，大吏持禄取容，黔首振恐”的社会危机。

秦朝实行暴政，天下百姓“欲为乱者，十室有五”。大家虽然都有强烈的反秦愿望，但是一直苦于没有强有力的领导者和组织者。

秦二世元年(公元前209年)七月，秦朝派闾左九百人到渔阳戍边，陈胜、吴广为屯长。陈胜，字涉，阳城(今河南商水西南)人，早年为人佣耕。吴广，字叔，阳夏(今河南太康)人，也是贫苦农民。当这些戍卒走到大泽乡(今安徽宿县东南)时，连降大雨，道路被雨水淹没，无法继续前进。于是，他们就暂时扎下营来，等天晴后继续赶路。

不料，雨接连下个不停，水没道路，眼看无法按时到达渔阳了。秦朝的法律规定，凡是不能按时到达指定地点的戍卒，一律处斩。陈胜、吴广暗中商量，现在去不去渔阳都是死路一条，不如拼死一搏，也许还能寻求一条活路。他们仔细调查了一下，知道同去的戍卒也都有这种想法，这正是举兵起义的大好时机。

尽管如此，他们还不敢明目张胆地大举造反。因为，当时人们对于秦王嬴政的积威还颇为畏惧，对别人为王称帝恐怕一时还适应不了。另外，自己地位卑微，恐怕缺少应有的号召力。

于是，陈胜和吴广偷偷地进行了一番谋划，准备干一番惊天动地的大事业。

他们首先想到的是打出扶苏和项燕这两个深受人们爱戴的人物的旗号，以期能够得到大家的拥护。扶苏是秦始皇的大儿子，温良贤明，虽然早已被阴险毒辣的秦二世暗中杀害，但老百姓却不知实情。项燕是楚将，功勋卓著，爱护将士，威望极高，但在秦灭六国后不知去向。当时社会上传言纷纷，都说扶苏和项燕没有死，只是暂时隐居起来了。于是，陈胜和吴广商量决定借用他们的名义，号召天下百姓，反抗秦朝的暴政。为了点燃起义的火种，陈吴二人又利用了当时人们的迷信心理，借助鬼神之力鼓动起义，为起义增添上天安排的色彩，使戍卒纷纷起而应之。陈胜和吴广事先用朱砂在帛上写好“陈胜王”三个字，然后偷偷放入鱼肚子里。等到戍卒买鱼归来，剖鱼腹后发现里面居然有写有文字的帛书，上写“陈胜王”，意思为陈胜要当王，自然引起轩然大波。

那天夜里，吴广又悄悄隐藏在驻扎营地附近祠庙旁边的丛林里，点燃了篝火，扮作狐狸的叫声，高喊“大楚兴，陈胜王；大楚兴，陈胜王……”

如此一来二去，人心惶惶，流言纷纷。陈胜进进出出也颇吸引人的眼球了，总是有人指着他的背影低声耳语，连押送他们的军官也开始密切地注意陈胜了。鱼腹中的帛书和狐狸的人语都使他们以为陈胜肯定不是一般的人，肯定是“天意”安排他来领导大家的。这种带有迷信色彩的鼓动方式，很快就产生了很大的心理和舆论作用，戍卒们的情绪也被这股舆论搅动而激昂起来。

陈胜、吴广见时机成熟，便率领戍卒杀死了押送他们的军官。陈胜登高一呼，揭竿而起，他慷慨激昂地高喊着："大雨延误了我们的日期，按照刑律，我们赶到渔阳是死，不去也是死。男子汉大丈夫，死也要死出个样儿来！王侯将相，宁有种乎?"

周围的戍卒经过舆论的煽动，早已相信陈胜为王是天意安排的了，经过陈胜的这一番言辞鼓动，纷纷宣誓，同心协力，推翻秦朝。

于是，陈胜自命为将军，吴广为都尉，他们带领九百戍卒一举攻占大泽乡，天下纷纷响应，起义军节节胜利，所向披靡。后来，部下拥立陈胜为王，国号"张楚"，一个新的政权就这样在农民起义军中诞生了。

饵而投之，必得鱼焉

鬼谷子说："古之善摩者，如操钓而临深渊，饵而投之，必得鱼焉。故曰：主事日成而人不知，主兵日胜而人不畏也。"大意是古代善于运用"摩"术的人，就如同拿着钓钩到水边钓鱼一样。只要把鱼饵投下去，就一定可以钓到鱼。所以说，他主办的事情日益成功，而人们仍不知他是如何成功的；他指挥的军队日益压倒敌军，而人们仍不知战争的可怕。

三国时代，蜀将关羽围困魏地樊城、襄阳时，曹操想迁都，以此避开关羽的锋芒。司马懿和蒋济力劝道："刘备和孙权表面上联盟，其实疏远。关羽得意，是孙权不愿意看到的。可以派人劝孙权攻击关羽的后方，并答应把江南地方分给孙权，则樊城的包围自然可以解除。"曹操用了他们的计谋，关羽终于兵败麦城，被东吴俘虏。

接下来是关于我们大家都熟知的纪晓岚巧答乾隆皇帝的故事。

纪晓岚是翰林院大学士，能言善辩，机智过人，被誉为“铁齿铜牙”。

有一天，纪晓岚陪乾隆在御花园里散步。乾隆忽然问纪晓岚：“纪爱卿，忠和孝到底应该怎么解释呀?”

纪晓岚答道：“君要臣死，臣不得不死，此为忠；父要子亡，子不得不亡。此为孝。”

乾隆一听，说：“我现在以君王的身份，要你立刻去死!”

“这——”纪晓岚慌乱了一下，随即想出一个好主意，便说：“臣遵旨!”乾隆于是好奇地问：“那你打算怎样死?”

纪晓岚显得又害怕、又紧张地小心回答：“跳河。”

乾隆一挥手，说：“好！你现在就去跳吧!”等纪晓岚走后，他便在花园里踱着步，心想纪晓岚将会如何解脱这道难关。

不一会儿，纪晓岚便跑了回来。乾隆很奇怪，就板起脸来问道：“纪爱卿，你怎么还没有去死呢?”

纪晓岚说：“我刚刚走到河边时，不料碰到了屈原，他不让我跳河寻死。”

乾隆感到更加奇怪了：“你这话是什么意思?”

“刚才我站在河边，正想跳下去。河里突然涌起了一个大漩涡。好像要有东西从水里冒出来一样。我一看，竟从中出来了一个人——投江自沉的楚国忠臣屈原。”纪晓岚一板一眼地说。

“真的吗？那他对你说了些什么呢?”乾隆明知他故弄玄

虚，但仍想看看他如何作答。

纪晓岚不慌不忙地回答道：“屈原指着我问为什么要跳河，我就把刚才皇上要臣尽忠的事情告诉了他。他说：‘这就不对了！当年楚王是昏君，我不得不跳河。可是我看当今皇上是个圣明之人，不应该再有忠臣要跳河啊！你应该赶紧去问问皇上，他是不是也是昏君？如果他自认是，那时我们再作伴也不迟！’因此臣只得跑回来。”

乾隆听了，忍不住哈哈大笑：“好一个巧舌如簧的机智人物！朕算服你了。”

乾隆本想以“君叫臣死，臣不得不死”来为难纪晓岚，却没想到纪晓岚将计就计，以碰到屈原为饵下了钩。如果乾隆确实让其投河，就证明了他的昏庸；如果就此作罢，那为难纪晓岚的计谋就以失败告终。权衡利弊，乾隆也只能暗自认输。

在战争中，像这样“以饵投鱼”的战例还有不少。

1966 年春，在越南战争期间，越军 272 团虽连遭美军重创，可仍在越南南方 13 号公路上频繁活动，严重地威胁着美军运输线的安全。美军派出大批部队，数次围攻，由于越军机动灵活，加之熟悉地形，所以美军总是扑空，无法从根本上解除后顾之忧。这样，美军指挥机关决定用计智胜越军，拔掉这颗令人头痛的“钉子”。

7 月初，越军获悉：美军一支运输队，将在 7 月 9 日由安禄向明盛运输物资，护运的兵力很少。272 团指挥员认为，这是一次夺取战备物资、打击美军的极好机会。因此，决定全团出动，埋伏于美军必经之路侧，准备打个漂亮的伏击战。

果然，9 日上午 11 时，美军一支几个辆汽车组成的运输车队，缓缓驶进了越军的伏击圈。只见车上货物满满当当，押车士兵稀稀拉拉。指挥员一声令下，越军在埋伏处发动了突然袭击。一时间，枪炮震耳，喊杀震天。然而，奇怪的是，这次美军并未弃车而逃，而是就地展开了猛烈的还击。

几分钟后，美军运输车中突然涌出了 1 个步兵连、2 个装甲连的兵力，更加猛烈地对 272 团进行反击。同时，远处美军大炮也暴风骤雨般地袭击了越军阵地。紧接着，美军轰炸机又从空中轰炸扫射越军。由于事先准备不足，主动的伏击战打成了被动的阵地战，越军伤亡很大。在此危急关头，美军又用运输机空降了 3 个步兵营，将越军团团围住，这对 272 团无疑是雪上加霜。越军进退无路，只好决一死战。

尽管 272 团全体官兵英勇顽强，但终因寡不放众，战至 10 日黄昏，幸存无几，只有少数人借夜幕和丛林的掩护突出重围。

事后才知道，美军事先故意透露运输车队的行踪，诱使越军前来伏击，再用重兵进行围歼。美军运用“以饵投鱼”的战术，使越军大上其当。

由此可见，使用“以饵投鱼”策略，能够巧妙地蒙骗住对方，借给对方一定的利益之机，使自己获得更大的利益，这在经济生活中经常碰到。

里力是美国一家口香糖公司的老板。一天，他突然对电话发生了兴趣，一个人坐在办公室里拿着纽约的电话簿悉心研究

女秘书问道；“里力先生，你在研究什么?”

里力说：“我在研究口香糖的促销策略。现在已有了眉

目，你去把各办公室的人都叫到会议室！”

原来，这个公司生产的口香糖尽管品质优良，包装精美，价格适宜，但在市场上并不畅销。原因很简单，它是新牌子，并不为人们熟悉。所以，里力准备采取“先尝后买”的推销方法。

各办公室的工作人员很快到了会议室。里力对他们说：“我已调查过，纽约共有150万户居民，我打算每户居民赠送4块口香糖。”

生产部门的负责人说：“那需要600万块口香糖，仓库里有现货。”

“不，还要继续准备。”里力说，“我们要赠送一段时间，使人们对我们的产品留下深刻的印象。”

生产部门遵命去做准备了。里力又对储运部门的负责人说：“请各位按电话号码簿的地址，开列收糖人的姓名和地址，邮寄口香糖。”全体工作人员便整整忙了一天。

第二天，纽约各家各户不约而同地接到了里力公司赠送的口香糖，于是外出的孩子都边嚼着里力公司生产的口香糖，边吹着泡泡，一个个成了“活广告”。

隔了一天，孩子们又收到里力公司的礼品。日复一日，大家吃里力泡泡糖已习以为常了。这时，里力公司的泡泡糖不再寄来了，人们只好到各个店家去买这种泡泡糖。就这样，里力泡泡糖一下就占领了市场，成为孩子们必不可少的糖果。

“先尝后买”这种“以饵投鱼”的经营方式，并非里力的独创，但使用得如此巧妙，声势如此之大，效果如此之好，却是里力的独特之处。

谋略典故：萧翼钓出《兰亭集序》

东晋大书法家王羲之的杰作《兰亭集序》，被人誉为“天下第一行书”。该文三百二十四字，字字生动，全文行云流水，丰采多姿。唐太宗酷爱书法，尤其喜欢王羲之的字迹，存有王羲之的不少珍品，偏偏没有得到《兰亭集序》。后来，唐太宗打听到《兰亭集序》真迹藏于越州(今绍兴市)永欣寺秀才和尚手里。他立即下令把秀才和尚调进后宫做僧官，并给予优厚的待遇，设法从其嘴里诱出《兰亭集序》的藏处。谁知秀才和尚不受高官厚禄的引诱，矢口否认真迹在自己手中。唐太杂无奈，只好把秀才和尚放回原寺。但唐太宗仍不死心，他从掌握的各种情报分析，《兰亭集序》真迹一定在秀才和尚的手里。于是，他决定用“引饵投鱼”术把《兰亭集序》弄到手。

唐太宗选定为人狡黠的萧翼去执行这一项任务。于是，萧翼带了三四件王羲之的作品，乔装打扮成穷困潦倒的书生，搭乘商船来到绍兴。每天，他必到永欣寺观赏壁画，走过秀才和尚的门边时必在门口小坐，很礼貌地向老和尚鞠一个躬。时间长了，秀才和尚也对他发生好感，由打招呼到请入房门闲谈。萧翼多才多艺，琴棋诗画，无一不精，而秀才和尚也是略精六艺之人，于是两人相见恨晚，顿成莫逆之交。

一天，两人酒醉食饱，谈到书法，萧翼说：“我以前经人传授，学会二王楷书，如今还有数帖真迹随身。”说完就把王羲之的真迹拿出来。秀才和尚仔细观赏之后，说：“虽然这是王羲之的真迹，但并不是最好的。我有一帖真迹，却非同一般。”

“是什么帖?”萧翼马上问。

秀才和尚回答说：“是《兰亭集序》。”

萧翼笑着说：“哪里还会有什么真迹，都遗失多年了。”

“实不相瞒，这是先师智水临终时亲授给我的，哪会有假?你如不信，明天再来，我给你看看。”

翌日，萧翼来了，秀才和尚从自己寝房的屋梁上把《兰亭集序》真迹取下来，展放在桌上。萧翼看了一会儿，摇了摇头，指出很多瑕疵，肯定地说：“这本《兰亭集序》绝不是真的!”

秀才和尚愕然，已被萧翼一番的言论动了信念，反请萧翼把几件王羲之的真迹留下来，准备自己仔细比对。萧翼慷慨地答应了。

又过几天，萧翼打听到秀才和尚到山下施主家，于是他便来到秀才和尚的房间，对小和尚说：“我有块手帕丢在房里，我要进去找找。”小和尚见萧翼是常客，也就让他进去。萧翼进屋后，便将《兰亭集序》和自己带来的几件真迹一起席卷而去。

事后，秀才和尚因失去《兰亭集序》而忧郁成疾，年余便死了。

唐太宗设计赚此真迹，欣喜万分。他死后将《兰亭集序》作为陪葬品，带到昭陵内。以后，昭陵被掘盗，从此《兰亭集序》真迹下落不明。

萧翼的手段毒辣，连骗带偷，就这一点而言，为人所不齿。但如果萧翼没有抛出王羲之的几件其他真迹，也就无法知道《兰亭集序》真迹藏在哪里，即使要抢也无从下手。引饵投鱼术在此例中也起到了关键的作用。

谋之于阴，成之于阳

鬼谷子阐释了“摩”之术的具体方法，即“谋之于阴，成之于阳”。

“摩”之术的运用必须讲究技巧，为了顺利实现“摩”之目标，就不能暴露任何蛛丝马迹。要做到这一点，往往就需要采取“声东击西”的方法。

“声东击西”，是一种忽东忽西、即打即离、制造假象、造成错觉、乘机歼灭敌人的战法。唐朝杜佑在其所著《通典》中说：“声言击东，其实击西。”在我国古代兵书中，有关“声东击西”的论述是十分丰富的。《孙子兵法·势篇》有“故善动敌者，形之，敌必从之”。《淮南子·兵略训》指出，将欲西，而示之以东。《百战奇略·声战》：“声东而击西，声彼而击此，使敌人不知其所备。则我所攻者，乃敌人所不守也。”《三十六计》则将“声东击西”作为胜战谋略的第六计。这一谋略的核心在于我方通过佯动、伪装攻击方向，以造成敌人的错觉，吸引与分散敌军的兵力，打乱敌人的既定部署，保证真正找准自己的进攻方向，实现出奇制胜的目的。当然，这里的“声”与“击”并不局限在东、西两面，而是可以指任何两个不同的方向、路线、目标和对象，包括南北、前后、左右等。总之，是指声言进攻或佯动一面而实际进攻另一面的策略。

声东击西关键在于“声东”能够成功。历史上，不乏战争的一方因“声东”失策而导致此谋略未能奏效的例子。这就要求人们能够采取灵活机动的战术，巧妙地制造假象，假戏真唱，惟妙惟肖，促使对手的意志发生混乱；否则，就无法达到预期的目的。同时，应该看到，声东是关键，击西是目的。没有声东的掩护，击西难以得逞。在击西时要迅速出击，打击有力，一举成功。如果不能做到这样，一旦敌方发现自己受到蒙骗，就会迅速重新调整兵力部署，以阻挡真正方向的进攻，这样，“击西”的难度就会大增，严重时还可能功亏一篑。

西汉景帝时，吴楚七国叛乱，派重兵围困汉将周亚夫坚守的城池。叛军百般辱骂挑战，周亚夫坚不与战。当叛军向城东南角落发起进攻时，周亚夫立即命令自己的军队加强西北方向的守备。很快，叛军便使用主力进攻城西北。由于周亚夫早有防备，叛军的阴谋归于失败。

可见，在使用此计时，秘密与主动是处事的最高手段，不秘密的等于自己不设防；被动则处处受牵制。不管在战场、商场或政治舞台上，声东击西之计都时时可见，处处可用，花样很多，只不过是有的利用得好，干得很漂亮，有的使用不当，反而弄巧成拙罢了。

在现实生活中，声东击西的谋略经常被人们广泛运用到各个方面。美国有个大律师赫梅尔，曾经在一起赔偿案中代表某保险公司出庭辩护。在庭审中，原告声称：他的肩膀被升降机轴摔下来砸伤了，至今右臂仍抬不起来，要求保险公司按章赔偿巨额保险费。

赫梅尔和颜悦色地对这个人说：“请给陪审员们看看，您的右臂现在能举多高?”原告极其艰难地缓缓地将右臂举到齐耳的高度，面呈难色，以示不能再举高了。

“那么，您在受伤以前能举多高呢?”赫梅尔继续漫不经心地问。

话音刚落，只见原告不由自主地一下子将“受伤”的右臂举过了头顶。

所有的陪审员和在场的旁听者，顿时哄堂大笑起来。原告的诡计被彻底揭穿了。

赫梅尔是以原告的右臂能举多高的提问，进行“声东”，十分自然地吸引了对方的注意力。然后，在原告的注意力来不及转移时，突然“击西”，迅速攻破了对方的心理防线，使其当众出乖露丑，从而取得了辩护的胜利。

谋略典故：明修栈道，暗度陈仓

在军事上，“明修栈道，暗度陈仓”是“谋之于阴，成之于阳”的成功典范。

秦朝被推翻时，项羽、刘邦以及其他参加反秦战争的各路将领，齐聚商议胜利以后怎样割据国土。当时势力最强的项羽企图独霸天下，他表面上主张分地封王、分配领地，心里却已开始盘算，将来怎样一个个地消灭他们。

项羽对一般将领都没有什么顾忌，唯独对刘邦很不放心，他知道刘邦是最难对付的对手。之前，刘邦和项羽曾经约定：谁先攻下秦都咸阳，谁就在关中为王。结果，首先进入咸阳的偏偏就是刘邦。项羽不愿意让刘邦当“关中王”，也不愿意他回到家乡(今江苏沛县)一带去，便故意把巴、蜀(今都在四川)和汉中(在今陕西西南山区)三个郡分给刘邦，并封其为汉王，以汉中的南郑为都城。想这样把刘邦关进偏僻的山里去。而把关中划作三部分，分给秦朝的降将章邯、司马欣和董翳，以便阻塞刘邦向东发展的出路。项羽自封为西楚霸王，封地九郡，占领长江中下游和淮河流域一带广大肥沃之地，以彭城(今江苏徐州)为都城。

刘邦的确也有独霸天下的野心，因此对于项羽的分封当然很不服气，其他将领对于自己所分得的更小的地盘也都不满。可是，慑于项羽的威势，大家都不敢违抗，只得听从支配，各就各位去了。刘邦也不得不暂时领兵西上，开往南郑，并且接受张良的计策，把一路走过的几百里栈道全部烧毁。栈道，是在险峻的悬崖上用木材架设的通道。烧毁栈道的目的是为了便于防御，而更重要的是为了迷惑项羽，使他以为刘邦真的不打算出来了，从而松懈对刘邦的戒备。

刘邦到了南郑苦心“经营”，又得到逃离项羽而归附于自己的一位才能出众的军事家，那就是韩信。刘邦拜韩信为大将，请他策划向东发展、夺取天下的军事部署。

韩信的第一步计划是，先夺取关中，打开东进的大门，建立兴汉灭楚的根据地。于是派出几百名官兵去修复栈道。这时，守着关中西部的章邯听到了这个消息，不禁笑道：“谁叫你们把栈道烧毁的！你们自己断绝了出路，现在又来修复，这么大的工程，只派几百个士兵，看你们哪年哪月才得完成。”因此，章邯对于刘邦和韩信的这一行动，根本没有引起重视。

可是，不久章邯便接到紧急报告，说刘邦的大军已攻入关中，陈仓(在今陕西宝鸡市东)被占，守将被杀。章邯起初还不相信，以为是谣言，等到证实的时候，慌忙领兵抵抗，已经来不及了。章邯被逼自杀，驻守关中东部的司马欣和北部的董翳也相继投降。号称三秦的关中地区于是一下子被刘邦全部占领了。

原来韩信表面上派兵修复栈道，装作要从栈道出击的姿态，实际上却和刘邦统率主力部队，暗中抄小路袭击陈仓，趁章邯不备取得了胜利。这就是历史上有名的“明修栈道，暗渡陈仓”。

圣人独用

“其摩者：有以平，有以正，有以喜，有以怒，有以名，有以行，有以廉，有以信，有以利，有以卑。平者静也，正者直也，喜者悦也，怒者动也，名者发也，行者成也，廉者洁也，信者明也，利者求也，卑者谄也。故圣人所独用者，众人皆有之，然无成功者，其用之非也。”

在这里，鬼谷子阐述了实施“摩意之术”的手段。即要恰当地运用“摩意之术”，就需要掌握好“平正”、“喜怒”、“名行”、“廉信”、“利卑”等手段。

“平”，就是要让自己表现出心平气和且没有任何的追求和奢望，要让别人觉得一切都是那么的顺其自然、顺理成章，没有丝毫的歪理存在。

“正”，就是要让自己本身的正气体现出来，不存在任何的私心与杂念，毫不利己，专门利人，只有这样才不会引起他人的抵触与反感。

“喜”，就是做的事情要完全是对别人有益处的好事，这样才能讨得对方的欢心，而不至于被拒绝。

“怒”，就是当感情交流到某一程度时，将他人不高兴的事情披露出来，让其怒不可遏，在对方不能自控的时候，便可以捕捉到变化的征兆了。

“名”，就是当捕捉到变化的征兆之后，就要马上制订出相应的应变策略，然后告诉他其功过是非、成败利害，再观察变化征兆，最后再制订应变策略。

“行”，就是说当事情已经发展到可以实施谋略的某种程度时，就要不失时机地大胆实施。

“廉”，就是在实施谋略的过程中，要表现出完全是为了他人着想，而不是为了一己私利，要让别人自始至终都觉得自己永远是廉洁无私的。

“信”，就是要自始至终都诚实守信，言必行、行必果。

“利”，就是始终围绕“让别人获得好处”这个宗旨出发，让别人无法抗拒利益的诱惑。

“卑”，就是在别人面前要谦虚低调，不要锋芒毕露，争强好胜。

以上阐述的手段，似乎众人皆知，但实施起来往往是件不易之事，如果运用不得当，则会适得其反，导致失败。

谋略典故：班超发怒得实情

班超，字定远，安陵(今陕西咸阳市西北)人，东汉著名历史学家班固的弟弟。自张骞两次出使西域和汉武帝的两次对匈奴作战以来，汉朝有60多年没有和西域往来。这时，本已远迁西亚的匈奴又卷土重来，边关再次告急。心怀张骞之志的班超，在这时留下了“投笔从戎”的美谈。

东汉初年，汉明帝派大将军窦固率领大军西进攻打匈奴，班超也随军效力，为联络西域诸国共同对付匈奴，窦固派班超为使者到西域去。

公元前73年，班超奉命出使西域邦国鄯善（今新疆若羌），意在切断匈奴与鄯善的来往，巩固邻邦关系。

班超一行36人，历尽千辛万苦来到鄯善。开始几天，鄯善王对他们态度很友好，好酒好菜的伺候，可没过几天态度突然冷淡了很多。

班超猜想，一定是匈奴的使者听说汉朝派使者来了，他们暗中给鄯善王施加压力了，迫使鄯善王不敢接近汉朝的使者。这时，恰好鄯善王派侍者前来拜访。班超端坐堂上，故意装出一脸怒气的样子说："匈奴的使者来了几天了？住在什么地方？"

这件事本该是瞒着班超等人的，经班超这么一问，竟把鄯善王派来的侍者给唬住了。只见侍者吓得两腿不停地颤抖，面部肌肉也在哆嗦，连声音也因为太紧张而变了，颤抖着说："你们怎么知道的啊？他们已经到了三天了，驻扎在离这里三十里地的地方。这不关我的事啊！我只是奉命行事的……"

班超一看他吓得这副德性，知道自己猜想的没错了。为了防止走漏风声，他立即吩咐左右把这个侍者扣留了起来，然后召集36个随从商议对策。

班超对他们说："我们来到西域，无非是想立功报国。现在匈奴使者才到几天，鄯善王的态度就变了。如果他把我们抓起来，送给匈奴人，我们的尸骨也不能回乡了，你们看怎么办？"

大家一听，都气愤地握紧了拳头，纷纷说："如今到了紧要关头，我们听您的！"

班超环顾左右，手用力地在桌上一拍，神色凝重地说：

“好！不入虎穴焉得虎子！眼下只有一个办法，我们趁着黑夜偷袭匈奴使者的营地，对他们发动火攻，让他们摸不清我们的人数。他们一乱，我们就趁机把他们全部收拾掉！只要消灭了匈奴的使者，鄯善王就不得不听从我们对汉朝友好，我们也就能保存性命！”

大家异口同声表示赞同。

这天深夜，月黑风高，伸手不见五指，班超率领36个壮士每人佩戴一把利剑，悄悄地摸进了匈奴使者的营地。

深夜里，匈奴使者营地鼾声四起，连放哨的卫兵也抱着兵器在偷偷地打着盹，只有燃烧着的柴火堆轻轻地发出噼噼啪啪的响声。

潜伏在不远处的班超摸清了敌人帐篷的数量和卫兵的人数，班超回头吩咐，让10个壮士留在外面擂鼓呐喊制造声势，其他26个壮士跟随他冲杀进去，杀掉卫兵，放火烧营。

一时间，匈奴营帐大火熊熊，鼓声大作，鼓声、喊杀声响成一片。匈奴人从梦中惊醒，到处逃窜，大都作了班超等人的刀下之鬼。

战斗结束后，班超派人把鄯善王请来，叫他看匈奴使者的首级。鄯善王被吓得面如土色，班超乘机告诫他不得再与匈奴来往。匈奴使者死于鄯善，鄯善便开罪于匈奴，有嘴也说不清了。这样一来，鄯善国被逼上了一条路。鄯善举国惧震，遂决计与匈奴断绝关系，归附东汉。为了表示诚意，鄯善王还把自己的儿子送到洛阳去做人质。

班超把这一事件的经过报告给窦固，窦固很高兴，并替班超向朝廷请功。于是，班超被升为军司马，继续承担联络西域诸国的重任。

班超胆识过人，善于分析。西域各国虽然受匈奴控制，但各国对匈奴的态度是不同的。班超很会审时度势，分清敌友，攻心为上，在他手里，政治、军事、外交结合得很完美。班超不论伐交、伐谋、伐兵，都是得心应手，游刃有余。他智勇双全，随机应变，通过鄯善王对他们态度的前后变化，来判断其内心活动，揣测其必受匈奴左右。最后，班超用火攻的办法消灭了匈奴使者，促成了鄯善国与汉朝友好，维护了东汉边疆的稳定。

权 篇

权　篇

“权”，是度量权衡的意思。这是进行游说活动所采用的根本方法之一。在本篇中，鬼谷子全面阐释了“权”术的原则和方法。他认为，对游说对象的度量乃是游说之本。通过对方的言谈，可权衡出对方的智能、品性和欲望，找出其弱点作为游说的突破口，以实现自己的游说意图。要做到这一点并不容易。游说者不但要耳聪目明、智慧超人，还要拥有杰出的语言表达能力。

【经典原文】

说者，说之也[①]；说之者，资[②]之也。饰言者，假之也；假之者，益损也。应对者，利辞[③]也；利辞者，轻论[④]也。成义者，明之也[⑤]；明之者，符验也。难言者，却论也；却论者，钓几[⑥]也。佞言者，谄而于忠；谀言者，博而于智；平言者，决而于勇；戚言者，权而于信；静言者，反而于胜。先意成欲者，谄也；繁称文辞者，博也；策选进谋者，权也。纵舍不疑者，决也；先分不足[⑦]而窒非[⑧]者，反也。

故口者，机关[⑨]也，所以关闭情意也。耳目者，心之佐助[⑩]也，所以窥间见奸邪。故曰："参调而应，利道而动。"故繁言而不乱，翱翔而不迷，变易而不危者，观要得理。故无目者，不可示以五色，无耳者，不可告以五音。故不可以往者，无所开之也；不可以来者，无所受之也。物有不通者，故不事也。古人有言曰："口可以食，不可以言。"言有讳忌也。众口铄金，言有曲故也。

人之情，出言则欲听，举事则欲成。是故智者不用其所短，而用愚人之所长；不用其所拙，而用愚人之所工，故不困也。言其有利者，从其所长也；言其有害者，避其所短也。故介虫之捍也，必以坚厚；螫虫之动也，必以毒螫。故禽兽知用其所长，而谈者知用其所用也。

故曰辞言有五：曰病、曰怨、曰忧、曰怒、曰喜。故曰：病者，感衰气而不神也；怨者，肠绝而无主也；忧者，闭塞而不泄也；怒者，妄动而不治也；喜者，宣散而无要也。此五者，精则用之，利则行之。

故与智者言，依于博；与拙者言，依于辩；与辩者言，依于要；与贵者言，依于势；与富者言，依于高；与贫者言，依于利；与贱者言，依于谦；与勇者言，依于敢；与过者言，依于锐，此其术也，而人常反之。是故与智者言，将此以明之；与不智者言，将此以教之，而甚难为也。故言多类，事多变。故终日言，不失其类，而事不乱。终日不变，而不失其主，故智贵不妄，听贵聪，智贵明，辞贵奇⑪。

【难点注释】

①说者，说之也：所谓游说就是说服他人。

②资：资益的意思，也就是给人利益或贡献。

③利辞：权宜之计或暂时敷衍的言论。

④轻论：轻视好的言论。

⑤成义者，明之也：具有义理的语言，要阐明其真伪。

⑥钓几：诱出对方心中所隐藏的机微之事，几同机。

⑦先分不足：自己有所不足之处。

⑧窒非：责备他人的过错。

⑨口者，机关：嘴是表达或隐瞒意思的器官。

⑩耳目者，心之佐助：耳目帮助心搜集情报。

⑪听贵聪……辞贵奇：如听力好就不会真伪混乱，如智慧高就能辨别可否，如言辩巧妙就明辨是非。换言之，如果能发挥此三者就会成功，因此智者尊重此三者而不敢妄为。

【通俗译文】

所谓“游说”就是对人进行劝说。对人进行游说的目的，就是说服人。游说者要会粉言饰词，用花言巧语来说服他人。借用花言巧语说服别人，要会随机应变，有所斟酌。回答他人的问话，要会用外交辞令。所谓机变的外交辞令是一种轻俏的言辞。具有正义与真理价值的言论，必须要阐明真伪；而阐明真伪，就是要验证是否正确。责难对方的言辞，是反对对方的论调，持这种论调时，是要诱出对方心中的机密。

说着一些奸佞之话的人，会因谄媚而显得忠诚。说着奉承话的人，会因吹捧对方而显得有智慧。说着一些平实之话的人，由于果决而显得勇敢。说忧愁话的人，由于握着权，而显得有信用，而说稳重话的人，却由于能反抗而胜利。用华美的词藻来鼓吹欲望者，就是谄媚。用夸大与吹嘘来进献谋略，博取上司欢心的人，就是揽权者。前后进退而不犹疑者，就是果决的人。自已不对而又指责他人过错的就是反抗者。

一般说来，“口”就是人的“政府机关”，用它来封锁、宣传信息。耳目，就是心的辅助器官，用它来侦察奸邪。所以说，只要（口、耳、目）三者相互呼应，就会走向成功。

一般说来，虽有繁琐的语言并不纷乱，虽有翱翔之物并不迷惑人，虽有局势的变化并不危险，就是要在观物时，掌握要害。由此可知，没有眼睛的人，没有必要拿五色给他们看；同理，没有耳朵的人，没必要让他们听五音；所以不可以去的地方，不必让他们去；不可以来的人，也没有必要接受他们；有些行不通的事，就不要办。古人有言，说：“嘴可以吃饭，不可以说话。”说的是讲话是有忌讳的。警惕人言可畏，那是可以把事实歪曲的。

人之常情，只要自己说出话，就希望有人听，只要办事情就希望能成功。所以一个聪明人不用自己的短处而用愚者的长处。不用自己的笨处而用愚人的长处，这样就使自己永远不会陷于窘迫。说到有利的一面，就要发挥其长处，说到有害的一面，就要避其短处。因而，甲虫防卫，是用其坚硬的甲壳。而毒虫行动，一定用那有毒的螯子。连禽兽都知道用自己的长处，何况进谏的人，更应该会用游说术了。

所以说，在外交辞令中有五种情况：一是病态之言，二是幽怨之言，三是忧郁之言，四是愤怒之言，五是喜悦之言。一般地说来，病态之言是神气衰弱，说话没精神。幽怨之言是伤心痛苦，没有主见。忧郁之言是心情郁结，不能畅言。愤怒之言是轻举妄动，不能控制自己的话。所谓喜悦之言是说话自由散漫，没有重点。以上这五种外交辞令，精要者可以使用，有利者可以付之实行。

所以与智者谈话，就要以渊博为原则；与拙者说话，要以强辩为原则；与善辩的人谈话，要以简要为原则；与高贵的人谈话，要以鼓吹气势为原则；与富人谈话，要以高雅潇洒为原则；与穷人谈话，要以利害为原则；与卑贱者谈话，要以谦恭为原则；与勇敢的人谈话，要以果敢为原则；与上进者谈话，要以锐意进取为原则，这些都是与人谈话的原则。然而不少人却常常背道而驰。所以，与聪明人谈话时，就要让他明了这些方法，与笨人谈话时，就要把这些方法教给他。然而事实上很难做到。所以说谈话有各种方法，所论事情会不断变化。（掌握这些）终日谈论，也不会把事情搞乱。事情不断变化，也不会失其原则。故就智者而言重要的是要不乱不虚，听话善辨真伪，聪颖则善断是非，出言要变化莫测。

【本篇要义】

鬼谷子是先秦纵横家的开山祖师，精于游说之道，纵横家以审时度势、游说他人为己任。“权”，即权衡。“权术”，是指权衡利弊、进行游说的术法。本篇的主旨就是论述游说的原则和游说的方法，主张论辩以耳聪、目明、智俏、辞巧来征服对方。

“说者，说之也；说之者，资之也。”鬼谷子说，所谓的游说，即对别人进行劝说，游说的目的就是让别人信服。要达到让别人信服的目的，则必须依靠巧妙的语言，依靠“饰言”，依靠外交辞令，深入对方心底，打动对方，以此获取游说的成功。

口是游说的发出器官。“口者，机关也，所以关闭情意也。耳目者，心之佐助也，所以窥间见奸邪。”口乃心之所发，心要靠口来封锁和宣传信息，言语是游说的手段。因此，必须握紧这个重要的关口，或开或闭，相时而动。耳朵、眼睛是口的重要的辅佐，口、耳、目三者相互呼应，就会走向成功。即使有繁琐的语言也不会纷乱，即使思绪纷飞言辞也有一定的中心，即使有局势的变化也并不危险，就是因为耳目“观要得理”，掌握要害。既然口有这样的重要性，就不得不谨慎人言了。所谓“人言可畏，众口铄金”，普通人的一张嘴算不了什么，但如果众口皆如此，那人言就可畏了，因为舆论的力量是异常强大的。

选择对象乃是游说之本，通过对象的言辞可以推测他的内心世界、品性、愿望。而我方也要凭借自己的长处，控制对方。就像人们办事总是希望成功一样，进行游说，总是希望别人信服。要达到这些，就必须用其所长、避其所短。“禽兽知用其所长，而谈者知用其所用也。”连动物都知道用自己身体的优势来攻守，何况人呢?

鬼谷子在本篇讲述了与人沟通的原则：与智者谈要渊博，与拙者说要强辩，与善辩者谈要简要，与高贵者谈要鼓吹气势，与富人谈要高雅潇洒，与穷人谈要利害，与卑贱者谈要谦恭，与勇敢者谈要果敢，与上进者谈要锐意进取。这些都是进行游说所必须事先熟知的法则，即便是在当今社会的推销行业中，这些游说法则也是优秀的推销员所必备的素质。

纵横家以口才闯天下，作为领袖或事件的决策者，不仅要有精明的头脑、渊博的学识、审时度势的能力，而且要有善辩的语言应变力和口若悬河的表达力，即雄辩家的才华。如无此才，难以成功，古今中外皆然。

【智慧评析】

饰言，应对，成义，难言

本文一开篇，鬼谷子首先讲述了游说的目的。“说者，说之也；说之者，资之也。”游说的目的就是要说服对方，而说服对方的目的是要从对方那里有所收获，得到自己想要的东西。

接着，他讲述了游说的基本方式。由于说服对象不同，目的也不同，形势环境也不同，游说也存在不同的类型，以适应对方的情况。分别是“饰言”（修饰言辞、注意语言的增删）、“应对”（回答别人问话，言辞简洁）、“成义”（言辞成理，辨明真伪）、“难言”（双方意见不合时诘难对方）四种。饰言，是为了避开心理阻力而采用修辞和逻辑手段，或运用寓言等等旁敲侧击，晓谕对方，以改变其思维方式和行为趋势。应对，在论辩、外交、礼仪场合、观点争论中要求简洁、准确、有力地回答对方的问题，语言明快，对答如流才能制服对方。成义，提出主张，说明道理，要求观点鲜明，论述清楚，并要有事实证据，才会有说服力。难言，提示对方语言逻辑的漏洞、观点上的错误，从而挫其锐气达到否定对方观点的目的，使对方不得不接受自己的主张，有时候则是为了诱使对方暴露深层的思想。

苏秦是鬼谷子门徒，善于游说。他曾以一席话换来十座城。由此可知纵横术的价值。

秦惠王将女儿嫁给燕国太子。这一年恰巧燕文侯去世，太子继位。齐宣王就趁燕国国丧出兵攻燕，占据了十座城。

燕王对苏秦说：“当初你来到燕国，我父亲帮你，使你见到赵王，才完成六国合纵的大业。如今齐国却先攻打赵国，然后又攻打燕国。你主持六国合纵的大业，天下都在笑你。你能为燕国取回齐国侵占的土地吗？”

苏秦很惭愧地说：“请让我为大王效劳。”

苏秦去见齐王。一拜再拜，先低头庆贺，然后仰头哀悼。齐王说：“怎么一下子庆贺，一下子又哀悼呢？”

苏秦说：“我听说饥饿的人之所以不吃乌头（一种可入药的有剧毒的块根作物），是因为吃了与饿死没有两样。现在燕国虽然弱小，却是秦王的女婿。您得了燕国的十座城值得庆贺，但隐藏着祸。因为大王贪图燕国十座城，却与强大的秦国结仇；就好像燕国是雁阵，却没有想到，秦国躲在背后，而招来天下的精兵，这不等于是饥饿的人吃乌头一般吗？”

齐王说：“那该如何是好呢？”

苏秦说：“我听说，古时候善于处置事物的人，能转祸为福，反败为胜。大王如果真听我的，就立刻归还燕国的十座城。燕国想不到能回收十座城，一定十分高兴。秦王如果知道因为秦国的关系而归还燕国的城，也一定高兴。这样齐国少了仇人而得到知交。而一旦燕和秦都臣服了齐国，那么大王号令天下，谁敢不从？这是大王用空话附和秦国，而用十座城取得天下。此乃是在完成您称霸的大业。”

齐王说：“好啊！”

于是齐国就把十座城归还给燕国了。

其实，当今的推销行业是和劝说之道分不开的，推销无非是劝谏客户接受自己的商品或服务。孔子子说过：“言不顺，则事不成。”在销售行业中，如何与客户有效地交谈是一项很重要的商业技能，这就需要借鉴古代智者的劝谏之道。

一次，林经理请客户小王吃饭，由于客户小王与客户小谢关系很好，于是便一起邀来吃饭。

席间，林经理夸夸其谈，说自己的公司如何大，自己的本事如何高，又如何会做生意，等等。而客户小谢是个性情中人，当林经理说到“没有我搞不定的客户”时，小谢一拍桌子，指着林经理说道：“你要是这样说的话，那你就肯定搞不定我！”果不其然，林经理至今也没将客户小谢搞定。

这位林经理不是没有能力，而是忽略了说话的细节，“没有我搞不定的客户”是一句具有挑衅意味的话，直白而盛气凌人，结果造成了不必要的损失，这种例子实在应该引以为戒。

客户是上帝，甚至是被宠坏的上帝，在与客户交谈时，注意说话的策略就显得尤为重要，因为你的每一句话都会使客户产生不同的心理反应。要让别人知道，自己所说的每一句话都是经得起推敲和验证的，都是一心一意为了“他好”，经过不动声色的诱发“变化”、引导“变化”来朝着对我们有利的方向发展，从而最终达到预期的目的。

谋略典故：庄子饰言说赵惠文王

战国时期，赵惠文王(公元前 298 ~前 266 年在位)有一段时间非常喜好剑术，甚至到了痴迷的地步。他的王宫内供养有 300 多名剑客，昼夜在他面前表演击剑。一年下来，剑客死伤的就有 100 多人。

乐在其中的赵惠文王并没有认识到自己的这些过错，依旧命令剑客相互争斗，以取悦自己。又过了数年，剑客的死伤更是不计其数。

同时，由于赵惠文王沉迷于剑术，荒废了国事，眼见赵国一天天衰落了下来。

其他的诸侯国见到赵国的衰落，觉得有隙可乘，便都想落井下石，趁机吞并它。

太子悝看到自己的国家沦落到如此地步，便召集左右的人宣布："有谁能够说服国王，使他停止观看击剑，我便赏赐他千金。"

左右亲信却异口同声地对太子悝说："庄子可以使国王命令剑客停止击剑。"

太子悝久闻庄子之名，又见左右一致推荐庄子，可谓英雄所见略同，便立即派人带着千金去请庄子。

庄子辞金不受，和使者一起来到赵国。

太子喜不自禁，亲自出门迎接，以上宾之礼接待他。

庄子对太子说："太子有什么事指教于我呢?"

太子回答说："听说先生睿智聪明，才奉送千金。先生却不肯接受，我怎么敢有劳您呢?"

庄子说："听说太子请我的目的，就是想让我劝国王放弃他的喜好。假使我向上劝谏大王，违背了大王，不能成功，下又不能迎合太子的旨意，就会被处死，那么要千金有什么用呢?如果我上能说服大王，下能迎合太子，那时我要求什么，还有什么不能得到呢?"

太子见庄子这么说，也就不再提起奉送千金的事了，于是便对庄子说："大王所接见的，都是剑客，您怎么才能够见到大王呢？”

庄子回答道：“我扮作剑客就可以了，因为我也会用剑。”

太子说：“大王所接见的剑客，都是帽子低垂，冠缨粗实，蓬头垢面，穿着短小的衣服，怒目圆睁，出口相互谩骂，这样大王才喜欢。如果您穿着一身儒服去见大王，恐怕不太妥当吧。”

庄子便对太子说：“那就请您准备好剑客的服装。”

太子准备好服装，庄子穿上后，便同太子一起去宫内见赵惠文王。

庄子昂首挺胸，走进殿门，见到赵惠文王并不下拜。

赵惠文王问道：“你有什么话可以指教我？”

庄子说：“我听说大王喜欢剑客，所以以剑术来与大王切磋。”

赵惠文王说：“你的剑法有何独到之处，怎样能够制服对手？”

庄子说：“我的剑法，十步以内便可击败对手，横行千里不会受到阻拦。”

赵惠文王听了，高兴地说：“这么说来，你是天下无敌了。”

庄子说：“用剑的方法应先示以虚空，给人以可乘之机，而后抢先出手，制服对方。请大王允许我试一试。”

赵惠文王说：“请先生先到馆舍休息，等我安排好击剑比赛，再来请先生。”

赵惠文王让选出的剑客持剑侍立于殿下，再派人请来庄子。

赵惠文王对庄子说：“今天准备请你和剑客对剑。”

庄子回答说：“我已经盼望很久了。”

赵惠文王问道：“先生所用何剑？长短怎么样？”

庄子说：“我长剑、短剑都可以用。我有三种剑，任凭大王选用，请大王听我说完，然后再试剑也不迟。”

赵惠文王说道：“那你就先介绍一下三种剑吧。”

庄子回答说：“我的三种剑，乃是天子之剑、诸侯之剑、庶人之剑。”

赵惠文王听了，好奇地问道：“天子之剑是怎么回事？”

庄子说：“天子之剑，以燕国的燕羚石城作为剑端，齐国的泰山作为剑刃，晋国、卫国作为剑背，周朝、宋国作为剑口，韩国、魏国作为剑把；以四夷包裹，以四时相围，以渤海环绕，以恒山为系带。以五行相制，以刑德来判断，以阴阳为开合，以春夏来扶持，以秋冬来运作。这种剑，直之无前，举之无上，案之无下，上可决断浮云，下可绝断地维。这种剑一旦使用，便可以匡正诸侯，降服天下，这就是天子之剑。”

赵惠文王听了，茫然若失，神情呆滞，过了一会儿才问道：“诸侯之剑，是怎么回事？”

庄子说：“诸侯之剑，以智勇之士作为剑端，以清廉之士作为剑刃，以贤良之士作为剑背，以忠贤之士作为剑口，以豪杰之士作为剑把。这种剑，直之亦无前，举之亦无上，案之亦无下，运之亦无旁，上效圆天以顺应日、月、星三光，下效方地以顺四时，中央和睦民意以安顿四乡。此剑一用，如雷霆般震撼四方，四境之内，无不臣服而听奉于王命。这就是诸侯之剑。”

赵惠文王听了，又沉思了良久，接着问道：“那么庶人之剑，又是怎么回事？”

庄子回答说："庶人之剑，低垂帽子，冠缨粗实，蓬头垢面，穿着短小的上衣，怒目相视，相互谩骂。然后，你来我往，争斗不已，上斩颈项，下刺肝肺。这就是庶人之剑，就与斗鸡相似，一旦丧命，对国家没有任何好处。如今，大王拥有天子之位，却偏偏喜好庶人之剑，连我都替大王感到不值得。"

赵惠文王听罢，恍然大悟，亲自牵着庄子的手步入殿堂，向庄子表示敬意。庄子对赵惠文王说："大王请休息吧，关于三种剑我已经说完了。"

于是，从此以后，赵惠文王再也没有观看过斗剑。

庄子之所以能够说服了赵惠文王，实际上就是巧妙地运用了鬼谷子所说的"饰言者，假之也；假之者，益损也"。赵惠文王并不是一个昏君，只是一时玩物丧志而已，所以他能够从庄子的话中听出三种剑各自的内涵是什么。当他明白话中另有乾坤后，便毅然决然地放弃了曾经喜好迷恋的东西，重新理政，实在难能可贵。当然，这与庄子博学多识、洞悉万象的能力以及循循善诱、言有尽而意无穷的口才是分不开的。

佞言，谀言，平言，戚言，静言

在阐述了游说的目的和基本方式之后，鬼谷子进而论述了运用语言游说的技巧，有五种：佞言、谀言、平言、戚言和静言。佞言是在游说过程中，顺着对方的心理需要，强调共同点，采用花言巧语，讨好对方，取得对方信任使对方接受自己的观点；谀言是引经据点，纵横健谈，来显示自己的知识渊博，采用不实之词褒奖对方，来取信对方；平言是指采用平实公正的言词，以果断不疑的方式增强言语的严肃性；戚言是有意识地采用忧患的言辞，通过权诈的方式来显示自己了解对方的想法，并善于权衡得失，善于进谋；静言是采用稳重沉着的言辞，以进为退的方式来取得游说的胜利。

佞言、谀言其实就是奉承话。自古以来，对于喜欢说奉承话的谄媚之徒，人们一般都比较反感。但是奉承话有时并不是毫无用处。赞美的语言永远是人际关系的润滑剂，现代紧张枯燥的生活中，赞美的语言可以缓解一个人紧张的神经，给生活带去一份美丽。赞美话让人自信，但如何来说好赞美话，就要看自己如何把握了。

罗杰斯是某皮革公司的销售经理，一次，他向客户介绍完他们的一种新产品后，微笑着问对方："您认为我们公司的产品如何?""啊，我非常喜欢，但是我想它是非常贵的，我应该为它付出一个非常高昂的价格，在您之前我就听说过。"罗杰斯微笑着说，"看来您是一个非常有贸易经验的人，而且懂得皮革和兽皮。您猜想它的成本是多少?"那人受到赞美，回答说他认为可能是 45 美分一码。"您说得对。"罗杰斯用惊奇的眼光看着他说："我不知道您是怎样猜到的?"结果，罗杰斯以 45 美分一码的价格获得了他的订货单，双方对事情的结果都很满意。而罗杰斯绝不会告诉他的客户，公司最初给产品的定价是 39 美分一码。

在生意场上，赞美话有说不尽的妙用。在销售产品的过程中，适当地赞美别人，让别人觉得他自己很聪明，就可能做成生意。罗杰斯的故事就告诉了我们这一点。

在现代商业社会中，为了争取更大的利益或避免更大的损失，有时难免要有一番唇枪舌剑。善于灵活运用各种语言技巧的人，无疑会占据先机。

谋略典故：甘茂佞言避祸

鬼谷子在《权篇》中提到的五种运用语言游说的技巧中，第一种便是佞言。佞言是指在摸清对方心理的基础上，强调共同点，采用巧妙的言词，取得对方的信任。甘茂出征韩国，为保后顾无忧，便使用佞言的方式，与秦武王订下了息让之盟，终于保证了自己的安全，并攻下了韩国宜阳城。

秦武王雄心勃勃地想完成统一天下的大业。一天，他召集左丞相甘茂、右丞相樗里疾商讨攻打韩国的事，问哪一个丞相愿意带兵出征。右丞相不同意。左丞相说："要攻打韩国，必须联合魏国才有力量。魏王那里，我可以前去游说。"秦武王同意了甘茂的建议。

甘茂很有口才，很快说服魏王一起发兵攻韩。可是，他担心樗里疾在秦武王面前搞小动作，到时攻韩不成还会丢了性命。于是派人向秦武王汇报说："魏王已同意出兵，我们是不是改变主意放弃攻打韩国为好?"秦武王得不到要领，亲自赶到息让这个地方，找到甘茂，问他为什么改变了主意。甘茂说："战胜韩国并不是一件轻而易举的事，我国要消耗很多财力，也不是几个月就能结束战争的。如果中途发生了什么变故，不是要前功尽弃吗?""有你主持带兵打仗的一切事务，还担心什么变故呢?"秦武王不以为然地说。

"有些事情的发展是现在难以预料的，历史上曾经有过这样一件事：一个跟孔子的门生曾参同名同姓的人闯祸杀了人，有人去报告曾参的母亲说：'曾参杀人啦!'曾参的母亲正在织布，听了头也不抬地说：'我的儿子是不会杀人的。'过了一会儿，又有人来报告说：'你的儿子曾参杀人啦!'曾母仍旧不相信儿子会杀人。第二个人刚走，第三人又来报告说：'曾参杀人犯了大罪，官府来捕人啦！’这次曾母相信了这个谣言，吓得扔下梭子躲了起来。”“左丞相对寡人讲这个故事，与出兵夺取韩国有什么联系呢？”秦武王不明白甘茂葫芦里卖的什么药。

“道理很简单，”甘茂解释说，“如果我率领千军万马离开大王身边去攻打韩国，说我坏话的人一定大有人在，万一大王也像曾参母亲那样听信谗言，我的后果可以不去说它，夺取韩国的大业一定也会付之东流了。”秦武王想了想说：“为了让你带兵作战，没有后顾之忧，我一定不听别人的闲言碎语，如若不信，可以给你写个凭证。”

接着，秦武王和甘茂订了一个盟约，就藏在息让。甘茂被拜为大将，领兵五万，先打宜阳城。没想到过了五个月都没把城攻下来，右丞相趁机对秦武王说：“甘茂拖延这么长时间，莫非要搞兵变或投降敌人？”秦武王经不住右丞相的挑唆，下令甘茂撤兵。甘茂派人给秦武王送去一封信，上面只写着“息让”两个字。秦武王拆开一看，知道自己轻信谗言动摇了攻韩的决心，觉得很对不起甘茂，于是增兵五万开赴前线，终于攻下了宜阳城。

甘茂能够预料到可能会受到小人的攻击，提前警醒了秦武王，免除了自己的后顾之忧，得到了秦武王的信任和支持，最终攻下了宜阳城。

在这里，甘茂就是以“佞言”为主争取到秦武王信任的。他首先摸准了秦武王可能被馋惑的状况，然后采取“曾参杀人”这个小例子巧妙地使秦武王产生了认同，使秦武王感受到他的忠诚，立下盟约，从而使得甘茂攻韩的计划得以顺利进行，并最终取得成功。

口可以食，不可以言

“‘口可以食，不可以言’。言有讳忌也”，古人认为：口可以用来吃饭，但不能用它讲话，这是因为语言中存在许多别人忌讳的东西，言多必失。对看不明白者不能强迫其看；听不明白者，不能强行让其听。不同意你的观点的人，不要贸然说服，没有开窍的地方更加不可前去游说。把握适当的时机，选取合适的地方，才不至于让自己陷入被动的境地。

在古代，君主自称是天子，是九五之尊，所以和君主说话，必须格外小心，尤其不能提及君主有所忌讳的事情，否则就可能招致杀身之祸。

朱元璋是明朝的开国皇帝，他出身贫寒，早年当过和尚，后来登位做了皇帝，他便忌讳人家再提这件事。结果很多人竟因无意中触到明太祖当和尚的“隐私”，而遭受横祸。

文人李仕鲁，因谏太祖惑于僧言，朱元璋便命武士把他摔死于阶下。朝臣陶凯，因为取了一个别号“耐久道人”，所以犯忌被杀。杭州教授徐一夔，上贺表拍朱元璋的马屁，文中有“光天之下，天生圣人，为世作则”等语，朱元璋看了大怒说：“生者僧也，讥我尝为僧也，光者无发也，则字音近贼也，”徐一夔遂被杀。僧人来复谢恩诗中说：“殊域及自惭，无德颂陶唐。”朱元璋看了后说道：“汝用殊字是谓我为歹朱也，又言无德颂陶唐，是谓我无德虽欲以陶唐颂我而不能也。”遂被斩。外戚郭德成是太祖宁妃的哥哥，是朱元璋的妻舅。有一天他与朱元璋同饮，酒醉后揭去帽子给太祖叩头。因为郭德成的头顶已没头发，朱元璋便取笑他说：“醉汉头发秃到这样，莫不是酒喝多了?”郭德成正在酒兴上，便也开玩笑地回答：“就这样还嫌多呢！剃光了才痛快。”朱元璋听了，脸上不悦，不再说话。第二天郭德成酒醒，知道不妙，可是无法挽回，只好索性真的剃光了头，假装发疯，这才侥幸免祸。

在日常的生活和工作中，很多人都有个通病，就是喜欢谈论别人的是非。结果，这些议论一不小心就会成为了别人的跳板，或者被别有用心的人听去，再添油加醋地传出去，那麻烦可就大了！

小史是一家文化传播公司里颇有才气的策划，平日里有点儿恃才傲物，总是对老板的创意不屑一顾，认为老板的水平很差，所以不免经常在老板背后跟同事们流露出对老板创意的鄙弃。这些话很快就被同事传到了老板的耳中，于是老板主动找他谈话，诚恳地让小史说出对自己的创意有什么意见，对公司的业务有什么建议。此时的小史却支支吾吾地谈不出什么内容。如此一来，这位心胸还比较宽广的老板认为小史简直就是一个两面三刀的人，当面不讲，却在背地里大放厥词。因此老板对小史的道德人品产生了怀疑，后来开始冷落小史，重要的策划方案从此再也没有交给小史来做，不久，小史就黯然离开了公司。

背地里议论别人很容易让人认为你是一个两面三刀的人，人品有问题。在工作中，由于每个人考虑问题的角度以及处理问题的方式难免存在差异，对别人的作为有看法，有意见，是在所难免的。但却不能就此到处宣泄，否则经过几个人的传话，即使你说的是事实，也会越传越变味，等到当事人听到时，那些话已经不是你的原话了。

丽美就有过这方面的教训。那还是几年前的事了，当时她在一家公司当文书，公司的几个主管都比较喜欢她，也愿意与她交谈，而且经常让她替自己办一些私事。公司的一位副总对她也极为信任，有时甚至把领导之间的一些事情也讲给她听。

那时丽美还很年轻，听到这些事觉得新鲜、好奇，所以后来在与一个十分要好的同事闲谈时就把副总讲的事情说了。没想到，她的那位朋友把她告诉自己的话一五一十地转达给了副总，后来她这位朋友如愿以偿地升了职，而丽美则在副总找她作了一番貌似肯定实则否定的谈话以后，离开了公司。

一个人若要获得别人的赏识和器重，就不能个性孤僻，独守一隅，而要敢于表现自己的才华。不过，在表现自己时仅有大胆是不行的，更重要的是必须把握好表现的时机。过分张扬，锋芒太露，不会有好结果。如果给人以自以为是、爱出风头的感觉，必将招致他人的反感。

三人成虎的典故很好地说明了“众口铄金，积毁销骨”。

战国时期，魏王和赵王订好条约，魏王送儿子去赵国做人质，派大夫庞葱陪同，定于某日起程赴赵都邯郸。

临行时，庞葱向魏王提出一个问题，他说：“如果有一个人对您说，我看见闹市熙熙攘攘的人群中有一只老虎，君王相信吗?”魏王说：“我当然不信。”庞葱又问：“如果是两个人对您这样说呢?”魏王说：“那我就半信半疑了。”庞葱紧接着追问了一句道：“如果有三个人都说亲眼看见了闹市中的老虎，君王是否还不相信?”魏王说道：“既然这么多人都说看见了老虎，那证明肯定确有其事，所以我不能不信了。”

庞葱听了这话以后，深有感触地说：“果然不出我的所料，问题就出在这里！事实上，人虎相怕，各占几分。具体地说，某一次究竟是人怕虎还是虎怕人，要根据力量对比来论。众所周知，一只老虎是决不敢闯入闹市之中的。 如今君王不顾及情理，不深入调查，只凭三人说有虎来到闹市，您就确认无疑，要是等我到了比闹市还远的赵国，您要是听见三个或更多不喜欢我的人说我的坏话，岂不是要断言我是坏人吗？临别之前，我向您说出这点疑虑，希望君王一定不要轻信人言。”

庞葱走后，一些平时对他心怀不满的人开始在魏王面前说他的坏话。 时间一长，魏王果然听信了这些谗言。 当庞葱从邯郸回魏国时，魏王再也不愿意召见他了。 可见，“众口”的力量是多么大啊！

“‘众口铄金’，言有曲故也”，原意是说众口一致的言辞可以把金属熔化，其原因是由于语言的偏差和曲解造成的。 如此看来，妖言惑众，流言蜚语多了，确实能够毁掉一个人。 随声附和的人一多，白的也会被说成黑的，真的也会被说成假的。真可谓“众口铄金”。 所以我们对待任何事情都要有自己的分析，最好不要轻信于人，更不可人云亦云，否则就可能会被假象所迷惑。

谋略典故：杨修之死

三国时期，太尉杨彪之子杨修，是位远近闻名的才子。 他博学能文，反应机智，聪颖过人，曾在曹操的丞相府担任主簿一职。

不过，也正是因为杨修出身名门，又精通诗文，所以不免恃才傲物，锋芒毕露，喜好斗智逞才。 他很善于揣摩曹操的心思。 有一次，曹操命人修造了一所花园，竣工之后，他去视察，觉得不错。 只是临走时在花园门上写了一个“活”字。 大家都不明白是什么意思，杨修对园人说：“‘门’里添一‘活’字，就是‘阔’，丞相是嫌花园门太宽了。”众人听了都觉有理，于是便把门改窄了一些，果然等曹操再次来参观时，发现这一改动后，连声叫好。

又有一次，有人给曹操送了一盒酥来。曹操在盒上写了“一合酥”三个字，便放在了案头。杨修进来看见后，竟然同大家分着吃了。曹操问他为什么这样做，杨修答道：“盒子上明明写着‘一人一口酥’嘛，我们怎么能够违反丞相的命令呢?”曹操听了，表面上呵呵一笑，实际上心里却对杨修的这种自以为是与诡辩有些反感。

曹操怕遭暗杀，常常吩咐左右侍从：“我经常在梦中杀人。我睡着时，你们千万别靠近我。”某次，曹操午睡时被子掉在地下了，一个近侍忙走上前去拾起来给他盖上，不料曹操却跳起来一剑杀了那个近侍，又上床去睡。半晌，他起床后，假装吃惊地问道：“什么人杀了我的近侍?”左右如实回答。曹操放声痛哭，命人厚葬。

大家也都以为曹操真的是在做梦时杀人，杨修却在下葬时指着那个冤死鬼叹气道：“丞相并没有做梦，你才在梦里头哩!”曹操知道后，对杨修更加忌讳了。

曹操想考验曹丕、曹植的才干，下令他们都各自出城门，暗中却命人吩咐门吏不准放行。曹丕先到，门吏阻挡，他只得退回。曹植于是问杨修怎么办，杨修说：“君奉王命出城，如果有人阻挡，就可以抗王命为由杀了他!”曹植依言到了城门，门吏又上前阻拦。曹植大声叱责道：“我奉了魏王之命出城门，谁敢阻挡?”便拔剑杀了门吏。

曹操听了认为曹植果断、有才干，想立他为世子。但亲近曹丕的人却告诉曹操：“这都是杨修教的!”曹操非常恼怒，有一种被愚弄的感觉。从此，他更恨杨修，连带着也不喜欢曹植了。

后来曹操与蜀军作战时，因蜀军坚守，久攻不下，曹操进退两难，但又不愿就这样轻易退兵。一天晚上，庖官给曹操送来了鸡汤，他正喝着时，部将夏侯渊走进帐来，询问当晚夜间巡逻的口令。曹操看着碗里的鸡骨头，随口说道："鸡肋！鸡肋！"

杨修听了，便回去吩咐随行的军士各人收拾行装，作好撤军的准备。夏侯渊便问原因，杨修解释道："鸡肋鸡肋，食之无味，扔了又可惜。如今我军前进不能取胜，后退怕人耻笑，滞留此地无用，不如早点回去。主公也不想在此恋战了，我想明天他就会下令班师，所以早做准备，免得临时慌乱。"

当时，曹操正好睡不着，到各营巡察，见大家都在准备行装，便问夏侯渊何故。夏侯渊如实回禀："杨主簿已先猜知大王想撤军回去的心意。"曹操把杨修叫来询问，杨修以鸡肋之意答对。曹操听了无明火起，说道："你怎么敢胡乱造谣扰我军心！"说完，便喝令刀斧手将杨修推出去斩首。杨修死时才34岁。

杨修之死，果真是由于犯了军法吗？显然不是。他千不该、万不该的就是在该糊涂时却锋芒毕露。人生在世，善于揣摩，明察世事，洞悉人心，的确可以减少行动的盲目性，避开人生道路上的暗礁险滩，使你走得更加稳健。然而总是希望自己能看透别人而不想自己被别人看透，这是一种自我保护的本能。从某种角度来说，不分情况而揣摩、刺探别人的秘密是一种侵犯行为，一旦对方察觉，轻者引起反感，重则招至灾祸，"杀人灭口"的举动正是这种情形的极端表现。曹操杀杨修，哪里是因为他动摇军心，实在是恐于他太聪明了，屡犯其心中最隐秘的禁区。

此其术也，而人常反之

鬼谷子认为，与智者、拙者、辩者、贵者、富者、贫者、贱者、勇者这些不同类型的人交谈，所使用的方式是截然不同的。现实生活中，说话不光要看一个人的贫贱、富贵、智拙，还要根据他的生活环境、性格特征来综合考虑。

春秋时，孔子周游列国，走累了，在路上休息。他的马逃脱了束缚，吃了别人的庄稼，农民把马牵去了。子贡请求去说服那个农民，孔子同意了。子贡是当时著名的雄辩家，可他把什么话都说了，农民就是不理他那一套。有个刚刚跟随孔子学习的郊野之人，请求孔子让自己去。他对那个农民说："您不是在东海种地，我不是在西海种地，我的马怎么可能会不吃你的庄稼呢?"那农民很开心，对他说："说话都像你这么清楚就好了，怎么能像刚才那个人那样!"说完，解开马的缰绳就给了他。

不同生活背景和文化背景的人会有不同的思维定式，对于圈内的人来说，相互理解起来更容易，但对于圈外的人来说，却几乎无法沟通。因此，交谈之前要先了解对方，才能达到有效的沟通。

电话机的发明人贝尔有一次来到他的朋友、大资本家许拜特先生的家里，希望他能够对他的新发明投点资。但他知道许拜特脾气古怪，向来对赞助电气事业不感兴趣。怎么能让他产生兴趣，并热心于对此投资呢？两人见面寒暄一阵之后，贝尔并没有立刻向许拜特解释他的发明，也没有说明预算和预期利润。

他坐下来，轻松地弹起了客厅里的钢琴。弹着弹着，他忽然停了下来，对许拜特说："你知道吗，如果我踏下这块脚板，向这钢琴唱一个声音，这钢琴便会跟着我学。譬如我唱一个DO！这钢琴便会应一声DO！你看这事有趣吗?"许拜特放下手中的书本，好奇地问："这是怎么回事?"于是，贝尔详细对他解释了一些科学原理。结果，许拜特非常乐意为贝尔提供一部分实验经费，令贝尔如愿以偿。

鬼谷子所说的"与富者言，依于高"，在贝尔对许拜特的游说过程中得到了验证。假设贝尔一上来就大谈他的发明能带来多少利润，可以想象，这很难引起许拜特的兴趣。因为成功的商人都有自己的原则，他们只投资于自己所熟悉的领域，对于自己不了解的领域，一般不会贸然投资。而贝尔巧借科学的魅力征服了许拜特，让他慷慨解囊。

谋略典故：孔子因人施言

《权篇》讲的是如何判断情势，从而运用合适的语言技巧说服对方。古代游说之士之所以能取得成功，都是掌握了不同情势，根据不同人的特点施言的结果。古之圣贤孔子，也善于根据学生的不同特点，施以不同说教，这就是善于权衡的说辩方法。

有一天，孔子的学生子路问孔子："闻斯行诸?"意思是说：听见了应该做的事情是不是马上就要去做？孔子回答说："你家里还有父兄在，得先去问问他们再说。"

过了几天，孔子的另一学生冉有也有同样的问题，他问孔子："老师，听见了应该做的事情就要马上去做吗?"孔子回答说："对，应该马上去做。"

对同一问题，孔子作了截然相反的回答，孔子的学生公西华感到很奇怪，他带着疑惑不解的心情问老师：“先生，子路问您听到了应该做的事情是不是要马上去做，您回答说要回家请示父兄。可是冉有问您同样的问题，您却回答说马上去做。您的回答前后不一样，我不明白其中的道理。”

孔子回答说：“子路这个人常常争强好胜，性情急躁，所以我得约束他一下，让他凡事谨慎一些。冉有这个人遇事常常畏缩不前，所以我要鼓励他办事果断一些，叫他看准了立即去办。”听了老师的话，公西华恍然大悟。原来，孔子平时十分留意各个学生的性格、爱好、特长，注意因材施教。

有一次，孔子要子路、冉有分别谈一下自己的志向。子路立即站起来表示：“如果要我去治理一个拥有战车千乘，遇到战乱饥荒的国家，只要三年，我就能治平天下，使百姓安居知礼，士卒勇敢善战。”而冉有想了半天才说：“如果让我去治理一个小国，我大概三年之后，就可以使老百姓得到温饱，至于建立礼乐制度，那还要等待君子去做。”他们两人的回答，正好暴露了一个急躁、一个畏缩的性格特征。孔子平时就十分留意观察，故方能因人施言。

谋　篇

谋 篇

“谋”是“计谋”，意思是施展谋略计策，本篇的主旨是如何针对不同的人或事去设立和使用计谋，以达到自己的目的。在谋略的运用中，除了掌握技巧方法外，还应懂得公开运用不如暗中实施、遵循常理不如出奇制胜，因为谋的目的在于控制游说对象，而不是受制于人，使人在出乎意料、不知不觉中便达到自己的目的。 这才是运用智谋的高明之处。

【经典原文】

为人凡谋有道，必得其所因，以求其情[①]。审得其情，乃立三仪。三仪者，曰上、曰中、曰下。参以立焉，以生奇[②]。奇不知其所拥，始于古之所从[③]。故郑人之取玉也，必载司南之车，为其不惑也。夫度材、量能、揣情者，亦事之司南也。故同情而俱相亲者，其俱成者也；同欲而相疏者，其偏成者也；同恶而相亲者，其俱害者也；同恶而相疏者，其偏害者也。故相益则亲，相损则疏，其数行也，此所以察同异之分，其类[④]一也。故墙坏于其隙，木毁于其节，斯盖其分也[⑤]。故变生事，事生谋，谋生计，计生议，议生说，说生进，进生退，退生制，因以制于事。故万事一道，而百度一数也。

夫仁人轻货，不可诱以利，可使出费；勇士轻难，不可惧以患，可使据危；智者达于数，明于理，不可欺以诚，可示以道理，可使立功；是三才也。故愚者易蔽也，不肖者易惧也，贪者易诱也，是因事而裁之。故为强者，积于弱也；为直者，积于曲也；有余者，积于不足也；此其道术行也。

故外亲而内疏者，说内；内亲而外疏者，说外。故因其疑以变之，因其见以然之，因其说以要之，因其势以成之，因其恶以权之，因其患以斥之。摩而恐之，高而动之，微而正之，符而应之，拥而塞之，乱而惑之，是谓计谋。计谋之用，公不如私，私不如结，结而无隙者也。正不如奇，奇流而不止者也。故说人主者，必与之言奇；说人臣者，必与之言私。

其身内，其言外者，疏；其身外，其言深者，危[⑥]。无以人之所不欲而强之于人；无以人之所不知而教之于人。人之有好也，学而顺之；人之有恶也，避而讳之，故阴道而阳取之[⑦]也。

故去之者，纵之；纵之者，乘之。貌者不美又不恶，故至情托[8]焉。可知者，可用也[9]；不可知者，谋者所不用也，故曰：“事贵制人，而不贵见制于人。”制人者握权也，见制于人者制命也。故圣人之道阴，愚人之道阳；智者事易，而不智者事难。以此观之，亡不可以为存，而危不可以为安[10]，然而无为而贵智矣。智用于众人之所不能知，用于众人之所不能见。既用，见可，择事而为之，所以自为也；见不可，择事而为之，所以为人也。故先王之道阴，言有之曰：“天地之化，在高与深；圣人之道，在隐与匿。非独忠、信、仁、义也，中正而已矣。”道理达于此义者，则可与言。由能得此，则可与谷远近之义。

【难点注释】

①得其所因，以求其情：由于调查对方的心理状态，就要掌握这个人的本性。

②参以立焉，以生奇：假如参考三仪来评论人物，就可以施展卓越的策略。

③始于古之所从：并非现在开始的事情，而是自古以来就当做道，人人遵行的事。

④所以察同异之分，其类：根据这个来判断异同的原因。

⑤墙坏于其隙，木毁于其节，斯盖其分也：“墙”又可写作“缡”，是指环绕住宅周围所建的土墙。恰如墙有一点点小裂痕就有崩毁的可能。而树是从有疖处开始腐败的。一般人事也是从同或不同的空隙处发生破裂。

⑥其身内……言深者，危：虽然是自家人，但是却把隐私泄露于外，这种人就会被疏远；虽然是外边人，但是他的言论却深通内情，这种人就会陷于危险。

⑦阴道而阳取之：当顺从对方又忌讳时，假如能悄悄进行，

对方就不至于伤害感情。因此私下进行是谋，却从公开中获得。

⑧貌者不美……至情托：不论对任何事物都不喜形于色的人，是属于冷静而不偏激的人，这种人可以全心信赖。

⑨可知者，可用也：假如能知道对方的内心，就可以使用。

⑩亡不可以为存，而危不可以为安：救亡图存和转危为安的都是很难的事，唯独智者才能作到这点。

【通俗译文】

凡是遵循一定的法则去筹划计策，必须查明事情的原委，以探得实情。要想得到对方实情，就需确立“三仪”。所谓“三仪”就是上智、中才、下愚。此三者互相参验，就能定出奇谋。这样产生的奇谋，拥有无所不到的威力，然而也不过是遵循古代的哲理而形成的。据说，郑国人入山采玉时，都要开着指南车去，为的是不迷失方向。在考量才干能力、揣情度理方面也如同做事时要使用指南车一样。

凡是观点相同、感情亲密的人一同谋事，大家都可以成功。凡是志向相同而感情疏远的人，办事之后只能部分人得利；凡是恶习相同，而又感情亲密的人，办事之后，一定是共同受害；凡是恶习相同，而又感情疏远的人，一定是在办事后，一部分人先受损害。

所以说，想要互相都有利就必须密切关系。如果相互间受到损害，就要疏远关系。依此方法行事就可以判断事物的异同。这是有一定规律的。比如墙壁都是由于有裂隙才塌倒，树木是由于有疖疤才毁坏。这就是事物一般的规律啊！

所以，事物不断变化，才能产生问题；因为要解决问题才需谋划；只有通过谋划才会产生计策。研究计策才能产生相应的方法；有了方法才能游说决策者，使前进，进而不通，再退一步，进退之中形成制度，以此制度解决现实中的问题。如此看来，万事万物的变化都是一个道理。控制万事万物也是同一法则啊！

一般地说来，仁德的人不看重财货，不可以用物质引诱他们，却可以让他们提供财货。勇敢的人不能用危难去吓唬他们，却可以用他们解除危难。智慧的人有谋略通事理，不可以假装诚信去欺骗他们，却可以向他们讲明道理，让他们建功立业。这是三种人才啊！由此观之，愚昧的人是容易蒙蔽的，不肖之徒是容易被吓住的，贪婪的人就容易被引诱，所有这些都要根据具体情况来判断。然而，强者是由弱小的力量不断积累而变成强大的；强直的形式是由许多微小的曲线而积成的；由于积累才使不足者成为富裕者。这就是道术反致的规律啊！

所以，表面上亲善而内心疏远的人要从内心入手去游说他；对于那些内心亲善而表面上疏远的人要从表面上入手去游说他。可以根据对方所疑惑的问题，来改变自己游说的内容；根据对方的表现来判断游说活动是否见效；根据对方的答辞来确定自己游说的要点，根据情势的变化来征服对方。根据对方的所厌进行权衡，确定利弊；根据对方所虑对之申斥，加以防范。揣摩之后对之施以恐吓；抬高对方之后，策化行动；削弱对方之后，加以扶正；验证对方真假后，再决定是否响应他；拥堵对方后，加以阻塞；搅乱之后，迷惑对方。这些就叫做计谋。说到运用计谋，公开者不如保密；保密不如结党；结党而内部没有矛盾。另外，正常的策略不如奇谋，施以奇策是无往不胜的。所以说，游说人主的时候，必须先与他谈奇策；同理，向人臣游说时，必须先与他谈私交。

虽然是自己人，却把家丑外扬，说着有利于外人的话，就会被人疏远。同理，他是外面人，却知道许多内情，也会有危险。不要把人家不喜欢的东西强加于人；不要把人家不懂的事，强教于人。如果对方有某种嗜好，可以迎合他的兴趣；如果对方厌恶什么，可要加以避讳，以免引起反感。所以说，所进行的虽是阴谋，所得到的却是公开的获取。因而，想要除掉的人，可以放纵他，让他犯过，然后抓住机会除掉他。无论做什么事，在外表既不喜形于色，也不怒目相视，是感情深沉的人，可以以机密大事相托。对于能了解的人，可以任用他；对于一个不了解的人，一个有谋略的人，是不会重用他的。所以说，办事情最重要的是控制人，而不是被人控制，控制别人的人，手中握权；被人控制的人是被统治者。一般说来，圣人处世之道称为“阴”——谋略原则为隐而不露。愚人处世之道称为“阳”——谋略原则为大肆张扬。聪明智者，成事容易；而愚鲁的人成事困难。由此看来，一个国家灭亡了是难以复兴的，一旦国家动乱也难于安定。然而运用“无为”则是最高的智慧了。“无为”之智要运用在众人所不知，众人所不能见之处。如果在施用智谋之后发现了可行的迹象，就要见机行事，可作，自己就去作；如果发现不可以作，就要选择一些相应的事，让别人去作。

所以，圣人能行的大道，都是属于“阴”隐而不露。古语说：天地造化在于高、深。圣人之道在于隐而不露。不单单要求忠诚、信守、仁慈、义理，主要是维护不偏不倚的正道。只有真正地认清这种道理的真谛，才能游说他人。如果双方都谈得很融洽，就可以发展长远的和目前的关系。

【本篇要义】

本篇是紧承上篇《权篇》而来的，“谋”与“权”本为一体。“权”是“权衡”，“谋”乃是“谋略”，虽然两篇都是为了纵横家游说所用，但在本篇中我们看到了早在春秋时期，鬼谷子就已经有了谋略的思维，这些具有开山意义的谋略术，直接影响到后世一大批成功的人士。

中国谋略文化源远流长，是人类几千年乃至上万年血与火的搏杀所迸发出的智力极限。在中国战争中，“出其不意、攻其不备”、“声东击西”等谋略式的策略思维早已经成为兵家们耳熟能详的道理了。在本篇中，鬼谷子给我们讲述了中国最早的一些谋略术，如谋略的产生，谋略运用，谋略的效用等等。

“为人凡谋有道，必得其所因，以求其情”，凡是遵循一定的法则去筹划计策，必须查明事情的原委，以探得实情。若要探得实情，便需要构思其中的谋略，鬼谷子特别强调了奇谋的重要性，“正不如奇，奇流而不止者也”。

“同恶而相亲者，其俱害者也；同恶而相疏者，其偏害者也”，所以说，相互间有益处，人们就会相亲近；相互间有损害，人们就会疏远。事物的这种规律就是这样运行于天下的，这也是我们为什么需要辨查事物间细微上的差异是一样的道理。所以你看墙的损坏是从缝隙开始的，树木毁坏一定从它的节丫处发生，“斯盖其分也”。

因此，事物变化发展的规律是：事物的变化发展产生了需要解决的事情，有了事情就需要认真地去谋划，根据谋划自然产生了执行操作的计划安排，计划在执行过程中又需要议定措施和准备，有了措施和准备才能进入下一步执行（即游说），游说自然推动事情的前进，不断的游说进取，面对成功与失败，退回来总结提高，总结提高必然会提炼出规律和理论。这时，事物的规律就被掌握了。谋生于事，即事生“谋”。谋略产生于现实生活中，在形形色色的事件里，要解决种种矛盾，就产生了谋略。所以，因事而生谋略。

这是一个循环过程，与现代企业管理理论惊人的相似，鬼谷子是最早阐述这些管理理论的人，难怪他的弟子范蠡先生当政治家可以助勾践灭吴国，退身做生意能够富甲一方，这些学问在现在不新鲜，在几千年前的时代，其作用可非同小可。

除此之外，鬼谷子还讲到了“阴谋”。这里的“阴谋”，指的是隐蔽地进行谋划，“计谋之用，公不如私”。凡用计谋必须隐而不露，只有愚笨的人谋划事情才张扬外露。隐而不露地策谋事件并不意味着谋划者心地阴暗，而常常意味着谋划者丰富的智慧、圣人的心怀。

在现代社会，将“谋”术运用到做人、办事以及经商领域，也绝不是一件轻松的事情。但只有头脑中装有“谋”术，并灵活地加以使用，才能取得成功。

【智慧评析】

奇不知其所拥，始于古之所从

“凡谋有道，必得其所因，以求其情。审得其情，乃立三仪。”意思是说凡是筹划计谋都要遵循一定的法则。一定找准事情的突破口，以便推测出事情的真实情况。在制订谋略时，要洞悉事情发生及发展的原委，制订出三种谋略方案，然后根据“一切从实际出发”、“具体情况具体分析”的原则来确定最切实可行的应变对策，想出出奇制胜的绝招。

万事万物有因必有果，制订谋略就需以事物变化的起因为依据来制订。任何谋略都由计策组合而成。计策中可分为“三仪”：“上策”、“中策”和“下策”。如果事情对彼此都有利，就可以和睦相处；对彼此不利，就会疏远。这是一个普遍存在的规律，也是观察异同的办法，如果我们能够充分利用他们之间的微妙关系，那么制订出奇制胜的策略将不再是难事。

在这里，鬼谷子道出了出奇制胜的奥妙，“奇不知其所拥，始于古之所从”。正如孙子兵法所说：“凡战者，以正合，以奇胜。故善出奇者，无穷如天地，不竭如江海。”出奇制胜，正是优秀将帅的追求。

齐湣王是个骄傲且贪图享乐的人，他统领的百姓的生活苦不堪言。于是作为齐国邻居的燕国便派大将联合另外几个国家一同进攻齐国。齐国百姓对齐湣王痛恨极了，因此在敌军面前，齐国的士兵根本无心抗敌，士气也非常低落，结果齐国大败。但是齐国百姓看到燕兵奸淫掳掠，想到国仇家恨，心里非常难过，于是逃往莒城和即墨，誓死抵抗。

燕军攻打多年，至今没将莒城攻下，只好转攻即墨城。即墨城中的守军得知大将田单是位足智多谋的勇士，也很善于攻略，于是齐国的百姓、士兵就将其推举为守城的大将军。聪明的田单想出了一个叫“火牛阵”的新计谋，他先叫城内的商人拿着金银珠宝偷偷送到燕军将领手中，并且让他们假装投降，说：“即墨城的守军兵力不足，即将投降，这些珠宝献给你们，请求大人您入城之后莫杀我们！”燕军一听，以为即墨城里已经准备投降，高兴之余便放松了警戒。

这时田单从城里集齐一千多头牛，并且将牛都披上五彩龙纹衣，双角绑尖刀，尾巴上绑草。正当黑夜来临时，只见他一声令下，军士们立即点燃牛尾巴上的草，牛被火烫到之后，就拼命往前跑，冲入燕军驻地。燕军从睡梦中惊醒，看到这一大群五彩怪兽，吓得惊慌失措，四处乱逃，不是死于牛印之下，就是葬于乱箭之中。之后田单又乘胜追击，最后收复了被燕军占领的七十多个城邑。

大将田单采取“火牛阵”这样的奇计来打败敌人，真可谓出奇制胜。

楚汉争霸之际，韩信背水一战大破赵军。在庆祝胜利的时候，将领们问韩信：“兵法上说，列阵时应该背靠山，阵前可以临水泽，现在您让我们背靠水排阵，竟然取胜了，这是一种什么策略呢？”韩信笑着说：“这也是兵法上有的，只是你们没有注意到罢了。兵法上不是说‘陷之死地而后生，置之亡地而后存’吗？如果是有退路的地方，士兵早都逃散了，怎么能指望他们拼命呢？”

韩信精通兵法，但不囿于兵法，而是充分领会兵法之精华，将其融会贯通，最终达到出奇制胜的效果。

在毛泽东的军事生涯中，“四渡赤水”是其得意之笔。面对数十万国民党军队的围追堵截，毛泽东指挥红军来回穿插，忽东忽西，连战连捷。当时，红军受阻于云南的国民党军队。毛泽东出奇兵，命林彪率部袭击防备空虚的贵州。当时蒋介石正在贵州督战，在红军的猛烈攻击下，急忙调动最近的云南军队来护驾。等援兵到达后，却根本找不到红军，蒋介石方知中计。此刻，红军已借蒋之手调出了云南军，顺利地进入了云南省，把几十万追兵甩在身后，跳出了包围圈，渡江而去。

“四渡赤水”创造的军事奇迹，正如《孙子兵法》上所说：“水因地而制流，兵因敌而制胜。”看准对方虚弱的要害狠插一刀，远比正面硬碰硬高明多了。

谋略典故：田忌赛马与悬羊击鼓

齐国的大将田忌，很喜欢赛马，有一回，他和齐威王约定，要进行一场比赛。 他们商量好，把各自的马分成上，中，下三等。 比赛的时候，要上马对上马，中马对中马，下马对下马。由于齐威王每个等级的马都比田忌的马强得多，所以比赛了几次，田忌都失败了。

田忌觉得很扫兴，比赛还没有结束，就垂头丧气地离开赛马场，这时，田忌抬头一看，人群中有个人，原来是自己的好朋友孙膑。 孙膑招呼田忌过来，拍着他的肩膀说：“我刚才看了赛马，威王的马比你的马快不了多少呀。”

孙膑还没有说完，田忌瞪了他一眼：“想不到你也来挖苦我！”孙膑说：“我不是挖苦你，我是说你再同他赛一次，我有办法准能让你赢了他。”田忌疑惑地看着孙膑：“你是说另换一匹马来？”孙膑摇摇头说：“连一匹马也不需要更换。”田忌毫无信心地说：“那还不是照样得输！”孙膑胸有成竹地说：“你就按照我的安排办事吧。”

齐威王屡战屡胜，正在得意洋洋地夸耀自己马匹的时候，看见田忌陪着孙膑迎面走来，便站起来讥讽地说：“怎么，莫非你还不服气？”田忌说：“当然不服气，咱们再赛一次！”说着，“哗啦”一声，把一大堆银钱倒在桌子上，作为他下的赌钱。齐威王一看，心里暗暗好笑，于是吩咐手下，把前几次赢得的银钱全部抬来，另外又加了一千两黄金，也放在桌子上。 齐威王轻蔑地说：“那就开始吧！”

一声锣响，比赛开始了。 孙膑先以下等马对齐威王的上等马，第一局输了。 齐威王站起来说：“想不到赫赫有名的孙膑先生，竟然想出这样拙劣的对策。”孙膑不去理他。接着进行第二场比赛。孙膑拿上等马对齐威王的中等马，获胜了一局。齐威王有点心慌意乱了。第三局比赛，孙膑拿中等马对齐威王的下等马，又战胜了一局。这下，齐威王目瞪口呆了。

比赛的结果是三局两胜，当然是田忌赢了齐威王。还是同样的马匹，由于调换一下比赛的出场顺序，就得到转败为胜的结果。

同样打破常规、出奇制胜的案例还有毕再遇创新“悬羊击鼓”之法安全转移的故事。

宋朝开禧年间，金兵屡犯中原。宋将毕再遇与金军对垒，打了几次胜仗。金兵又调集数万精锐骑兵，要与宋军决战。此时，宋军只有几千人马，如果与金军决战，必败无疑。毕再遇为了保存实力，准备暂时撤退。

金军已经兵临城下，如果知道宋军撤退，肯定会追杀。那样，宋军损失一定惨重。毕再遇苦苦思索如何蒙蔽金兵，转移部队。这对，只听帐外马蹄声响，毕再遇受到启发，计上心来。

他暗中作好撤退部署，当天半夜时分，下令兵士擂响战鼓，金军听见鼓响，以为宋军趁夜劫营，急忙集合部队，准备迎战，哪里知道只听见宋营战鼓隆隆，却不见一个宋兵出城。宋军连续不断地击鼓，搅得金兵整夜不得休息。

金军的头领似有所悟：原来宋军采用疲兵之计，用战鼓搅得我们不得安宁。好吧，你擂你的鼓，我再也不会上你的当。宋营的鼓声连续响了两天两夜，金兵根本不予理会。到了第三天，金兵发现，宋营的鼓声逐渐微弱，金军首领断定宋军已经疲惫，就派军分几路包抄，小心翼翼靠近宋营，见宋营毫无反应。

金军首领一声令下，金兵蜂拥而上，冲进宋营，这才发现宋军已经全部安全撤离了。

原来毕再遇使了“金蝉脱壳”之计。他命令兵士将数十只羊的后腿捆好绑在树上，使倒悬的羊的前腿拼命蹬踢，又在羊腿下放了几十面鼓，羊腿拼命蹬踢，鼓声隆隆不断。毕再遇用“悬羊击鼓”的计策迷惑了敌军，利用两天的时间安全转移了。这种创新之法可谓绝妙奇招了。

所谓打破常规、出其不意就是我们常说的“逆向思维”。田忌使孙膑计，打破上等马对上等马、中等马对中等马、下等马对下等马的常规，最后以劣胜优，就是逆向思维的作用体现。而毕再遇没有按照一般的以硬碰硬的突围办法，而是创新了“悬羊击鼓”的计谋，安全转移，也是打破常规，逆向思维的最好例证。

三才

世界上有三种人才，即：仁者、勇士、智者。仁者重视理想与信念，轻视财富与地位，即使是最具诱惑的利益摆在他们面前，他们也不为所动；勇士有着百折不挠的信念和坚忍不拔的意志，不会轻易被外来的压力和威胁所恐吓，即使是最具危险的事情他们也能如期完成；智者有着极强的逻辑思维，他们甚至一眼就能看穿一切不诚信的欺骗手段，如果对其晓以大义，必能立下盖世奇功。

“因人制宜”四字，在政治和军事较量中有重要意义。在《三国演义》一书中，就有大量这样的例子。三国时代的所有枭雄中，袁绍的出身是最尊贵的，“四世三公”的家世与声望，在当时确实是一块响亮的招牌，相对能够获得更多人的拥戴。然而孔融和曹操都说袁绍是“冢中枯骨”。历史上的“官渡之战”，曹操就是利用了袁绍的“志大而智小，色厉而胆薄，忌克而少威”等弱点，引袁绍轻举冒进，曹军则后撤筑垒设防，集中兵力坚守要隘。结果在两军力量悬殊时情况下对峙数月，曹操寻找到抄其后路、焚其粮草的机会，终于打败了袁军，创造了以少胜多的经典战例。而一度以织草鞋为生的刘备虽暂栖他人门下，却依然是曹操眼里的“英雄”。曹操的知人，是他取得巨大成功的一个重要因素。

既然有仁者、勇士、智者三种人才，就会有与之相应的：愚蠢的人、不诚实的人、贪婪的人。愚蠢的人不懂得深思熟虑，往往人云亦云，因此是最容易被蒙蔽的；不诚实的人满口谎言，经常违背自己的良心做事，又担心事情会败露，因此他们也会显得异常胆怯；贪婪的人贪得无厌，往往会在利益面，前经不起诱惑而乱了阵脚。

一位农夫和一个商人在一片狼藉中寻找财物，他们发现一大堆完好的羊毛，于是两个人平分之后扛在肩上。后来，他们又发现了很多布匹，农夫将沉重的羊毛卸掉，挑了些较好的、便于自己扛动的布匹，而贪婪的商人则将农夫丢下的羊毛和剩余的布匹都捡起压在了肩头，太过沉重的压力使得他气喘吁吁，行动缓慢。又走了一段路，他们又发现了很多贵重的银质餐具，农夫将布匹都丢掉，捡了一些较好的银器背上，轻快地回家了，而商人却因为背负了太多的羊毛和布匹，再也无法弯下腰继续捡银器了。

天公不作美，途中竟然下起了大雨，商人背上的羊毛和布匹被淋湿后变得更加沉重了。他筋疲力尽，又冷又饿，最后摔倒在又湿又滑的路上。而早就回到家中的农夫，将银器变卖以后，生活变得渐渐富足起来。

商人很贪婪，同时也很愚蠢，他的结局完全是贪心所致。在现实生活中，切记不可仿效这位贪婪的商人，正因为他的贪婪，见什么要什么，最终只能落得个空手而归的下场。相反，农夫的选择是明智的，正因为自己的敢于舍弃，才能使自己过上富裕的生活。这足以说明舍弃并不意味着失去。

谋略典故：张仪游说因人制宜

张仪是鬼谷子的得意门生，他在家闲了几个月后，决定外出谋事。但到哪里去施展自己的才华呢？他细想了半天，觉得魏国比较方便，因为父亲曾在魏国任职，现虽去世多时，但总归有些世交可以托庇。但他又听说，魏惠王不怎么重视人才，许多魏国能人都离开魏国而在别的国家成就了大事。想到这里，张仪又想起了魏惠王与齐威王“论宝”之事。魏王问齐威王：“上方大国必有重宝。”威王说：“没有。”魏王得意地说：“我们魏国虽小，却有十枚直径一寸多的大珍珠。这种珍珠能把前后24辆车映照得清清楚楚。你们齐国是万乘大国，怎么会没有宝贝呢？”齐威王笑了笑说：“对于什么是宝贝，我与你有不同的看法。我有一位大臣叫檀子，我只要派他守南城，楚国人便不敢在边界挑衅惹事；我还有一位大臣叫盼子，我派他守高唐，赵国人连到黄河里捕鱼都不敢；我有一位官吏叫黔夫，我派他守徐州，燕、赵两国竟有七千多家甘愿随他迁到徐州；我的大臣种首，负责国内治安，结果夜不闭户，路不拾遗。这些人就是我国的宝贝，能光照千里，何止24辆车啊！”魏惠王听了，十分惭愧。这消息传开，士人见魏王重财不重人，都各自打算，准备去他国发展。张仪想：如此形势，自己怎能留在魏国呢？经过反复思量，张仪决定离开魏国，去投奔日益壮大的西部大国——秦国。

于是张仪风餐露宿，紧走少歇，途经周王朝的都城洛邑。他原想在洛邑稍事停留，拜访几个鬼谷先生的故交亲朋，再继续他的行程。不知怎的，张仪来洛邑的消息被昭文君的一个门客知道了，于是忙向昭文君通报说："魏国人张仪，当年是鬼谷先生的门生，今已来到洛邑，要西游秦国。此人有治国安邦之才，愿君能以礼相待。"昭文君赶忙派人去请，热情接见了张仪，很诚恳地对他说："听说先生要到秦国去，我东周边陲小国，不足以留住先生，可是秦国有赏识您才华的人吗？如果在秦国不如意，就请先生回来帮我恢复天下吧。我国家虽小，但情愿与先生共享。"张仪深为昭文君的诚意所感动，忙拜谢道："知遇之恩，当永世不忘。"但他未改初衷，还是离开了东周。临走时，昭文君又送了他一辆马车及许多财帛、衣物，这使张仪很感激。

张仪在东周受到昭文君礼遇之事，使他人还未到秦国，风声早已传到。当时秦国的外相是陈轸，也曾跟随鬼谷先生学习智谋权术，说起来是张仪的师兄，只是二人从未见过面。那时的游说之士只为个人求取名利，出人头地，并不看重师兄弟关系。陈轸的门客田莘为保住陈轸，预先对秦惠文君说："今秦国业已强大，能与秦国抗衡的是楚国。楚国深知秦国有善于用兵的公孙衍和善于用智的陈轸，因此故意向其他国家抬高张仪。张仪此来，必说二人坏话，请君上不要听他胡说八道。"秦惠文君听后点了点头。

却说张仪来到咸阳，见这里市井繁华，人丁兴旺，宫殿盖得比周王宫还气派，越发觉得自己到这里寻发展是正确的。他先向人们打听一个人，这人名叫寒泉子，是鬼谷先生的好友，现在是秦国的重要谋臣。

见到寒泉子，张仪先行弟子之礼，后送上老家特产。寒泉子老先生谢后，同张仪谈起与鬼谷先生的友情。张仪的谈吐，深得寒泉子老先生好感。寒泉子问明张仪的来意，对他说：“你的师兄陈轸，现在是秦国的外相，他可不见得欢迎你来呀。他也很有才华，君上很信任他。但你们两个的思路不合，君上只能用一个，你看怎么办呢?”张仪道：“还请老先生指教。”寒泉子略想一想，便把陈轸亲楚的事告诉了张仪，于是张仪心领神会。自此，张仪暂且在寒府住了下来。

这一天，寒泉子归来，告诉张仪：“君上近日兴致很高，接连几日外出打猎。此时晋见再好不过。”

第二天一早，张仪沐浴更衣，求见秦惠文君。秦惠文君漫不经心地问道：“先生千里迢迢来到敝国，有何见教啊?”张仪拜复道：“微臣张仪只慕君上圣名而来，愿为君上效犬马之劳。我来咸阳已有数日，今日求见，只禀报君上一件机密事。此事路人皆知，只瞒得君上一个。为君上计，微臣不敢不报。”惠文君一听，问道：“何等机密事，但说无妨。”张仪顾左右而不语，惠文君会意，令左右退下。张仪近前一步道：“臣闻陈轸是楚国间谍。”惠文君想起田莘语，非常生气，不等张仪再言，就把他逐出宫去。

张仪不肯善罢甘休，隔了几日又对惠文君说：“臣明察暗访，得知陈轸早有离秦事楚之意，早在前年陈轸出使楚国时，即已动心。此后，他暗中奔走于秦楚之间，做着双重间谍的勾当。难道君上没发现楚国对秦国很不友好，而对陈轸却非常友善吗？陈轸这个人非常聪明，但也非常自私，只为个人，不为国家。若君上不信，可亲自问他本人。”惠文君将信将疑，待张仪一走，即召陈轸入宫，问陈轸：“寡人听说你有意去楚做事，可有此事?”陈轸矢口否认。秦惠文君说：“寡人素知楚王对你友善。秦国地小，你还是到楚国去施展才华吧。”陈轸见惠文君对自己生了疑心，再待下去也没什么好结果，也就没再争辩。起身离秦去楚，成为“朝秦暮楚”第一人。

张仪逼走陈轸的同时，也赢得了秦惠文君的信任。从此以后，他便在秦国施展出了自己的才华，为秦统一六国立下了汗马功劳。

张仪被秦惠文君任用后，便开始他的“连横”策略，他“连横”的首选对象便是魏国，于是他只身前往魏国去游说。当见到魏襄王时，他先是轻松地聊了一段家常：“启禀大王，先王在世时，微臣曾竭力促成秦魏联合，先王不愧是圣明的君主，对我本人也是恩重如山，仪，从不敢忘怀。”

只这几句，张仪就已让襄王觉得张仪是个知恩重义的君子了。张仪继续说道：“正因先王听从微臣所言，魏国不曾受强秦攻伐，其他诸国也不敢随意袭扰魏国。若坚持与秦合作，哪会有今日之祸！如今，魏国面积不过方圆千里，士卒也只有30来万，粮草刚刚够用，这些条件与韩国相差无几。可是魏国的地理位置却不如韩国有山河凭据。魏国无险可守，说起来就像一个大战场，四面受敌，极易被各国四分五裂。诸侯相约为纵，不都是指望能安社稷、尊君主、富国强兵而名扬天下吗?可是所谓合纵，是想让天下皆为兄弟，于是杀白马在洹水之滨歃血为盟。这看上去像亲兄弟一般团结了，而事实上呢，就是同父同母的亲兄弟，还为钱财而互相争夺甚至互相残杀呢，何况这么多利害不同的国家杂聚在一起！所以，微臣向来不主张搞什么多国合纵。合纵都是暂时的，长不了，也靠不住，这是显而易见、不言自明的道理。事实不也证明了这一点吗？公孙衍放弃与秦联合，而与其他国家约纵，魏国不是照样遭攻伐、受侵扰吗？若大王不事秦国，秦兵就会越过黄河，拔取衍、燕，攻占晋阳。这样的话，就把赵国与魏国分割开了。赵不能南下，魏不能北上；赵不南，魏不北，合纵也就断了。合纵既已名存实亡，那么大王之国想求无危无患则是不可能的了！如今韩国已事秦，假如秦人扶持韩国而进攻魏国。韩国有太子在秦国做人质，不敢不听。秦、韩合二为一，魏国的灭亡只在眨眼之间！这正是微臣为大王所忧虑的事啊！因而，为大王着想，不如顺事秦国，有秦国做后盾，楚国和韩国必不敢轻举妄动。与秦和好，又无楚、韩之患，大王您就可以高枕无忧、睡个安稳觉了，您的国家也没什么后患了！”

说到这里，张仪举杯呷了口茶，润了润口唇，清了清嗓子，偷眼看了看魏王。见魏王不知是太专注了，还是被唬住了，有些发呆。他一转话锋继续说道：“其实，秦国一门心思只想削弱楚国，楚国强大起来，对秦国不利，对魏国威胁更大，而能助秦弱楚者，莫如魏国。若大王愿与秦‘连横’，秦乃泱泱大国，将归还所占魏国土地。关于这一点，我已得秦王授权，敢拿性命担保。损楚而益魏，攻楚而从秦，既可嫁祸于别人，又可安邦保国，岂不是两全其美的善事！若大王不听臣言，秦兵将跨过黄河，向东进犯，魏国又如何阻挡得了？到那时，秦王已恼，魏国就是再想与秦和好，恐怕也不可能了！大王周围那些主张合纵的人，都脱离了现实。多说些意气用事的奋激之辞，实不可信，更不可用。愿大王深思。”

听张仪说完，襄王心动。但为慎重起见，并未马上答复张仪，只约期相告。张仪没得到魏王明确表态，就先回秦国禀报去了。

待张仪走后，襄王召集群臣入宫议事。面对当前秦兵长驱直入的形势，群臣也大都苦无良策：打又打不过，事秦又不甘心。于是陷入两难境地。

魏相公孙衍打破沉闷，仍然坚持己见，老调重弹：“启禀大王，张仪之言不可信，我们上他的当、吃他的亏还少吗？他名义上说秦不想攻魏，只想弱楚。可秦国向来就有吞并天下的野心。常言道：‘贪心不足蛇吞象。’况秦国本就是猛虎恶狼，贪天下之心永无止境。若一味退让，委曲求全，只会助长秦人势力。秦取楚国后，必吞魏国，正好比‘累石之下，安有完卵’？秦国虽强，也并非神兵天将。依臣之计，不如一面派使臣前往齐国，陈明利害，以求外援；一面举国动员，倾力抗秦，只有抗秦，才有出路。愿大王慎思之。”

襄王再看看其他大臣，皆愁眉紧锁，大眼瞪小眼，不置可否，只好先依公孙衍之计下令备战，实在不行再贿赂秦国以求和。

却说张仪回来以后，只等魏国派人传来佳讯。不想到了约定日期，仍不见魏人来报，料到是公孙衍等人从中捣鬼，便请秦王下令出兵任魏，迫其就范。两军交战，魏军大败，被斩首数万。秦自此按兵不动，只等魏国主动前来求和。

张仪所言纵约之不可靠，的确不无道理。旧年刚过，新年伊始，齐国就只顾扩张，不顾约誓，出兵伐魏，在观津这个地方大败魏军。这一闹，对魏国来说就如落井下石，雪上加霜；对魏襄王来说，犹如当头一盆冷水，从头凉到脚，更加坚定了事秦的决心。公孙衍等人再说，也苍白无力，于事无补了。

看到这般情况，张仪再次入魏，大模大样地去见魏王。魏王这次见张仪，惭愧至极，诚惶诚恐，就像落水人捞到一根稻草，不等张仪开言，就惭愧地说：“寡人实在是愚蠢之极，悔不该当初不听先生之言，轻信了公孙衍等人之计，这是寡人是非不辨、用人不当啊！是寡人的过失！请先生代告秦王，魏国愿西向事秦，自称东藩。”

张仪窃喜，却依然若无其事地说：“微臣都是为大王着想，为魏国着想呵！毕竟秦强魏弱，不如此，也实在没有别的办法呵！”

魏王表示十分感谢，张仪就告辞回到了秦国。公元前313年秦惠王与魏襄王相会于临晋，襄王依秦王言，立亲秦派公子政为太子，两国“连横”成功。

“不肖者易惧也，贪者易诱也”主要说的是针对不同的人，使用恐吓与引诱的方法进行说服。而张仪在“连横”游说魏襄王时就把这两种方法灵活地结合到了一起。先把魏国与秦国的实力作了一下对比，如果与秦为敌，无异于以卵击石，自取灭亡，其恐吓之意溢于言表。接着又以利诱之，说到连横只为弱楚，而弱楚便可使魏得利，得到秦国的庇护，否则，就可能会有亡国之患。最后，又以兵伐魏国使其就范，再次恐吓威慑，加上齐国攻魏之机。魏国终于答应了“连横”之事。

计谋之用

“摩而恐之，高而动之，微而正之，符而应之，拥而塞之，乱而惑之，是谓计谋。计谋之用，公不如私，私不如结，结而无隙者也。正不如奇，奇流而不止者也。故说人主者，必与之言奇；说人臣者，必与之言私。”意思是说：揣摩之后对之施以恐吓；抬高对方之后，策划行动；削弱对方之后，加以扶正；验证对方真假后，再决定是否响应他。拥堵对方后，加以阻塞。搅乱之后，迷惑对方。这些就叫做计谋。说到运用计谋，公开者不如保密；保密不如结党；结党而内部没有矛盾。另外，正常的策略不如奇谋，施以奇策是无往不胜的。所以说，游说人主的时候，必须先与他谈奇策；同理，向人臣游说时，必须先与他谈私交。

战国时期，楚国有王后名为郑袖，美丽聪明而又狠毒，怀王对他十分宠爱。可是，某年魏国为讨好楚国，又给怀王送来一位更加年轻、漂亮的女子，夺去了郑袖之宠。郑袖恨得牙根发痒，决定用计除去此女人，夺回宠爱。

郑袖不像一般女人那样，用找丈夫大吵大闹的做法来解决问题，而是反其道而行之。自从那个新来的女子来了之后，怀王对郑袖有点冷落，于是怀王担心郑袖心怀怨言，对新人发难，让他为难。但郑袖好似一点儿也不放在心上，安排新人在最好的宫室中住，给新人做与自己同样的衣服，分给新人最好的首饰。怀王见状，对郑袖更加信任，觉得她是一位大度、善良的女人。新人也很是感激，于是对郑袖的戒心也放下来。认为她是大好人，她在怀王身边多年，深得怀王喜爱，应多向她学习。郑袖见把二人迷惑住后，便施展第二步“迷乱”之计。

一天，她告诉新人：“大王对你太好了，直夸你漂亮，不过……”“不过什么?”新人急切地问。“算了吧！一点小毛病。”郑袖假作欲言又止。“不！请告诉我。”新人为了“碧玉无瑕”，缠着郑袖哀求。郑袖看四周无别人，便压低声音说：“大王只是嫌你的鼻子稍微尖了些……”“那怎么办呢?”新人忧虑地说。郑袖笑了笑，装作轻松地说：“这个容易。你再见大王，就把鼻子掩起来。这样，既掩饰了不足，又表现得含蓄，多好啊！不过……”郑袖顿了顿，又看了看四周，说：“您千万别说是我说的，别告诉大王是我出的主意。大王这人最讨厌别人传话了。”新人感激地点点头说：“你放心吧!”

从此以后，新人见了怀王，便以袖掩鼻。怀王大惑不解，追问原因，新人笑而不答。怀王更加疑惑，某日，见了郑袖，便问原因。郑袖假装迟疑了一下，说：“大王，您别生气，这个……”“快讲!”怀王性情暴躁，急催道。郑袖又装着迟疑了一番。才说：“她说您身上有一股让她厌恶的气味，鼻子嗅到便难受!”“岂有此理!”怀王气得一拍桌子，“我身上有味让她的鼻子难受，那好，把鼻子割去，就不难受了！来人……”怀王拖长声音高喊：“去把那贱人的鼻子割下来!”新人容貌被毁，自然失宠，郑袖的目的也就达到了。

“符而应之，拥而塞之，乱而惑之”是弱者对付强者、制服强者的“三步制君术”。在这里，郑袖第一步用毫不忌妒的假象迷惑了怀王和新人，为第二步施计打下基础。第二步她用假出主意的方法迷惑住新人，使其按自己授意行事；接着，第三步，她又用假解释迷惑并激怒怀王，终于达到自己的目的。

鬼谷子还阐述了如何使计谋顺利实施的方法。要想使计谋顺利实施，必须注意下面的顺序：用公事公办的方法，不如求之于私交；求之于私交，不如与人密谋，只有与人密谋的方法才可以做到无懈可击；用常规正统之法，不如用出奇制胜的“奇谋”。

谋略典故：陈登父子里应外合

曹操被张绣第二次追击失败后，沿途不敢停留，星夜赶回许都。袁绍见状只得回师北征公孙瓒去了。曹操十分痛恨袁绍，但还是听从谋士的意见，联合刘备，先扫清东南，去除心腹大患吕布。谁知事机泄露，吕布抢先下手，打败刘备，攻占了小沛。又派陈宫联络泰山强盗孙观进攻兖州各郡。曹操闻讯便率大军行至肖关附近，进攻吕布。这时，吕布手下的部属陈登早已成为曹操的内线，便趁机运用传递假情报的计谋，配合曹操打败吕布——肖关告急，吕布要带陈登前去救助，让陈登父亲陈珪留守徐州。

临行前夜，陈氏父子秘密商议，如果吕布败回，由陈珪占领徐州不放他入城，但恐吕布妻小心腹在城里诸多不便，怎么办？陈登说：“不必发愁，我有计策了。”

第二天入见吕布劝道：“徐州四面受敌，曹操一定要拼力进攻，我们当先留有退路，将钱粮移藏于下邳，若徐州被围，就有粮草接济。”

吕布喜道：“你说得很有道理。”即命人将妻小和钱粮移屯下邳。部署完毕，便率军前往肖关。

行至半路，陈登说：“让我先去肖关探听曹军虚实，您方可行事。”吕布同意。陈登先上肖关，告知守将陈宫：“吕将军责怪你们不肯出兵迎战。”

陈宫说：“曹军势大，不可轻敌。我们紧守关隘，你劝主公力保沛城，这是上策。”

陈登“嗯嗯”点头。晚上，陈登见曹军直逼关下，便悄悄写了三封情报，挂在箭上，射下关去。翌日，他辞别陈宫，飞马来见吕布道：“孙观等人都想向曹操投降，献出肖关，我已命陈宫死守，将军便可于今日黄昏杀去救应。”

吕布谢道：“要不是您，肖关就失守了。”便令陈登先去关上约陈宫为内应，举火为号。

陈登见了陈宫又说："曹军已抄小路进入关内，主公怕徐州有失，你们要回援。"

陈宫便率军弃关上路。陈登在关上放起火来。吕布趁着夜色攻来，与陈宫军自相残杀。曹军望见火光，已知陈登箭信所示讯号，便一齐杀到，轻易夺取了肖关，孙观等人各自逃命去了。

吕布与陈宫相互攻到天明，方知受骗上当，急忙联合一起赶回徐州，到城边叫门时，城上乱箭射下。原来陈珪已公开投降曹操。吕布要找陈登，遍寻军中不见，才知中计。其时，陈登早已去小沛，再次向守将高顺、张辽假传情报："主公在徐州被围，你们快去救援。"

高顺、张辽即率军赶往徐州，路上同吕布、陈宫相遇，吕布这才恍然大悟，狠狠地说："我非杀死陈登这个内奸不可！"即汇合军队向小沛进发，行至城边，见城上尽是曹兵旗号——原来曹操已按陈登箭信所示，令曹仁乘虚而入，兵不血刃地占领了小沛。

吕布在城下大骂陈登，陈登在城上指着吕布回骂道："我是汉朝的臣子，岂能为你这个反叛之贼服务吗？"吕布大怒，要想攻城，无奈曹操率大军冲杀前来，吕布难以抵御，只得率部向东面逃去。

陈登父子密谋与曹操里应外合，吕布本来就是一介武夫，有勇无谋，哪能识破其中奥妙？可以说陈登把鬼谷子"公不如私，私不如结"的谋略演绎得淋漓尽致。

圣人之道，在隐与匿

鬼谷子认为，控制者，是拥有一定智慧的人，而被控制者，命运只能永远掌握在他人手里。愚人运用智慧是大肆张扬的，而圣人运用智慧却是隐而不露的。隐而不露是一种谋略，是为了达到某种目标，故意将自己的内心掩盖起来以麻痹对方，而一旦时机成熟，条件具备，就会露出利牙，刀枪出鞘，置对手于死地。

那些相貌沉稳、面无表情的人，实则是可以托付真情的人；那些通过考验、了解透彻的人，是可以大胆重用的人；那些深藏不露、即使考验也不能了解的人，是不能轻易重用的。“智用于众人之所不能知，用于众人之所不能见。”在运用智慧时，不仅要运用在对方所看不见的地方，还要时刻观察事物的规律性，探索事物变化的征兆，分析引起变化的原因，制订隐秘又合理的应变措施，并通过适当的时机，将措施得以实施。如果条件不够成熟，切莫将计划仓促实施。此时，可以做一些对方喜欢的或完全为他人服务的事，要让对方感觉你是在全心全意为他服务，等到对方对你另眼相待、开始接受你时，再寻找机会将计划实施。

深谙为人处世之道的曾国藩在练兵时，每天午饭后总是邀来幕僚们一起下围棋。一天，忽然有个人来向他告密，说某统领要叛变了，而前来告密者就是这个想要叛乱的统领的部下。

曾国藩闻言大怒，立即命令将那位告密者斩首示众。不久，那位被告密要叛变的统领前来给曾国藩谢恩。没想到曾国藩却脸色一变，又命令左右将统领拿下。

看到这一幕，幕僚们都不知道曾国藩唱的是哪一出戏，纷纷表示不解。曾国藩笑着说道：“这就不是你们所能明白的了。”说罢，便命令把已经拿下的那位将领斩首了。然后他才对幕僚们解释说：“告密者说的是真话，但如果我不杀他，这位将领一旦得知自己被告发了，势必立刻发动叛变，控制起来就费力多了！我之所以要杀那位告密的人，就是要把他给骗来，让他自投罗网。”众幕僚听了皆自愧弗如，对曾国藩的不露声色、料事如神佩服不已。

日本的前围棋高手高小秀格，曾以“流水不争先”为座右铭。他在和别人对弈时，常把阵式布置得如同缓缓的流水一样悠闲散漫，让对手掉以轻心，丝毫不加戒备。而一经发动，自己的阵势却能在瞬间聚集起流水波澜中所蕴藏着的无限能量，使对手在惊慌失措中迅速被击溃，乖乖投子认输。

这种“明修栈道，暗度陈仓”的做法，无论是在战场、官场、商场还是为人处世中都屡见不鲜，而且往往能够出奇制胜，收到奇效。

钓过螃蟹的人或许都知道，篓中放了一群螃蟹，不必盖上盖子，螃蟹是爬不出去的，因为只要有一只想往上爬，其他螃蟹便会纷纷攀附它的身上，结果是把它拉下来，最后没有一只能出得去。

动物界如此，人间又何尝不是呢？如果你下决心要做一件事，是不是要让别人知道呢？亲友要是知道了，会把他们的经验、想法甚至是想当然的东西统统塞给你，让你无法分辨、无所适从；要是被你的对手或者敌人获悉了，更会千方百计地给你出难题设障碍，即使最终你的目的达到了，也是疲累欲死，满身伤痕。

所以说，为人处世，学会隐藏自己的意图非常重要。一方面，它可以使你始终保持清醒的头脑，避免自误；另一方面也可以借此迷惑你的对手和敌人，减少干扰，等到他们惊觉时，你早已是一骑绝尘，他们只有望而兴叹的份了。

谋略典故：朱棣秘密成大事

明成祖朱棣是中国历史上著名的皇帝，他之所以能够登上皇位，也是由于他十分善于韬光养晦，私下密谋而成的。他本为燕王，靠装疯这一招赢得了时间，最终发动了叛乱，打败了建文帝，登上了皇位，成为中国历史上著名的君主。

明朝的开国皇帝朱元璋有许多儿子，其中朱棣为人沉鸷老辣，很像朱元璋，在太子朱标病死以后，朱元璋曾想立朱棣为太子，但许多大臣表示反对，理由有二：一是如立朱棣为太子，对朱棣的兄弟则无法交代，二是不合正统习惯。朱元璋无奈，只得立朱标的次子(长子已病死)为皇太孙。朱元璋死后，皇太孙即位，是为建文帝。建文帝年龄既小，又生性仁慈懦弱，他的叔叔们各霸一方，并不把他看在眼里。

原来，朱元璋把自己的子侄分到各处，称作亲王，目的是为了监视各地带兵将的动静，以防他们叛乱，后来就分封各地，成为藩王。这样，许多藩王就拥有重兵，如宁王拥有八万精兵，燕王朱棣的军队更为强悍了。这样一来，建文帝的皇权受到了严重的威胁，在一些大臣的鼓动之下，建文帝开始削藩。在削藩的过程中，杀了许多亲王，其中当然也有冤杀者。

燕王朱棣听了，十分着急。好在燕王朱棣封在燕地，离当时的都城金陵很远，又兼地广兵多，一时尚可无虞。僧人道衍是朱棣的谋士，他对朱棣说：“我一见殿下，便知当为天子。”相士袁珙也对朱棣说：“殿下已年近四十了，一过四十，长须过脐，必为天子，如有不准，愿剜双目。”在这些人的怂恿下，朱棣便积极操练兵马。

道衍唯恐练兵走漏消息，就在殿中挖了一个地道，通往后苑，修筑地下室，围绕重墙，在内督造兵器，又在墙外的室中养了无数的鹅鸭，日夕鸣叫，声浪如潮，以不使外人听到里面的声音。但消息还是走漏出去了，不久就传到朝廷，大臣齐泰、黄子澄两人十分重视此事，黄子澄主张立即讨燕，齐泰以为应先密布兵马，剪除党羽，然后再兴兵讨之。

建文帝听从了齐泰的建议，便命工部侍郎张昺为北平布政使，都指挥谢贵、张信，掌北平都司事，又命都督宋申屯兵开平，再命其他各路兵马守山海关，保卫金陵。部署已定，建文帝便又分封诸王。

朱棣知道建文帝已对他十分怀疑，为了打消他的疑忌，更派自己的三个儿子高炽、高煦和高燧前往金陵，祭奠太祖朱元璋，建文帝正在疑惑不定，忽报三人前来，就立即召见，言谈之下，建文帝觉得除朱高煦有骄矜之色外，其也两人执礼甚恭，便稍稍安心。等祭奠完了，建文帝便想把这三人留下，作为人质。朱棣早已料到这一着，在建文帝迟疑不决之际，飞马来报，说他病危，要三子速归。建文帝无奈，只得放三人归去。

魏国公徐辉祖听说了，连忙来见，要建文帝留下朱高煦。徐辉祖是徐达之子，是朱棣三子的亲舅舅。他对建文帝说："臣的三个外甥之中，唯有高煦最为勇悍无赖，不但不忠，还将叛父，他日必为后患，不如留在京中，以免以后胡行。"建文帝仍迟疑不决，再问别的人，别人都替朱高煦担保，于是，建文帝决定放行。朱高煦深恐建文帝后悔，临行时偷了徐辉祖的一匹名马，加鞭而去。一路上杀了许多驿丞官吏，返见朱棣。朱棣见高煦归来，十分高兴，对他们说："我们父子四人今又重逢，真是天助我也！"

过了几天，建文帝的朝旨到来，对朱高煦沿路杀人痛加斥责，责令朱棣拿问，朱棣当然置之不理。又过了几天，朱棣的得力校尉于谅、周铎两人被建文帝派来监视朱棣的北平都司事谢贵等人设计骗去，送往京师处斩了。两人被杀以后，建文帝又发朝旨，严厉责备朱棣，说朱棣私练兵马，图谋不轨。朱棣见事已紧迫，起事的准备又未就绪，就想出了一条缓兵之计：装疯。

朱棣披散着头发，在街道上奔跑发狂，大喊大叫，不知所云。有时在街头上夺取别人的食物，狼吞虎咽，有时又昏沉沉地躺在街边的沟渠之中，数日不起。谢贵等人听说朱棣病了，前往探视。当时正值盛夏时节，烈日炎炎，酷热难耐，但见燕王府内摆着一座火炉，烈火熊熊，朱棣坐在旁边，身穿羊皮袄，还冻得瑟瑟发抖，连声呼冷。两人与他交谈时，朱棣更是满口胡言，让人不知所以。谢贵等人见状，相互对视了一下，就告辞了。

谢贵把这些情况暗暗地报告给了朝廷，建文帝有些相信，便不再成天琢磨着该怎样对付燕国了。但朱棣的长史葛诚与张、谢二人关系极好，告诉他们燕王是诈疯，要小心在意，谢贵二人还不大相信。过了许久，燕王派一个叫邓庸的百户到朝廷去汇报一些事情，大臣齐泰便把他抓了起来，严加拷问，邓庸熬不住酷刑，就把朱棣谋反的事从头至尾说了一遍，建文帝知道后大惊，便立即发符遣使，并密令谢贵等人设法图燕，再命原为朱棣亲信的北平都指挥张信设法逮捕朱棣。

张信犹豫不决，回家告诉母亲，母亲说：“万万不可，我听说燕王应当据有天下，王者不死，难道是你一人所能逮捕的吗？”张信便不再想法逮捕朱棣，可朝廷的密旨又到了，催他行事，张信举棋不定，便来见朱棣，想看个究竟。而朱棣托病不见，三请三辞，张信无奈，就换了衣服前往，说有秘事求见，朱棣才召见了他。

进了燕王府，但见朱棣躺在床上，他就拜倒在床下。朱棣以手指口，荷荷而言，不知所云。张信便说："殿下不必如此，有事尽可以告诉我。"朱棣问道："你说什么?"张信说："臣有心归服殿下，殿下却瞒着我，令臣不解。我实话告诉你，朝廷密旨让我逮你入京，如果你确实有病，我就把你逮送入京，皇上也不会把你怎么样；如果你是无病装病，还要及早打算。"

朱棣听了此话，猛然起床下拜道："恩张恩张！生我一家，全仗足下。"张信见朱棣果然是装病，大喜过望，便密与商议。朱棣又招来道衍等人，一同谋划，觉得事不宜迟，可以起事了。这时，天忽然刮起了大风，下起了暴雨，殿檐上的一片瓦被吹落下来，朱棣显得很不高兴。道衍进言说："这是上天示瑞，殿下为何不高兴呢?"朱棣谩骂道："秃奴纯系胡说，急风暴雨，还说是祥瑞吗?"道衍笑道："飞龙在天，哪得不有风雨?檐瓦交堕，就是将易黄屋的预兆，为什么说不祥呢?"朱棣听了，转怒为喜。

于是，朱棣设计杀死了谢贵两人，冲散了指挥使彭二的军马，安定了北平城，改用洪武三十二年的年号，部署官吏，建制法令，公然造反了。经过三年的反复苦战，朱棣终于打败了建文帝，登上皇位，并迁都北平，成为中国历史上较有作为的皇帝。

朱棣的成功也是仰赖于他的善藏之道，私下密谋。以装疯的手段，使自己的意图有所隐藏，并在私下里做准备，有此种心机之人，岂能不成大事?

决　篇

决　篇

“决”就是决断。本篇主要讨论决断事物的有关问题，旨在告诉我们决断的重要性，以及教我们如何去下决断。鬼谷子认为：“决情定疑。万事之机，以正治乱，决成败，难为者。”指出了决断的重要意义，决策在社会活动中有着举足轻重的作用。决策是极难做的，而影响又极深远，因而必须谨慎从事。

【经典原文】

为人凡决物，必托于疑者，善其用福，恶其有患①，害至于诱也，终无惑偏。有利焉，去其利，则不受也，奇之所托。若有利于善者，隐托于恶，则不受矣，致疏远②。故其有使失利，其有使离害者，此事之失。

圣人所以能成其事者有五：有以阳德之者，有以阴贼之者，有以信诚之者，有以蔽匿之者，有以平素之者。阳励于一言，阴励于二言，平素、枢机以用；四者微而施之。于是度以往事，验之来事，参之平素，可则决之。

王公大人之事也，危而美名者，可则决之；不用费力而易成者，可则决之；用力犯勤苦，然不得已而为之者，可则决之；去患者，可则决之；从福者，可则决之。故夫决情定疑，万事之机，以正治乱，决成败，难为者。故先王乃用蓍龟③者，以自决也。

【难点注释】

①善其用福，恶其有患：不论任何人得到福就高兴，而讨厌遇灾难。可见不论是福还是祸，都应慎重考虑之后，再决定办法。

②利于善者……致疏远：假如疑心他人以善为利，实际上做着恶事，不但不能接受，甚至还应疏远。

③蓍龟：占卜的意思。蓍是筮竹，龟是龟甲，都是占卜工具。

【通俗译文】

凡是决断事情，都是受托于疑难的人。一般说来，人们总希望遇上好事，而不希望有灾祸，即使灾祸临头了，也不至于被引诱而陷入迷惑。

做决断时，只对一方有利，那么不利的一方就不会接受。这是运用奇策的基础。如果我们觉出有人（决策时）表面上做善事而实际上在暗中作恶，我们不仅不能接受他，而且还要疏远他。所以，有时办事不利，使之受损害都是决策的失误啊。

圣人所以能成就大事业，有五种因素：以公开的道德教化百姓；以谋略惩治坏人；以信义取信人民；以爱心庇护大众；以廉洁净化社会。

实施公开的鼓励法，应坚持守常如一；用谋略控制百姓；要遵循矛盾法则，掌握事物的对立面；还要特别注意平常与关键时刻。如果能小心巧妙地把握上述四个方面，那么推断以往的事情，预测未来的事情，再参照平日的情况，就可以决策了。王公大臣们，都享有高尚的美名，如果他们可以作出决断，那么不用费力就很容易获得成功，不用气力就能成事的可以作出决断。

有些虽然费力辛苦，然而不能不作出决策，那么可以作出决断；如果能排除忧患，就可以作出决断；如果能带来幸运，就可以作出决断。所以说决断事件，解决疑难，是万事的关键。用澄清治乱来预测成败是很难办的事啊！所以先圣是用著草、龟甲卜筮做决定的（避免了错误的人为因素）。

【本篇要义】

在本篇中，鬼谷子讲述了采取决策的重要性和如何采取决策的一些方法。

人的愿望总是希望万事如意，但世事常常难尽如人愿，事物发展不可能一帆风顺，总是会遇到一些挫折。遭受困难时，要及时地采取决策，解决疑难。“决情定疑，万事之机”，决断事件，解决疑难，这是万事的关键。

任何事物都不是孤立地存在的，而是与其他事物存在千丝万缕的联系，事物总是错综复杂的联系在一起。要解决疑难，实施决策，必须首先研究清楚问题依存的背景以及与其他事物间的联系。

鬼谷子说，古时圣人的决断事物常常采用六种方法：“阳德、阴贼、决断、信诚、蔽匿、平素”，以公开的道德教化百姓，以谋略惩治坏人，以信义取信人民，以爱心庇护大众，以平时的廉洁净化社会。根据事物性质的不同，采取不同的决策“决情定疑”。

事物的发展有它自身的历史和发展规律，实施决策时应“度以往事，验之来事，参之平素”，借鉴往事，研究现状，预测未来。决策者慎重考虑这一规律，才能正确决断。

时机是关系成败的重要因素，决策必须抓住时机，当机立断，犹豫不决则会错失良机。鬼谷子在本篇中多次强调，“可则决之”，能够决策的时候就要迅速决断！上述观点都是当代决策术中的瑰宝。

【智慧评析】

善其用福，恶其有患

鬼谷子认为，凡为他人决断事情，都是受托于有疑难的人。一般说来，人们都希望遇到对自己有利的事情，不希望碰上与自己不利的事情，希望最终能排除疑惑。在为人做决断时，如果只对一方有利，那么不利的一方就不会接受，这是因为依托的基础不平衡。任何决断本来都应有利于决断者的，但是如果在其中包含着不利的因素，那么决断者就不会接受，彼此之间的关系也会因此疏远。这样对为人决断的人就不利了，甚至还会遭到灾难，这样决断是失误的。

秦军攻打赵国，平原君去楚国求援，虽然楚王答应了出兵救援，但援兵迟迟不到。赵国都城邯郸的形势迫在眉睫。秦军攻势日甚一日，步步紧逼，赵国军民奋力抵抗，终因寡不敌众，不得不收缩防线。邯郸城外尸横遍野，赵军战死者不计其数，负伤者得不到及时治疗。百姓倾家荡产，涕泣哀告，全城笼罩在一片哀伤、忧郁的气氛中。久战不决对赵国十分不利：在内无粮草、外援未到的情况下，不出几日，赵国就得投降。国人忧心如焚，可又无计可施。

危急之际，平原君的门客李谈对平原君说："赵国也是公子之国，赵国将亡，公子不为之忧虑吗？"

平原君说："赵亡，我也不能独存，就要做秦人的俘虏了，我怎么能不忧虑呢？我曾往楚国搬救兵。可至今援兵未到，我正为此忧心忡忡呢！"

李谈说："现在邯郸的百姓，易子而食，濒临绝境；而公子的后宫累金积银，嫔妃婢妾衣食有余。前线将士刀剑用钝，削木为矛；而公子府库里钟磬如山，秋毫无损。如果邯郸失守，公子还能拥有这些东西吗？而如果邯郸解围，赵国保全，公子还担心得不到这些东西吗？现在公子若能把家人编入士卒。与百姓共同抗敌，把家中财物拿出来供应血战将士，前线将士会大受鼓舞，必誓死保卫邯郸，与敌军血战到底，公子以为然否？"

平原君本是慷慨之人，当即对李谈说："先生所言极是！为救邯郸，我愿尽遣家人为军，尽散家财助战。"

平原君听从李谈的建议，很快组织起3000人的"敢死队"，李谈也在其中。这支由男女老少组成的队伍，在与秦军作战中，不怕牺牲，奋勇拼杀，大乱秦军，使秦军不得不后退30里。

秦军后撤，为赵国赢得了喘息的机会。

平原君又数次写信请求魏国援助。魏国公子信陵君率8万精兵侧击秦军。楚国公子春申君也派大将景阳领兵杀到。赵、魏、楚三国联军内外夹击，秦军大败。秦将郑安平被围困数日，最后带两万人投降赵国。秦国统一天下的进程由此而减慢。

邯郸解围，赵王封赏将士。由于平原君功勋卓著，策士虞卿为平原君向赵王请赏。他面见赵王说："公子平原君国难之际，出使不辱使命，搬来楚、魏援兵，解邯郸之围；又编家人入伍，散私财助战，击退秦军进攻。其心耿耿，其功无量，大王不可用其力而忘其功。请大王为赵公子加封。"

赵王听从虞卿之言，打算封平原君为相，赐给东武城。

平原君的门客公孙龙听说此事，对平原君说："舍下听说赵王要赐封公子，舍下以为公子不宜受封。"

平原君说："愿听先生细说。"

公孙龙说："在保卫邯郸的战役中，赵国将士伤亡惨重，连一些王公大臣都参加了战斗。公子为赵王出使楚、魏，不辱使命，当然功不可没。但论功行赏，许多人都应当受封赏，论才能也有像公子这样智勇双全的人。而赵王封公子为相，赐封公子土地，外人则会认为您是沾了王室的光。您若受封，必然损害您在赵国人心中的形象；您不受封，其他人也不好请求加封。这对大战后赵国的复兴有利，所以我认为公子还是不受封为好。"

平原君高兴地说："先生说得极有道理，就依你之言吧。"

平原君辞功谢赏的仁义之举赢得了国人的尊重，从而使自己的威望得到了进一步提高。

“善其用福，恶其有患”可以看作替人出谋划策的评定标准，因为每个人都是趋利避害的，平原君也不例外。他之所以接纳了李谈的建议，就是看到了赵国被灭自己也不能独活。如果舍财救赵成功，自己就可以获得更多的好处，所以才接受了李谈的建议。保卫邯郸成功后，平原君又依公孙龙之言拒绝受封，那是为了更长远的利益，暂时地放弃也是为了更长久地拥有，吃点小亏却能在以后得到更多的便宜。

在现实生活中，不管是求人办事，还是帮人办事，人们都要对办与不办进行抉择，而抉择的目的无非就是权衡利弊得失，你是如此，对方亦是如此。所以，如果你想说服对方同意自己的要求，就要学会站在对方的立场和角度考虑，并用这种口吻与对方商量，只有让对方知道你是为了他好，他才能心甘情愿地接受你的要求。

著名人际关系学大师卡耐基曾经历过这样一件事：

他曾租用纽约某家饭店的大舞厅，用来每季度举办一系列的讲座。

在某一季度刚要开始的时候，他突然接到一个通知，通知告诉他：他必须付高出以前 3 倍的租金才可以继续使用这家饭店的大舞厅。而卡耐基得到这个通知的时候，入场券已经印好，并且发出去了，而且所有的通告也已经公布。

当然，卡耐基并不想支付这笔增加的租金，可是跟饭店的人理论是毫无用处的。因此，几天之后，他会见了饭店的经理。

“收到你的信，我有点吃惊，”卡耐基说，“但是我根本不怪你。假如我是你，我也可能发出一封类似的信件。你身为饭店的经理，有责任尽可能地增加收入。如果你不这样做，你将可能丢掉现在的职位。现在，我们拿出一张纸来，把你因此可能得到的利弊列出来，如果你坚持要增加租金的话。”

卡耐基取出一张纸，在中间画了一条线，一边写着“利”，另一边写着“弊”。

他在“利”的下面写下几个字：“舞厅空下来”。接着他说：“你把舞厅租给别人开舞会或开大会是最划算的，因为租给某人搞这类活动，比租给人家当讲课场更能增加不菲的收入。如果我把你的舞厅占用 20 个晚上来讲课，你的收入当然就会减少很多。现在，我们来考虑坏的方面。首先，如果你坚持增加租金，你不但不能从我这儿增加收入，反而会减少自己的收入。事实上，你将一点儿收入也没有，因为我无法支付你所要求的租金，我只好被逼到另外的地方去开这些课。你还有一个损失，这些课程吸引了不少受过教育、修养高的听众到你的饭店来。这对饭店本身是一个很好的宣传，不是吗？事实上，如果你花费 5000 美元在报上登广告的话，也无法像我的这些课程能吸引这么多的人来你的饭店。这对一家饭店来讲，其价值不是很大吗？”

卡耐基一边说，一边将这两项坏处写在“弊”的一边，然后把纸递给饭店的经理，说：“我希望你好好考虑你可能得到的利弊，然后告诉我你的最后决定。

第二天卡耐基收到一封信，通知他租金只涨 50%，而不是 300%。

卡耐基并没有明确提出自己的要求，而是从始至终都在谈论着对方的利与弊，正是他的聪明才智，使得自己成功得到了减租。

在现实生活中，此类事件可能会经常遇到，这就需要充分发挥自己的聪明才智，冷静思考，认真分析，从对方的角度来考虑问题，并向对方传达这种信息，切莫与对方产生冲突。当我们努力去争取某件事或努力达到某个目标的时候，要权衡利弊，以巧取胜，而要切忌“强夺”。

谋略典故：韩信为刘邦决疑

韩信在登坛拜将之后，与刘邦的一篇宏论，使其崭露头角，显示了他的雄才大略，高瞻远瞩的胸襟。

任命韩信的仪式结束后，汉王就座。汉王说：“丞相多次称道将军，将军用什么计策指教我呢?”

韩信谦让了一番，趁势问汉王说：“如今向东争夺天下，难道敌人不是项王吗?”汉王说：“是。”韩信说：“大王自己估计在勇敢、强悍、仁厚、兵力方面与项王相比，谁强?”汉王沉默了好长时间，说：“不如项王。”

韩信拜了两拜，赞成地说：“我也认为大王比不上他呀。然而，我曾经侍奉过他，请让我说说项王的为人吧。项王震怒咆哮时，吓得千百人不敢稍动，但不能放手任用有才能的将领，这只不过是匹夫之勇罢了。项王待人恭敬慈爱，言语温和，有生病的人，心疼得流泪，将自己的饮食分给他，等到有的人立下战功，该加封时，把刻好的大印放在手里玩磨的失去了棱角，舍不得给人，这就是所说的妇人的仁慈啊。项王即使是称霸天下，使诸侯臣服，但他放弃了关中的有利地形，而建都彭城。又违背了义帝的约定，将自己的亲信分封为王，诸侯们愤愤不平。诸侯们看到项王把义帝迁移到江南僻远的地方，也都回去驱逐自己的国君，占据了好的地方自立为王。项王军队所经过的地方，没有不横遭摧残毁灭的，天下的人大都怨恨，百姓不愿归附，只不过迫于威势，勉强服从罢了。虽然名义上是霸主，实际上却失去了天下的民心。所以说他的优势很容易转化为劣势。”

“如今大王果真能够与他反其道而行：任用天下英勇善战的人才，有什么不可以被诛灭的呢？用天下的城邑分封给有功之臣，有什么人不心服口服呢？以正义之师，顺从将士东归的心愿，有什么样的敌人不能击溃呢？况且项羽分封的三个王，原来都是秦朝的将领，率领秦地的子弟打了好几年仗，被杀死和逃跑的多到没法计算，又欺骗他们的部下向诸侯投降。到达新安，项王狡诈地活埋了已投降的秦军二十多万人，唯独章邯、司马欣和董翳得以留存，秦地的父老兄弟把这三个人恨入骨髓。而今项羽凭恃着威势，强行封立这三个人为王，秦地的百姓没有谁爱戴他们。而大王进入武关，秋毫无犯，废除了秦朝的苛酷法令，与秦地百姓约法三章，秦地百姓没有不想要大王在秦地做王的。根据诸侯的成约，大王理当在关中做王，关中的百姓都知道这件事，大王失掉了应得的爵位进入汉中，秦地百姓没有不怨恨的。如今大王发动军队向东挺进，只要一道文书三秦封地就可以平定了。”

于是汉王特别高兴，自认为得到韩信太晚了。就听从韩信的谋划，部署各路将领攻击的目标。

韩信的这篇献辞，有理有据，既看到了汉王的长处和短处，又看到了项羽的长处和短处，并提出扬己之长避己之短，化己弱为强；抑对方之长用对方之短，化其强为弱的具体方法。他对形势的了解、对交战双方的分析，中肯至极，解除了汉王刘邦心存的东渡击楚的疑虑，其重大的历史意义类似于“隆中对”。

阳励阴励

由于不同的对象、不同的事情、不同的目的，决断的方法要求大家灵活掌握，鬼谷子列出了圣人成事的五种方法：

一是“阳德”，就是说对有的人应明施德泽，公开肯定他、鼓励他，稳定其内心状态，影响其行为的趋势，以获取对方的好感，密切双方关系，适用于事情能成功、道理很充足的人。

二是“阴贼”，是指暗地里对别人有意设置障碍，让对方的弱点充分暴露，贬其优势，以便牵制对方，适用于隐瞒实情、言辞虚伪的人。

三是“信诚”，是指用诚心诚意、将心交心、忠信诚实来取得对方信任的方法，示人以诚，取人以信，适用于明白事理、品性正直的人。

四是“蔽匿”，是指用仁爱之心，稍作保留、稍隐实情的方法来包容他人，对别人的弱点或差错，加以宽容和遮掩，宽宥人过，调动其积极性，适用于小奸或者小错的人。

五是“平素”，是指对于常人、常事、常理，要用平时常用的规范性的方法来决断，适用于循规蹈矩的老实人。

总而言之，这五种方法实际上也就是两个方面：明施阳德，暗施阴贼。明暗结合阴阳互通，于是方法也会跟着变化多端。高明的人也就是因为他深知其理，善于变通，根据实际情况和目标要求，灵活运用上述办法。有的只按实际情况作客观判断，有的又要同时考虑到利害关系、接受能力、感情因素，略施心机，因人而断，因事而断，因目标而断。

谋略典故：管仲的阴贼术

春秋战国时期，齐国的宰相管仲深谋远虑，富有远见。在他的辅佐下，齐桓公获得了军事上的巨大胜利，陆续消灭了散布在各个地方的割据势力，只有强硬的楚国还没有臣服齐桓公。

连战皆捷的几位大将建议齐桓公："您为什么不一鼓作气，出兵讨伐楚国，一统江山呢？我们随时为您效劳！"

这番话说到了桓公的心上，他看着手下将领主动请战，心中甚是欢喜，于是决定出兵。管仲得知齐王要出兵，马上前去阻止，劝道："现在不是攻打楚国的好时机，大王您千万不要草率行事！"

"为什么？你没有看到现在士气大振吗？而且我国粮草充足，我实在找不出时机不成熟的理由！"齐桓公有些不解。

"我们连续征战数次，兵马早已疲惫不堪。再说楚国和其他诸侯国不一样，它实力雄厚、国力强盛，现在进攻实在很危险！"

"那我们就眼看楚国继续强盛下去吗？难道等着它把我们消灭了不成！"齐桓公急了。

管仲笑着说："我自有办法，而且保证您一年之内不动一刀一枪，不伤一兵一卒，就让他降服！"

齐桓公半信半疑，但看着管仲胸有成竹的样子，便放手让他实施既定的计划了。于是管仲命人铸造不计其数的铜币，然后派一百名商人去楚国买鹿，临走时嘱咐他们说："齐桓公特别喜欢观赏鹿，愿以重金购买活鹿。"

商人们到了楚国后，四处悬赏购买活鹿。梅花鹿在楚国很普遍，不值钱，两枚铜币就能买到一头，人们大都把它们宰杀了吃肉。楚国人一听有人重金购买活鹿，于是纷纷到山上捕获。

随着猎鹿人的增多，鹿越来越少，而鹿的价格也一涨再涨，从开始的5枚铜币到10枚铜币。几个月之后，商人又抬高了价格，40枚铜币一头。在当时，40枚铜币可不是小数目。楚国上下见有利可图，都放弃自己的行当去寻找野鹿。农民变成了猎人，战士也不顾纪律，上山捕鹿。

不知不觉，一年就快到了。管仲对齐桓公说："您现在可以召集人马，出兵楚国了。现在楚国只有数之不尽的铜币！农民因为猎鹿荒废了田地，没有充足的粮草供应；士兵因为猎鹿而无心操练，丧失了作战的技巧和能力，成熟的时机已经到了！"

齐桓公听从管仲的意见，放出发兵的消息。楚王见粮源短缺，人民因为饥荒而四处逃亡，士兵也都无心恋战，如果自己勉强打下去，只有死路一条。他连忙派使臣向桓公求和，心甘情愿地归顺了齐国。

齐桓公在成其霸业中，征服楚国的方式就是利用的"阴贼术"。他采用管仲的诡计，以"买鹿之谋"让楚国在不知不觉中受到削弱。楚国人多势众，楚王绝不会料到一年后，竟没有人愿意种粮，使曾经号称铁甲雄狮的军队变成了病猫。

可则决之

鬼谷子从事物的动态发展过程提出了决断的客观依据，注重从前因后果来对事物做出决断。

一要以往事来衡量。善于总结事物规律性的经验，注重事实，注重经验，注重从前因进行分析，做出判断；二是用来事来验证。善于预测事物的发展趋势，注重前瞻，注重超前，注重从后果进行分析，做出决策；三是以现实来参照。善于观察事物的外部和内部条件，注重实际，注重环境，做出符合实际情况的决断。

《战国策·魏策》中有段记载，就说谋臣鲁共工劝服梁惠王的故事。

梁惠王魏婴即位初期，魏国是战国诸雄中最为强大的国家，在中原诸侯中第一个自封为王。为展大国风采，梁惠王在范台上宴请各国诸侯。酒酣耳热之时，梁惠王请鲁共工举杯饮酒。鲁共工觉得梁王酒兴正浓，容易贪杯误国，应该告诫对方。

鲁共工一边站起身来，一边说出一番颇煞风景的话来："从前大禹喝了仪狄进献的美酒，觉得很美妙，于是就戒喝甜酒，说：'后世必有以酒亡其国者'；齐桓公吃了易牙精心烹制的夜宵，觉得很可口，直到第二天早晨还没睡醒，后来他说：'后世必有以味亡其国者'；晋文公得到美女南之威，三天不理朝政，于是推开南之威而疏远她。他说：'后世必有以色亡其国者'；楚昭王登上强台，唯觉山水之乐而忘记人之将死，于是在强台上发誓不再游山玩水。后来他说道：'后世必有以高台陂池亡其国者'。如今主君的酒杯里酒好似仪狄酿的酒；主君的饭菜可与易牙烹调的相媲美；身边左有白台右有闾须，都是和南之威一样的美貌；前面是夹林后边是兰台，犹如游强台一样的乐趣。如果在这里只有一种乐趣，就可以使国家灭亡的话，可是如今你兼有这四种乐趣，就完全可以不戒备了！"在美酒、美味、美色、美景俱全，一派歌舞升平、其乐融融的氛围中，这一番劝诫之言不啻一盆败兴的冷水，鲁共工力述前人经验，指出身为人君，酒、食、色、游，贪一即可能导致误国，如果四种毛病都有，又会如何？以今天的眼光看，在梁惠王正值春风得意之时，且在大庭广众之下，鲁共工敢于直言“敲打”、提醒，真的勇气可嘉。而梁惠王不愧为一大国之君，虽然面子上有些不好看，倒也没龙颜大怒，反而对他连连称赞不已，接受了他的谏言。

鲁共工拥有丰富的历史知识，用历史经验来解决了当前的问题。他从历史的典籍中寻找到了解决当前问题的方法，用一系列的事例让梁惠王认识到了沉迷于酒食色游的危害，劝服了梁惠王。

对一些情况，鬼谷子先生特地指明可以做出决断：“王公大人之事也，危而美名者，可则决之；不用费力而易成者，可则决之；用力犯勤苦，然不得已而为之者，可则决之；去患者，可则决之；从福者，可则决之”。可以获得崇高而美好的名誉、不用费力轻易可获成功的事、不仅需要费力气而且很辛苦，但却不得不做的事情、能消除对方或者自己忧患的、能给他人带来幸福的，在这五种情况下，如果可行，就需要立刻作出决断。

谋略典故：优柔寡断的韩信

公元前203年，韩信率领大军一口气攻占了赵、燕、齐等地，雄踞一方，从而在楚汉双方的争夺中，具有举足轻重的地位。

刘邦迫于形势，加封他为齐王，以争取他的支持；项羽也派说客武涉前去动员韩信叛汉降楚，但韩信并没有听从。武涉无功而返之后，又有一位名叫蒯彻的谋士来劝说韩信背叛刘邦。他以看相人的身份一语双关地对韩信说道：“大王，臣相您的面，不过是封侯的相，还带着危险；相您的背，却是高贵得无法言表。”韩信装作对“面”、“背”的含义不太理解，要求蒯彻给予进一步的解释。

蒯彻这才明言道：“大王也许知道，当初天下群雄刚开始起兵抗秦时，所担忧的只是能否灭亡秦朝罢了。而如今楚、汉相争，战火连年，僵持不下，如果没有天下最贤明的人出面，恐怕就无法平息这场祸乱了。而如今，楚、汉二王的命运就牵系在您的手中，如果您肯为汉王效力，那么汉王就会获胜；如果您肯为楚王助威，那么楚王就会取胜。臣愿意倾献肝胆，以诚相告，目前最好的办法，还不如与双方都保持联系，不帮其中的任何一方去消灭对方，让他们都生存下去，这样，大王您就可以凭借着自己的优势，与他们鼎足而立三分天下了。在这种形势下，楚、汉二王谁都不敢先动手，以大王您的聪明才智，加之拥有天下最精锐的部队，再出兵攻打楚和汉，那么，天下就是您的了。臣听古人说：‘上天赐予你的东西你却不敢要，反而会受到惩罚；时机到来你不动，反而会遭受灾难。’因此，臣恳望大王深思熟虑。当机立断。”

韩信答道：“先生说得不是没有道理，只是汉王待我十分优厚，把他的车子给我乘，把他的衣服给我穿，把他的饭分给我吃。我也听古人说过：‘乘过人家车子的，要为人家分担患难；穿过人家衣服的，要为人家分担忧虑；吃了人家饭的，就要为人家卖命。’而我现在怎么可以唯利是图而忘恩负义呢?”

蒯彻继续苦口婆心地为他分析道：“想当初常山王张耳和成安君陈馀还是平民百姓的时候，彼此就结成了生死之交。后来汉王就凭借张耳的部队，向东进军，杀掉了成安君，使之身首异处。这样的交情，终于为天下人所耻笑。其实这两个人在互相交往时，应该说感情是天下最深厚的了。但最后却互相争斗，彼此捕杀对方，急欲置对方于死地而后快，这又是为了什么呢？原因就在于彼此的贪心不足、欲望无止，而这贪心、欲望又是深不可测的啊！现在您想要凭借忠诚与道义和汉王交往，但是可以毫不客气地说，您二人的交情肯定不会比常山王、成安君二人的友谊更深，而且你们之间所涉及的事情肯定又比他们二人之间的事情要重大得多。所以，臣认为您过分相信汉王绝对不会危害您，这是大错特错的。从前越国大夫文种和范蠡尽心尽力保住了濒临灭亡的越国，忠心辅佐越王勾践使其最终得以称霸于诸侯之间，但结果呢？文种被杀死，范蠡逃隐于江湖之上。这就是所谓的‘狡兔死，走狗烹’！从结交朋友的角度来看，您与汉王的交情不如常山王和成安君；从忠义的角度来看，您对汉王的忠义又不如文种、范蠡对越王。这两点已足够供大王您多加考虑的了，况且臣还听说：‘勇猛和谋略过人，并且令君王为之震惊的人，那就会有生命的危险；而功勋卓著雄冠天下的人，那就无法给予他封赏了。’您的勇猛和谋略天下无双，而您的功勋卓著，也再没有第二个人能够超过。现在您如果去归附楚王，楚王肯定不会信任您：而您继续归附汉王，汉王又会害怕您。那么，您带着这样的威势和功勋，想要到哪里去安身立命呢？就目前的形势来看，您虽然身居于臣子的地位，但手中却拥有使主子感到极大压迫的威势，臣真为您感到危险和不安哪！”韩信感谢了他的好意，但还是说道：“先生请您别往下说了，容我再考虑考虑吧！”

过了几天，蒯彻不死心，又去劝说韩信：“如果随遇而安、心甘情愿地做人家的奴仆杂役，那就必然会失去争取君王的机会：如果留恋满足于微薄俸禄，那就必然得不到为卿做相的高位。所以，能够当机立断的是聪明人，遇事迟疑不决就一定会坏事！在鸡毛蒜皮的小事上精打细算，就会遗忘掉天下的大计划；明知事情应该怎样做，但决定了却又不敢去执行，这是一切事情失败的祸根！常言道：‘猛虎因迟疑不决而被人擒捉，反倒不如小小的黄蜂、蝎子敢于及时地放毒刺螫伤人；千里马停滞不前，反倒不如劣马能够稳步前进；虽然有孟贲那样的勇敢，但如果犹豫不定，反倒不如平庸者欲达目的而埋头苦干；虽然有舜、禹那样的智慧，但如果只是闭口不言，反倒不如聋哑人用手势比划。’以上这些话都说明了付诸行动的可贵。功业是难于成功而易于失败的，时机是难以得到却很容易丧失的。时机啊时机，失去了就不会再来了，这点万望大王仔细考虑吧！”韩信虽然觉得这话说得很有理，但他还是不忍心背叛汉王，且又想到自己的功劳这么多，汉王终究不会夺去自己的封地的，就仍旧拒绝了蒯彻的建议。蒯彻见到自己的劝说一再不被韩信采纳，唯恐此事日后被人发觉而招来杀身之祸，于是便装疯卖傻，以求能避过一劫。

公元前202年，汉王刘邦采用张良的计策征召齐王韩信，韩信就率领手下的军队来到垓下会师。项羽被攻破后，刘邦采用突然袭击的办法，夺取了齐王韩信的兵权，后改封他为楚王。第二年，便有人上书告发韩信谋反，高祖采用陈平的计策，以天子外出巡视会见诸侯为名，派使者通告各国诸侯在陈县聚会，其真实目的是想袭击韩信。而韩信始终没有觉悟，被擒拿到了洛阳，后又赦免其罪，改封为淮阴侯。

公元前196年，韩信假称有病，不跟随高祖去攻打叛乱的阳夏侯陈豨(实际上韩早就与陈密谋叛汉)，还暗中派人去与陈豨谋划勾结。东窗事发后，韩信被丞相萧何用计骗入宫中，吕后即命武士将他捆绑起来，在长乐宫钟室里将其斩首。韩信临死前叹息道："我真后悔当初没有听从蒯彻的计谋，竟然上了这帮妇孺的当，这难道不是天意吗?"一代将星就此陨落。

韩信正是由于当断不断，终于祸及自身，其家族也被株连，真是令后人扼腕叹息啊！而韩信的这个教训，也从反面证明了把握时机、善于决断的重要性。

符言篇

符言篇

“符言”是指统治者在位，必须信守约言。所谓“发言必验，故曰‘符言’”。本篇实际上是进献给君主的，为君主治国平天下指引修养之术。它分九个方面：即如何保持君位，如何保持明察，如何听取意见，如何实行赏罚，如何询问情况，如何因势管理官吏，如何能周全地了解一切，如何洞察验证一切，如何把握名分。这是《鬼谷子》书中御民治国的策略。

【经典原文】

安、徐、正、静，其被节[①]无不肉。善与而不静，虚心平意，以待倾损[②]。右主位。

目贵明，耳贵聪，心贵智。以天下之目视者，则无不见；以天下之耳听者，则无不闻；以天下之心思虑者，则无不知。辐辏并进，则明不可塞。右主明。

听之术曰："勿望而许之，勿望而拒之。"许之则防守，拒之则闭塞。高山仰之可极，深渊度之可测；神明之位术正静，其莫之极欤[③]！右主听。

用赏贵信，用刑贵正。刑赏信正，验于耳目之所见闻，其所不见闻者，莫不暗化矣。诚畅于天下神明，而况奸者干君？右主赏。

一曰天之，二曰地之，三曰人之。四方、上下、左右、前后，荧惑之处安在？右主问。

心为九方[④]之治，君为五官[⑤]之长。为善者，君与之赏；为非者，君与之罚。君因其政所以求，因与之，则不劳。圣人用之，故能赏之。因之循理，故能久长，因求而与，悦莫大焉。虽无玉帛，劝同赏矣。右主因。

人主不可不周，人主不周，则群臣生乱。寂乎其无常也，内外不通，安知所开？开闭不善，不见原也。右主周。

一曰长目，二曰飞耳，三曰树明。千里之外，隐微之中，是谓"洞"。天下奸，莫不暗变更。右主参。

循名而为[⑥]，实安而完；名实相生，反相为情；故曰："名当则生于实，实生于理，理生于名实之德，德生于和，和生于当。"右主名。

【难点注释】

①被节：被是赶上的意思。被节是赶上他人的节度。

②待倾损：对待倾轧和损害。

③高山仰之可极……正静，其莫之极欤：山的高度和渊的深度固然能测量，但是神明的位术却是正静的，绝对无法像测量山河一般来测量。

④九方：即九窍。是出入空气的小穴，人头上共有七个小穴，口、两耳、两眼、两鼻孔。也称为“七窍”。另外加上两个便孔，称为“九窍”。

⑤五官：指人的五种官能，即：视、听、味、嗅、触。

⑥循名而为：探采符合名分的行动。

【通俗译文】

身居君位的人，如果能做到安详、从容、正派、冷静，既会怀柔又能节制，愿意给予并与世无争，这样就可以心平气和地面对天下纷争。以上主位。

眼睛最重要的就是明亮，耳朵最重要的就是灵敏，心灵最重要的就是智慧，人君如能用全天下的眼睛去观看，就不会有什么看不见的；如果用全天下的耳朵去听，就不会有什么听不到的；如果用全天下的心去思考，就不会有什么不知道的。如将这些集于一身，那么君主就可明察一切，无可闭塞。以上主明。

听取情况的方法是：不要远远看见了就随便答应，也不要远远看见了就随便拒绝。假如答应别人，就要守信从而会多一层保护；假如随便拒绝了就会封闭君主的言路。仰望高山是可以望见顶的；测量深渊是可以测到底的；而圣人处事方法，其端正沉稳是无法测其高深的。以上主听。

奖赏时，最重要的是守信用。刑罚时，最重要的是公正。处罚与赏赐的信守和公正，必须让臣民亲身见闻，这样对于那些没有亲眼看到和亲耳听到的人也有潜移默化的作用。君主的诚信如果能畅达天下，那么连神明也会来佑护，又何惧那些奸邪之徒冒犯主君呢？以上主赏。

一叫做天时，二叫做地利，三叫做人和。四面八方，上下、左右、前后不清楚的地方在何处？以上主问。

心是九窍的统治者，灵是五官的首长。做好事的臣民，君主给他们赏赐；做坏事的臣民，君主给他们惩罚，君主根据臣民的政绩来任用，斟酌实际情况给予赏赐，这样就不会劳神。圣人这样做了，才可称赞。故而遵循客观规律，才能长久。根据所求而予之，会使对方喜悦之至。虽无珍物，勉励与赏赐也是一样的。以上主因。

作为人主必须广泛了解外界事物，如不能这样，那么就容易发生社会骚乱，世间鸦雀无声是不正常的，内外没有交往，怎么能知道世界的变化！开放与封闭不适当，就无法发现事物的善恶。以上主周。

人君首先要有天下之眼观世界，其次要有天下之耳听人间，第三要有天下之心思万物。如果在千里之外，隐隐约约，渺渺茫茫之中有个“洞”，即使在那“洞”的黑暗中藏了奸邪，也可以“洞察”他们。以上主参。

按照名分去做事，按着事实来决断。名实相互助长，相反相依。适当的名称产生于客观事物，而客观事物产生于有关道理，道理产生于决定事物的法则，法则产生于天地之间的智慧，智慧产生于万物之协调。以上主名。

【本篇要义】

本篇集中地概括了关于决策者（执政者），即身居要位的人所必需信守的准则。这一系列的行为准则呈现为连馈式的制约关系。

主位。是指身居要位的人，应以安、徐、正、静之态，面对天下纷争。这一“地位”决定了执政者必须眼观天下。

主明。指决策者观察外物时，要心明眼亮，明察万物。消除闭塞视听的一切障碍，了解下情得以把握纷纭变化的现状。

主听。指决策者达到“主明”的重要途径——听取人言。善于听取人言，就使自己多了一层保护，而拒绝他人进言就自然地封闭了自我。主听，是广开“耳”——广泛地收取外界信息，使决策者在判断外界事物时，不失误。从而顺利施行合宜的策令。而在控制全局、实施策令时特别要奖罚分明，此事是启动公众力量，形成领导者权威的最佳手段。

主赏。指决策者的实施奖赏、惩罚原则。赏与罚是应十分重视的事情。因为奖赏是执政者所要推行和鼓吹的事。而惩罚则是执政者戒令下属不能干的事。是团结大众、凝聚人心的重要手段。也是扶正去邪的重要手段。

奖赏众人要守信用；而惩罚人时一定要公正。人们常言，“重赏之下必有勇夫。”但是一旦有勇夫完成使命，必须及时给予重赏，而以此也使众人心服。而惩罚于人必须公开，公正。随便就刑罚人，或是惩而不当，乱罚无辜；或是该罚而不罚，必然引起人群混乱，人心无主。所以赏罚必以诚信征服天下人。另外，赏罚标准要有明文，按章赏罚。

主问。研究赏罚、决策时，要探究天时、地利、人和的各种关系，全方位地研究事物的各个方面，以发现事物的规律。

主因。探索赏罚所应遵循的理数。所谓“为善者，君与之赏，为非者，君与之罚”。然而，“善”与“非”的客观标准是什么？是决策者“因其政之所以求”，意思是由于执政的需要。如果人们的所作所为能符合执政的需要，能被决策人“用之”就当然受赏。由此可知赏罚的准则就在于决策者需要。决策者在把握自我需要时，还要周密考虑，以防赏罚失误。

主周。决策者要广泛地了解外界事物以求周严，要通达人情，使人畅所欲言。此外所言“主周”，是指人君（决策者）要周知人情事理，以判断事之善恶。

主参。要周知外物的情况，以达到周严时，需要有丰富的参照系列。比如，要以“目”观察，有“千里眼”；要以“耳”广收信息，有“顺风耳”；要有明断能力，用“天下”之心思虑万物，有所谓“树明”。这样才能有丰富的参照物，于幽微之中，玄览万物之隐。

主名。当把握物之运动的法则后，就要按照一定的名分区分事物，使事物的名与实相符。根据实际，决定事物之名称。此处讲究一个“当”字，即是合度、真实、协调。

【智慧评析】

主位

人活世间，谁都想拥有至高无上的权力。而对于“权力”的论述，自古以来也是仁者见仁、智者见智。但如果一旦大权在握，如何运用却是个问题。关于这一点，鬼谷子的办法非常好，就是：摆正自己的位置。

统治者若贪得无厌、目光短浅，对民众只是一味地侵夺和剥削，民众就会起而反抗，甚至爆发起义。隋文帝深深懂得这个道理，所以当他建立隋朝后，一面躬行俭朴，一面采取了许多有利于巩固政权的措施，与民休息，给民以惠。文帝的这些做法，使社会风气得到了净化，使民众的负担得到了减轻。新建的隋王朝迅速得到了民众的拥护，很快就稳定了下来。但是，隋炀帝杨广继承皇位后，荒淫奢华，急功近利，残酷猜忌，先后三征高丽、开凿运河、赋税繁苛，频频激起民怨，百姓怨声载道。隋炀帝为一己享受，以天下民众为己私有，对其横征暴敛，迫使民众起来反抗他的统治，最终导致了隋朝的灭亡。

虽然权力能给人带来诸多好处，但它最让人神往之处，莫过于它给予人的那份被众人拥捧的感受。人是虚荣的动物，当条件适合时，这种劣根性往往就会暴露无遗。秦朝农民起义军的领袖陈胜年轻时是个雇工，经常和伙伴一起给别人家锄地。他经常对朋友们说："苟富贵，毋相忘。"陈胜变得富贵后，就开始骄横起来，逐渐丢掉了谦逊的品格。后来一个曾经和陈胜一起给地主种田的同乡听说他做了王，特意从登封阳城老家来陈县找他，敲了半天门也没人搭理。直到陈胜外出，拦路呼喊其小名，才被召见，一起乘车回宫。因他是陈胜的故友，所以进进出出比较随便，有时也不免讲讲陈胜在家乡的一些旧事。不久有人对陈胜说："客愚无知，颛妄言，轻威。"陈胜便十分羞恼，竟然把"妄言"的伙伴杀了。把当年所说的"苟富贵，毋相忘"的话早抛到了九霄云外。自此以后，"诸陈王故人皆自引去，由是无亲王者"。最后陈胜失败被杀。

可见，权力能满足人们的虚荣心，让人感到幸福。但是，权力的保护伞绝不是虚荣，而是谦逊。古语云："江海之所以能成百谷之王者，以其善下。”一个居高位者比平常人更需要谦逊这种美德。居上位者的谦虚若发自内心，一言一行不必作修饰，就自然而然地合乎谦退之道，这是一种很高的境界。

反之，若谦虚是装出来的，而非发自内心的，必定不会坚持长久。有许多人的“美名远扬”不是从正道而来，最后一定会被人们所识破。如历史上著名的伪君子王莽，是个老奸巨猾的人。为了篡夺西汉政权，捞取政治资本，他干了不少笼络人心的事，其中有一件事表现得特别谦恭下士。当他的丑恶面目未暴露之前，确实是“美名远扬”，人人传诵，俨然是一个十足的“正人君子”。当他的真实嘴脸暴露以后，人们便大吃一惊。唐代诗人白居易读了这一段历史，从伪君子王莽一度得到美名，联想到真正的君子周公被流言中伤，一时恶名远扬，便写诗感叹道：“周公恐惧流言日，王莽谦恭未篡时。倘若当时身便死，一生真伪有谁知?”

在现代企业中，领导者的人格魅力实际上是领导者的一种吸引力和凝聚力，领导者的人格魅力是通过领导者的美德表现出来的，领导者的人格魅力是非权力影响力，高尚的品格是领导者人格魅力的核心。领导者有比较强的人格魅力，就会赢得组织成员的敬重和信任，从而增强团队的凝聚力和战斗力，同心同德为实现组织目标而努力奋斗。

日本本田技研工业总公司的创始人本田宗一郎每当遇到棘手的事情时，总是自己率先去干。因此，公司里的年轻人非常佩服他的这种身先士卒的垂范作风。

1950 年的一天，为了谈一宗出口的生意，本田和藤泽在一家餐馆里招待外国商人。

客人兴致挺高，喝了许多酒，不久便跑到卧室呕吐起来。

过了一会儿，服务员满脸沮丧地报告说：

“本田先生，我不小心，把客人的金假牙倒进厕所里了，您说怎么办?”

本田一听，二话没说，跑到楼下，掀开粪池石板，脱掉衣服，纵身跳了粪池，用一双筷子打捞起来。那些粪便、便纸在水面浮着、臭气熏天、令人作呕。但本田却像没事人一般，用筷子拨弄粪便纸屑，细心寻找，找了好一阵才把那颗金假牙找到。

本田回到卧室卫生间，冲洗干净身子，穿上衣服，再将假牙冲洗干净，并对假牙消了毒，然后悄悄地放到外商的床边。

“您是怎么找到的?”服务员惊奇地问。

“是本田先生亲自跳下粪池寻回来的。”不待本田回答，藤泽激动地抢着说。

“啊?”服务员的嘴巴张得很大，“本田先生，真是太谢谢您了！您真伟大！您帮了我大忙，我一辈子也不会忘记。”服务员深受感动。

这件事让那位外国商人也很受感动，生意自然获得了圆满的成功。藤泽武夫目睹了这一切，感慨不已，认为自己可以一辈子和本田宗一郎合作下去。

后来，他们并肩战斗几十年，在几十年中，他们把其他人用来内斗的精力都用于各自领域内的“对外战斗”，战胜了技术、经营上的敌手。

老话说：上行则下效。又说：“上梁不正下梁歪。”作为领导，只有自我严格要求，并以身作则，作出表率，才具有号召力。

主明

“目贵明，耳贵聪，心贵智。”拥有一双明亮的眼睛，除了要看清东西之外，最重要的是要“透过现象看本质”；拥有一双灵敏的耳朵，除了要听见声音外，最重要的是要听出“弦外之音”；既然要用心来想问题，那就要认真分析事物变化发展的规律以及事物之间的内在联系。假如我们能够集思广益、广开言路，把众人清楚明白的事情加以整理吸收，变成自己的想法，那么，世界上就没有看不透的事物。

三国时期，刘备死后，刘禅继位，蜀国的大小政事便由丞相诸葛亮处理决定，诸葛亮成了蜀国政权的实际主持者。

诸葛亮在人们的心目中有很高的威望，但他并不因此居功自傲，而是经常注意听取部下的意见。杨颙是当时丞相府里负责文书事务的主簿官。他对诸葛亮亲自过问每一件事的做法提出了建议。他说：“处理国家军政大事，上下之间分工应该不同。”他还举出历史上一些著名的例子，劝诸葛亮不必亲自处理一切文书，少过问一些琐碎的小事，对下属应该有所分工，自己应主抓军政大事。诸葛亮对于杨颙的劝告和关心很是感激，但他怕有负刘备所托，仍然亲自处理大小事务。

后来杨颙病死，诸葛亮非常难过，哀悼不已。为了鼓励下属踊跃参与政事，诸葛亮特地写了一篇文告，号召文武百官，朝廷内外人士积极主动地发表政见，反复争议。这篇文告就是《教与军师长史参军掾属》。他在文中写道：“丞相府里让大家都来参与议论国家大事，是为了集中众人的智慧和意见，广泛地听取各方面有益的建议，从而取得更好的效果。”

然而，在实际生活中，真正能够做到明察秋毫、不被假象所迷惑的人又有多少呢？企业的管理者难免会有轻信他人的时候，就连要好的朋友之间也会因为他人的嫉妒诋毁而相互远离，这种事情可以说数不胜数。因此，要避免这种事情的出现，只有擦亮自己的眼睛，透过表面的现象去看事物的真实本质，认真分析事物变化发展的规律以及事物之间的内在联系，唯有如此，才不致造成不必要的损失。

对企业管理者来说，一个重大的问题就是如何保证决策的正确性。在一些企业中，一些决策者们喜欢闭门决策，不愿倾听下属和幕僚的意见，以此来显示自己的权威，或者是不相信他人，这样做的一个结果是增加了决策失败的几率，同时也会打击下属的积极性，长此以往，愿意提出建议的下属将会越来越少，言路闭塞，也不利于上下级之间的交流。

单就决策来说，企业的发展不能够只靠上层领导人的决策，应该依靠全体员工，特别是能够集中全体员工的智慧。企业重大的问题应该广泛地听取大家的意见，多数人的意见要听，要分析看有没有不合理的成分；少数人的意见也要听，看一下有没有合理的方面，少数人的意见也应该认真思考分析，把各种意见分析归纳和整理，最终得出正确的结论来。毕竟集大家的智慧和力量比较容易实现目标。

集众人智慧和意见，取精华弃糟粕，才能使决策取得更好的效果。集思广益是前人在长期实践中总结出来的制胜法宝，其中蕴涵着深刻的道理和原则。

首先，集思广益的做法表明：个人的认识总是有限的，再高明的领导也不能单靠自己的智慧，就能制定出一整套干大事业的行动方针，他必须集中众人的智慧，遍采众人之长方可成事。

其次，集思广益还包含着在某一具体问题的处理上也要广开言路，不能只听一面之词，只考虑一种方法，而要围绕这一问题，充分征求意见，提出各种可能的解决方案，然后在可供选择的方案中进行利弊比较，选择最优方案来加以实施。从这个角度说，集思广益还包含着决策民主化、决策科学化的思想。

企业的生存与发展不能只靠领导者的“独断专行”，而是要博采众长，集思广益，善听各方面的意见，多谋善断，才能使团队在竞争日益激烈的“战场”上生存，进而不断发展壮大。

主听

鬼谷子认为，听取情况的方法是：“不要远远看见了就答应，也不要远远看见了就拒绝。”如果能够善于听取他人的意见，就使自己多了一层保护，如果拒绝别人进言就使自己受到了封闭。高山仰望可看到顶，深渊测量可以测到底，而神明的心境既正派又深沉，是无法测到底的。如果独断专行，对于他人的意见充耳不闻或敷衍了事，不仅不会取得良好的效果，还会导致他人的积极性受挫。

战国时，魏惠王的宰相公叔痤病了，魏惠王去探望他，说：“您的病很重，国家该怎么办呢?”公叔痤回答说：“我的家臣御庶子公孙鞅很有才能，希望大王您能把国政交给他治理，如果不能任用他，也不要让他离开魏国。”惠王没回答，出来时对左右侍从说：“难道不可悲吗？凭公叔痤这样的贤明，今天竟让我一定要把国政交给公孙鞅治理，太荒谬了!”惠王没有采纳公孙痤的意见。

公叔痤死后，公孙鞅离开魏国向西游说秦国，秦孝公听从了他的意见，结果秦国一天天强盛，而魏国一天天地削弱下去了。

公孙痤有知人之明，而魏惠王固执己见、闭目塞听，魏国也因此由盛转衰。

在《汉书·霍光传》里记载了一则“曲突徙薪”的故事：从前，有一家人建了一栋房子，亲朋好友都称赞房子造得好，主人很高兴。这时，有一位朋友对主人说：“您家厨房上的烟囱是直的，灶膛的火很容易落到房顶上，这很有可能会引起火灾。您应该在灶膛与烟囱中间加一段弯曲的通道，这样就好多了。”

听了这话，主人不以为然地笑了笑。朋友又说：“您在灶门前堆了这么多柴草，这样也是很危险的，还是搬到别处去吧。”主人心里很不高兴，没有听从朋友的建议。

几天之后，这座房子果然发生了火灾，邻居们齐心协力把火扑灭了。后来，主人摆了酒席答谢众人。这一次，有人提醒主人：“您宴请救火的人，怎么能不请那位向您提忠告的朋友呢?”主人连连称是，赶紧亲自去把那位朋友请来了。

俗话说，顺的好吃，横的难咽。一般人都愿意倾听赞扬声，不愿意听批评声；愿意倾听正面意见，不愿意听反面意见；愿意倾听相同意见，不愿意听不同意见，这是人之常情、常理。但是领导干部不能像一般人，按常人、常情、常理决策办事，要善于倾听、虚心倾听、耐心倾听、细心倾听批评声、反面意见和不同意见。这不仅是工作方法问题，也是思想方法问题。伟人毛泽东同志就曾经说过，有时真理会在少数人手里。有时候，正确意见、真理会在反面意见、不同意见、少数人嘴里。尤其是现在有些人好揣摩领导的心思，迎合领导的意见，专门捡领导爱听的说、喜欢的办，溜须拍马，不愿说真话实情。有的领导干部愿意以己见为中心，不爱听、不善于听批评意见、反面意见、不同意见和少数人意见。当然，有时有的批评意见、反面意见、不同意见和少数人意见未必都正确、被采纳，即使一时不被采纳，但也不能排斥、打击，要尊重、参考、借鉴、保留、备用。正确意见、真理不是永恒的，是暂时的、相对的，会随着时间的转移、发展而转化，一时未被采纳的不同意见也同样。

主赏

鬼谷子认为，“信”与“正”是赏与罚的关键所在。假如要行赏，那就要说到做到，不能出尔反尔，否则会被认为是不守信用之人；假如要惩罚，那就一定要以理服人，做到公平、公正，让人心服口服。对他人行赏时，除了要一言九鼎外，还应加大宣传的力度，让众人知晓并以此作为榜样。即使没有亲眼看到他人行赏，也能因榜样的事迹起到潜移默化的作用，久而久之，正义的力量也就得到了很好的传播。当正义的力量在社会上占主导地位时，那些奸诈小人就无处藏身了。

军队中如果不能做到赏罚分明，就会出现纪律不严、士气低落的现象。因此，古代治军严谨的将领都十分注重赏罚分明，正所谓“军令如山”、“军中无戏言”。赏罚也是领导的重要手段，“赏罚不明，百事不成，赏罚若明，四方可行”。

僖负羁是曹国人，曾经救过晋文公的命，所以晋文公在攻下曹国时，为了报答僖负羁的恩情，就向军队下令，不准侵扰僖负羁的住处，如有违反者，一律处以死刑。

大将魏平和颠颉却不服从命令，带领军队将僖负羁的家团团围住，并放火焚屋。魏平爬上屋顶，想把僖负羁拖出杀死。不料，梁木承受不了重量而塌陷，正好把魏平压个正着，动弹不得，幸好颠颉及时赶到，才将他救了出来。

这件事被晋文公知道后，十分气愤，决定依照命令处罚二人。大臣赵衰(赵国君王的先人)替二人求情，说：“他们两人都替国君立下过汗马功劳，杀了不免可惜，还是让他们戴罪立功吧!”晋文公说：“功是一回事，过又是一回事，赏罚必须分明，才能使军士服从命令。”于是便下令，革去了魏平的官职，又将颠颉处死。

从此以后，晋军上下都知道晋文公赏罚分明，再也没有违反命令的了。

赏罚不明乃兵家大忌，同时也被视为工作中的大忌。在一些企业里，规章制度虽然很好，可是一旦有人真正违反时，却没有任何实质性处罚，总说下不为例，事实上违反制度的事情屡禁不止，以致管理日渐混乱，造成这种后果的根本的原因就是没有做到“信”。赏罚不信，做事不公正，有谁会愿意去遵守呢?因此，该赏则赏，该罚则罚。

主问

治理好一个国家最基本的要素为：天时、地利、人和。可是这三个要素的实际情况从何而来?四面八方究竟有没有问题?如果有问题，那么问题又出在哪里?要怎么样才能解决这些问题等，都是需要靠自己亲自去实践、亲自去探索的，否则就无从知晓问题的根源。统御者只有保持与民众的接触，才能更好地了解民众的真实想法，更好地管理国家和社会。这正如鬼谷子说的“一曰天之，一曰地之，三曰人之。四方、上下、左右、前后，荧惑之处安在?右主问。”

从古至今，各王朝的建立和颠覆，无不证明了民众在历史潮流中的巨大作用和不容忽视的地位。唐太宗把民众与统治者比作是水与舟的关系，称“水能载舟，亦能覆舟”。先贤孟子也曾说过：“民为贵，社稷次之，君为轻。”

前国务院总理朱镕基在一次讲话中说："胡锦涛同志讲了'两个务必'，还是要更多地保持与人民群众的紧密联系，倾听他们的呼声，接受他们的投诉，为他们撑腰，帮他们说话，解决他们的困难。我这五年或者说我过去十年，主持经济工作，一直是想这么做，我也尽了我的最大努力。如果我们只听下面报喜不报忧，冲昏自己的头脑，听不到人民群众的呼声，绝对搞不好我们的工作，连判断都是错误的。"

不仅是管理国家，管理企业也应该进行充分的调查研究，了解消费者的需求，否则就会在经营中陷入困境。

我们以宝洁公司生产的婴儿纸尿布为例，它的销售市场遍及世界各地，在德国和中国香港市场都一度非常畅销。

但好景不长，不久，德国的销售点向总公司汇报：德国的消费者反映，宝洁公司的尿布太薄了，吸水性能不足。而中国香港的销售点却向总公司汇报：香港的消费者反映，宝洁公司的尿布太厚了，简直就是浪费。

总公司感到非常奇怪：为什么同样的尿布，会同时出现太薄又太厚两种情况呢？这让公司的管理人员有点摸不着头脑。

其实，这是宝洁公司的产品开发人员在设计产品时对产品销售的不同市场没有经过细致的调研和考察所造成的。

在总公司通过详细的调查后发现，同时反映太薄又太厚的原因，是德国和中国香港的母亲使用婴儿尿布的不同习惯所致。虽然中西方婴儿一天的平均尿量大体相同，但德国人凡事讲究制度化，完全按照规矩行事，德国的母亲也是如此，早上起来的时候给孩子换一块尿布，然后就这么一整天都不会去管他，一直到了晚上才会再去换一次，于是，宝洁公司的尿布相对于这样的情况明显就显得太薄了。可是香港的母亲却是把婴儿的舒适当做头等大事，孩子只要尿布湿了就会换上一块新的尿布，一天不知道要换多少次，所以宝洁公司的尿布在这里就显得太厚了。

显然，宝洁公司的产品开发人员并没有考虑到产品市场中不同国家之间的文化差异，在进军某一市场的时候没有做好相应的准备工作，结果弄得怨声载道，使宝洁公司蒙受了不少的经济损失。

产品开发人员只不过在不同地域使用尿布的习惯上少做了准备，等待他们的就是无情的市场风险。曾经省下的调研成本，现在却要付出十倍、百倍甚至千倍的代价。

主因

鬼谷子认为，国君是各种官员的首长，能够为国家立下功劳的人，就会得到国君的赏赐，而那些不仅没有立下功劳，反而做错事情的人，就会得到相应的惩罚。国君会根据臣民的政绩来任用，并尽量满足各自的需求，因此，国家上下，同心同德，这样，国君也不用太过操劳。圣人懂得其中的奥妙，因此非常善于按照其中的规律来满足他人的需求，长此以往，圣人领导的国家便可以长治久安。

在法家的经典文献《韩非子》中，将领导者划分为上、中、下三等。他认为三流的领导者事必躬亲；二流的领导者借助他人的力量；一流的领导者能够善于运用别人的能力。原文是：“下君尽己之能，中君尽人之初，上君尽人之能。”

所谓的上君、中君、下君是指上等、中等、下等的君王而言。而“尽人之能”是指使所有的部下都能够将自己的才能发挥得淋漓尽致。一个人的力量绝对敌不过众人的力量，一个人的智慧也绝对无法对任何事情都面面俱到，那么与其单靠自己的力量和智慧来治理国家，为什么不善加运用全国的智慧和力量呢？

只靠自己的智慧去处理政事，即使最后成功了，自己也已经精疲力竭，如此得不偿失，也等于没有完全达到自己的目的。能够从容不迫地治理国家，才是一个理想的君王。同样的道理，能够从容不迫地使下属发挥所能而又听命于己，这才是一个最上乘的领导。

作为中国历史上最优秀的皇帝之一，唐太宗李世民对这一点就理解得比较深刻，他明白“一人之智岂可断天下之务”的道理，所以在治国中不仅能够做到总揽大纲委任责成，而且还能以人为镜，从谏如流。这些高超的领导方法，直到现在仍值得我们的领导者借鉴。

唐太宗是一位精力充沛而又雄心勃勃的领导者，即位之初，立志刷新政治，安定天下，巩固大唐帝业，以垂于百世。因此他早起晚睡，躬亲庶务。面对国家凋敝的局面，他的主要精力用于如何安养百姓，后来他回忆说：“那时有感于隋炀帝穷兵黩武，荒淫误国，百姓不堪忍受沉重的压迫，终于导致国家的败亡，所以日日夜夜都在苦苦探求治国的道理，只想清静无事，让百姓安居乐业。”

他不仅自己勤勤恳恳，也要求大臣们像他一样，勤心政务。即位不久，他曾告诉裴寂说：“最近很多人上书议论时政，我把这些奏疏都贴到墙壁上，这样出出进进都可以一眼看见。常常思考治国的道理，有时到深夜才睡觉。你们也应当恪勤职守，能有像我一样的心情。”

魏征虽然原是建成的幕僚，但深识治国大体，对太宗也深怀知遇之恩，因此太宗屡次把魏征请到自己的卧室，向他咨询施政的得失。魏征知无不言，太宗总是欣然接受。

几个月下来，太宗感到非常累，不但如此，言谈话语决策行事之间，还不免有些偏颇和失误，幸而大臣们总能直言劝谏，才避免了一些不良后果的产生。太宗不免对当皇帝的人如何处理政务产生了深深的困惑。他想到自己早年，作为一个贵公子，不精学业，游马驰骋，习射练武。后来唐朝建立，建成被立为太子，自己则连年征战，无暇读书，所以一直并未受到将来作帝王的特殊教育。如今虽然坐上了龙榻宝座，但对朝廷行政运作和皇帝决策机制还真的不是那么谙熟于心，处理起事务来也就不那么得心应手。即位之初的任情决断和处置失当就是证明，自己也有机务缠身之感。看来这方面还有探索和求教的必要。

有一件事对他触动很大，这件事是他向萧瑀讲的。他说："我从小就喜欢弓箭，曾收集保存了十几张良弓，自己认为是天下最好的弓了。可是最近拿给造弓的工匠看，他却说'都不是好材料'。我问他这话从何说起，他说：'木心不直，纹理就不正，弓虽然是强弓，可是发出去的箭就有偏斜。'我这才明白过去自己对弓的认识并不精深。我是以弓箭打天下安定四方的，对弓的认识尚且不全面，何况天下繁多的事务，怎么能全部知晓呢?"太宗对自己的认识十分客观，他在施政过程和日常生活中时时处处都在总结经验，体会治国的道理，这使他对执政越来越理解深刻，从而在政治上越来越成熟。太宗不相信天命，他不认为当天子的就是天才，能够如此客观地评价自己，能够这样坦诚地承认自己的不足，在中国历代皇帝中，还很少有能像太宗这样的。既然一个人能力有限，既然做皇帝的也不能独断天下之务，那就必然会总结出求得贤才以相辅助共理天下的结论。

贞观二年(628 年)，太宗告诉房玄龄、杜如晦说：“你们二位担任尚书省仆射，应当协助我处理朝廷大事，减轻我的忧虑和劳苦，最重要的是扩大见闻，求访贤才。最近听说你们亲自听受词讼，判决案件，每天都过问好几百件官司。这样做就是读公文都来不及，怎么能帮助我求得贤才呢?”于是敕令尚书省，凡具体事务都交付尚书左丞、右丞，只有重大冤案或长期积压的案件，应该报告皇帝处理的，才让仆射过问。这件事说明太宗经过一段时间的实际锻炼，确实感到张玄素曾讲的总揽大纲委任责成的话有道理。无论皇帝还是宰相，都应该从琐碎的细务中摆脱出来，掌握重大政策的调整，任用合适的人选去执行朝廷的政令，而不必也不可能事必躬亲。那样做只能掉入事务的圈子里不能自拔，终日忙碌也找不出头绪。现在他认识到起初自己管的事真是有点太具体了，宏观上的该自己决策的事务反而有些忽略。想到这些，太宗不知不觉地感到自己在处理政务上好像站得高了一些，眼光更开阔了一些。

从“高居皇位，总揽大纲，选贤授能，委任责成”的执政原则出发，太宗曾对隋文帝提出了不同于常人的看法。贞观四年(630 年)，他问萧瑀说：“你看隋文帝是一位怎样的皇帝呢?”萧瑀回答说：“文帝能克制个人的欲望，按照礼的原则行事，勤于政务，不怕劳苦，一心扑在政事上，每一坐朝，就到很晚的时候才结束，有时直到太阳偏西才罢朝。五品以上的大臣，请来坐论国事，负责警卫的兵士要送饭吃，虽然品性不是仁义明智，也算是一位勤奋刻苦的皇帝了。”太宗说：“你只知道他这样做好的一面，却不知道坏的一面。这个人总是看到别人的缺点，自己心智并不聪明。心智不聪明，有的事理就不明白；总是看到别人的缺点，就常常怀疑别人对自己不忠。他欺负静帝母子孤儿寡母而篡夺了北周的天下，总是担心大臣们心里不服气，对朝廷百官都不肯信任，朝廷事务无论大小他都亲自处理，虽然劳神苦形，却不能都做得合情合理。大臣们知道了他的用心，也不敢直言劝谏。从宰相以下，朝臣们只是接受他的命令去执行罢了。我不像他那么想，以天下之大，百姓之多，政事千头万绪，都应该随机应变。这些都委托百官去商议，让宰相们筹划，他们有了稳妥便当的意见，才可以上奏，由我批准施行。面对千头万绪的事务，怎能由一个人思虑决断呢？而且每天即便能处理十件事，有五件事处理得好，那当然不错，可是另外五件处理得不好的事呢？日复一日，月复一月，年复一年，年月既久，错事就越积累越多，国家不灭亡还等什么？如能广泛地任用贤人良才，高居皇位，洞察事理，法令严明整肃，谁还干违法乱纪的事呢？”

太宗所讲的也正是目前我们有些组织的领导者的失误之处。三国时期诸葛亮在上后主的《自贬疏》中道“街亭违命之阙，箕谷不戒之失，咎皆在臣授任无方”。诸葛亮忠心耿耿辅助阿斗，日理万机，事事躬亲，乃至“自校簿书”。对此其对手司马懿有评价：司马懿一次接见诸葛亮的使者问诸葛亮身体好吗，休息得怎么样？使者对司马懿说，诸葛亮“夙兴夜寐，罚二十以上，皆亲览焉；所敢食不至数升。”使者走后，司马懿对人说：“孔明食少事烦，其能久乎！”果然不久，诸葛亮病逝军中，蜀军退师。诸葛亮为蜀汉“鞠躬尽瘁，死而后已”，但蜀汉仍最先灭亡，仔细分析可知这与诸葛亮不善于授权不无关系。

西汉著名丞相陈平认为“……宰相者，上佐天子，理阴阳，顺四时，下遂万物之宜，外镇抚四夷诸侯；内亲附百姓，使卿大夫各得任其职也。”诸葛亮也为蜀汉丞相，且多才多艺，工作勤勤恳恳，每日起早睡晚，各种事务都要亲自处理，亲自过问，“自校簿书”，“罚二十以上亲览”，以至积劳成疾，过早离开人世。二者相比较，自然已分出优劣。

时代的发展，已经让一个组织的管理不再只是“做事”的方法，而是“让人做事”的艺术，也就是“授权”的艺术。在一个正常运作的组织，领导者应该摆脱“一个人说了算”的旧式观念的影响，应该将20%的时间和精力用于组织的日常管理，而其他的80%则应用在关注组织的整体发展策略和策略层面的管理工作上。

主周

鬼谷子认为，作为君主，除了要广泛了解外界的信息之外，最为重要的是要将各种事情处理得极为周全，并尽量把各种关系处理平衡，这样才不会容易发生叛乱。如果不能将问题考虑得细密、周全，凡事马马虎虎，敷衍了事，就会有人从中浑水摸鱼，趁机钻空子，最终导致不良局面的出现。

身在职场，要多和他人交换意见，营造和谐的人际关系，这样才能进一步了解世间的变化。如果内外信息不通，外面的真实情况就无从得知，事情的真实面目也就无从知晓，也就无法做出正确的决策，更不用说考虑周全了。因此，不仅是国君，在实际生活中，我们也要养成办事考虑周全的好习惯。

主参

鬼谷子认为，人君要洞察奸邪，惩治奸佞小人，就需要修炼一双能够看透事物现象的慧眼，就如同火眼金睛一般，这样，小人的奸计就无法得逞；要塑造一双能够听到千里之外声音的耳朵，就如同顺风耳一样，这样，就能知道小人私底下在谋划什么；此外，人君还需要修炼洞察世间万物的本领，能够透过事物的表面现象看透事物的真实本质。

在现实生活中也是如此，要透过事物的层层表象，不要被假象所迷惑，要学会洞悉对方的弦外之音，这样才不会被奸诈小人算计。然而有些人目光短浅，不善观察，以致不知不觉中就中了小人设计的圈套。

谁都知道，小人最难提防。之所以如此，并不是因为小人从实力上比正人君子强多少，而是由于小人从不在自己脸上刻字，他们的小人勾当，也多是在阴暗角落里干出来的；到了人前，他们也许比君子装得还要像“君子”。这就给我们出了一道大大的难题，究竟什么人才是小人，又该怎样去识别形形色色的小人？

（1）寻找蛛丝马迹。辨识小人古圣先贤有古圣先贤的理论，更有其实践经验，有其可以供操作的方法。这些方法体现社会的复杂和人生的智慧。有道是“魔高一尺，道高一丈”。小人再聪明再狡猾，总有让人可辨之迹。

西汉御史大夫张汤为人狡黠多诈，滥施刑罚，办事专门迎合皇帝的心意：对于皇帝不喜欢的人，就妄加诬蔑，任意诽谤；对于皇帝喜欢的人，就胡乱吹捧，极力美化。他利用任御史大夫的职权，经常随意罗织罪名，弹劾大臣，残害同僚。张汤对他的副手御史中李文怀有宿怨。张汤最宠信的小吏鲁谒居，为了替主子铲除政敌，邀功献媚，就悄悄地派人上书皇帝，用罗织来的罪名检举李文。于是，皇帝命令张汤来审理这个案件。张汤借机滥引法律条文，施以酷刑，终于诛杀了宿敌李文。后来皇帝偶尔问起案发原因，张汤假装自己并不知情，故作吃惊地说：“可能是李文的仇家干的。”

其实，张汤做贼心虚。退出之后，急忙赶往鲁谒居家密商对策。此时，正赶上鲁谒居卧病在床。当张汤看到鲁谒居的两脚红肿时，就亲自给他按摩双脚。这事正好被赵王刘彭祖看见了，心想，从没听说过一个大衙门的主管长官竟然如此服侍一个小吏，判断其中必有隐情；加上刘彭祖素来不满张汤的残暴，于是，向皇帝告发说：“张汤身为国家重臣，竟然给一个卑贱的小吏按摩双脚，我认为其中有不可告人的勾当。”皇帝将此事交给司法部调查。调查期间，鲁谒居正好病死，事情牵连到他的弟弟身上，因而被囚禁了起来。一天，张汤恰好去监牢里提审犯人，看见了鲁谒居的弟弟。张汤本打算暗中营救，所以表面上假装不认识。这样一来，鲁谒居的弟弟误解了张汤的意思，心中既害怕又愤怒。于是，一不做，二不休，教他的家人上书皇帝，揭发了张汤与他哥哥鲁谒居共谋陷害李文的经过。皇帝得到举报，命令立案审理。

就在这个时候，有人盗取了汉文帝刘恒墓的殉葬品。宰相庄青翟和张汤一同晋见皇帝请罪。想不到见到皇帝之后，庄青翟请罪，而张汤在一旁不说话。皇帝下令要张汤审查庄青翟在刘恒墓被盗中应负的责任。原先，张汤就与庄青翟不和，此刻，张汤正好乘机罗织庄青翟“知情不报”的罪名，企图将庄置于死地。此时，庄青翟也与宰相府的三位长史（秘书长）秘密商量对策，一边派人逮捕了与张汤关系密切的商人田信等人，一边四处散布消息说：“张汤向皇帝奏报的任何事情，田信都事先知道，所以囤积居奇，成了富豪，然后再分给张汤。”消息传到皇帝耳朵里，皇帝问张汤：“我做什么事，商人们都先知道事先就动手脚，好像有人把我的话告诉他们了。”张汤明知说的是他，却故作惊讶，回答：“能有这回事！”

后来，皇帝看到鲁谒居弟弟的口供，认为张汤心怀狡诈，欺君罔上，就派人向张汤严厉诘责问罪。张汤自知有罪，就写下遗书，向皇帝请罪自杀身亡。这是见于《资治通鉴》的一幕官场上权力斗争的闹剧。这里引述意在说明赵王刘彭祖能够见微知著，透过现象看本质，从张汤为小吏“摩脚”一事，洞察其中的阴谋。这确是一种较为高深的知人谋略。

（2）听言观行。这是一种由表及里的知人方法。但若能够从人的欲望、抱负，去进一步观察言行，就更不失为一种窥探他人内心世界的高招。奸诈狡猾之徒，往往善于掩饰他们的本质，给人以假象。但是，欲望这东西，一般是不容易完全隐匿的。所以，知其欲望，是防止受骗上当、识别奸人的极好方式。

要识别小人，首先要承认人的本质是自私的。在此基础上，一看他是否以不正当手段满足自己的私心，二看他是否有人之常情以外的举动。当然，这种识人法只能对人得出表面的印象，能让自己有所警惕。假如你想决定是否重用此人，还需更深入地了解。古代兵家奇书《六韬》中的识人八法，值得借鉴。其法如下：

试加质问，以观察其对事物的了解程度。有些人一知半解，仗着口才好，夸夸其谈，需要深入探究，方能了解其底蕴。

试加追问，以观察其即时反应。这时他无法从容编织谎言，容易露出破绽。

派遣奸细，诱之私通，以观察其忠诚度。

告之秘密，以观察其品德。小人是不能守秘的，即使只是为满足一时虚荣心也会泄密。

使之接触钱财，以观察其诚实度。小人抵挡不住利诱，不由自主地会伸出爪子。

以女色诱之，以观察其自制力。此法主要不是识别君子、小人，而是考验其有无能力承担重任。

交给困难工作，以观察其勇气。小人面对困难工作，会认为上司在为他设置障碍，因而心怀不平，口有怨言。

醉之以酒，以观察其醉后的态度。

用这八种方法考察一番，小人还是君子，就能够区分得一清二楚了。

主名

鬼谷子在《符言》篇中谈到如何把握住名分时指出：一个修养良好、知识渊博且谦虚低调的人，所作所为、言行举止都遵循着相应的道德规范，因此，能够受到众人的好评，带来良好的名声。名声越好，就越会按照道德规范行事，就越会受到他人的称赞，从而达到名副其实的境地。

好名声取决于外在行为。只要行善积德、为民造福，便可以带来好名声，只要所作所为名副其实，便可以确保长治久安。因此，可以说好名声来自于好行为，好行为来自于为民造福，为民造福来自于良好的道德修养，良好的道德修养来自于遵循事物的规律，遵循规律又来自于适当的分寸。这就是“名实相符”。

在企业经营中，鬼谷子的“循名而为”谋略思想是有指导意义的。不管是产品生产、推销，还是广告宣传，企业经营者都要善于“循名而为”，狠抓产品质量，注重广告宣传的真实性，这样才能做到名副其实，使消费者产生信赖。相反，如果产品质量跟不上，广告宣传不真实，企业就会失去信誉，最终失去市场。

产品的质量是企业形象的最根本的体现，因为最终赢得顾客的还是靠产品的信誉价值。一个企业的信誉，是企业在商品市场上立足的关键，作为一个经营者，必须循名而为，注重信誉。现在，国内外许多公司、企业都十分重视自己的商品信誉和服务信誉，有的为了保持信誉，名副其实，企业往往不惜重金、下血本。

美国的麦当劳公司是世界上比较著名的快餐企业，它就是通过创立并保持商品、服务信誉而确立良好的企业信誉和企业形象的。从公司初创时起，“品质优异，服务亲切，清洁卫生，货真价实”，就是麦当劳所标榜的口号和奉行的经营准则。麦当劳所用的食物原料质地优良，汉堡包内全用上好的牛肉，马铃薯条稍微炸焦了一点就会被扔掉。麦当劳的服务员没有一个是清闲的，顾客少的时候便打扫清理店堂。

如今，麦当劳在世界各地已拥有7000多家连锁店，售出的汉堡包累计已达400多亿个，而对其经营准则的坚持则始终未松懈。

北京的“绅士”衬衫厂，在一批即将出厂的衬衫中，发现其中的两件领子加工得不够标准，结果1000件产品全部打上“副品”的标记。严格的管理、稳定可靠的产品质量，使“绅士”衬衫厂获得了惊人的效益。

我国百年老店“同仁堂”的牛黄安宫丸，被人称为起死回生的灵丹妙药，当年唐山大地震时，一位在废墟中的受难者昏迷了39天，吃什么药都不管用，可一粒“同仁堂”的牛黄安宫丸，就使他得救了。但是，至今为止，由于牛黄安宫丸的主要用料牛黄紧缺，“同仁堂”的牛黄安宫丸年销量一直在五六万丸之间徘徊，他们并没有因药供不应求，而“识时务”扩大生产，而是认死理地坚持质量第一，坚持原配方丝毫不能改变。他们信守一条，就是“宁缺毋滥”，所以“同仁堂”以“堂风正、品味真”的美誉名传海内外。

大凡谈起广告来，公众恐怕最烦的还是广告的欺诈、不实，有时公众即使知晓其“吹牛”的背后倒也有不错的“内涵”，但“吹牛”毕竟名不副实，使人倒胃口。因而商战的成功宣传中，多是以实取胜、以诚制胜等诸如此类的例子。下面的两例无不说明此理。

在伦敦一条大街上，有三家漂亮的裁衣店，店里的裁缝个个手艺精通，不相上下。有一年，为了招徕更多的生意，三家店都动起了在店铺前立广告牌的主意。其中一家最先挂出一块醒目的广告牌，上面写道：“本店有伦敦最好的裁缝。”另一家见了生怕落后，立即挂出一块同样大小的广告牌，上面写道：“本店有英国最好的裁缝。”真是牛皮越吹越大。人们以为第三家裁衣店挂出的广告牌，一定会写着：本店有世界上最好的裁缝。然而，出乎人们的意料，精明的店主却挂出一块极为普通但又非常绝妙的广告牌。上写：本店有这条街上最好的裁缝。此牌一经挂出，立即受到顾客的交口称赞。

我国民间曾流传着这样一则故事：从前有两家相邻的酒店，

为招徕生意都动起了门上张贴广告的主意。一家在门上写道：本店以信誉担保，出售的完全是陈年好酒，决不加水。另一家也在门上贴上广告一张：本店出售的陈年好酒，一概掺水10%，如不要掺水者，请事先声明，但饮后醉倒者与本店无关。结果，“决不加水”者门可罗雀，“一概掺水”者门庭若市。原因何在？恐怕是由于人们已历经许多不实、夸张、欺诈性广告的欺骗，因而对“决不加水”者不敢相信，甚至有一种天然的排斥感。而“一概掺水”者利用人们的逆反心理，直告酒中掺水，且又巧妙肯定掺水的必要、掺水的好意，自然赢得人心。

经营活动中，产品的质量和企业的信誉是消费者最为关注的问题，只有循名而为，名实相生，企业才能有长久不衰的发展。这一点是毋庸置疑的。